KB212748

붓다는 결가부좌를 하지 않았다

*표지: 무칠란다의 호위를 받고 선정에 든 붓다, 3세기, 높이 41.9cm,
안드라 프라데쉬 중 골리 출토, 소장: LA 카운티 미술관.

지은이 **이영일**

명상・수행생리학 전문가. 서울대 대학원에서 〈시지각의 중심성에 의한 숭고미의 표현 연구〉로 석사를 마쳤다. 이 논문은 생리적인 시각구조가 어떻게 심리적인 숭고함으로 드러나는지에 대한 연구였다. 20대부터 불교에 심취하여 간화선 수행을 접하고, 30대 중반에 요가에 입문하여 쿤달리니 요가를 수행하면서 요가 수행생리학을 연구하고 지도하고 있다. 40대 중반에 동국대학교 인도철학과 박사과정을 수료하고 〈결가부좌의 전개와 수행론적 의의〉로 박사학위를 받았다. 이 논문은 결가부좌의 기원과 수행생리학에 대한 고고학적, 문헌적, 생리학적 연구로서 붓다 당시의 좌법에 대한 연구로서 국내외에서 최초로 좌법의 기원과 원리에 대한 연구라고 할 수 있다. 수행을 바르게 알기 위해 산스끄리뜨와 빨리어를 독학하여 『하타요가쁘라디삐까』, 『게란다상히따』, 『쉬바상히따』를 번역하였으며, 니까야를 원문대로 독해하며 붓다의 진설(眞說)에 다가가려고 노력하고 있다. 저서 『삼매의 생리학』(상/하), 논문으로는 〈수행차제로서 아사나(좌법)의 의의〉, 〈요가는 삼매에 이르는 수행의 과학이다〉, 〈인도 신화에 나타난 Haṭhayoga 수행생리학〉, 〈붓다는 결가부좌를 취하였는가〉 등이 있다. 호흡 수행을 통해 나디(경맥), 짜끄라, 12경맥과 기경팔맥 등을 관조하고 마음과의 관계에 대해서 통찰한 바를 경전을 통해서 확인하고 수행하였다. 현재는 잊혀져가는 불교와 요가의 수행생리학을 알리는 것을 업으로 받아들이고 가르치면서 정진하고 있다.

붓다는 결가부좌를 하지 않았다.

값 23,000 원

초판 1쇄 발행 _ 2019년 8월 30일

저자_이영일

발행인_이아모
표지디자인_이아모

발행처_도서출판 **수련하는 돌**, 등록번호_제2017-000233호
주소_강원도 원주시 무실로 45, 4층. 전화_010-2222-9239

ISBN 979-11-961935-3-9 (93220)

수행생리학 총서 2

잘 앉으면 호흡이 사라진다

붓다는 결가부좌를 하지 않았다

Psychosomatic meditation by āsana

이영일 지음

도서출판 수련하는 돌

들어가는 글

잘 앉으면 고통이 사라진다.

만성 두통으로 오랫동안 진통제에 의지해온 분을 상담한 적이 있다. 그에게 두통은 육체적•정신적인 고통이었다. 그는 소화불량과 내장 경련도 자주 겪고 있었다. 맥진 결과, 이것은 발등으로 통하여 흐르는 기맥이 내려가지 못하여 복부를 긴장시키고 연이어 머리로 역류해서 두통까지 유발한 것이었다. 이 수련자에게 무릎을 꿇는 자세를 매일 반복하도록 하였는데, 첫날부터 트림을 하고 머리가 가벼워지는 체험을 하였다.

또 협심증으로 매우 힘든 일상을 사는 분의 경우다. 그는 어려서부터 편두통 때문에 두통약을 상시 지니고 다닐 정도였는데, 중년에 접어들면서 왼쪽 가슴에 통증이 나타나기 시작한 것이다. 그의 어머니도 또한 심장 문제로 돌아가셨던 가족력이 있었다. 맥진 결과, 원인은 고관절을 통해 내려가야될 소양경맥의 기가 역류하여 심장을 조이고 동시에 측두부로 올라가서 편두통을 유발한 것이었다. 그는 정신적·심리적으로도 예민해져서 자주 화를 내고, 화를 내는 스스로를 자책하면서 조울증도 일상적이었다. 그에게 결가부좌(길상좌)를 한 상태에서 몸을 좌우로 비트는 수련을 지도한 결과, 호흡이 가슴 깊게 들어와서 마음과 머리가 시원해지게 되었다. 이후 매일 좌법과 호흡수련으로 편두통과 협심증을 상당히 개선하여 건강하게 지내고 있다.

또한 명상이나 호흡수련 중 잘못된 수련으로 인한 부작용도 종종 있다. 한번은 단전호흡 수련 중 상기증으로 두통과 호흡곤란 등으로 고생하는 대학생이 도움을 청하였다. 그는 하단전에 집중해서 매일 꾸준히 호흡을 끌어내리는 방식으로 수련하여 초기에 여러 가지 긍정적인 결과를 얻었다. 그러나 복부에서 기운이 강해지면서부터 그 기운이 가슴으로 치받아 올라와서 가만히 앉아 있을 수 없고 심리적으로 뭔가에 집중하는 것 자체가 힘들었다. 맥진을 하여보니, 이는 가슴(중단전)의 종기(宗氣, prāṇa)가 허한 상태에서 상대적으로 하단전에만 기운을 증폭시킨 결과, 가슴의 기운이 아래에서부터 위로 치받치는 상태였다. 무엇보다 좌법을 무시하고 호흡과 기운의 흐름을 관조하지 않고 긴장된 집중만으로 단전에 기를 응축시키려는 욕심이 주원인이었다. 그래서 먼저 누워서 발가락을 오므려 발바닥 한 가운데 족심까지 단전의 기운을 보내도록 지도하였다. 그리고 길상좌를 깊게 하고 가슴 중심으로 숨이 들어가도록 호흡법을 교정하여 심포의 기운을 채워서 심화를 안정시켰다. 서거나 걸을 때도 언제나 족심에 항상 마음을 두고 호흡을 알아차리는 습관이 몸에 배도록 하여 상기증을 다스리게 되었다.

이들은 모두 심신의 고통이 좌법과 호흡을 통해 해결되는 경험을 하고 심신의 상관관계에 대해 자각하는 계기가 되었다.

이처럼 좌법은 단순히 마음수행을 위한 준비단계로서 신체적 모양새에 그치는 것이 아니다.

몸과 마음을 분리해서 보는 선입견 자체가 고통을 해결하는 데 있어서 장애다. 몸(물질)과 마음(정신)이 분리된 세계관으로 인하여 심신의 정신생리적 원리를 간과하고, 좌법을 무시하여 심신의 병이 발생하곤 한다. 상기증이나 선병禪病 또한 마찬가지다. 명상이나 호흡수련 중 발생하는 상기증은 잘못된 수행으로 인한 것이지 절대 수행의 증표가 아니다. 고를 소멸하는 것이 수행이지 고통을 일으키거나 감내하는 것을 수행이라 할 수는 없다. 강을 건네주는 배가 구멍이 났는데, 마음의 노만 저어 강을 건널 수는 없는 것이다.

삶의 문제를 해결하지 못하는 수행은 그 가치를 지닌다고 할 수 없다. 명상이나 마음수련은 삶을 초월하기 위한 것이 아니라 유해하고 무익한 것을 버리고 자신을 정화하여 더욱 진실한 삶을 살 수 있도록 하는 것이다. 삶을 부정하는 마음수련만으로는 삶의 문제를 해결하지 못한다. 일상 속에서 실천될 수 있는 수행이 참된 것이다. 일상을 알아차리지 못하는 신비주의적 또는 유심론적 수행은 삶을 왜곡한다. 선정, 쿤달리니, 무아의 신비체험 등도 삶 속에서 일어나는 생명현상이다.

육체를 버리고 삶을 초월하는 것이 수행이 아니다. 수행은 육체를 기반으로 하여 정신적 자각이 확장되는 것이다. 명상은 삶의 초월이 아니라 삶에 대한 온전한 자각을 위한 것이다.

모든 명상수행은 앉는 것을 기본으로 한다. 그럼에도 불구하고 명상은 마음에 관련된 것이므로, 좌법이 명상의 필수조건이 아니라고 주장하는 이도 있다. '불교수행은 마음과 식識이 중요한데 좌법이 굳이 큰 문제인가'라고 생각하는 관행이 여전하다. 이는 몸에 대한 알아차림(신념처身念處 수행)을 간과한 결과다. 이러한 좌법에 대한 몰이해는 좌법에 국한된 문제가 아니라, 오히려 몸과 마음에 대한 이해, 즉 오온五蘊(색色수受상想행行식識)에 대한 완전한 앎[1]이 부족한 결과다. 한마디로 몸과 마음이라는 이분법적 관념으로 인해 연기緣起에 대해 무지하게 된 것이다.

선정도 생명현상이다.

불교에서 좌선坐禪이라는 말은 붓다가 좌법을 하고 선정에 든 것에서 그 기원을 찾을 수 있다. 멈춰야 비로소 우리 자신을 이루고 있는 오온의 실상이 보이는데, 그 멈춤이 곧 좌坐(앉음)에서 시작된다. 몸과 마음을 조절하여 온갖 바르지 않은 행

1) "비구들이여, 완전히 알아야 할 법(pariññeyyā dhamma)에 대해 설명하겠다. 잘 듣도록 하라. 무엇이 완전히 알아야 할 법인가? 색色에 대해 완전히 알아야 할 법과 수受(감각)에 대해 완전히 알아야 할 법, 상想(직관적 인식)과 행行(의지) 그리고 식識(개념적 앎)에 대해 완전히 알아야 할 법이다. 이것이 완전히 알아야 할 법이다. 무엇이 완전히 아는 것(pariññā 전지全知)인가? 비구들이여, 탐진치를 끊는 것이야말로 완전히 아는 것이라 한다."(Pariññeyye ca bhikkhave dhamme desissāmi pariññañca, taṁ suṇātha. Katame ca bhikkhave pariññeyyā dhammā. Rūpaṁ bhikkhave pariññeyyo dhammo. vedanā pariññeyyo dhammo. saññā pariññeyyo dhammo, saṅkhārā pariññeyyo dhammo, viññāṇaṁ pariññeyyo dhammo. Ime vuccanti bhikkhave pariññeyyā dhammā. Katamā ca bhikkhave pariññā. Yo bhikkhave rāgakkhayo dosakkhayo mohakkhayo. ayaṁ vuccati bhikkhave pariññāti. *Saṁyutta Nikāya*.Ⅲ. 26 = *Saṁyutta Nikāya*.Ⅲ. 160, *Saṁyutta Nikāya*. Ⅴ. 191 참조)

위를 다스리는 조복(율, vinaya)도 신・구・의(身口意) 삼업三業을 제어하는 것이다. 마음을 조복받고 인간의 본성을 본다(견성성불)거나 선정, 삼매에 든다는 것은 몸을 배제한 마음만의 문제가 아니라 존재 전체의 정신생리적 사태인 것이다.

몸 없이 선정 수행은 절대 불가능하다. 선정은 세상을 버리는 것이 아니다. 선정도 생명현상의 하나일 뿐만 아니라 생명속에서 언제나 일어나는 자연현상이다. 우리가 인식하지 못할 뿐, 이미 우리는 선정 없이 한순간도 살 수 없다.

깊은 몰입으로서 선정은 생명, 즉 몸과 마음이 연기緣起하는 삶에 대한 온전한 이해를 바탕으로 가능한 것이다. 인간은 색·수·상·행·식이 연기하여 결합된 존재다. '일체유심조一切唯心造'[2]라고 하여 마음만 중시한다면 그것은 오온에 대한 이해가 부족한 것이다. 몸과 마음을 둘로 보는 선입견이 지배적인 현실에서 좌법을 마음수행과 연결해서 이해하는 것은 어려운 일이다. 오온설은 마음만 연기하는 것이 아니며, 무엇보다 몸과 마음이 분리된 것이 아님을 설하고 있다. 색·수·상·행·식이 개별적 실체가 아니라 연기하여 일어나는 것처럼 몸과 마음도 그것이 개별적 실체가 아니다. 그래서 몸에 대한 관조(알아차림)는 자연스럽게 마음에 대한 관조로 진전되는 것이 순리이다.

수행과 삶, 초월과 세속, 성聖과 속俗, 진제와 속제로 이원

2) 일체의 법이 모두 마음의 나타남이고, 오직 마음이 지어내는 것일 뿐이라는 뜻이다. 원효의 '해골에 담긴 물' 일화로 잘 알려진 『화엄경』의 경구이다. 이 말을 맹신하면 인식론(생각)과 존재론(실재)을 동일시하는 오류를 범하곤 한다.

화된 관념으로 인해, 어쩌면 심원한 깨달음이 앉는 것(좌법)과 일말의 관련이 있는지 조차 생각하기 어려울 수도 있을 것이다. 좌선에서 기초적인 행법인 좌법의 연원조차 명확하지 않으며, 더구나 좌법이 명상 과정에 어떤 영향을 미치는지에 대한 명확한 이해도 부족한 것이 현실이다. '어떻게 앉는 것인가'라는 질문은 좌선이나 명상에 대한 가장 기본적인 질문이다.

선정 수행의 기본이라고 할 수 있는 좌법이 오랜 기간 변형되어왔다. 좌법 변형의 역사를 살펴보면, 하나의 수행전통이 변형되지 않고 그대로 전해진다는 것은 거의 불가능한 것처럼 보인다. 그럼에도 불구하고 우리는 지금의 종교의 모습이 원래 그 모습이라는 착각에서 벗어나기 어렵다. 종교도 시대와 지역에 따라 상황에 따라 적응·변화하는 것이 당연하지만, 그렇게 상대적인 것을 종교의 본질이라고 할 수는 없을 것이다. 절대적인 가치를 주장하려는 것이 아니라, 몸과 마음의 원리에 따라 수행하는 것이 바람직하다는 것이다.

붓다의 좌법은 결가부좌가 아니다.

전통적으로 북방은 물론 남방에서도 인도 불전의 좌법명인 'pallaṅka(paryaṅka)'[3]를 결가부좌로 이해하고 있다. 이 명칭이 붓다가 선정에 들 때 취한 좌법으로 알려져 있는데, 후대에 이

3) 붓다의 좌법으로 전해지는 좌법 명칭은 산스끄리뜨ⓢ로 Paryaṅkāsana빠르양까아사나, 빨리어ⓟ로 Pallaṅkāsana빨랑까아사나이다.

용어가 가부좌(결가부좌) 번역되고 또는 연화좌로 알려졌기 때문에, 결가부좌가 붓다 당시의 좌법으로 전해져 왔다.

대승과 상좌부뿐만 아니라 티벳불교에서도 붓다의 좌법을 결가부좌로 받아들이고 있으며, 현재 조성되는 좌불상 양식도 간다라에서 비롯된 결가부좌 양식이 불상의 세계적인 표준처럼 더욱 확산되고 있다. 이러한 현상은 종교적 권위와 관습에 의해 형성된 것이며, 특히 불전에서 붓다의 좌법을 '결가부좌' 또는 'cross-legged posture'(다리를 교차한 좌법)로 번역하던 오래된 관행에서 기인한 것이다.

예를 들면, 결가부좌상 출현 시기와 동일한 대승문헌, 『묘법연화경』에 "이 경을 설하시고는 곧 대중 가운데서 결가부좌하시고 무량의처삼매에 드시고"(佛說此經已 結加趺坐 入於無量義處三昧), "그 위에 붓다께서 가부좌를 틀고 앉으시어 큰 광명을 내셨다"(其上有佛結加趺坐 放大光明) 등과 같이 붓다의 좌법을 '결가부좌'로 명시하는 것, 또 "菩提樹下坐"(보리수 아래에 앉다)에서 '坐'를 결가부좌로 인식하는 것은 한역 경전이 원전의 권위[4]를 대신하면서 발생한 문제다. 붓다의 좌법을 결가부좌로 단정하는 관행에서 벗어나야 한다.

본서에서 제시하는 내용들은 결가부좌를 부정하기 위한 것이 아니다. 그것은 결가부좌를 제대로 이해하기 위한 것일 뿐

4) 경전이 지닌 절대적인 진리로서의 권위를 인도철학에서 성언량聖言量(Śabda, 권위 있는 증언)이라고 한다. 현량現量(pratyakṣa, 지각·직접적 인식), 비량比量(anumāna)과 함께 진리를 얻는 세 가지 근원이 된다. 불교인식론에서는 경전을 포함한 성언량을 비량에 포함시켜서 현량과 비량만 인정한다.

만 아니라 좌법의 본질에 대한 성찰을 위한 것이다.

또한 좌법의 원어인 아사나āsana는 역동적인 동작들, 심지어 곡예와 같은 것으로 알려지고 있다. 요가의 대중화와 더불어 운동이 부족한 현대인에게 역동적인 동작이 필요하지만 아사나의 의미는 다시 자각되어야 한다.

바르게 앉는 것에 대한 저자 나름의 질문들이 20여 년 이어져 왔으며, 그 결과를 『결가부좌의 전개와 수행론적 의의』(동국대, 2018)라는 논제로 박사학위 논문으로 발표하였다. 논문의 내용을 보완하여 그간 좌법에 대해 의문을 갖는 이들에게 실제적인 도움이 될 수 있도록 새롭게 단행본을 출간하게 되었다.

용어를 쉬운 말로 바꾸고, 인용된 원전을 간결하게 하여, 다소나마 읽기에 부담스럽지 않은 좌법 안내서를 출간하고자 하였으나, 결과는 글눈 어두운 저자의 부족함을 숨길 수 없는 듯하다. 논증을 위해 제시되는 다수의 원문들과 복잡한 좌법 변형의 역사를 간결하게 제시하지 못하여 죄송할 따름이다. 그리고 좌법은 이론이 아닌 실천이라는 생각에, 실습을 통해 좌법의 중요성을 직접 자각할 수 있도록 참고도를 다수 첨부하였으며, 실제적인 수행과 생리학 관련 내용을 상당 페이지를 추가하였는데, 논서와 실습서가 결합된 다소 애매한 책이 된 듯하다. 이와 관련하여 마지막장인 'Ⅴ. 붓다의 좌법은 결가부좌가 아니다'를 먼저 살펴보는 것도 좋을 듯하다.

서문을 마치면서 마지막으로 좌법의 보편적인 실천에 대해서 재차 언급하고자 한다.

본서는 불교도만을 위한 것이 결코 아니다. 앉는 것이 인간의 일상적인 모습이므로 좌법을 특정 종파의 것으로 치부하지 않기를 바란다. 붓다 당시는 물론 고대 인도에서 좌법은 종파적으로 구분될 수 있는 것이 아니었음을 본론에서 확인할 수 있을 것이다. 좌법은 걷기처럼 일상적인 삶 속에서 심신을 정화하는 직접적인 방법이다. 누구에게나 고요하게 앉는 것은 심신의 휴식을 위한 흔한 방법이며, 고통을 근원적으로 치유하는 효력을 지니고 있다.

신앙은 상대적이며 종파마다 다르지만, 진리는 종파적 견해에 구속되는 것이 아니다. 신앙은 믿는 자에 따라 다르지만, 인간은 내적으로 동일한 '존재의 조건'을 공유하고 있다. 신앙과 인종, 문화와 언어는 다양하지만 인간은 동일하다. 막스 뮬러Max Müller(1823~1900)는 "하나의 종교만 아는 사람은 아무 종교도 모르는 사람이다"고 말했던 점을 되새겨 볼 일이다. 종교의 진정한 초월성은 그러한 상대적인 것들을 인간의 내적 동일성에 대한 자각을 통해 극복하는 것이어야 한다.

종교인이건 아니건 모든 인간은 바르게 앉는 것만으로도 심신의 고통으로부터 벗어날 수 있다. 잘 앉기만 한다면 언제 어디서나 누구나 명상(meditation)과 치유(medicine)가 가능하다.

2019년 8월 30일, 마하사띠 선원에서

수돌 이영일

목 차

바르게 앉아야 선정에 든다

바르게 앉아야 선정에 든다

바르게 앉으면 고통이 소멸된다.
고苦의 소멸이 선정에 이르는 길이다.
수행은 잘 앉는 것에서부터 시작된다.

결가부좌는 북인도에서 기원 전후에 나타났다.

결가부좌로 번역되고 있는 빨랑까pallaṅka는 팔리어 대장경인 니까야 전체에서 사띠(알아차림)[5]의 확립(satim upaṭṭhapetvā), 선정(samāpajjana), 등지等至(samāpatti), 입출식념(ānāpānasati) 등 핵심적인 수행에서 실천하는 좌법이다. 위빠사나를 뒷받침하는 초기불교의 문헌으로 『대념처경』, 『초전법륜경』, 『빠띠삼비다막가』, 『청정도론』 등을 꼽을 수 있는데, 이들 문헌에서도 붓다가 선정에 들 때는 언제나 pallaṅka라는 좌법을 취하였다고 기록되어 있다.

그러나 *Nikāya*의 율장에 설명된 pallaṅka는 결가부좌가 아니다.

---

5) sati: '기억'을 의미하는 산스끄리뜨 '스므리띠smṛti'의 빨리어다. 한문으로 주로 '념念'이라고 번역한다. 앎은 감각적 자극에 대한 인식 과정을 통해 대상을 알게 되는데, 인식의 틀과 경험 속에 있는 것을 아는 것이다. 우리 내면에 없는 것은 인식되지 않는다. '우리 내면에 있다'는 것은 '기억'의 속성으로 있는 것이다. 그래서 안다는 것은 기억과 결합된 인식이므로 기억을 알아차림의 주된 속성이라고 할 수 있다. 그리고 알아차리고 난 다음 그것을 기억하지 못한다면 그것은 sati가 아니다.

기원전 2세기까지 거슬러 올라가는 산치대탑이나 보드가야, 바르후뜨, 마투라 등(그림I-8_62쪽, a)에서 발견된 불교수행자의 도상에, 그리고 기원후 아마라바티, 나가르주나콘다[6] 등 남인도에서 발견된 불상에서도 결가부좌는 발견되지 않는다. 이곳에서 초기불상은 모헨조다로 신상의 좌법을 그대로 따른다. 이 좌법은 아래 [그림1]c처럼 좌우 발을 몸의 가운데에 위치시키고 오른발을 왼발바닥 위에 겹치는 자세다. 이것은 신상神像을 나타내는 자세로서, 인도에서 가장 오랫동안 전승되었던 좌법이다. c와 다리 모양이 동일한 d는 당시 남인도의 불교도들이 실천했던 좌법을 그대로 재현한 불상들 중 하나이다.

[그림1] 좌법의 기원: 합족좌와 교족좌

a. 모헨조다로와 하라파 유적.
b와 c: 모헨조다로에서 발견된 인장(B.C. 2500년경).
d. 남부 인도 나가르주나콘다에서 조성된 붓다상(3세기경).

---

6) 나가르주나콘다: 남인도의 대표적인 불교유적. 지명이 낯설지 않은데, 이 이름은 『중론中論』을 저작한 나가르주나(용수)가 말년에 나가르주나콘다에 머물렀던 역사적 사실에 따른 것이라고 한다. 이에 대해서는 *A History of Indian Buddhism: From Śākyamuni to Early Mahāyāna*(Hirakawa Akira 저, Paul Groner 역, 2007, p. 242)를 참조할 것. 지도상 위치는 [그림I-8_62쪽]a를 참조.

1세기 전후 북부 인도의 간다라와 마투라 지역에서 결가부좌 불상이 출현하고 이후 확산되는 와중에도 인도 중부와 남부 지역의 불상은 모헨조다로 인장에 나타난 좌법으로 만들어졌다.

붓다의 좌법이라고 믿고 있는 결가부좌는 1세기경에 중앙아시아와 인접한 인도 서북방(현재 파키스탄)의 간다라, 또는 마투라(그림I-8_62쪽) 지역에서 출현한 것이다. 이때는 붓다 입멸 후 4세기가 지난 시점이다. 그 400여 년 동안 인도 어디에도 결가부좌상은 존재하지 않았다.

물론 그렇다고 결가부좌가 중요한 좌법이 아니라는 것은 아니다. 결가부좌는 후대에 연화좌(padmāsana)라는 이름으로 밀교(esoteric buddhism)와 요가의 핵심적인 좌법 중 하나가 되었으며, 불교에서 뿐만 아니라 종파를 떠나서 모든 수행자들이 수승한 좌법으로 실천하여 왔다는 점 또한 간과해서는 안 된다.

이러한 좌법의 역사적 전개를 고려하면서, 좌법이 수행과정에 지닌 의의, 특히 실제 삼매에 이르는 심신의 생리학적인 원리를 이해하는 것이 바람직하다.

좌법은 선정수행의 기본이다
좌법은 멈추는(지止) 자세다
붓다는 좌법을 취하고 선정에 들었다

이 기본마저 간과되는 것은 좌법이 신체적 기법에 불과하다고 여기고, 마음이 본래의 문제라고 보는 이원론적 견해 탓이다.

그 결과 좌선坐禪이라는 말이 무색할 정도로 좌법을 무시한 명상

수행 문화가 팽배해 있다.

그러나 모든 남북방 불전佛典에서 붓다는 좌법을 취하고 선정에 들었고, 대부분 4선정에서 호흡의 사라짐을 대표적인 정신생리적 현상으로 언급하고 있다. 요가 전통에서도 좌법에서 출발하여 호흡의 사라짐으로 이어지는 삼매에 이르는 과정을 정신생리학적[7]으로 명확하게 설명하여 왔다. 선정도 생명현상이다.

설령 선정에 든다하더라도, 생명현상에 대한 맹목적인 무시는 선정에서 돌아온 이후 삶의 고통을 해결하는데 장애가 된다. 일상의 고통과 수행 중 장애는 다르지 않다. 잘못된 삶으로 인해 고통이 가중되듯이 잘못된 수행으로 인해 수행병이 발생한다. 대표적으로 선병은 잘못된 수행으로 인한 병폐라고 할 수 있으며 그 자체로 삶의 장애이므로 올바른 좌법을 통해 극복되어야 한다.

좌선 중 선병禪病은 잘못된 좌법과 관련되어 있다.

좌법의 수행생리학을 통해 선병의 발생을 이해할 수 있다. 도거掉擧나 혼침昏沈은 물론 광범위한 상기증은 좌법을 바르게 실천함으로써 치유될 수 있다. 잘못된 좌선으로 발생하는 선병을 치유하기 위한 방법을 모아놓은 『치선병비요경』에서 "선정에 들어가는데 장애가 되는 여러 가지 육체적, 정신적인 것 모두를 '좌선병'이라고 한다"고 하였다. 『원각경』[8]에 또한 "선지식이 증득한 궁극의 원만한 깨달음에

7) 몸(신체)와 마음(정신적 기능) 사이의 관계를 객관적으로 연구하는 학문에서 비롯된 용어로서 정신과 생리가 결합된 말이다. 심신상관心身相關적인(psychosomatic) 인간에 대한 육체와 정신 현상을 통합하는 학문이다. 색수상행식(오온)을 조건으로 무상하게 이루어는 '나'의 실상을 간결하게 몸과 마음이라고 할 것이다.

이르는 신묘한 방법은 네 가지 병[9]을 여의는 것"[10]이라고 하였다. 그리고 『마하지관』과 『수습지관좌선법요』을 통해 선병이란 좌선의 방법이나 좌선 중의 마음가짐이 옳지 않기 때문에 일어나는 병임을 설하였다.

왜 고를 소멸하는 수행 중 병이 발생하는 것일까?

이들 선병은 대부분 마음자리인 심중의 심화心火[11]에 그 원인이 있는데, 좌법을 통해서 마음의 불을 가라앉힐 수 있다.

일체 고통을 제거하기 위한 수행이 오히려 병을 불러온다면 심각하게 고민해볼 일이지, 그것을 수행의 과정이라고 합리화해서는 안된다.

미래의 깨달음을 목표로 기대하지 말고 지금 당장의 일상의 고통과 수행 중 장애를 하나씩 해결하다보면 자연히 선정은 가까워진다. 지금 겪고 있는 고통을 자각하고 그것을 해결하는 것에서부터 수행은 시작되어야 할 것이다.

앉는 자세는 삶 속에서 언제나 일어나는 행위이며, 언제나 실천할

---

8) 원래 명칭은 『대방광원각수다라요의경』이며, 당나라 때, 계빈국(카슈미르) 출신의 학승 불타다라가 한역하고, 규봉 종밀(780~841, 화엄종의 제 5조)이 이를 알기 쉽게 풀이한 문헌이다. 불타다라의 역경은 오직 이 한권이며, 그에 대한 기록이 오직 경전목록집인 『개원록』에만 전하므로, 『원각경』이 인도가 아닌 중국에서 만들어졌다고 보는 견해가 강하고, 그 성립 시기를 7세기말로 보고 있다.

9) ①새로이 생겨나는 것이 아닌데 인위적으로 획득하려고만 하는 작병作病, ②내 맡기기만 하고 닦음이 없는 임병任病, ③생각이라는 것이 그쳐지는 것이 아닌데 일체 생각을 그치려고만 하는 지병止病, ④무無(空)에만 매달려 적멸에 안주하려고만 하는 멸병滅病.

10) "彼善知識所證妙法應離四病"

11) 심작용의 의지처로서 심포까지 포괄하는 의미다. 그 위치도 좌우 가슴의 정중앙이며, 해부학적으로는 우심방의 위치이다.

수 있는 자기치유의 방법이다. 바르게 앉는 것은 마치 어린아이가 걸음마를 배우는 것과 같이 누구나 일상적인 삶 속에서 기본적으로 갖추어야 할 자세다.

수행에 있어서도 좌법이 가장 기본적인 것들 중 하나이다. 초기불교의 좌법수행에 관심을 가지고 결가부좌의 출현과 전개 과정을 이해하면 수행에 대한 시야가 구체화될 것이다. 그리고 좌법에 대한 수행생리학적 인식을 기본으로 하여 수행한다면, 자연스럽게 생명현상에 대한 통찰을 통해 '고의 소멸'에 이르는, 희열과 안락의 선정과 해탈의 길로 바르게 나아갈 수 있다.[12]

12) āsana에 대한 생리학적 연구는 서양의 해부생리학에 근거한 이론으로는 불가능하다. 이에 대해서는 저자의 〈수행차제로서 아사나에 대한 경맥학적 해석〉(2015)을 참조할 것.

I

불교 좌법의 역사적 전개

Ⅰ. 불교 좌법의 역사적 전개

붓다는 pallaṅka라는 좌법을 하였다.

초기불교 문헌에 따르면, 붓다는 선정에 들기 전에 pallaṅka(ⓢparyaṅka)[13]라는 좌법을 하였다. 이 좌법은 전통적으로 아나빠나사띠(ānāpānasati[14], 입출식념)와 선정의 좌법으로 알려져 있다.[15]

북방에서 빠르양까(빨랑까)는 좌우 다리를 X자로 교차하여 발등을 반대쪽 대퇴부 위에 올리는 결가부좌로 번역되어 좌선의 기본 좌법으로 전해져 왔다. 후대에 밀교(esoteric buddhism)와 요가전통에서도 결가부좌는 연화좌(padmāsana)로 알려져 왔으며 그 구체적인 방법과 실제적인 효력이 여러 문헌을 통해 꾸준히 전해 왔다. 그 결과, 현재 결가부좌(연화좌)는 불교수행 전통에서 뿐만 아니라 거의 모든 명상·수행전통에서 수행자의 대표적인 상징 중 하나로 알려져 왔으며, 그 위상을 재차 언급할 필요가 없을 정도로 수행전통의 상징이 된 지 오래다.

---

13) 이 좌법은 산스끄리뜨로 빠르양까paryaṅka, 팔리어로 빨랑까pallaṅka다. 이 두 단어는 동일어로서 모두 한문으로는 '결가부좌結跏(加)趺坐', '전가좌全跏坐' 또는 '가부좌跏(加)趺坐'로, 영어로는 'cross-legged posture'라고 번역되어 왔다. 이 책에서 paryaṅkāsana는 paryaṅka로, pallaṅkāsana는 pallaṅka로 약칭한다.

14) ānāpānasati=āna(들숨)+apāna(날숨)+sati(알아차림, 념念, 기억)

15) 니까야에서와 달리 남방불교의 대표적인 논서인 『청정도론』과 그 주석서에서 결가부좌로 추정되는 좌법을 설명하고 있다. 관련 내용은 50쪽 이하를 참조할 것.

Paryaṅka(빨리어 Pallaṅka)가 결가부좌인가?

기원전 부파불교[16] 시기는 불상이 없던 무불상 시대였다. 이때 불교도는 '좌우 발이 교차된('cross-footed)' 교족좌交足坐[17], 또는 양 발바닥을 마주한 합족좌合足坐를 주로 실천하였는데, 당시 조성된 도상을 통해서 확인할 수 있다.(그림1_20쪽, 그림I-4_57쪽)

이 좌법은 중남부의 초기 불상에 그대로 반영되었다. 중부의 산치와 바르후뜨, 남부의 아마라바티와 나가르주나콘다 등의 거대한 스투파(불사리탑)에 새겨진 쉬리 락슈미Śrī Lakṣmī[18]의 좌법과 동일한 것이다.(그림I-1_30쪽, b) 이 좌법은 인더스 문명에서 발견된 인장에서

---

16) 붓다 입멸 후 100년경부터 400여 년 사이 교리와 계율에 대한 해석의 차이로 20여 부파로 분열하기 시작했다. 부파 분열의 극적인 전환점은 AD 1세기 이전에 일어났다. 북인도에서 진보적인 부파교단의 출가자와 재가자를 중심으로 일어난 대승불교 운동이 그것이다. 대승불교는 서역화되고, 서역을 통해 중국에 전해져서 중국식 종파불교로 발전했다. 중국화된 불교는 기존의 불교수행법을 새롭게 갱신하여 선불교를 탄생시켰다. 한국불교는 중국화된 선불교의 영향 하에서 지속되었다.

17) 결가부좌나 교각좌, 책상다리, 다리를 꼬는 자세 등 다리를 교차해서 앉는 좌법은 다양하다, 이들 좌법을 흔히 'cross-legged'라고 하는데, 좌법을 구체적으로 지시하기는 어렵다. 그래서 왼발의 발바닥 위에 오른발의 발등이 겹치는 쉬리 락쉬미의 좌법을 '교족좌'라고 명명한다. 양발바닥을 마주한 좌법은 '합족좌合足坐'라는 이름으로 지칭할 것이다. 따라서 'cross-legged'와는 별도로 '두 발을 교차하는 좌법'인 교족좌를 묘사하는 용어로 'cross-footed'를 영어식 표현으로 사용하기를 권고한다. 그리고 앞으로 본문에 등장할 '완화된 교족좌'는 좌우 발이 X자로 좀 느슨하게 겹쳐진 자세를 이르는 말이다.(그림I-16_81쪽, a) '완만한 반가부좌'는 대퇴부 위에 반대쪽 발이 올라가는 중국식과 달리 한쪽 발이 반대쪽 종아리 위에 올려진 자세이다.(그림I-16_81쪽, b, c, d) 한편, 현응의 『일체경음의』(655~663)의 '교부交趺'와 '가부加趺' 항목에 "謂交足而坐也", "今取其義則交足坐也"라 하여 결가부좌를 사용할 때 '교족交足'이라는 말을 사용하고 있으나, 이때 '足'은 '발'이 아니라 '다리'이다.

18) 부·번영(물질적 · 영적)·빛·지혜·행운·생식력·관용·용기의 힌두교 여신이며, 미·은총·매력의 전형 또는 화신이다. 행운을 가져오고 모든 종류의 비참함과 돈과 관련된 슬픈 일들로부터 자신의 신봉자들을 보호한다고 믿어지고 있다. 이로 인해 락슈미는 특히 상인 계층의 숭배 대상이었다. 불사리탑에 쉬리락슈미가 새겨졌는데, 이는 상인들의 재정적 후원과 관련되었을 가능성이 크다. Śrī는 '번영', '빛의 광휘'를 의미한다. 산스끄리뜨어 락슈미는 '인지하다' 또는 '관찰하다'를 뜻하는 √lakṣ에서 유래하였다. 따라서 어원적으로 '영광스런 앎', '성스런 앎', '영지靈知'라는 의미로 이해된다.

발견된 신상의 좌법과 동일하다.(그림1_30쪽, c) 중부와 남인도에서 초기 불상의 좌법양식은 결가부좌가 아니었다.

불멸 이후 500여 년 동안 결가부좌를 묘사한 도상이 조성되지 않다가, 북인도에서 기원 전후에 좌우 '다리'를 교차하는 결가부좌를 한 불상이 갑자기 출현하였다.

인도 중남부에서 불상이 조성되기 시작할 때의 좌법 명칭은 북방과 동일한 pallaṅka(ⓢparyaṅka)이다. 그러나 실제 좌법은 결가부좌가 아니라, [그림I-4_57쪽]와 같은 쉬리 락슈미의 좌법을 따르고 있다. 이는 [그림I-6_59쪽], [그림I-7_61쪽], [그림I-9_64쪽], [그림I-10_65쪽], [그림I-11_67쪽]에서도 확인할 수 있다. 남부 아마라바티와 나가르주나콘다 등 인도 남부 지역에서 2~3세기 무렵 조성된 초기 좌불상 뿐만 아니라, 스리랑카[19]와 남아시아 상좌부[20] 지역에서도 이 좌법을 따르고 있다.

북방 불교전통에서
발바닥에 발등을 겹치는 좌법(교족좌)은 발견되지 않는다.

북방의 결가부좌가 남방에 전해지게 되지만, 남방의 교족좌는 북방에 전해지지 않았다.[21] 남방에서 결가부좌는 붓다고사[22]의 『청정

19) 스리랑카는 암송으로 전해지던 붓다의 가르침을 최초로 '팔리어 삼장'으로 집대성한 나라다. 패다라수貝多羅樹 나뭇잎에 기록했다고 하여 패엽경具葉經이라고도 한다.
20) '상좌부불교'와 '초기불교'는 동일한 개념이 아니다. 현존하는 남아시아와 동남아시아의 상좌부불교는 그곳에 불교가 전래된 이후 그 나라 고유의 민간신앙과 습합된 부분도 있고, 후대에 성립된 다른 부파의 사상과 대승불교의 영향을 받았다. 따라서 현재의 상좌부불교를 붓다 시대의 불교로 착각해서도 안된다.
21) 다만, 중세 이후 티벳과 네팔 지역에서 하타요가의 영향력이 지속되었던 점을 고려하면, 이 지역에 교족좌류 좌법이 전승되었을 가능성은 크다.
22) Buddhaghosa(불음佛音): 중인도 마가다국의 바라문 출신으로 어려서 베다와 Sāṃk

도론』(4~5세기)에서 설해지기 시작하고 점차 교족좌를 대신하게 된다.[23] 결국 현재는 북방에서 paryaṅka를 대퇴부 위에 좌우 발을 올리는 결가부좌로 번역하였던 것과 같이 남방에서도 pallaṅka를 '결가부좌' 또는 'cross-legged posture'로 번역하고 있다.

[그림I-1] 결가부좌와 좌우 발을 교차하는 교족좌[24]

a: 좌불상, Katrā 고분 출토(Mathura), Mathura Government Museum, CE 2세기 초.
b: 연꽃 위의 Śrī Lakṣmī, 산치 대탑 남문, 29~10 BCE(Sātavāhana왕조).
c: 도리천에서 Sankissa(Sankasya)로 붓다의 하강, 산치 대탑 북문, 29~10 BCE.

hya(數論) 등을 배우다가 출가하였다. 굽타왕조기(3세기 중후반~543 CE)에 해당하는 430년경(Kumara Gupta I세)에 싱할리어 주석서들을 공부하기 위해 인도를 떠나 스리랑카의 아누라다푸라Anuradhapura에 정착하고, 대사大寺(Mahāvihāra)에서 상좌부의 삼장을 배웠다. 그곳에서 스리랑카의 토착어인 싱할리어로 된 삼장을 빨리어로 번역하고, 또 그에 대한 주석서를 지었으며, *Visuddhimagga*도 이때에 지은 것으로 전해진다. 만년에는 고국에 돌아가 입적하였다. 당시 스리랑카는 인도에서 그렇듯 대승불교 사조가 크게 일어나고 있었다. 이로 인해 스리랑카에 불교를 전한 아쇼카 대왕의 아들 마힌다 장로의 법을 계승한 마하비하라 파의 테라바다 불교가 심각한 위기에 직면해 있었다. 나가르주나, 아상가, 바수반두 등 뛰어난 논사들에 의해 체계화된 대승불교 이론이 스리랑카에도 영향을 주면서 테라바다불교의 굳건한 위상도 점차 기울어지고 있던 시기다. 붓다고사의 구체적인 전기에 대해서는 Bhikkhu Ñāṇa moli(1999)의 *The Path of Purification* (*Visuddhimagga*), 「Introduction」과 김경래(2012)의 〈붓다고사의 행적에 대한 연대기의 서술과 의도〉를 참조할 것.

23) 북부 마가다 출신인 붓다고사가 결가부좌를 붓다의 좌법으로 인식한 것은 당연한 것일 수 있다. 붓다고사 당시 스리랑카에서 결가부좌 불상은 만들어지지 않았다.

24) 참고도 b와 c는 발모양이 동일하다. 그런데 좌우 발을 몸의 중심 쪽으로 당겨서 구부리면 발등이 땅바닥 쪽으로 눕혀지기 때문에 발바닥이 하늘로 향하게 되는데, 여기서는 발등이 드러나 있다. 이는 이 도상을 새긴 조각가가 이 좌법을 수행해본 적인 없었던 것으로 추정된다.

인도 북부의 대승과 남부의 상좌부(소승)는 좌법이 다르다.

북방 불교와 남방 불교의 좌법이 '좌우 다리를 교차한다'(cross-legged)는 언어적 표현과 이름은 동일하지만, 구체적 행법에 있어서는 ①'먼저 왼발을 오른쪽 대퇴부에, 이어서 오른발을 왼쪽 대퇴부에 얹어서 **다리**를 교차하느냐'([그림I-1]a), ②'왼 발바닥에 오른 발등을 얹어서 **발**을 교차하느냐'([그림I-1]b, c)에 따라 다르다.

이처럼 남방과 북방 불교 전통에서 좌법은 각기 다른 방식으로 변형되어 왔으며, 서로 다르게 붓다의 좌법을 보여주고 있다. 또한 현재의 남북방 불교의 좌법은 고대 불교 유물에서 보이는 좌법이나 문헌과도 일치하지 않는다. 이와 관련하여 두 전통의 문헌에서 좌법의 행법과 그 생리학적 효력에 대한 구체적인 언급도 또한 드물다.

한 연구자는 다음과 같이 좌법 연구의 한계를 술회하기도 하였다.

> 현존하는 당시 문헌에 있어서 그 좌법을 상술하고 있는 문헌도 지극히 드물다. 따라서 그들 선禪을 닦는 자들에 있어서 좌법을 '결가좌'라 하면 안될 것이다. 그리고 안세고 이후의 많은 불전이 한역되고 있지만 이전의 습선자들이 보았을 가능성이 있는 현존하는 불교 문헌에는 그 좌법을 상술하고 있는 것은 없고, 겨우 축법호의 『수행도지경』 권2에 "결가하여 단정히 앉아 움직이지 않는 것이 태산과 같다"(結跏趺端坐 不動如太山)라는 내용이 보일 뿐이다. 그런데 이것도 "結跏趺端坐"라고만 할 뿐이어서 그 좌법의 상세한 내용은 분명치 않다고 밖에 할 수 없다. --중략— 이와 함께 바로 그런 이유야말

> 로 훗날 소위 선종禪宗이 중국의 풍토에 뿌리내려 독특한 전개를 보여주는 밑바탕이 당시에 이미 포함되어 있었던 것이다. (최현각, 2000)

이는 문헌을 통해서 결가부좌의 연원과 정확한 작법을 배우기 어렵다는 고백이며, 불전의 좌법을 결가부좌라고 단정적으로 이해하는 것에 주의를 갖도록 하고 있다. 한편 그는 "결가부좌의 좌법은 불교를 다른 것과 차별 짓는 결정적인 형태임을 알 수 있다. 그리고 이와 같은 독자적인 坐의 원형이 석존의 수행법에서 일어났다는 것은 말할 나위도 없다."고 하여 결가부좌를 타종파와 구분 짓는 불교만의 독특한 면으로 언급하고 있는데, 이와 같은 결가부좌에 대한 견해가 지배적이지만, 고대 인도의 유물과 문헌에 따르면, 결가부좌를 불교도만 수련한 것은 아니었다. 결가부좌가 등장하기 이전에 불교도는 교족좌를 실천하였으며, 이 좌법을 통해 수행자의 이상적인 모습과 신격神格을 표현하였었다.

1. 결가부좌보다 오래된 좌법

인도에서 가장 오래된 좌법은 인더스 문명의 좌법이다.

좌법의 역사적 기원을 파악함에 있어서, 학자들은 인더스 문명(c. 2800∼1800 BCE)의 유물 중 인장印章에 새겨진 신상을 요가의 주신主神 시바Śiva로 추정하였다.[25] 모든 학자들이 동의하는 것은 아니지만,[26] 다리 모양만을 기준으로 한다면, 분명히 이 인장의 좌법은 후대 인도전통의 요가적 좌법이다. 작은 점토 인장에 새겨진 도상을 보고 요가의 신으로 상정할 수 있었던 이유는 인물상이 취하고 있는 좌우 발을 겹친 요가적 좌법(āsana) 때문이다.

요가적 자세를 한 [그림I-2 34쪽]m1∼m4의 도상이 후대 쉬리 락슈

25) 인더스 유적을 발굴했던 마샬(Marshall 1931)이 최초로 주장했다. 얼굴이 4방향으로 있어서 신적인 존재를 표현하는 인도전통 신상의 전형임이 확실하다.

26) "사실, 이 이미지는 다양한 방식으로 독해되어 왔다. Alf Hiltebeitel(1978)는 머리는 버팔로(다른 해석, 황소)를 표현한 것이고 사방의 동물은 네 방위의 베딕 신과 상응한다고 추정하였다. Bridget와 Raymond Allchin(1982: 214)의 경우, 이 도상을 발기한 남근상을 가진 것이라고 하였다. Herbert Sullivan(1964)과 Shubhangana Atre (1998)는 이 도상이 결코 신이 아니라 여신을 묘사한 것이라고 주장한다. 이 도상을 포함해 유사한 인장들에 나타난 좌법에 관해서, Yan Dhyansky(1987: 94∼9)와 Thomas McEvilley(2002: 104)는 그것을 요가 좌법 mūlābandhāsana로 확신하며, '환정보뇌(還精補腦)' (McEvilley 2002: 110; cf. Dhyansky 1987:100)을 목표로 하는 최초의 Tantra적 작법으로 이해하였다. Sullivan(1964: 120)은 이 좌법이 자연스럽게 이루어진 일상적인 자세일 뿐, 반드시 요가적인 좌법일 수는 없다고 지적하였다. 반면 Asko Parpola(1994: 250, caption to fig. 14.16)는 이 소위 '요가적' 좌법은 단지 앉아 있는 황소의 원시적인 엘람문서(Proto-Elamite)적인 모방에 불과하다고 가정하였다. 유일한 결론은 우리가 아직 이 도상 속의 그 또는 그녀가 무엇을 표현하고 있는지를 해석할 방법을 알지 못한다는 것이다."(Samuel 2008: 3∼4)

미의 좌법(그림I-4_57쪽, a, b, c)과 거의 동일하다. 또한 하타요가의 달인좌(siddhāsana)나 행운좌(bhadrāsana)와도 다르지 않게 보인다. 달인좌는 m1처럼 성기 아래에 회음에 발뒤꿈치를 밀착하여 앉으며, 행운좌는 m2처럼 두 발바닥을 마주하여 몸 쪽으로 끌어당겨 앉는 것이다. m5는 고대 요가수행자의 자세들로 추정된다.

[그림I-2] 인더스 문명의 좌법

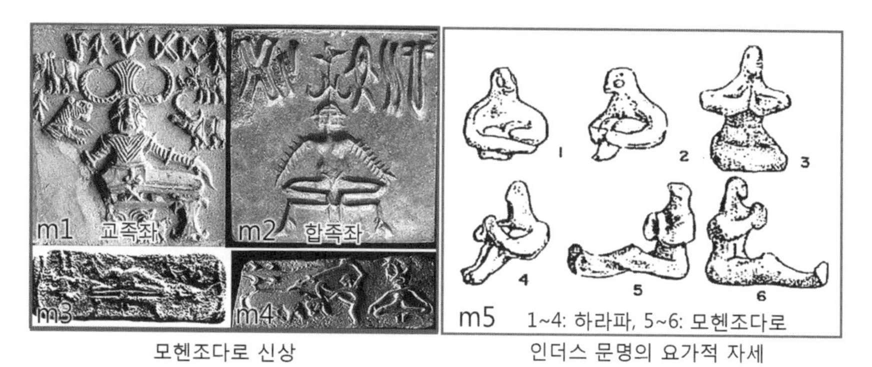

모헨조다로 신상　　　인더스 문명의 요가적 자세

여타의 고대 문명에서 사제나 신이 일반적으로 서 있거나 의자에 앉은 자세로 표현된다는 점에서 인장 속 신상의 좌법은 더욱 독특하다. 인더스의 인장처럼 특정 좌법을 취하고 있는 형상이 다른 문명권에서는 발견되지 않는다는 점은 독특한 현상이다. 인도에서 사람 형상의 유물을 해석할 때, 자세(좌坐)는 신격神格을 나타내는 상징적인 의미를 지닌다.

이처럼 인도 문명에서 좌법은 신적인 존재를 표현하는 신체적 언어였으며, 요가라는 실천수행 영역과도 밀접하게 맞닿아 있는 것이다. 그래서 고대 인도에서 좌법은 신격을 나타내는 상징이면서 동시에 그 신격에 도달하는 요가 수행의 이정표로서의 의의를 지닌다.

베다와 우파니샤드[27] 시대의 좌법은 문헌상 알려지지 않았다.

베다Veda(1500~1200 BCE)에서 āsana(좌법)는 언급되지 않았다. 다만 『리그베다』에서 무릎 꿇고 예를 갖추는 몇몇 좌법에 대한 간결한 설명이 발견된다.[28] 그것은 대부분 중국의 전통적인 좌법인 궤좌跪坐[29]와 같은 자세로서 공경을 나타내는 예법이다. 무불상 시대[30] 산치와 바르후뜨의 불사리탑에 새겨진 도상들 중 상당수도 붓다에게 무릎 꿇고 합장하거나 절하면서 공경을 표하는 자세를 보여준다.[31]

BCE 6세기 무렵 우파니샤드 시대(c. 800~300 BCE)에 āsana(좌법)라는 용어는 사용되지 않았으나 좌법을 호흡수련과 연계해서 언급하기 시작하였다.

---

27) 베다는 기원전 1500년 전후에 인도아대륙에 침입한 인도·아리아 민족의 종교인 브라만교 성전을 총칭하여 부르는 말이다. 우파니샤드(Upaniṣad, 오의서奧義書)는 BCE 800년경부터 출현한 문헌으로, 예로부터 하늘로부터 계시된 천계서天啓書로 신성시되었다. 브라만교(波羅門教)의 성전 『베다』에 속하며 시기 및 철학적으로 마지막 부분을 형성하기 때문에 '베단타'(Vedānta: 『베다』의 끝·결론)라고도 한다.

28) 리그베다*Ṛgveda* 3.59.3, 6.32.3, 7.82.4, 7.95.4: '강한 또는 견고한 무릎을 지닌'라는 의미의 'mitajñu', 그리고 10.15.6에서 "ācyā jānu"와 『샤따빠타 브라마나』*Śatapatha-brāhmaṇa* 2.4.2.2의 "jānu ā acya"를 참조할 것.

29) 발가락으로 바닥을 짚고 엉덩이 아래에 발뒤꿈치를 받쳐서 무릎을 꿇는 자세이다. 중국에서 책상다리와 같이 다리를 교차해서 앉는 자세는 실크로드를 따라 서역으로부터 불교와 함께 유입되어 호좌胡坐라고 불렸다.

30) 붓다에 대한 신앙은 붓다가 대열반에 든 이후부터 가속화되었다. 무불상 시대에 붓다를 상징했던 聖樹(보리수), 불족적佛足蹟, 윤보輪寶(cakra), 삼보표지三寶標指(triratna), 불좌佛座 그리고 불사리탑 자체 또한 신앙의 대상이었다. 이 무불상 시대 붓다를 상징하는 도상들은 북부 보드가야에서 남부 아마라바티에 이르기까지 거의 동일하다.(Sree Padma 2008: 84) 기원 이후에도 이러한 상징은 간다라와 마투라에서도 조성되었다.

31) "채음은 이에 사문 섭마등, 축법란과 함께 동쪽으로 낙양에 돌아왔다. 중국에 사문 및 무릎을 꿇고 붓다에게 절하는 법이 있게 된 것은 여기에서 시작되었다."(『위서』「석노지」)

> 몸으로 세 부분(가슴, 목, 머리)을 꼿꼿하게 곧추 세우고, 마음으로는 감각기관들이 심장에 자리하게 하면, 현명한 자는 두려움이라는 모든 물결들을 브라흐만이라는 나룻배로 건널 수 있다.(2.8)
>
> 몸 안에서 모든 쁘라나(기)를 제어하고 모든 움직임을 절제한 채, 쁘라나(기)가 미약해졌을 때 코로 숨을 내쉬도록 하라.[32] 마치 마부가 거친 말에 매어있는 수레를 제어하는 것처럼 현명한 자는 주의 깊게 마음을 유지해야 한다.(2.9)
>
> 평평하고 깨끗하며 잡석, 불길 및 자갈의 불편으로부터 벗어난, 물소리나 평온한 소리 등에 의해 생각이 편안해질 수 있는, 그러나 눈에 자극을 주지 않으며 가려져서 거센 바람이 없는 동굴의 안식처에서 수행하도록 해야 한다. (『슈웨따슈와따라 우파니샤드』 2.10)[33] *밑줄은 저자.

"모든 쁘라나(기)를 제어하고 모든 움직임을 절제한" 그리고 "수레를 제어하는 것처럼 현명한 자는 주의 깊게 마음을 유지해야 한다."는 내용은 신체적 기법으로서 좌법(āsana)이 정신적인 수련을 위한 조건임을 의미한다. 좌우 다리 모양에 대한 구체적인 내용은 없으나, 심장 중심에 몰입되는 쁘라나야마(호흡수련)을 제시하고 있다. 이

---

32) 숨을 마시고 멈추는 꿈바까(지식止息)을 한 후 쁘라나가 중심에 몰입되어 잦아들면 코로 숨을 내쉬는 것이다. '숨을 내쉬도록 하라'(ucchvasīta)는 'ud(위로)+śvas(숨쉬다)'로 이루어졌다.

33) trirunnatam̐ sthāpya samam̐ śarīram̐ hṛdīndriyāṇi manasā sanniveśya |
brahmoḍupena pratareta vidvānsrotām̐si sarvāṇi bhayānakāni || 2.8
prāṇānprapīḍyeha sam̐yuktaceṣṭaḥ kṣīṇe prāṇe nāsikayocchvasīta |
duṣṭāśvayuktamiva vāhamenam̐ vidvānmano dhārayetāpramattaḥ || 2.9
same śucau śarkarāvahnivālukāvivarjite śabdajalāśrayādibhiḥ |
mano'nukūle na tu cakṣupīḍane guhānivātāśrayaṇe prayojayet || 2.10(『*Śvetāśvatara Upaniṣad*』 300∼200 BCE)

처럼 좌법을 취하고 호흡수련에 임하는 전형적인 수행과정은 불교수행의 호흡관은 물론 『요가수뜨라』(Patanjali; 2세기 후반∽540[34])와 이후 하타요가 전통에서도 발견되며, 인도의 영적 수행에서 보편적인 것이다.

『바가바드기따』[35](5∽2세기 BCE)에서는 āsana라는 용어가 '좌석'이라는 의미로 등장하며 좌법을 자세히 언급하고 있다.

> 깨끗한 장소에 천이나 가죽이나 꾸샤풀로 된, 너무 높지도 않고 너무 낮지도 않게, 자신을 위한 고정된 좌석(āsana)을 마련하고,(6.11)
>
> 그곳에서 마음을 집중하여 생각과 감관의 작용을 제어하고 자리에 앉아서 자아의 정화를 위해 요가를 수행해야 하오. (6.12)
>
> 머리와 목과 몸통이 일직선이 되도록 세우고, 흔들림이 없는 자세로 앉아서 시선이 흔들리지 않게 코끝에 고정시켜라. (『바가바드기따』 6.13)[36]

---

34) Feuerstein(2011)은 BCE 1세기 초로 추정.

35) *Bhagavad Gītā*는 대서사시 『마하바라따』의 일부분이다. 해탈에 이르는 길로 요가를 지혜의 요가, 행위의 요가, 신애의 요가 등 3가지로 제시하였다. 일찍이 리그베다 시대에 갠지스(Gaṅgā)강 상류의 광활한 지역을 통일한 전설적인 바라따족에 대한 자긍심을 갖고 있는 인도인들은 인도를 산스끄리뜨나 힌디어로 된 인도의 호칭인 '바라뜨-칸다 Bhārat-khaṇḍa' 또는 '바라뜨-와르샤Bhārat-vaṛsa'라고 부르기를 더 좋아한다. 이것은 '영원히 번영하는 사람들' 또는 '영원히 번영하는 땅'이라는 뜻으로, 바라따Bhārata족의 서사시 『마하바라따』*Mahābhārata* 속에서 처음 나타난다.

36) ścau deś pratiṣṭhāya sthiram āmanaḥ |
nā'tyucchritaṃnā'tinīaṃcailāinakuśttaram || BhG 6.11
tatraikāgraṃ manaḥ kṛtvā yatacittendriyakriyaḥ |
upaviśyāsane yuñjyādyogamātmaviśuddhaye || BhG 6.12
samaṁkāaśrogrīaṁdhāayann acalaṁsthiraḥ |
saṁprekṣya nāikāraṁ svaṁdiśścā'navalokayan || BhG 6.13

요가전통에서도 좌법을 의미하는 'āsana'가 '앉는 자리'(좌석)의 의미로도 쓰이고 있다. 이는 후대에 연화좌대에 앉는 좌법을 연화좌라고 하였던 것처럼, āsana는 '앉는 자리'(座)이면서 동시에 '앉는 법'(坐法)의 의미로 사용되어 왔다. 그리고 『바가바드기따』에서 명상을 위한 좌법은 "머리와 목과 몸통이 일직선이 되도록 세우고, 흔들림이 없는 자세" 정도로 간략하게 서술되었지만, 시선을 코끝에 두는 의식 집중이 좌법에 포함됨으로써 좌법이 정신적 수련에 연결되는 요가수행으로 인식되고 있었음을 알 수 있다.

인더스 문명의 인장에 표현된 신상의 좌법이 베다나 우파니샤드에서는 언급되지 않았는데, 이는 당시 좌법이 굳이 설명할 필요가 없을 정도로 간결하였기 때문일 것이다. 도상이 문자보다 자세를 알리기에는 직관적이고 구체적이다. 인더스의 좌법 도상을 보고 그대로 따라하는 것은 어렵지 않다. 실제로 기원전 초기 스투파에서 발견되는 좌법은 무릎 꿇는 자세를 포함하여 4~5종에 불과하다(그림I-7_61쪽). 그래서 도상이 빈번하게 제작되던 시기에 다리(발) 모양을 문헌에 기록하는 것은 번거로울 뿐이었을 것이다.[37)]

---

37) CE 9∼10세기 무렵의 문헌 *Tattva Vaiśāradī*(『요가수뜨라』의 복주석)에 "연화좌는 잘 알려져 있는 것이다."(padmāsanaṃ prasiddham)라고 하여 자세를 설명하지 않는다. 실제, 대표적으로, 전설적인 Haṭhayoga 수행자 Gorakṣanātha(10∼12세기경)가 지은 가장 이른 시기의 Nāthism문헌으로 인정되는 *Siddha Siddhānta Paddhati*에서도 스와스띠까svastika(만卍), 빠드마padma(연꽃), 싯다siddha(달인) 등 3가지 이름만 언급되고 있을 뿐 어떤 좌법인지 설명되지 않았다. 하타요가 문헌에 840만 개의 아사나 중 84가지 아사나, 그리고 그중 가장 뛰어난 좌법으로서 달인좌를 언급하곤 하는데, 이때 좌법의 숫자는 상징적인 것일 뿐이고, 무수한 인간의 행위 중 달인좌가 가장 위대하다는 점을 강조하기 위한 것이다.

2. 붓다의 좌법, 빠르양까 paryaṅka(=pallaṅka)

'paryaṅka(=pallaṅka)āsana'의 사전적 의미는
'완전히 무릎이 이루어진 좌법'이다.38)

빠리pari는 '①두루, 널리, 보편적으로. ②완전히(전全)'를 뜻한다. paryaṅka를 '전가(부)좌全跏(趺)坐'라고 할 때, '全'자가 pari에서 비롯된 것으로 보인다. 그리고 앙카aṅka의 동사형 √aṅk(구부리다)로부터 '무릎을 구부린 모양'을 추정케 하고, 그러한 모양의 '갈고리'나 '닻(anchor)', '후크'를 연상시킨다. 그래서 aṅka는 안쪽으로 구부러진 (꺾인) 갈고리 모양과 그러한 동작으로서 '포옹' 또는 '껴안는 움직임'을 묘사하는 단어이다. 따라서 aṅka는 '①구부러진 모양 일체(구鉤: 갈고리) ②구부러지는 무릎(슬膝: 무릎)'의 의미로 축약된다. 그런데 'aṅka'의 번역어 '跏'자는 'X로 교차된 책상다리'를 의미하므로 'aṅka'의 뜻인 '무릎'을 온전히 전달하는 용어는 아니다.

그래서 paryaṅka는 '완전히 구부러진 것(무릎)' 또는 '완전한 무릎'으로 해석될 수 있는데, 무릎은 구부려지는 것이 그 특성이므로, 완전한 무릎은 '완전히 구부러진 무릎'(paryaṅka)이다. 그래서 '완전한 무릎' 모양으로 무릎이 가장 잘 드러나도록 다리를 구부리면, 종

---

38) 산스끄리뜨 사전에서 paryaṅka는 침상(寢牀), 침대, 두 다리를 겹친(cross-legged) 좌법 등 다양한 의미로 사용된다. 그래서 paryaṅkāsana를 '침상좌', 영어로 'Bed or Couch Pose'로 번역하는 경우도 빈번한데, 이는 어원에 부합하지 않는다.

아리가 대퇴부에 밀착되고 발뒤꿈치가 생식기와 회음부(yoni)에 가까워진다. 이렇게 이루어진 좌법은 교족좌와 합족좌의 다리 모양이 된다.(그림I-2_34쪽, m1, m2)

paryaṅka =
pari(두루, 전적(全的)으로, 완전히, 최대한) + aṅka(무릎, 어원 aṅk: 구부리다)39)

이러한 단어해석은 *Nikāya*40)에 비구니의 좌법으로 명시된 aḍḍha pallaṅka(반교족좌)를 설명하기에도 적합하다.(그림I-11_67쪽)

인도 문헌에서 좌법을 설명할 때, pallaṅka(ⓢparyaṅka)와 ā-√bhuj(구부리다, 꺾다)가 결합되어 "pallaṅkam ā-bhujitvā"라는 상용구를 이룬다. 이 문구를 'cross-legged'라고 번역하곤 하는데, 이는 어원적·문법적으로 불분명한 해석이다. 그 이유는 빨리어 불전에 'pallaṅka'가 명확하게 설명되지 않았으며, 후대에 '쇼파(쿠션cushion)'나

39) aṅka의 사전적 의미를 열거하면 다음과 같다.
- *A Sanskrit English dictionary*(Theodor Benfey 1866): hook, mark, cipher, action in a drama, flank, lap, arm, proximity.
- *The Standard Sanskrit English Dictionary* (Lakshman Ramchandra Vaidya 1889): mark, a stain, one of the ten kinds of drama, part of a drama, lap, proximity, a number, a hook, a curve or bend, the side or flank
- *The Practical Sanskrit English Dictionary*(V.S. Apte 1890): the lap, marked with the sign, a numerical figure, a side flank, a act of a drama, a hook or curved instrument 등
- 『梵和大辭典』(荻原雲來 1979): 굴곡, 낚시; 옆구리, 무릎; 근접; 포옹, 껴안는 것
- *A Sanskrit Dictionary*(Denton 2014): 1. the lap body-fold, the lap, 2. the hip bend that carried babies may be rested on, 3. a hook, 4. a mark or sign like a pot-hook, a bend in the arm, wall, shore.

40) 빨리어 'Nikāya'는 부(部), 모임, 종류 등의 뜻으로, 부파불교 시대에 성립된 수천의 남방불교 경전 전체를 이르는 말이다. 대승의 아함阿含(āgama)과 대응하는 경집이다. 여러 부파들에 의해 전승되어온 경집이 있었을 것이지만, 오늘날까지 남아있는 것은 남방의 니까야와 북방의 아함경이다. 니까야는 BCE 3세기 아쇼카왕의 제3차 불전결집 때 상좌부가 남방에 전한 것이며, 아함경은 CE 2세기 카니슈카왕의 제4차 불전결집 때 설일체유부 중심으로 만들어져서 북방에 전해진 것이다.

'의자(chair)'와 같은 것으로 인식되었기 때문이다.(Wujastyk 2015)

산스끄리뜨 사전에서도 ā-bhuj는 "√1. P. -bhujati, to bend in, bend down"로 설명되며,[41] 예시 문장인 "paryaṅkam ā-bhujya"를 "bending down in the Paryaṅka (q.v.) posture"라고 설명하고 있는데, 직역하면 "Paryaṅka 자세로 아래로 굽히고서"라는 뜻이 되어 모호한 해석이다. 이 영어 번역이 정확한 문장의 의미를 전달하려면 '구부리고서'(ā-bhujya)에 목적어 '무릎을'이 삽입되어 'bend one's knees(무릎을 구부리다)'가 되어야 할 것이다.

흔히 좌법을 묘사하는 빨리어 문구인 "nisīdati pallaṅkaṁ ābhujitvā"[42]는 pallaṅka를 목적어로 하여 '완전히 무릎을 구부려서 앉는다'로 번역되어야 한다. pallaṅka는 pallaṅkāsana(빨랑까 아사나)라는 좌법명이면서, 또한 '무릎(lap)'을 의미하는 일반명사로도 사용되었던 것이다.[43]

한편, 산스끄리뜨 문구에서는 pallaṅka와 함께 '√bandh(결합하다)'가 사용되기도 한다.(Edgerton 1953) 그 한 예로, 달마급다[44]가 *Vajracchedikā Prajñāpāramitā sūtra*를 온전히 산스끄리뜨 원문을 따라 번역한 『금강능단반야바라밀경』[45](605~616)을 들 수 있다. 이 문

---

41) *Monier Williams Sanskrit English Dictionary*(1899): ā-√bhuj의 명사형 ābhujana는 '안으로 구부림', '결가結跏'를 의미한다.

42) 빠띠삼비다막가*Paṭisambhidāmagga*(『무애해도無碍解道』)의 문장이다. 'ābhujitvā'는 동사 ābhujati(구부리다)의 동명사형이다.

43) 붓다짜리따*Buddhacarita*(『불소행찬佛所行讚』)에서도 좌법을 설명하는 문구 "paryaṅkamāsthāya"(빠르양까로 머물고서)의 paryaṅka는 paryaṅkāsana(빠르양까좌)를 의미한다.

44) 達磨笈多(Dharmagupta ?~619)는 남인도(구자라트)의 Lāra지방 출신으로, 23세에 출가하여 대소승의 경론을 배우고, 서역을 중심으로 활동하다가, 수나라 문제의 초청으로 590년에 장안에 와서 대흥선사에 머물며 역경과 밀교 보급에 종사하였다. 선무외가 그의 제자다.

헌에서 "paryaṅkamābhujya ṛjuṃ kāyaṃ"[46]을 "跏趺結直身"(가부결직신: 가부를 결합하여 몸을 곧게 세운다)이라고 하여, 'paryaṅkam'을 '跏趺'로, 'ābhujya'를 '結'로 번역하였다. 이는 '結跏(加)趺坐'라는 기존의 번역어를 염두에 둔 것으로서, ā-√bhuj의 본뜻인 '굽음'(曲; bend)을 살린 번역이 아니다.

'paryaṅka-bandha(결합)'는 '완전히 구부러진 무릎(paryaṅka)을 결합한다(bandha)'는 의미로 해석되는데, 결가부좌結跏(加)趺坐에서 '結' 또는 '結跏(加)'의 번역이 '√bandh(결합하다)'에서 비롯된 것으로 추정된다.

초기 대승경전에서도 '좌법을 취한다'는 구문에서 'ābhujya'와 'baddhvā'[47]가 관습적으로 교차 사용되었다. 이만오천송 반야경, 『마하반야바라밀경』 27권 90품)의 범어본[48]은 여러 가지인데, 한 판본에는 'paryaṃkam ābhujya', 다른 판본에는 'paryaṃkam baddhvā'로 되어있다.[49] 이는 초기 대승경진에서부터 '무릎을 구부린다'는 취지가 반영된 용어가 통일되어 있지 않았음을 보여준다.

실제, √ābhuj(구부리다)대신 √bandh(결합하다)를 사용한 'paryaṅka-bandha'는 결가부좌와는 다른 자세를 가리키기도 한다. 이러한 논거를 뒷받침해주는 근대 연구사례가 있는데, 최초의 산스끄리뜨 사전을 준비했던 Wilson(1827)을 들 수 있다. 그는 '무릎과 등을 끈으

45) 『금강반야바라밀경金剛能斷般若波羅密經』, 즉 『금강경』의 다른 번역이다.
46) "paryaṅkamābhujya ṛjuṃ kāyaṃ"에서, 'paryaṅkamābhujya'는 '빠르양까를 완전히 구부리고'이며, 'ṛjuṃ kāyaṃ'은 '몸을(kāyaṃ) 곧게 세운다(ṛjuṃ)'이다.
47) '√bandh(결합하다)'의 동명사형으로 '결합하고'로 번역한다.
48) *Pañcaviṃśatisāhasrikā-prajñāpāramitā Sūtra*
49) Gilgit가 정리한 판본에는 'paryaṃkam ābhujya', N. Dutt의 판본에는 'paryaṃkam baddhvā'로 되어있다.(Zacchetti 2005: 150)

로 휘감아 묶는 āsana'를 설명하면서 이 좌법을 'paryaṅka bandhana' 또는 'paryaṅka granthi'라고 언급한다.50) *Monier Williams Sanskrit English Dictionary*에서도 paryaṅkagranthibandha와 paryaṅkabandhana는 동일한 좌법으로 설명된다.51)

'paryaṅka-bandha'는 [그림I-3_44쪽]과 같이 등 뒤로 돌린 끈으로 양 무릎을 묶는 좌법이다. [그림I-3]b처럼 이 좌법은 불사리탑에 새겨진 도상에서도 수행자의 좌법으로 발견되는데, 이는 이 좌법이 무불상 시대에 'paryaṅka-bandha' 또는 'paryaṅka'라는 이름으로 알려졌을 가능성을 시사한다. 다만 불상이 '끈으로 묶는 paryaṅka'로 만들어진 경우는 전무하며, 니까야의 'paryaṅka'를 '끈으로 묶는 paryaṅka'로 해석할 만한 근거도 없다.

---

50) Wilson(1786∼1860)은 1808에 인도에 들어가서 인도 고대 언어에 관심을 갖고 현지 학자들로부터 많은 자료들을 수집하여 최초의 산스끄리뜨 사전을 기획하고, Rudolf Roth와 Otto von Böhtlingk가 이어받아서 *Sanskritwörterbuch*(1853∼1876)라는 책으로 출판된다. 그는 인도의 산스끄리뜨 연극 30여편을 번역하여 *Select Specimens of the Theatre of the Hindus* 2권을 출판하였는데, 제1권 [The Mṛcchakaṭika, or the Toy Cart]편 각주 중 "One of which is sitting on the hams with a cloth fastened round the knees and back, the paryaṅka bandhana, or, as here termed, the paryaṅka granthi, the bed-binding or bed-knot."라는 내용이 있다.

51) *Monier Williams Sanskrit English Dictionary*의 설명.
- palyaṅka paly-aṅka m. = pary-aṅka (Pāṇ. 8-2, 22) a bed, couch, bedstead Siṃhâs. Pañcad; a cloth wound round the loins while sitting on the heels and hams L; so sitting, squatting (cf. pary-aṅka) L
- paryaṅka pary-aṅka m. (also palyO Pāṇ. 8-2, 22) a bed, couch, sofa, litter, palanquin KaushUp. MBh. Kāv. &c. (also Oikikā f. Kād; Okī-kṛta mfn. turned into a couch Gīt.); a partic. mode of sitting on the ground (a squatting position assumed by ascetics and Buddhists in meditation) Buddh. (cf. below); a cloth wound round the back and loins and knees while so sitting L; N. of a mountain (son of Vindhya) L
- paryaṅkagranthibandha: m. the bending of the legs crossways under the body in sitting Mṛicch. i, 1.
- paryaṅkabandhana: n. (L.) the act of sitting with the legs bent and binding a cloth round the back and loins and knees

이와 같이 불전에 기록된 paryaṅka라는 단어를 분석하면, 무불상 시대의 좌법은 '합족좌'나 '교족좌' 뿐만 아니라 '무릎을 끈으로 묶는 paryaṅka-bandha'처럼 '무릎을 완전히 구부리는(曲; bend)것을 특징으로 하는 좌법'으로 규정할 수 있다. 결가부좌 이전 문헌의 paryaṅka는 '전슬全膝(완전한 무릎)'이 그 본뜻에 가깝다.

그리고 ardhaparyaṅka(=aḍḍhapallaṅka) 또한 'paryaṅka를 절반(ardha: half)만 하는 것'으로, 양쪽 다리 중 절반, 즉 한 쪽 무릎만 완전히 굽히는 것이므로 반가부좌가 아니다.

[그림I-3] 끈으로 묶는 paryaṅkāsana

a: Śiva상, Kilashanathar Temple, 동남인도, CE 7세기
b: 띠를 두른 Vessantāra, Sanchi 대탑 북문, 중인도, 29~10 BCE
c: 요가수행자상, Mahabalipuram, 동남인도, CE 7세기 이후

[그림I-3_44쪽]b와 c는 중인도의 산치대탑과 남인도의 마하발리뿌람[52]에 새겨진 '끈으로 묶는 paryaṅka'이다. [그림I-3]b와 [그림I-7_6

52) Mahabalipuram: 인도 동남부, Tamil Nadu 주의 동북부 마을. 5세기부터 8세기까지 예술적, 정치적 절정에 달했던 칸치푸람의 팔라바 왕조가 세운 동서 교역의 중심

1쪽]b4에서 확인되듯이, 불교에서 '끈으로 묶는 paryaṅka'는 기원전부터 존재했으며, 두타행(dhutaṅga)의 최고로 알려진 장좌불와長坐不臥(nesajjikaṅga)를 실천하는 성스러운 수행자와 신상을 표현하는 상서로운 자세였던 것으로 보인다. 기원전, 불교수행자가 [그림I-3_44쪽]b를 'paryaṅka'라고 불렀는지는 확정할 수 없으나, 붓다고사(5세기)는 이 좌법을 빨랑까(ⓢparyaṅka)라고 지칭하였다.[53] 따라서 '끈으로 묶는 paryaṅka'는 당시 'paryaṅka'로 통용되었을 가능성이 크다. 오랜 시간 눕지 않기 위해 교각좌형 paryaṅka에 끈으로 몸과 다리를 묶은 것이 '끈으로 묶는 paryaṅka'였을 것이다.(그림I-24_111쪽) 동시에 '끈으로 묶는 paryaṅka'에서 점차 끈이 사라지고 겹친 다리 모양만 남아서 보살상의 대표적인 좌법인 교각좌로 전승된 것으로 보인다.

그런데 8∽9세기 무렵[54] 요가 문헌에서는 'paryaṅka'가 간소하게

지다. 지도상 위치는 [그림I-3_62쪽]a를 참조.

53) 『청정도론』에 눕지 않는 두타행을 위해 중급 이하 수행자는 <u>등받침, 쭈그리고 앉을 수 있는 천으로 된 방석, 묶는 끈</u> 등을 사용할 수 있다고 하였다. 붓다고사는 눕지 않는 두타행을 설명하면서 좌법을 pallaṅka로 지칭하고 있다. 그는 빨랑까(paryaṅka)를 하고 눕지 않는 수행을 통해 선정에서 일어나는 희열(pīti)과 안락(sukha)을 얻는다고 하였다.

54) 8∽9세기는 하타요가가 체계화되던 시기이다. 하타요가의 기본 원리는 쉬바교도, 특히 맛센드라나타Matsyendranātha(10세기 초)와 고락샤나타Gorakṣanātha(10∽12세기)에 의해 체계화되었고, 문자화된 것은 11∽12세기경으로 추정된다. 'Haṭhayoga'라는 용어는 8세기의 후기밀교 탄트라 문헌인 『구햐야사마자 탄트라』*Guhyasamāja-tantra*(비밀집회탄트라; 8세기 말)18장 161송에서 최초로 등장한다. 언급된 문맥은 6개월 동안에도 3가지 방법으로도 보리(bodhi, 깨달음)를 얻지 못하는 제자에게 하타요가를 제시하는 장면이다. 『헤바즈라 탄트라』*Hevajra-tantra*는 대략 8세기 후반이나 9세기 초반 경에 현재의 형태를 갖춘 것으로 추정된다. 샹카라Śaṅkara(788∽820)의 *Brahmasūtra bhāṣya*에 하타요가에 관련된 부분들이 발견되며, 그의 저작으로 추정되는 *Aparokṣūnubhūti*에서 'haṭhayoga'를 언급하고 있다. 체계화된 하타요가를 설하고 그와 같은 이름을 사용한 최초의 문헌은 *Dattātreyayogaśātra*이다. 이 문헌은 13세기경에 편찬된 것으로 추정된다. 하타요가의 가장 오래된 정의는 11세기경 불교의 탄트라 문헌 *Vimalaprabha*(『무구광無垢光』)에서 발견된다. 이 정의는 중심맥中心脈과 맥점脈点(bindu)에 관련된 것이다.

취급된다. paryaṅka에 대해 『요가수뜨라』의 주석들은 부수적 좌법의 하나로서 '끈으로 묶고 무릎 위에 팔을 펴서 걸치는 자세'로 설명할 뿐이다. 샹카라Śaṅkara(700~750)는 『요가수트라 브하샤』Yogasūtra-bhāṣya에 언급된 좌법들을 다소 간략하게 그 행법을 설명하고 있는데, "[두] 팔을 [두] 무릎에까지 뻗어서 편하게 두는 것이 paryaṅka이다."[55]고 하였다. 레깃Leggett(p. 274)도 이 문장을 "두 팔을 뻗어 두 무릎 위에 두는 것이 paryaṅkāsana이다."라고 번역한다. 주석서마다 자세에 대한 설명은 거의 비슷하다.[56]

요가전통에서도 paryaṅkāsana는 결가부좌가 아니었다.

이처럼 요가전통에서도 paryaṅkāsana는 두 팔을 양 무릎 위에 두거나 무릎을 끈으로 묶는 자세였다. 차츰 요가전통에서 'paryaṅka'라는 좌법명 자체의 문헌상 빈도수와 중요도가 낮아지게 된다. 반면 10세기 전후 하타요가의 대두와 더불어 교족좌류의 달인좌(siddhāsana)와 행운좌(bhadrāsana)[57]가 가장 중요한 좌법으로 나타나게 된다.

---

55) ājānuprasāritabāhuśayanaṃ paryaṅkāsanam|| (YSbhV, p. 226).

56) *Patañjala-yogasūtrāṇi*(p. 111): jānuprasāritabāhoḥ śayanaṃ paryaṅkaḥ, *Yogavārttika of Vijñānabhikṣu*(p. 218): jānuprasāritabāhoḥ śayanam, *The Yogamaṇīprabhā of Rāmānandasarasvati with the Gloss Svasaṇketa*(p. 299): jānuprasāritabāhoḥśayanaṃ paryaṅkāsanam.

산스끄리뜨 사전에서 paryaṅka는 침대, 소파, '평상' 또는 '침상'을 의미하기 때문에, 빠르양까아사나를 침상에 눕는 자세로 이해하는 경우가 있다. 루끄마니Rukmani(1983: 218)도 *Yogavārttika of Vijñānabhikṣu*(16세기 중반)에서 paryaṅka를 설명하면서, 원문의 'śayana'를 'lying down(눕는 것)'으로 해석하여 '뒤로 눕는 자세'라고 하였다. 이러한 paryaṅka에 대한 해석은 고전 요가의 주석들과 부합하지 않는다.

57) 8세기 전반, 남인도 Kerala출신인 샹카라Śaṅkara의 *Yogasūtra Bhāṣya Vivarāṇam*에 "마찬가지로, 오른발을 왼[발] 위에 얹고 오른손을 왼손 위에 놓고서, 그와 같이 앉는 것이 행운좌이다. 나머지 [부수적인 작법들]은 [연화좌와] 동일하다."(tathā dakṣiṇaṃ pādaṃ savyasyopari kṛtvā, hastaṃ ca dakṣiṇaṃ savyahastasyopari nidhāy

하타요가에서 교족좌에 해당하는 달인좌의 전형적인 행법은 다음과 같다.

> 회음(yoni) 부위를 발뒤꿈치로 닿게 하고서, 이제 [남은] 한쪽 발만 생식기에 견고하게 얹어 놓아야 한다. 그리고 턱을 흉부에 매우 단단히 고정한 후, [몸을] 움직이지 않는다. 제어된 감각은 정지하여 있고, 움직임 없는 시선으로 양 눈썹 안쪽을 관觀해야 한다. 참으로 이것을 해탈의 [입구를 막고 있는] 문을 관통할 수 있는 '달인좌'라고 한다. (『하타(요가)쁘라디삐까』 1.35)[58)]

이 원문의 지시대로 좌우 발이 몸의 중심부, 즉 생식기 또는 회음부에 닿아 있는 달인좌를 취하면 쉬리 락슈미 신상처럼 두 발이 겹쳐진 모양이 된다.

그리고 하타요가에서 행운좌(Bhadrāsana)는 양 발뒤꿈치를 음낭 아래 회음부 봉합선의 양 옆에 놓는데, 왼 발뒤꿈치는 왼쪽에, 오른 발뒤꿈치는 오른쪽에 놓는 좌법이다.[59)] 이 좌법은 양 발바닥을 회음

---

a, yenāste, tat bhadrāsanam | anyat samānam ||)고 하였다. 한편 하타요가 문헌에서 행운좌는 좌우 발바닥을 마주 닿게 하는 합족좌와 유사한 좌법으로 설명된다.

58) yoni - sthānakam-aṅghri-mūla-ghaṭitaṃ kṛtvā dṛḍhaṃ vinyasen -
meṇḍhre pādam - athaikam - eva hṛdaye kṛtvā hanuṃ susthiram |
sthāṇuḥ saṃyamitendriyo'cala - dṛśā paśyed bhruvor - antaraṃ
hyetan - mokṣa - kapāṭa - bheda - janakaṃ siddhāsanaṃ procyate || HP 1.35
Haṭha(Yoga)Pradīpikā(CE 1450년경)는 스와뜨마라마Svātmārāma의 저작이다. 이 문헌은 쿤달리니kuṇḍalinī를 각성시킨 후 수슘나나디suṣumnānāḍī를 통해 미간에 쁘라나(기)와 마음을 몰입시키는 하타요가의 수행체계를 체계적으로 서술하고 있다. 저술 시기에 있어서 박영길(2015)과 Feuerstein(2011)은 14세기 중엽으로, Gharote(2007)는 14세기로, Jason Birch(2016)는 12∽14세기로 추정한다.

59) gulphau ca vṛṣaṇasyādhaḥ sīvanyāḥ pārśvayoḥ kṣipet | savya-gulphaṃ tathā savye dakṣa-gulphaṃ tu dakṣiṇe || HP 1.53

앞에서 맞닿게 하는 합족좌([그림I-2_34쪽]m2)와 거의 유사하다.[60] 쉬리 락슈미의 좌법으로서 교족좌와 합족좌는 하타요가에서 달인좌와 행운좌라는 이름으로 전승되어 왔다. 양발을 앞쪽에 두고 앉는 자세는 일상적이지만, 음낭 아래에 밀착해서 앉는 좌법은 일상적인 자세가 아니다.

교족좌와 합족좌는 발 뒤꿈치가 회음부에 밀착되는데(그림I-4_57쪽, a,b,d,e), '회음에 닿게 한다'[61]거나 '음낭(또는 생식기) 아래에 둔다'[62]는 설명은 인더스 인장의 좌법(그림I-5_58쪽)과도 동일하다.

이처럼 쉬리 락슈미의 좌법은 고대 인더스 문명에까지 그 기원이 소급되며, 하타요가에서 달인좌류와 행운좌류로 전승되어 실천되었다. 즉 초기불전에서 paryaṅka라는 이름으로 불리던 쉬리 락슈미의 좌법이 요가 전통에서는 이름이 바뀌어 다양한 좌법으로 계승되었던 것으로 보인다. 탄트리즘과 하타요가가 융성했던 이 시기에 불교는 인도에서 쇠퇴하여 상당 부분 명맥만 유지될 뿐이었다.[63]

---

60) *Encyclopaedia of Traditional Asanas*에서는 행운좌(Bhadrāsana)를 총 12종으로 정리하고 있는데 그 중 7종이 합족좌의 발모양이다.

61) 회음(yoni)은 생식기과 항문 사이에 있는 회음근會陰筋이 있는 부위이다. 하타요가에서 무드라 수련에서 회음을 발뒤꿈치로 닿거나 누르는데, 이는 인더스 인장의 신상에서 보여지는 '음낭 아래 놓인 발뒤꿈치'에서 유래된 것으로 추정해 볼 수 있다. 문헌에 달인좌에서 회음을 압박한다는 직접적인 표현이 없으며, "3중 반다가 노력 없이도 꼭 자연히 일어난다."(『하타(요가)쁘라디삐까』 1.42)고 하여, 회음을 누르지 않아도 물라반다가 일어난다는 것을 설명하고 있다. 해당 게송의 주석 또한 이를 상술하고 있다. 여기서 반다는 좌우 맥도를 통해 전신으로 흩어지는 쁘라나(기)를 중심부 맥륜으로 몰입시켜서 수슘나나디로 이끄는 수행법이다.

62) 생식기 아래 발이 놓이는 도상을 '발기한 남근상을 가진 것'이라고 설명하기도 한다.(Allchin 1982: 214)

63) 인도에서 불교의 정점기는 인도 최후의 불교 왕조였던 하르샤바르다나왕의 재위 시대(606~647)였다. 그러나 7세기 무렵부터 힌두 교단에 새로운 기풍이 거세지는데, 샹카라의 등장과 더불어 힌두교가 융성해지면서, 불교뿐 아니라 다른 종교들도 쇠퇴하게 된다. 불교는 시대적 조류였던 탄트라적 경향에 영향을 받게 되면서 점차 힌두교와 구분되지 않을 정도로 된다. 학자들은 인도 전역에서 불교 교단이 쇠약해지면

이와 같이 pallaṅka라는 용어가 시대와 지역에 따라 다른 좌법을 의미할 수 있으므로, 'pallaṅka'를 '결가부좌' 또는 'the cross-legged posture'라고 일괄적으로 번역하는 문제를 시정해야 한다. 발을 겹치는 교족좌나 두 발을 나란히 모으는 합족좌, 결가부좌, 교각좌(crossed-ankle pose), 중국식 반가부좌, 남방의 완화된 교족좌와 완만한 반가부좌, 반가사유상의 좌법 등을 비롯해 *Nikāya*의 aḍḍhapallaṅka, 춤추는 힌두 신상을 지칭하는 ardhaparyaṅka까지 아우르는 이 번역어는 고대 좌법에 대한 이해에 혼란을 가중시키고 있다. 물론 이렇게 다양한 좌법들을 일괄적으로 'the cross-legged posture'라고 지칭하는 이면에는 인도 전통 좌법들이 모두 '교차하는 발(다리)'에 근거한다는 암묵적인 동의가 일반화되어 있음을 의미하는 것이기도 하다.

*Nikāya*의 pallaṅka를 '결가부좌'로 번역하지 말라

남방 불교 수행전통에서 중요하게 거론되는 논서로서 빠띠삼비다막가*Paṭisambhidāmagga*(『무애해도無礙解道』, BCE 3세기경), 위무띠막가*Vimuttimagga*(『해탈도론』)[64], 위숫디막가*Visuddhimagga*(『청정

서, 12세기에 이르러서는 그 명맥이 끊겼다고 본다. 한편 법현(동진, 342~423)의 『불국기』(416)와 현장의 『대당서역기』(제자 변기가 현장의 사후 646년 7월에 완성)에서 간다라에는 천여 개의 가람과 불사리탑이 황폐해 있다고 적고 있는 점으로 봐서 북인도에서 불교는 보다 빠른 시기부터 쇠퇴되기 시작한 것으로 보인다.

64) 『해탈도론』의 원저자는 스리랑카의 우빠띳사Upatissa(우파저사優波底沙 150~250년경)이며, 이 책은 부남국(Mon-Khmer; 현 캄보디아) 출신의 상가빨라Saṅghapāla(승가파라僧伽婆羅, 479~524)에 의해 6세기 초에 중국 양나라에서 번역되었다. 그는 제도齊都의 정관사正觀寺에 와서 구나발타라의 제자가 되었다. 506년에서 520년 사이에 양무제의 존경과 도움으로 양도楊都(현, 강소성 남경)에서 『문수사리소설반야바라밀경』 등을 번역하였다. 『해탈도론』은 *Visuddhimagga*와 더불어 남방 불교 근본 교리의 백과사전이라고 할 수 있는데, 이 문헌이 대승불교의 교리를 받아들이는 등 조금 진보적인 반면, *Visuddhimagga*는 보수적이고 전통적이라고 한다. 스리랑카

도론』 5세기) 등이 있다.

그중 6세기 초에 한역된 『해탈도론』에서 '結跏趺坐'가 좌법 명칭으로 사용되고 있다는 점이 주목할 만하다. 원전이 소실되고 한역본만 존재하기 때문에 원전에서 좌법을 지칭하는 원어가 무엇이었는지 확정할 수는 없지만, 예외적인 이유가 아니라면 'pallaṅka'가 확정적이다. 그러나 『해탈도론』이 지어지던 3세기 중반까지 스리랑카에서 결가부좌를 한 불상은 조성되지 않았으며, 당시 스리랑카에서 불상은 '완화된 교족좌'(그림I-16_81쪽)[65]를 하고 있으므로, 이때의 좌법을 결가부좌로 번역하는 것은 잘못이다. 중국에서 공부하고 역경에 종사한 상가빨라가 6세기 초에 『해탈도론』을 한역하면서 결가부좌를 설한 붓다고사의 견해를 참고하였거나, 당시 중국의 좌법 용어를 그대로 받아들여서 '結跏趺坐'로 한역하였을 가능성이 크다.

붓다고사는 북방의 좌법인 결가부좌를 설하였다.

상좌부 불교에서 pallaṅka의 번역어로서 북방의 용어인 '결가부좌'를 사용하는 것이 타당한가에 대한 논의는 붓다고사가 설한 좌법에 대한 문제로 귀결될 수 있다.

상좌부 불교는 무외산파와 대사파의 2대파가 있는데, 『해탈도론』은 무외산파, *Visuddhimagga*는 대사파에 속한다. 12세기경, 무외산파가 대사파에게 정쟁에서 패해 소멸했기 때문에 『해탈도론』의 원전은 남아 있지 않지만, 『청정도론』의 혜품을 제외하면 거의 동일한 편집체계를 가지고 있다. 중국의 구법고승 의정(653∼713년)이 쓴 『남해기귀내법전』에 따르면 부남국에는 정량부와 有部의 불교가 유행했다. 6세기까지 융성했던 부남국은 속국이었던 진랍眞臘의 자야바르만 1세에 의해 병합되고, 진랍은 메콩강 하류지역까지 점령한다. 이때 대승불교가 이입되었다.

65) 여기서 '완화된'이란 두 발뒤꿈치가 몸 중심에 견고하게 놓이지 않고 종아리 부위에 놓인 교족좌를 말한다.

붓다고사가 남방 불교 수행체계에 미친 영향력은 지대하다. 그가 활동하던 5세기 초는 간다라와 마투라 미술 양식이 융합되어 불상의 통합적 양식이 확립된 시기다. 그는 길상좌를 취한 좌불상이 불교적 신앙의 대상으로 확립된 시기에 중인도 마가다Magadha(그림I-8_62쪽, a)의 바라문 가문에서 태어났다.[66] 그의 고향 마가다에서 당시 유행하던 붓다의 모습은 [그림I-15_80쪽]b의 '초전법륜상'과 같은 것이었다. 어려서 베다와 수론(數論, Sāṃkhya)[67] 등을 배우다가 출가하여 인도 동부 연안의 여러 지역에 체재하며 공부하고 스리랑카에 들어갔다.[68]

마가다는 붓다 이전 시대부터 오랜 기간 인도의 중심지였는데, 그곳에서부터 간다라 지역에 이르는 지역에 주요 도시들이 동서로 이어져 있었다.(그림I-8_62쪽, a) 그 노선을 따라 간다라에서 마가다 왕국의 수도였던 파탈리푸트라[69]에 이르는 지역은 마투라를 경유하여 실크로드로 열려 있었다.

굽타왕조 때는, 사무드라굽타왕(c. 335~380 CE)이 마가다에서 남인도 타밀 나두의 칸치푸람까지 동해안을 따라 영역을 확장하여, 북인도의 문화가 스리랑카와 남아시아로 전해지는 길을 확장하였다. 이

---

66) *Mahavamsa*

67) 인도 육파철학六派哲學 중 가장 이른 시기에 이루어진 학파다. 산스끄리뜨 샹캬sāṃkhya는 수數를 의미하는데, 인식되는 세계의 발생 원리를 하나하나 숫자로 열거하는데서 수론數論이라 하였다.

68) 삼 조도森 祖道(1984: 506~509)참조. 붓다고사를 이어 주석을 지은 붓다닷따Buddhadatta(5세기경)와 담마빨라Dhammapala도 대사파에 속하며 인도 동남부에서 집필 활동을 했다. 당시 동남부 인도와 스리랑카는 상좌부 주석가들의 본거지였다.

69) Pāṭaliputra는 지금의 파트나Patna 지역으로, 고대 인도에 있던 마가다국의 아자타샤트루(ajātaśatru)왕이 건설한 수도였다. 한문으로 화씨성華氏城이라하고, 인도 동부, 비하르 주의 주도州都이며, 강가(갠지스) 강 중류 남안에 있는 마가다국과 마우리아왕조(320~185경 BCE)의 수도로 번영한 도시다. 아쇼카왕에 의해 제3차 결집이 이루어진 곳이기도 하다. 이때 논서들이 논장論藏으로 집성됨으로써 삼장(경율론)이 갖추어지게 되었다. 지도상 위치는 [그림I-3_62쪽]a를 참조.

길을 통해서 붓다고사는 남인도에 이르렀다.(그림I-20_90쪽, c)

그런데 붓다고사 이전 3~4세기경, 동남부 인도는 상좌부의 주 활동지였다. 이후 지속적으로 그 세력이 확립되어, 7세기경, 현장(600~664)[70]과 의정(635~713)의 탐방기록을 통해서 알려진 바와 같이,[71] 이 지역은 북방과는 다른 불교전통으로 확립되어 갔다. 그 차이는 좌법에서도 나타난다. 스리랑카는 물론 인도 동남부의 대표적인 불교유적지 아마라바티와 나가르주나콘다의 불상은 쉬리 락슈미의 좌법인 교족좌와 합족좌를 보여준다.

그런데 인도 남부에서 확산되어 태국과 미얀마 등 남부아시아에서도 널리 숭상된 쉬리 락슈미의 좌법은 5세기 이후 점차 쇠퇴하기 시작한다. 그 단초를 『청정도론』에서 찾아볼 수 있다. 이 문헌에서 pallaṅka는 '결가부좌'로 설명되고 있다. 남방 불교 수행 체계를 확립한 것으로 알려진 이 『청정도론』에서 pallaṅka는 입출식념(ānāpānasati)[72]의 기본 좌법으로서 그 행법까지 상세하게 설하고 있으며,[73] 삼

---

70) 하남성 낙양 출신으로 법상종의 창시자다. 열 살 때 형을 따라 낙양의 정토사에서 불경을 공부하다가 13세에 승적에 이름을 올려 玄奘이라는 법명을 얻음. 중국 당나라의 고승으로 인도로 구법여행을 떠나 날란다 사원에 들어가 5년 동안 계현戒賢(시라바드라)에게 『유가사지론』과 여러 논서를 배우고 산스크리트 원전들을 읽었다. 이후 중국으로 돌아와 인도 여행기인 『대당서역기』를 저술하였다.

71) 불교 역사는 단선적으로 변화하지 않았는데, 초기불교 시대가 끝나고 부파불교 시대가 시작된 것도 아니고, 부파불교 시대가 끝나고 대승불교가 성립된 것도 아니다. 대승불교가 성립한 후에도 부파불교는 성행하고 있었다. 이것은 5세기 초에 인도를 여행한 법현의 『불국기』나 7세기 전반에 인도에 유학한 현장의 『대당서역기』 및 의정의 『남해기귀내법전』 등을 통해 알 수 있다. 현장이 『대당서역기』를 통해서 남긴 바에 따르면, 7세기경 동북인도의 사마따따Samatata(三摩呾吒), 남인도의 드라비다Drāviḍa국은 '상좌부'가 번성한 지역이었으며, 서남인도의 칼링가Kalinga국, 싱할라Singhala(스리랑카)국, 서해안의 바루까차빠Bharukacchapa(현 Broach)국이나 중서부의 사우라쉬뜨라Saurashtra국 등은 '대승상좌부(Mahāyāna-Sthavira)' 지역이라고 하였다. 벵갈에서 남인도까지 인도의 동해안을 따라 스리랑카에까지 상좌부가 계승되고 있었다. 현장보다 약간 후대인 7세기 후반에 인도를 방문한 의정도 『대당남해기귀내법전』에서 동남부 인도와 스리랑카는 오로지 상좌부라고 기록하고 있다.

매나 열반의 좌법으로 일관되게 등장한다. 해당 원문의 번역은 다음과 같다.

> pallaṅka: 넓적다리를 완전히 맞물리게 해서 앉는 것이다.[74]
>
> 틀고(접고): 고정시키고, 몸을 곧추 세우고: 몸을 곧바로 세우고서, 18개의 등뼈의 끝이 다른 끝에 닿도록 두고 이와 같이 앉을 때 그의 피부와 살과 힘줄이 꼬이지 않는다. 만약 그들이 꼬이면 그것으로 인해 순간순간에 느낌들이 일어나겠지만 [바르게 앉았기 때문에] 일어나지 않는다. 그들이 일어나지 않을 때 그의 마음은 하나가 된다. 명상주제로부터 떨어지지도 않고 오히려 [특별함을 얻기 위해] 증장하고 강해진다."[75] *밑줄은 저자.

붓다고사의 제자 담마빨라[76] 또한 『청정도론 대주석』(*Visuddhimagga-mahāṭīkā*)에서 "넓적다리를 완전히 맞물리게 해서 앉는 것(Ūrubaddhāsana)"을 "넓적다리의 아래로 결박하는 힘으로 앉는 것"[77]이라고 풀이하였다. 남방에서도 들숨과 날숨에 대한 사띠를 수행하고

---

72) 산스끄리뜨 ānāpānasmṛti와 동의어다. ānāpāna(들숨과 날숨)에 smṛti(기억, 념念)가 결합된 단어다.

73) "가부좌를 틀고 몸을 곧추 세우고 전면에 사띠를 확립하여 앉는다."는 정형구를 풀어서 *Visuddhimagga*(『청정도론清淨道論』) 8.160에서 상술하였다.

74) Tattha pallaṅkanti samantato ūrubaddhāsanaṃ.이 문장에서 ūru는 대퇴(thigh)를 의미한다.

75) 대림스님의 번역을 참조, (『청정도론2』, p.92)

76) Dhammapāla는 남인도의 kāñcipuram 태생으로, *Sāsanavamsa*에는 남인도 타밀 나두의 상좌부 승원인 Badaratiṭṭha에 살았다고 기록되어 있다.

77) "Ūrubaddhāsananti ūrūnaṃ adhobandhanavasena nisajjaṃ." (*Visuddhimagga-mahāṭīkā*)

삼매(선정)를 위한 좌법으로 오랜 전통 속에서 확립된 pallaṅka를 결가부좌로 해석하기 시작한 것이다.

붓다고사가 스리랑카의 마하비하라mahāvihāra(대사大寺)에서 상좌부의 삼장(경율론)을 배웠으며, 스리랑카의 토착어인 싱할리어로 된 삼장을 빨리어로 번역하고, 또 그에 대한 주석서를 지었던 시기는 430년 이후이다.

붓다고사와 그의 제자 담마빨라의 경우에서 확인하였듯이, pallaṅka라는 이름이 붓다의 유일한 좌법으로 알려져 있는 남방 상좌부전통에서 적어도 5세기 초에 pallaṅka를 결가부좌로 인식하기 시작하였으며, 결가부좌가 남방 불교전통에서 교족좌를 대신하게 되는 근거가 되었을 가능성이 크다. 이와 같이 남방에서도 결가부좌가 붓다의 좌법으로 간주되기 시작한 것이다.

그런데 실제 남방에서 불상의 좌법과 수행시 좌법이 결가부좌로 완전히 대체되지는 않았다. BCE 4세기부터 CE 11세기 무렵까지 싱할라 왕국(스리랑카)의 수도로서 남인도 불교전통의 뿌리가 깊은 스리랑카의 아누라다뿌라[78]의 불상을 살펴보면, 붓다고사와 동시대에 조성된 불상 중 좌우 다리를 교차시킨 결가부좌를 취한 경우는 발견되지 않는다.

BCE 2세기 무렵 스리랑카 북부에 지어진 아누라다뿌라의 아바야기리Abhayagiri(무외산無畏山)의 승원 불사리탑에는 탑문과 울타리가

78) 아누라다뿌라Anuradhapura는 BCE 5세기~CE 8세기 싱할리족 왕국의 수도였다. 760년경에 인도로부터 타밀족이 침입함으로써 황폐해졌으나 19세기에 복구되었다. 옛 수도였을 당시의 큰 불탑과 BCE 245년 인도의 보드가야에서 옮겨온 것으로, 기록에 남아 있는 현존하는 최고最古의 보리수 및 관련 유적이 있다. 지도상 위치는 [그림I-8_62쪽]b를 참조.

없으며, 불상은 협시보살이 없는 남방 불교 특유의 독존형이다. 스리랑카에서 불상 조성 시기는 CE 3~4세기경으로 인도보다 늦을 뿐만 아니라 초기불상의 좌법은 모두 결가부좌가 아닌 교족좌 유형이다. 현재까지도 스리랑카에서 결가부좌를 취한 불상을 발견하는 것은 쉽지 않다. 그럼에도 불구하고, *Nikāya*에서 선정 시의 좌법으로 명시한 'pallaṅka'를 상가빨라(『해탈도론』 한역), 붓다고사(『청정도론』), 담마빨라(『청정도론 대주석』)가 결가부좌로 해석하였다는 점은 단지 좌법 자체의 문제에 국한되지 않는다. 이들 문헌이 남방불교 수행의 정통성을 제시하는 대표적인 문헌이라고 하며, 현재 남방 불교에서 니까야의 전승에 의해 아직도 pallaṅka라는 좌법명이 지속적으로 사용되고 있다. 그러나 현재 남방 불교 전통에서 이들 문헌에 제시된 결가부좌를 따르지 않고 있다는 점도 특이하다. 당시 상좌부 불교사상의 변화에 대해서도 심도 있는 재검토가 필요할 것으로 보인다.

이상과 같이 paryaṅka를 특정 좌법으로 규정하기에는 역사적 변천과정이 단순하지는 않다.

3. 초기 불교[79]의 좌법

무불상 시대(기원전)의 좌법은 쉬리 락슈미의 좌법이다

불상이 나타나기 이전, 무불상 시대에 대표적인 불교 유물인 스투파(알 모양의 초기 불사리탑)에 새겨진 교족좌와 합족좌류의 좌법들은 쉬리 락슈미의 좌법이다. 쉬리 락슈미를 신으로 표현한 좌법이 인더스문명의 신성과 계통적인 연결을 가지며, 부파불교 시기의 좌법도 동일한 도상학적·수행론적 계통으로 이어진다. 2천여 년 이상의 시간차에도 불구하고 현재 좌법 수행으로 이어졌음을 도상만으로도 확인 가능하다.(그림I-4_57쪽)

스투파의 도상에서 쉬리 락슈미는 연꽃 위에서 좌법을 취하고 있다. 불교에서 사자좌대나 연화좌대는 붓다의 신성함과 위의(몸가짐)를 드러내는 가장 직접적인 상징인데, 상서로운 길상吉祥의 의미를 연화좌대로 표현하는 전통은 무불상 시대부터 존재하였다. 쉬리 락슈미는 무불상 시대에도 바르후뜨 대탑(100∼80 BCE)과 산치 대탑(29∼10 BCE)에서 자주 발견되는데, 거의 연화좌대 위에서 특유의 좌법

79) 현재 초기불교 시기에 대한 가장 일반적인 견해는 부파불교로 이행하기 전까지의 불교를 의미한다. 불교의 초기교단에서 아직 분파가 생겨나지 않은 시대의 불교 즉 붓다의 성도成道에서 붓다 입멸入滅한 후 상좌부와 대중부 두 부파로 분열되기 전까지를 가리킨다. 그 시기는 붓다에서부터 아쇼카왕 때까지이다. 남전南傳에 근거하면 아쇼카왕의 출세를 불멸 200여 년 후라고 하므로 초기불교 시대는 250년간이 되는 반면, 북전北傳에 근거하면 아쇼카왕의 출세를 불멸 100여 년 후라고 하므로 초기불교 시대는 150년간이 된다. 북전과 남전 사이에는 약 100년의 차이가 있다.

을 취한 모습으로 표현되어 있다. 쉬리 락슈미는 연꽃의 여신을 뜻하는 'Padma(연꽃)', 'Kamala(연꽃)'라는 별명을 갖고 있으며, '길상'으로 한역되어 불교에서는 '길상천吉祥天'이라 부른다. 이는 후대에 결가부좌(연화좌)가 길상좌로 불리게 된 한 이유였을 것이다.

산치의 탑문과 난순(울타리)에 새겨진 조각상은 인접한 바르후뜨보다 100여 년 뒤에 만들어졌지만, 거의 동일한 불사리탑 양식을 보여주며 좌법 또한 쉬리 락슈미의 좌법과 동일하다. 바르후뜨의 좌법인 [그림I-7_61쪽]b1∽b3은 인더스 문명의 좌법 [그림I-2_34쪽]m1∽m4와 자세가 매우 유사하다.

[그림I-4] 쉬리 락슈미 신상의 좌법과 달인좌

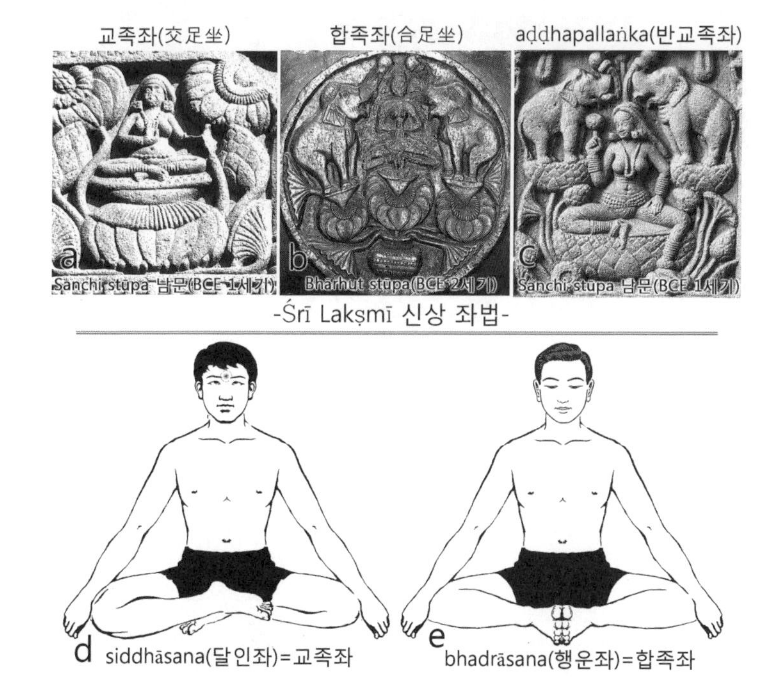

중부 인도 불교유적에서 발견된 [그림I-4_57쪽]의 a(교족좌), b(합족좌), c(반 빨랑까)[80]는 그곳에서 불상이 만들어지기 전, BCE 2~1세기경에 새겨진 쉬리 락슈미 신상의 좌법이다.[81] a와 d, b와 e는 동일한 좌법인데, d와 e는 요가전통의 좌법이지만 불교의 좌법과 동일하다. 이 사실은 쉬리 락쉬미의 좌법들이 불교수행자 뿐만 아니라 요가전통의 좌법으로 실천·전승되었음을 의미한다.

모헨조다로의 좌법이 좌법의 기원이다.
쉬리 락슈미의 좌법이 기원전 수행자의 좌법과 동일하였다.

[그림I-5] 인더스 인장의 교족좌에서 좌우 발 모양

출처: *The Origin of Our Belief in God*(Erik Lankjer)

[그림I-5_58쪽]에서 선으로 묘사된 오른쪽 그림을 보면 [그림I-5]a

---

80) a, b, c는 무불상 시대 산치와 바르후뜨에 새겨진 도상인데, 그곳의 불전도에 함께 새겨진 불교도의 좌법과 동일한 좌법을 보여준다. c는 무불상 시대의 비구니 좌법으로 규정된 aḍḍhapallaṅka(반 빵랑까)이다. 산스끄리뜨로 ardhapryaṅka는 빠르양까를 절반(ardha)만 하는 것으로 반가부좌로 번역될 수 있으나, 이는 오류다.

81) 당시 쉬리 락슈미의 좌법은 [그림I-4_57쪽]a, b, c에 제시된 것과 같이 3종이다. 두 발로 선 기립상도 있으나 여기서는 좌상만 다룬다.

와 d처럼 오른발이 왼발 위에 놓여 있다. 이 자세는 [그림I-6_59쪽]a, b의 주화에 새겨진 쉬리 락슈미의 좌법으로서, 힌두 문화의 신격을 상징적으로 보여주는 교족좌이다. 생식기 아래 회음부에 발뒤꿈치를 붙이는 하타요가의 달인좌(그림I-5의 d)와 거의 동일하다.

인더스 인장으로부터 부파불교 도상까지 2천여 년, 그리고 하타요가의 달인좌까지 3천여 년 이상의 시간을 이어주는 고고학적·문헌적인 자료가 촘촘하지는 않지만, 그 명맥은 확실하다. 인더스 인장 이후 도상으로 남아있는 가장 오래된 좌법 관련 유물은 BCE 5세기경으로 추정되는 주화이다. 금•은으로 주조된 주화는 크기는 작지만 보존이 잘되어 있어서, 세밀한 도상이 거의 그대로 보존되어 있다.

[그림I-6] 주화에 새겨진 쉬리 락슈미와 시바

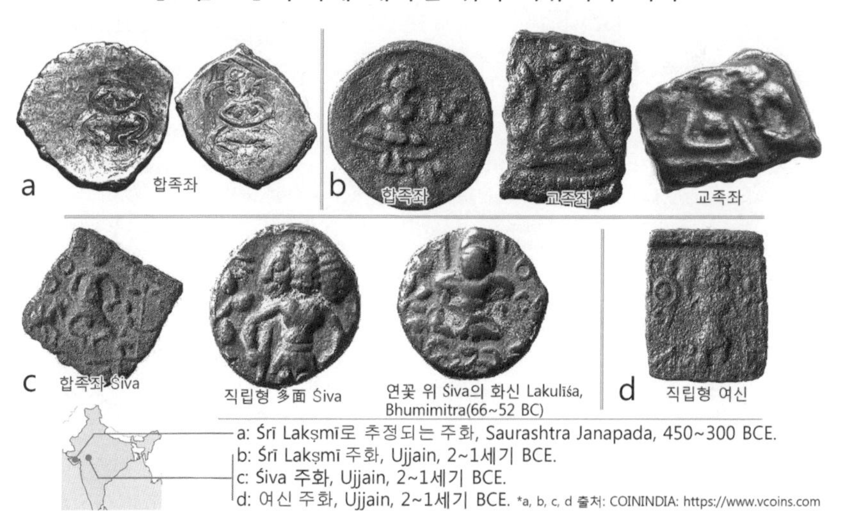

[그림I-6]a는 가장 이른 시기의 쉬리 락슈미 주화로서, 기원전 5

∼4세시경[82] 소왕국(Janapada) 시대, 인도 중서부의 Saurashtra[83](그림I-8_64쪽, a)에서 만들어졌으며, 그 시기가 바르후뜨와 산치보다 앞선 초기불교 시기의 것이다.

[그림I-6]을 통해서, 쉬리 락슈미는 Śiva와 더불어 인도 전통에서 가장 오래된 숭배의 대상이었으며, 불탑신앙 시기에도 불교 안에서 숭배된 인도 전통 신격이었음이 확인된다. a, b, c는 인더스 인장의 교족좌(교족좌; 그림I-2_34쪽, m1)나 합족좌(그림I-2_34쪽, m2)와 외형적으로 상당한 유사성을 보여준다.

바르후뜨와 산치 스투파에 불교의 좌법이 새겨져 있다.

쉬리 락슈미 신상의 좌법은 [그림I-4_57쪽], [그림I-6_59쪽], [그림I-7_61쪽], [그림I-9_64쪽], [그림I-10_65쪽], [그림I-13_78쪽], [그림I-16_81쪽], [그림I-17_82쪽], [그림I-18_83쪽] 등에서 쉽게 발견할 수 있다.

---

82) Coinindia(http://coinindia.com/galleries-surashtra.html)와 다음 자료를 근거로 산정하였음을 밝힌다. Agrawala(1993: 307∼308)는 punch-marked coin(押印貨幣)이 Jātaka, Arthaśāstra 그리고 Pāṇini의 Aṣṭādhyāyī에서 중요한 경제 자료를 검토했는데, 특히 Pāṇini(?∼ 405 BCE)가 당시 ardha, pāda, māṣa 등 주화(kārṣāpaṇa)의 다양한 규격은 물론 두 종의 압력으로 눌러서 찍는 압인押印식 은화에 대한 지식이 있었음을 밝히고 있다. Cunningham(1891: 20)은 'Vāsavadattā 이야기'를 예를 들어 kārṣāpaṇa(kāhāpaṇa)를 붓다 당시에 purāṇa라고 불렀다고 하였다. B. D. Chattopadhyay(1981)도 *Indian Numismatics*의 'Introduction'에서 "P. L. 굽타와 일부 학자들도 인도에서 주화의 최고 년대를 BCE 800년경으로(A. K. Narain and Lallanji Gopal, cd., *The Chronology of Punch-Marked Coins*, Varanasi 1966, p. 5) 보고하고 있을지라도, 현존하는 고고학적 증거는 BCE 6세기경 punch-marked coin이다."라고 하였는데, 인도에서 최소한 붓다 당시 또는 이전에 주화가 사용되었음을 알 수 있다. [그림I-6_59쪽]b, c, d의 주물형 주화는 punch-marked coin보다 늦게 나타난다. [그림I-6]a는 'a single die-struck'(단면 때려 새기기)기법으로 만들어진 것으로 그 중간 시기로 추정된다. 다만, 유물이나 문헌에 제작자가 특정 날짜를 명기했을 때조차도 그 날짜는 현재 사용되는 달력 시스템의 시간이 아니기 때문에,(Huntington 1985: xxv) 주화의 편년기를 면밀하게 검토할 필요가 있다.

83) 산스끄리뜨로 Surāṣṭra이며, 아라비아 해에 인접해 있던 서인도의 고대 국가.

[그림I-7] Bhārhut 불사리탑의 좌법

마투라의 자이나교 사원, 깐깔리띨라Kaṅkālī Ṭīlā의 도상은 보드가야, 바르후뜨, 산치의 불사리탑 도상과 동일하여 불교사원이라고 착각될 정도다.84) 불교의 바르후뜨 불사리탑과 자이나 사원인 깐깔리띨라의 도상이 매우 유사하다는 점85), 무엇보다 쉬리 락쉬미는 고대 인도에서 보편적으로 숭배된 여신이라는 점은 당시 인도에서 성상聖像표현 양식과 좌법이 종파를 초월하여 공유되었음을 의미한다.86)

84) Smith(1901: 37)는 "제시된 시리즈(Kaṅkālī Ṭīlā)의 기둥 장식은 일반적인 요소로 구성되어 있으며, 그들이 속한 난간이 자이나교 또는 불교인지 여부를 나타내는 그 어떤 특별한 특징이 없다."라고 기술하고 있다. 이에 대해서는 Quintanilla(2007)을 참조하기를 바란다.

85) Quintanilla (2007)

86) 쉬리 락슈미 신앙에 기반한 좌법의 동일성은 물론, 특이한 반인반마半人半馬인 켄타우로스와 날개 달린 사자상이 마투라, 보드가야, 산치에 등장하는데, 기원 전 인도 중부를 동서로 잇는 도상학적 계통이 발견된다. 마투라 인근 Sonkh와 Atranjikhera에서 쿠샨왕조(c. 30~375 CE) 이전 시기에 조성된 다량의 쉬리 락슈미 신상을 확인할 수 있다.(Upinder Singh 2008: 438)

[그림I-8] 초기불교 전법 관련 지도

남로南路(Dakṣiṇāpatha)는 무역의 중심지 우자인Ujjaini과 종교적 중심지 산치(Vidiśā)로부터, Narmadā강을 따라 상류 위쪽으로 바르후뜨, 까우샴비Kauśāmbī, 사께따Sāketa(=Ayodhyā: 코살라국의 수도), 사위성(Śrāvastī) 그리고 보드가야에 연결된다.

북로北路(Uttarāpatha)는 마가다의 왕사성(Rājagṛha)으로부터 갠지스강을 따라 인도-갠지스 평원을 가로질러 간다라의 탁실라(Takṣaśilā)에 이른다.

이 두 길을 통해 초기불교의 전법로가 이루어졌다.(이호근 역 1989: 54) 남로와 북로는 철기시대 이래 중요한 2대 교통로이며 종교문화의 중심지가 연결된 고대의 고속도로이다. 남로와 북로로 이어지는 지역은 붓다 시대 16대국(Mahājanapada)의 지역과 유사하며, 철기시대 'Northern Black Polished Ware'(북부 흑색마연토기, c. 700~200 BCE) 지역과도 거의 동일하여, 그 문화적 동일성을 짐작하게 한다. 붓다 재세시 중인도로부터 인도 서해안 방면(Saurashtra; 현 Gujarat)에 전도가 이루어졌다고 한다. 불멸 후 먼저 중인도에서 남로 방향으로 불교교단이 세력을 확장하고 있었다는 것은 분명하며, 서쪽으로도 점차 전도가 진행되었다. 남로는 불사리탑 양식의 계통을 이해하는데 매우 중요한 단서이다. 기원 전후, 바르후뜨, 산치, 보드가야뿐만 아니라 마투라의 무불상 시대 도상 또한 동일한 표현양식을 보여준다.(Kumar 2014)

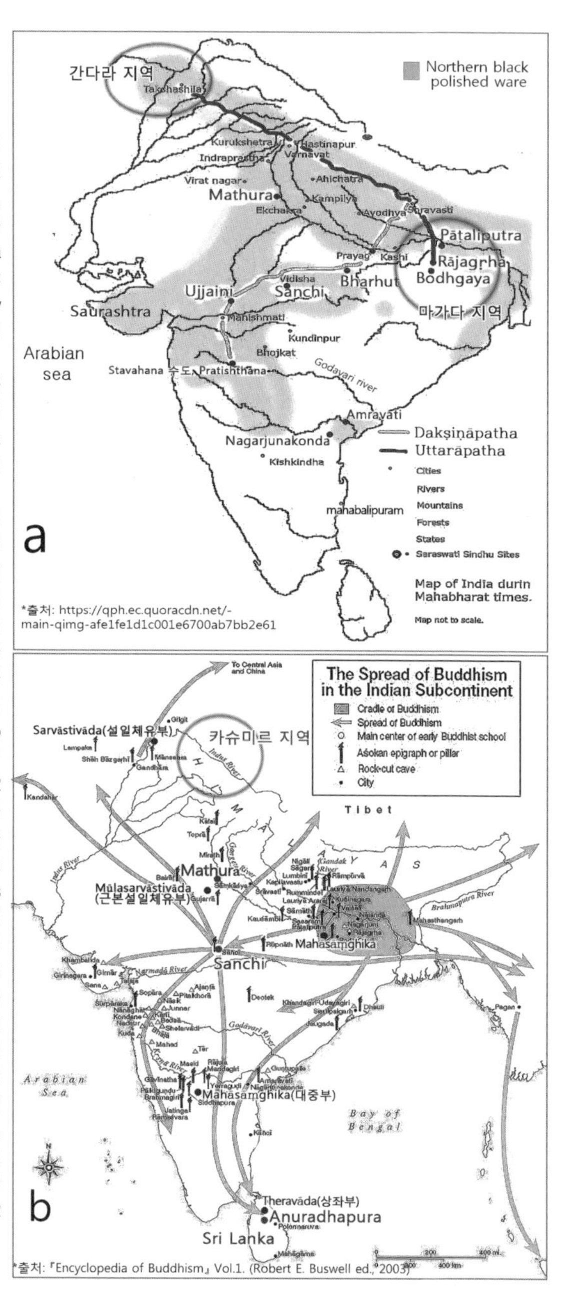

쉬리 락슈미와 관련된 무불상 시대의 좌법 유형은 바르후뜨에서 발견된 [그림I-7_61쪽]b1∽b6까지이다. b1의 왼쪽에 새겨진 합족좌와 쉬리 락슈미의 합족좌인 b3은 같은 곳에 새겨져 있는 도상이다. b1의 오른쪽에 우슬착지(호궤胡跪)도 발견된다.

교족좌에서 좌우 발의 순서는 일반적으로 [그림I-4_57쪽]a, [그림I-9_64쪽], [그림I-10_65쪽]에서처럼 오른발이 왼발 위에 놓인다. 간혹 왼발이 오른발 위에 놓이는 경우([그림I-10_65쪽])도 있으나, 좌우 대칭형 화면구성 시에 나타나는 것이다.

[그림I-7_61쪽]b5는 무릎 꿇고 합장하는 전형적인 경배 자세인데, b3의 쉬리 락슈미가 합장 수인을 하고 있듯이, 부파불교 시기에 수인은 선정인이 아니라 대부분 합장이었던 것으로 추정된다. 이 산치대탑의 주출입구(toraṇa) 도상들에서도 쉬리 락슈미와 주요 인물들이 두 발을 포개는 교족좌와 발바닥이 맞닿은 합족좌를 하고 있다. '합족'와 '합장'은 좌우를 합일시키는 신체적 표현으로서 정신생리적 중심성을 실현하는 부파불교 좌법수행의 대표적인 특징이다. [그림I-10_65쪽]에서처럼 합장하는 수인이 당시 일반적이었음을 알 수 있다.

[그림I-9_64쪽]c1~c2는 깐깔리띨라의 자이나 스투파에 새겨진 티르탕카라[87]상이다. 마투라에서 불상과 거의 동일한 시기에 지어진 초기 자이나 불사리탑은 부파시대 불사리탑과 마찬가지로 쉬리 락슈미의 좌법을 수행자상에 그대로 적용하고 있다.

87) Tīrthaṅkara는 자이나교에서 영적인 깨달음에 도달한 성자를 이르는 말로서, 사전적 의미는 '길을 만드는 자'이며, '구원자'로 통용된다. 지나Jina라고도 불리는데, 마하비라(BCE 6세기)가 현세에서 마지막 티르탕카라였다고 한다.

[그림I-9] 보드가야, 마투라, 바르후뜨의 교족좌

a1~2: Bhārhut의 교족좌, Bhārhut, BCE 1~2세기.
*출처: Coomaraswamy, *<The Origin of the Buddha Image>, The Art Bulletin Vol. 9, No. 4, 1927.*
b1~2: Bodhgayā의 교족좌, Bodhgayā, BCE 1~2세기.
*출처: Digital South Asia Library: http://dsal.uchicago.edu/index.html
c1~2: Mathurā의 교족좌, Jaina사원 Kaṅkālī Ṭīlā, c1: BCE 100년경. c2: 15년경.
*출처: Sonya Rhie Quintanilla, *History of early stone sculpture at Mathura, ca. 150 BCE-100 CE*

또한 깐깔리띨라에서 1세기 중반에 조성된 결가부좌상이 발견되는데,[88] 이는 이전의 좌법 수행에 없는 좌법이 갑자기 등장한 것이다.

[그림I-10] 산치 대탑 북문(29∼10 BCE)의 쉬리 락슈미 좌법

무불상 시대, 자아나와 불교에서 성인聖人의 자세를 표현하는 도상학적 규범이 동일하다는 것은 당시 좌법이 종파를 초월하여 일반

88) *The Jain Stupa and Other Antiquities of Mathura*(Smith 1901)의 PLATE XVII. Fig.2의 결가부좌 도상 명문에 "Samavat 95"라고 되어 있는데, CE 51년을 의미한다. 깐깔리띨라 유적은 BCE 2세기부터 12세기까지 지속적으로 조성되었다.

적인 수행으로 받아들여졌다는 것을 의미한다. 그리고 마투라에서 자이나교의 티르탕카라는 불상보다 앞서서 기원 이전에 조성되었다는 점은 불상 출현 과정의 한 변수로 추정될 수 있다. 무엇보다 쉬리 락슈미의 좌법으로서 paryaṅka가 불교만의 좌법이 아니었다는 점은 명백하며, 이는 좌법이 종파를 초월하여 보편적으로 실천되었다는 수행론적 의의를 지닌다.

초기 불전(*Nikāya*)에서 pallaṅka는 교족좌다.

*Nikāya*의 율장(*Vinayapiṭaka*)이 pallaṅka가 쉬리 락슈미의 좌법, 또는 하타요가의 달인좌와 동일한 류임을 증명한다. 율장 소품(*Cūḷavagga*) 제10 「비구니건도」[89]에 아래와 같이 좌법을 설하고 있다.

> 또한 실로 그때 비구니들이 pallaṅka로 앉아 발뒤꿈치로 [회음부(생식기)] 접촉을 [성적으로] 즐겼다. 세존께 이 일을 고했다. [그러자 세존은] "비구들이여, 비구니들이 pallaṅka를 해서는 안된다. 만약 [pallaṅka로] 앉는다면 돌길라突吉羅[90]의 죄악이다."고 설하였다. 참으로 마침 그때 어떤 비구

89) 계율은 고타마 붓다의 활동 당시부터 필요에 따라 제정되어 왔는데, 율장은 붓다의 열반 직후에 이루어진 제1차 결집에서 합송되었다. 제1차 결집에서 경장과 율장이 라자그리하Rājagṛha(왕사성王舍城, [그림I-8_62쪽]a)에서 500명의 제자들에 의해 합송되었으며, 제2차 결집은 율에 대한 해석이 주를 이루었다. 「건도부」에서는 승단의 운영에 필요한 규범들이 제시되어 있으며, [대품大品](Mahavagga)과 [소품小品](Cūḷavagga)으로 구성되어 있다. [대품]은 불교의 시발점이라 할 수 있는 석가모니 붓다의 깨달음이라는 사건에서 시작해서 까우샴비Kauśāmbī의 사건에 이르기까지 승단 내부에서 일어난 사건들을 중심으로 기술되어 있다. [소품]에는 1차 결집은 물론 상좌부 출현의 2차 결집(BCE 383년경) 내용 등도 포함되어 있다.

90) ⓢduṣkṛta ⓟdukkaṭa의 음사. 악작惡作·악설惡說이라 번역하며, 행위와 말로 저지른 가벼운 죄이기에, 고의로 죄를 저질렀을 때는 한 명의 비구 앞에서 참회하고, 고

니가 병을 앓고 있었는데, 그녀는 pallaṅka에 의지하지 않아 [성적] 쾌락을 경험하지 않았다. 세존께 이 일을 고했다. [그러자 세존은] "비구들이여, 나는 비구니들에게 aḍḍhapallaṅka(반교족좌)를 허용하노라"고 설했다.[91]

이와 같이 비구니들이 회음부(생식기)에 발뒤꿈치가 닿는 좌법인 pallaṅka를 하였는데, 이 좌법으로 성적 쾌감을 탐닉하게 되어, 이를 피하기 위해 aḍḍhapallaṅka(반교족좌)를 수행하게 되었다는 기록이다. 이처럼 발뒤꿈치가 회음부(음부)에 닿는 좌법은 하타요가의 달인좌류의 좌법에 해당된다.

[그림I-11] 보드가야, 바르후뜨, 산치의 aḍḍhapallaṅka(반교족좌)

a: Bharhut, 100~80 BC(Śuṅga)
b: Sibi Jataka, Bodhgayā, 2~1세기 BC.
c1: Parinirmita-Vasavartin(他化自在天), Sanchi대탑 동문 좌측 기둥, 29~10 BC(Śuṅga).
c2: 쉬리(Śrī) 신상, Sanchi대탑 북문 좌측 기둥, 29~10 BC(Śuṅga).
c3: Vessantara와 부인, Sanchi대탑 북문, 29~10 BC(Śuṅga).

의가 아닐 때는 마음속으로 참회하면 죄가 소멸된다.

91) Tena kho pana samayena bhikkhuniyo pallaṅkena nisīdanti paṇhīsamphassaṃ sādiyantī [sādiyantā (ka.)]. Bhagavato etamatthaṃ ārocesuṃ. "Na, bhikkhave, bhikkhuniyā pallaṅkena nisīditabbaṃ. Yā nisīdeyya, āpatti dukkaṭassā"ti. Tena kho pana samayena aññatarā bhikkhunī gilānā hoti. Tassā vinā pallaṅkena na phāsu hoti. Bhagavato etamatthaṃ ārocesuṃ. "Anujānāmi, bhikkhave, bhikkhuniyā aḍḍhapallaṅka"nti.(*Tipiṭaka (Mūla) Vinayapiṭaka* 「Cūḷavaggapāḷi」 10. Bhikkhunikkhandhakaṃ : 435.)

[그림I-7_61쪽]b6과 [그림I-11_67쪽]은 니까야에 언급된 비구니들의 공식적인 좌법인 aḍḍhapallaṅka(반교족좌) 도상이다.

부파 율장인 『사분률』(법장부), 『오분률』(화지부), 『근본설일체유부비나야잡사』(설일체유부)92), 『십송률』(근본설일체유부), 『마하승지률』(대중부)93)에서는 회음부(생식기)에 발뒤꿈치가 닿거나, 그곳에 접촉하여 성적 쾌감을 즐겼다는 내용은 발견되지 않는다. 이들 부파 율장에서 aḍḍhapallaṅka는 비구니만을 위한 좌법으로 부파불교 시기에 제정된 것이고,94) 빨리 율장(*Vinaya-Piṭaka*)에 기록된 pallaṅka는 시

---

92) 산스크리트로 사르바스티바딘sarvāstivādin이며, 붓다가 입멸한 후 300년 초에 상좌부에서 갈라져 나온 부파로서, 유부有部라고 약칭된다. 부파불교의 역사를 다룬 『이부종륜론異部宗輪論』에 의하면 성립은 기원전 2세기 전반이다. 그 후 가다연니자迦多衍尼子의 『발지론發智論』에 의해 유부의 체계가 성립됐다고 한다. 설산雪山으로 이주하여 겨우 그 명맥을 유지하였던 설산부雪山部가 경經을 중시한 반면, 유부는 논서를 중심으로 자신들의 견해를 전개하였다. 이 파는 삼세실유설三世實有說을 주장하는데, 삼라만상을 형성하는 요소적 존재로서 오위칠십오법五位七十五法으로 나누어 교리를 전개하였다. 이들 법이 과거 · 미래 · 현재의 3세에 항상 자기동일성을 유지해서 실재하며 인간은 그것을 현재의 한 순간에만 경험할 수 있다고 한다. 붓다 입멸 후 400년 초까지 설일체유부에서 다시 독자부犢子部·화지부化地部·음광부飮光部·경량부經量部가 나오고, 독자부에서 법상부法上部·현주부賢胄部·정량부正量部·밀림산부密林山部가 나오고, 화지부에서 법장부法藏部가 나와 9부로 분열되었다.

93) 산스크리트로 mahā-sāṃghika이며 붓다 입멸 후 100년경에 계율 문제로 근본교단이 보수파와 진보파로 분열하였다. 진보파를 대중부라 하고 보수파를 상좌부라고 한다. 대중부는 다시 일설부一說部·설출세부說出世部·계윤부鷄胤部·다문부多聞部·설가부說假部·제다산부制多山部·서산주부西山住部·북산주부北山住部의 8부로 분열되어 모두 9부로 분열하였다.

94) 竹内良英(1992)은 결가부좌와 별도로 반가부좌의 출현에 대해 연구하였다. 그는 반가부좌의 출현 이유에 대해서 ①국부의 자극으로 인한 성적 쾌락(*Vinayapiṭaka, Cūḷavagga*), ②국부에서 생리혈 유출(『사분율』, 『오분율』), ③국부에 벌레 침입(『오분율』, 『근본설일체유부비나야잡사』), ④국부에 뱀의 침입(『십송율』, 『마하승지율』) 등 4가지로 정리하였다. 다섯 부파 중 음광부의 『해탈계경』에는 관련 내용이 없다. 그런데 竹内良英은 남북방 비구니의 좌법을 모두 반가부좌로 이해하고, 빨리어 율장의 aḍḍhapallaṅka도 반가부좌로 해석하여, 기존의 반가부좌라는 용어를 남북방에 모두 적용하고 있다. 이는 니까야 원문의 오역에서 비롯된 것이다. 한편, 산스끄리뜨로 씌어진 완전한 형태의 율장은 남아 있지 않다. 그러나 일부이기는 하지만 설일체유부, 근본설일체유부, 대중부에 속한 율장의 단편은 상당한 분량이 발견되었으며, 『근본설일체유부비나야』는 티베트어 번역도 전하고 있다. 그 밖에 서역어(Kuca어 등)로 된 단편도 중앙아시아에서 발견되고 있다.

기적으로 부파 율장보다 앞선 초기불교의 좌법이라고 할 수 있다.

[그림I-10_65쪽]과 [그림I-11_67쪽]에서도 신격뿐만 아니라 불교수행자들 또한 동일하게 aḍḍhapallaṅka, 교족좌, 합족좌를 취하였다. 또한 남녀 구분 없이 모든 불교수행자의 좌법이었다는 사실을 통해, 좌법이 신격의 상징적인 표현일 뿐만 아니라 보편적인 실천수행이었음을 확인할 수 있다. 그리고 도상에서 좌우측 모두 가능한 것으로 나타나지만, 오른쪽 다리를 구부리는 자세의 빈도수가 높다.

비구니의 수행좌법으로 제시되었던 aḍḍhapallaṅka(반교족좌)는 *Nikāya*에서 세부적인 작법이 발견되지 않지만, 원문을 보충하는 aṭṭhakathā(주석)와 ṭīkā(복주석)의 설명은 다음과 같다.

> 'pallaṅka로 앉는다'는 완전히 무릎을 구부리고 앉는 것이다. aḍḍhapallaṅka는 한 쪽 다리만을 구부려서 pallaṅka를 완수하는 것이다. (*Aṭṭhakathā*)[95]
>
> 질병에 걸린 자에게 pallaṅka를 [실천함] 없이 안락은 없다. aḍḍhapallaṅka는 한 쪽 다리만 구부리고서 pallaṅka를 완수하는 것이다. 자신의 한 쪽 발뒤꿈치만을 대퇴부의 근저에 놓고서 반대쪽 [발뒤꿈치]는 [대퇴부 근저로부터] 떨어뜨려 멀리 놓기 때문에 [이것을] 구부려진 pallaṅka라고 칭한다. (*Ṭīkā*)[96]

---

95) Pallaṅkena nisīdantīti pallaṅkaṃ ābhujitvā nisīdanti. Aḍḍhapallaṅkanti ekaṃ pādaṃ ābhujitvā katapallaṅkaṃ.(*Aṭṭhakathā Vinayapiṭaka*(aṭṭhakathā) *Cūḷavagga-aṭṭhakathā* 10. Bhikkhunikkhandhakaṃ, 435.)

96) Gilānāyāti yassā vinā pallaṅkaṃ na phāsu hoti. Aḍḍhapallaṅkanti ekapādaṃ ābhujitvā katapallaṅkaṃ. So ekaṃ paṇhiṃ ūrumūlāsannaṃ katvā itaraṃ dūre katvā ābhujitapallaṅko nāma.(*Ṭīkā Vinayapiṭaka*(ṭīkā) *Vinayavinicchaya-ṭīkā Bhikkhunikkhandhakakathāvaṇṇanā*, 2978)

따라서 니까야에서 pallaṅka는 양쪽 발뒤꿈치가 대퇴부 근저, 회음부에 놓이는 것을 의미하므로, 이 자세는 합족좌 내지 교족좌류 좌법에 속한다. 양쪽 무릎을 구부리고서 앉는 것이 pallaṅka이며 한쪽 무릎만 구부리면 aḍḍhapallaṅka이다. 사전적인 의미에 있어서도, ardhaparyaṅka는 paryaṅka를 절반(ardha: 절반)만 하는 것이므로, 양쪽 다리 중 절반, 즉 한 쪽 무릎만 완전히 굽히는 것이다. 구체적으로, 한쪽 다리만 완전히 굽혀서 종아리와 대퇴부를 밀착하는 것이다.

효력에 있어서도, 비구니가 pallaṅka를 실천하여 병을 치유하고 안락한 상태에 이를 수 있다는 점을 유추할 수 있는데, 이는 좌법이 병을 치유한다는 요가의 생리학과 상통하는 것이다.

비구니들을 위해 고안된 이 좌법이 쉬리 락슈미의 좌법들 중에서도 발견되는데, 관련 도상을 통해 그 시기를 유추할 수 있다. [그림I-6_59쪽]처럼, BCE 450~300년경에 인도 중서부의 사우라슈트라[97]에서, BCE 2세기~1세기 무렵에는 사우라슈트라 인근 동부 우자인Ujjain에서도 쉬리 락슈미 주화가 주조되었는데, 이 여신상의 좌법은 교족좌 내지 합족좌류에 속한다. 이들 주화에 aḍḍhapallaṅka는 발견되지 않는다. 그런데 후대의 우자인 인근 산치 불사리탑 탑문과 울타리의 불전도에서는 aḍḍhapallaṅka가 발견된다. 산치와 유사한 양식의 바르후뜨 불사리탑의 경우 상당부분 파손되었기 때문에 합족좌를 한 쉬리 락슈미도상만 남아 있지만, 바르후뜨 불사리탑이 보드가야와 산치의 불사리탑과 매우 친밀한 양식적 유사성을 지니므로, 유실된 유

97) 인도 중서부 Saurashtra는 후기 인더스문명이 유지되었던 고대 문명 지역이다.

물 중에 aḍḍhapallaṅka를 취한 쉬리 락슈미가 있었을 가능성이 높다. BCE 2세기를 전후하여 한쪽 무릎만 구부리는 'aḍḍhapallaṅka'가 신격을 드러내는 좌법으로 통용되기 시작한 것으로 추정된다.

바르후뜨보다는 늦고 산치보다는 이른 시기의 보드가야 대탑의 도상에서도 이 aḍḍhapallaṅka는 발견되며, 마하라슈트라Maharashtra주의 바자Bhaja석굴 도상(c. 100∽70 BCE)에서도 발견된다.

후대 중인도 아잔타와 엘로라 등 대규모 석굴 유적 중 불교석굴(5세기, Vakataka왕조)에서도 결가부좌와 짝을 이루어 이 좌법이 등장한다. 반면 힌두와 자이나 석굴에서 주존主尊의 좌법은 결가부좌가 아니라 '완화된 교족좌'이다.[98] 당시 '한쪽 무릎만 구부리는 aḍḍhapallaṅka'는 중부 인도인 데칸 지역을 중심으로 종파의 구분 없이 인도 전통 좌법으로 광범위하게 사용되었다. 이때는 결가부좌가 중부 인도까지 확산되어 있었으며, 이 aḍḍhapallaṅka, 그리고 완화된 교족좌(또는 완만한 반가부좌)가 공존하였다.

ardhaparyaṅka는 인도에서 한쪽 발을 대퇴부 근저에 붙이고 서서 춤을 추거나, 반대쪽 다리는 무릎을 세우고 앉는 자세(그림I-12_72쪽 b, c, g) 등으로 변형되었으나 중국식 반가부좌는 포함되지 않는다. 그러나 'ardhaparyaṅka'는 중국에서 한역된 다수의 밀교 문헌에서 반가부좌로 번역되었을 것이며, 반가부좌의 원어로 추정된다. 한 쪽 다리를 접어서 회음부 앞에 발뒤꿈치가 놓이는 'ardhaparyaṅka'가

98) 30십여 개 이상 되는 이들 석굴 중에서 불교석굴을 판별하는 데 있어서 결가부좌가 한 기준이 될 수 있다.

중국에서는 반가부좌로 알려졌을 것이다.

[그림I-12] 神像의 자세와 좌법 유형(티벳, 크메르)

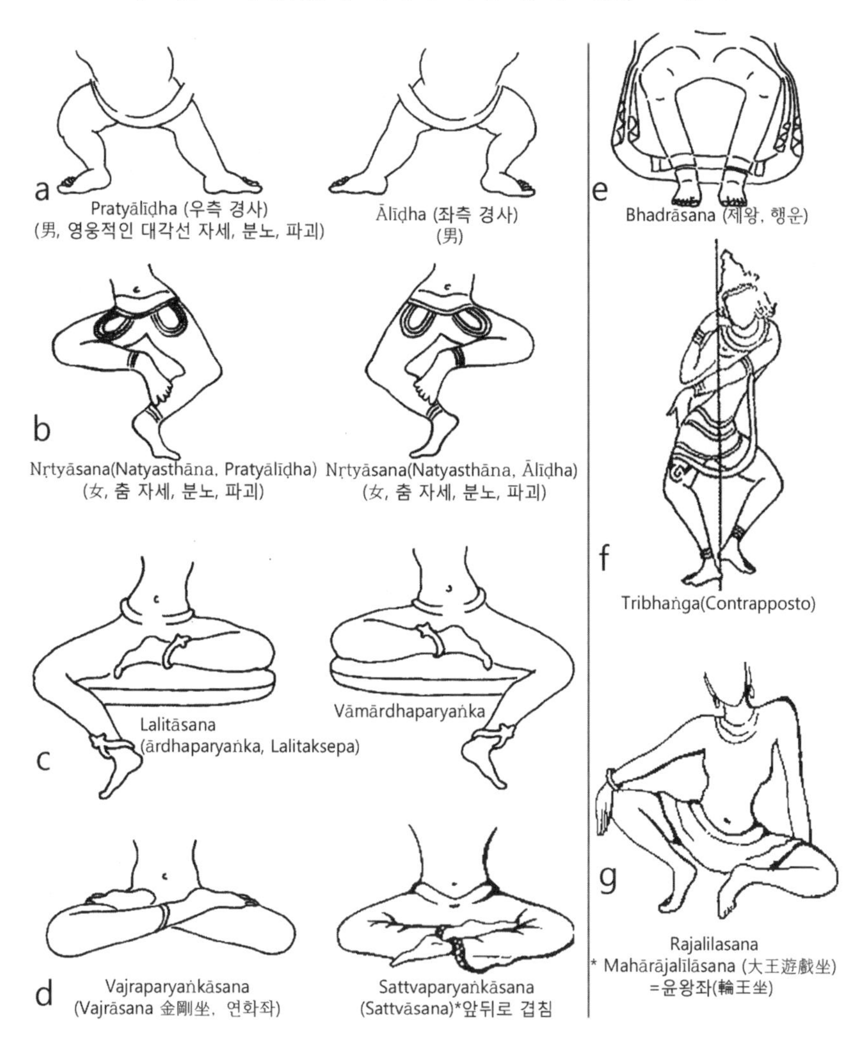

ardhaparyaṅka는 중국식 반가부좌가 아니다.
중국에서 ardhaparyaṅka는 '반가부좌'로 번역될 수 있는데,
반가부좌는 선종의 독자적인 좌법이다.
인도에서 ardhaparyaṅka는
한쪽 무릎만 완전히 굽히는 좌법이다.

앞의 도상처럼, 후대에 aḍḍhapallaṅka는 쉬리 락슈미를 비롯해 남녀신상을 표현하는 대표적인 좌법이 되었다. 산스끄리뜨 불전이 거의 소실되어 ardhaparyaṅka의 용례를 발견하기 어렵고, 현존하는 소수의 딴뜨리즘 원전에만 ardhaparyaṅka가 언급된다.[99)]

요가문헌에서도 ardhaparyaṅka는 드물게 언급되는데, 행법은 한쪽 무릎을 수직으로 세우고, 다른 다리는 무릎을 구부려 바닥에 두고 앉은 다음, 양발을 가까이 두고, 손은 각각의 무릎 위에 두는 것으로서, [그림I-11_67쪽]c3에서 왼쪽 웻산따라의 배우자가 취한 좌법과 유사하다. 기원전 무불상 시대에 이 좌법은 산치와 바르후뜨 불사리탑에서 남녀 수행자와 쉬리 락슈미의 좌법 중 하나였다.

99) *Yoginītantraṭīkā* 「*Marmakālikā*」의 〈3bhāvanāvidhiḥ〉에서 "ardhaparyaṅkanṛtyāṃ"이라고 춤동작으로 언급되며, *Bhavanakramaḥ* 「*Bhāvanākramo dvitīyaḥ*」에서 "땅바닥 위 편안한 곳에 견고하게 paryaṅka 또는 ardhaparyaṅka를 취한 존귀한 대일여래가 눈을 뜨지도 않고 감지도 않으면서 코끝에 시선을 두고서, 굽혀지지도 않고 경직되지도 않게 몸을 세워 놓고서, [마음이] 안으로 향하여 되돌려진 알아차림의 대상에 안주한다."(mṛdutarasukhāsane vairocana-bhaṭṭāraka-baddhaparyaṅkena ardhaparyaṅkena vā niṣpādya nātyunmīlite nātinimīlite nāsikāgravinyaste cakṣuṣī kṛtvā, nātinamraṃ nātistabdham ṛjukāyaṃ praṇidhāya-antarmukhāvarjitasmṛtirupaviśet |)라고 하여 신상의 좌법으로서 구체적인 설명 없이 언급하였다. 이 두 용례는 [Digital Sanskrit Buddhist Canon Project](http://www.dsbcproject.org/)에서 'ardhaparyaṅkena'로 검색한 결과이다. 그리고 SUTTA CENTRAL(https://suttacentral.net/)에서 aḍḍhapallaṅka로 검색한 결과, *Vinayapiṭaka*의 *Cūḷavagga*가 한 번 검색된다. 그리고 *New Concise Pali English Dictionary*의 내용"a half crossed-legged posture, i.e. with one leg straight (see aḍḍha)"라고 나타나는데, *Vinayapiṭaka*의 내용을 참고한 것으로 보인다.

후대에 ardhaparyaṅka는 한쪽 다리를 접어서 대퇴부에 붙이고 반대쪽 다리는 땅을 딛고 춤추는 자세를 지칭하는 도상학 용어로 사용된다. 티베트와 크메르(캄보디아)에서 일명 'Dancing-Pose(nṛtyāsana)'로 알려져 있듯이, [그림I-12_72쪽]의 b, c, g는 니까야의 ardhaparyaṅka에서 파생된 유형이며 시바, 헤바즈라, 다끼니, 바즈라바라히[100] 등 여신들이 춤을 추는 자세로 변형, 확장되었다.

따라서 한쪽 무릎만 완전히 굽히고 반대쪽 발은 떨어뜨려 놓는 *Nikāya*의 aḍḍhapallaṅka(그림I-11_67쪽)는 양 발을 반대쪽 대퇴부 위아래 놓는 중국식 반가부좌와 구분되어야 한다. 그리고 한쪽 발을 대퇴부 근저에 붙이고 반대쪽 다리는 무릎을 세우는 유희좌(그림I-11_67쪽, g), 땅을 딛고서 춤을 추는 자세(그림I-11_67쪽, b)로서 ardhaparyaṅka도 구분되어야 한다.

*Nikāya*의 율장에 묘사된 ardhaparyaṅka가 후대 ardhaparyaṅka라고 불리는 모든 자세의 원형으로 추정된다.

---

100) Hevajra는 8~10세기 사이에 등장한 탄트라 전통 중, 무상유가無上瑜伽 탄트라의 하나인 헤바즈라 탄트라의 주존이다. 헤바즈라 탄트라는 성력性力을 수행의 방편으로 하는 좌도左道 탄트라다. 헤바즈라와 이에 화합하는 나이라트미야Nairatmya를 중심으로 반야와 방편이 합일할 때 대락大樂, 즉 상바라saṃvara(감각기능의 완전한 단속)가 실현되다. 남성원리와 여성원리의 합일을 전제로 진행되며, 남성원리에는 방편·대비大悲·헤바즈라·바즈라vajra(남성 생식기), 여성원리에는 반야·공성空性·나이라트미야·파드마padma(여성 생식기)가 있다. 이들을 각각 대응시켜 보리심을 일어나게 하여 상바라를 실현한다. 생리학적인 원리에 있어서 하타요가의 원리와 다르지 않다.
*Ḍākinī: 어의 그대로 하늘을 날아다니는 존재다. 수행자들을 보호하고 그들의 수행을 돕는 여성호법신의 역할을 맡고 있다.
*Vajravārāhī: '바즈요기니'라고 하며, 하늘을 날아다니는 여자 호법신인 다키니들의 우두머리이다. 배꼽불 수행(툼모)의 본존인 여신으로 때로는 어미돼지의 모습으로 나타나기도 하므로 돼지 해亥자를 써서 '금강해모金剛亥母'라 번역한다. 주로 16세 소녀의 모습이며 온몸은 불타는 붉은 색으로 나타난다.

4. 남방 불교의 좌법

남방불교의 좌법은 북방의 결가부좌가 아니라 교족좌다.
교족좌는 쉬리 락슈미의 좌법이다.

인도에서 좌법의 전개와 가장 밀접한 종교·문화적 신격은 쉬리 락슈미이다. 굽타시대(3세기 중후반∼543 CE)까지 도상학적 특징을 살펴하면, 쉬리 락슈미는 남북방 좌법 변천의 기준이며, 동시에 힌두 여신 신앙의 대표적인 특징이었다.

문헌상으로, 락슈미는 BCE 1000년경에 찬집된 아타르바베다*Atharvaveda*[101]에서 상서로움의 상징이었으나, 비슈누Viṣṇu(Nārāyaṇa)의 배우자로서 여신으로 숭배된 것은 샤따빠타 브라마나*Śatapatha Brāhmaṇa*(800∼300 BCE)에 이르러서부터다. BCE 5세기 이전부터 인도에서 숭상되어온 쉬리 락슈미는 힌두 전통에서 연꽃(Padma, Kamala)과 동일시되는 영원한 Icon(성상聖像)이다. 모든 부파불교 시기의 불사리탑에 무수하게 등장하는 연꽃 문양 또한 이 여신의 위상을 짐작하게 한다. '연화좌'라는 이름도 여기서 비롯된 것이다.

간다라 불상보다 이른 무불상 시대에 마투라(Jaina사원 깐깔리띨라), 보드가야, 바르후뜨, 산치에서도 교족좌나 합족좌를 한 쉬리 락

101) 고대 인도의 브라만교 성전인 『베다』의 하나로, 『리그 베다』, 『사마 베다』, 『야주르 베다』와 함께 4베다를 이룬다.

슈미 신상과 수행자상이 발견된다.

북인도 좌법은 결가부좌, 남인도 좌법은 교족좌다

앞에서 살펴보았듯이, 도상학적 증거들과 니까야의 율장(*Vinaya Piṭaka*)을 통해서도 pallaṅka는 결가부좌가 아님을 확인할 수 있었다. 남방 불교인 상좌부 전통 불전인 니까야에서 좌법은 pallaṅka라는 명칭인데, 이 좌법은 니까야보다 2천여 년 전에 모헨조다로 신상의 좌법, 즉 오른발을 왼발바닥 위에 겹치는 교족좌와 동일한 것이었다. 이 좌법은 무불상시대 이전부터 인도에서 쉬리 락슈미의 좌법이었으며, 특히 중남부 인도의 불교유적에서 좌법의 기준으로 묘사되었다. 5세기 이후까지 스리랑카 등 남방불교전통의 유물들에서도 결가부좌 대신 이 좌법이 일반적으로 발견된다.

결가부좌 이전에 신격神格을 나타내기 위해서 인도에서 가장 많이 애용된 이 좌법이 중남부 인도에서는 지속적으로 절대적 신성을 나타내는 좌법으로 인식되어 왔던 것이다.

그런데 불상이 출현한 1세기 이후 간다라 지역에 세력적 기반을 둔 쿠샨왕조(30~375년경)가 마투라(자이나 사원 깐깔리띨라[102]), 보드가야, 바르후뜨, 산치 등까지 영토를 확장하게 되면서,(그림I-20_90쪽, b) 이때부터 결가부좌를 한 불상이 중부 인도로 확산되기 시작한 것으로 보인다. 반면, 쿠샨의 세력이 미치지 못한 데칸고원 이남의

102) 불교좌법이 인도에서 남과 북으로 각기 다른 좌법을 계승하여 왔던 것처럼, 자이나교에서도 동일한 양상을 보여준다. 북인도 자이나 승원에서 결가부좌, 남인도 자이나 승원에서는 교족좌가 주를 이룬다.

나가르주나콘다와 아마라바티 등 인도 동남부 상좌부 지역에서는 교족좌 불상이 조성되기 시작하였다. 즉 중남부 지역에서 무불상 시대에 실천되던 좌법이 남방 상좌부 불교의 좌법으로 지속되었던 것이다.

인도남부의 초기 불상은 간다라와 마투라보다 1~2세기 정도 늦게 나타나는데, 2세기 무렵 조성된 아마라바티와 나가르주나콘다의 탑문과 탑 주변을 두른 울타리 등에 불상이 새겨져 있다. 이곳에서 좌불상은 거의 교족좌로 표현되며 결가부좌는 발견되지 않는다.

초기 불전에서 pallaṅka라는 좌법명은 교족좌다.

[그림I-13_78쪽]c[103]는 3세기 무렵 나가르주나콘다 지역의 대표적인 초기 좌불상 양식을 보여준다. 역시 오른발등을 왼발바닥에 겹치는 좌법으로, 당시의 대표적인 남인도 불상 형식이다. 당시에 이곳에서 붓다뿐만 아니라 불교도의 좌법은 왼 발바닥에 오른 발등을 겹치는 교족좌였다.

달인좌에서 생식기 아래 회음부에 발뒤꿈치를 붙이는 [그림I-13]a는 b, c와 좌우 발모양이 완벽하게 일치하는 교족좌이다. 4천여 년의 시간차에도 불구하고, 남인도의 초기 불상이 인더스 문명의 교족좌를 그대로 따르고 있음을 확인할 수 있다.

103) 붓다가 보리수 아래서 득도한 지 35일째 되는 날, 억수같은 비가 쏟아졌지만 미동도 하지 않고 명상에 잠겨있는 붓다를 무칠란다라는 뱀(용왕)이 위호하면서 7개의 넓적한 목을 펴서 7일 동안 폭우로 부터 보호해주었다고 전한다. 이 뱀은 인도 전통에서 쿤달리니 에너지의 진동과 흐름을 상징한다.

[그림I-13] 남방 불교의 좌법, 교족좌

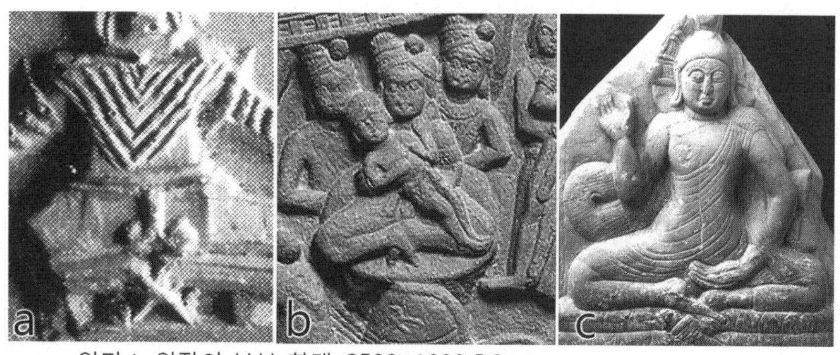

a: 인더스 인장의 부분 확대, 2500~1900 BC
b: Mugapakkha-Jataka 부분 확대, Bharhut, 100~80 BC
c: 무칠란다의 호위를 받는 붇다, Nāgārjunakoṇḍā, Andhra Pradesh, 3세기,
© Victoria and Albert Museum, London.

당시에 이 지역의 불교도들은 이와 같은 좌법을 취하고 수행을 하였을 것이다. 따라서 불경에 paryaṅkāsana로 등장하는 좌법을 결가부좌(가부좌)로 번역하면 당시 불교 수행의 모습이 왜곡될 수 있다. 발모양이 구체적으로 묘사된 이와 같은 조각은 좌법이 공공연하게 직접적으로 표현되고 있었으며 당시 불교전통에 있어서 상식적인 것이었음을 의미한다.

중남부 인도의 불교 좌법은 '좌우 교차하는 발'로 묘사되는 교족좌였으며, 북방 불교의 좌법은 '좌우 교차하는 다리'로 묘사되는 결가부좌였다. '발(다리)의 교차'라는 언어적 묘사에 있어서는 남북방이 유사하지만 실제 좌법은 다르다는 것을 알 수 있다. 고대 인도의 대표적인 좌법은 합족좌와 교족좌였는데, 후대 불상이 제작되면서 '좌우 교차하는 발(다리)'가 주종을 이루게 된 것이다.

[그림I-14] 교족좌를 한 남방 불상과 수행자상

초전법륜도. 4세기 후반, Nagarjunakonda 계곡, Andhra 지방의 Guntur지역, 소장: Archaeological Survey of India

붓다와 제자가 교족좌를 하고 있다. 불상의 좌법은 붓다만을 위한 좌법이 아니다.

무불상 시대 불사리탑에서 쉬리 락슈미 여신상은 교족좌, 합족좌 또는 aḍḍhapallaṅka를 취하고 있는데, 인도 전역을 통틀어 합족좌를 취한 불상은 발견되지 않는다. 이는 인도에서 불상 조성 당시 좌불상의 기준이 되는 조건이 '좌우 교차하는 발(다리)'이었음을 말해준다. '발(다리)의 교차'는 당시 인도에서 신인神人을 나타내는 대표적인 도상학적 전통이 되었다.

쿠샨시대와 달리 힌두의 정통을 지향하였던 굽타왕조에서는 쉬리 락슈미 신앙이 일반적이었다. [그림I-15_80쪽]a의 주화를 통해 확인되듯이, 사무드라굽타(335~380 재위) 등 굽타왕조의 거의 모든 왕은 자신의 모습을 새긴 주화 뒷면에 쉬리 락슈미를 새기고 있는데, 이것은 굽타왕조가 지향했던 바를 상징적으로 보여준다.

당시의 유물인 [그림I-15_80쪽]a는 힌두전통, b는 북방 불교의 정체성을 상징적으로 보여준다. 이 둘은 교족좌와 결가부좌 사이의 미묘한 이질성과 공존을 의미한다. b의 길상좌를 취한 간다라식 좌불상이 쉬리 락슈미 신상과 공존할 수 있을 정도로 공인된 Icon이 되었음을 알 수 있다. 이 둘은 각기 '교차한 좌우 다리(발)'라는 고대 인도 신격의 상징으로부터 기원한 것으로서, 굽타시대에 함께 숭배의 대상이었다.

[그림I-15] 교차한 다리로 표현되는 신격

a: Śrī가 새겨진 Gupta왕조 금화, Chandragupta II(CE 380~415년 통치)
*출처: https://upload.wikimedia.org/wikipedia/commons/e/ea/Coin_of_-Vikramaditya_Chandragupta_II_with_the_name_of_thc_king_in_Brahmi_script_380_415_CE.jpg
b: 초전법륜상, Sarnath, India,Archaeological Museum (ASI), Gupta시대.
c: Yakṣa(자연 정령), Vietnam 중부 Tra Kieu, Lent by Museum of Cham Sculpture, Da Nang, CE 6세기 초. *출처: https://images.metmuseum.org/CRDImages/as/web-large/20_2_F.jpg

한편, [그림I-15_80쪽]a(중인도)와 c(베트남)는 상당한 거리에도 불구하고 동일한 좌법을 보여준다. 힌두 문화가 융성했던 남아시아에서도 교족좌가 신격을 드러내는 좌법이었음을 알 수 있다.

남방 불교전통에서 힌두 신상의 좌법은 5세기 이후에도 여전히 불상을 표현하는 대표적인 기준으로 여겨지고 있었다.

다만, 아래 [그림I-16_81쪽]의 도상에서 확인되듯이, 두 발을 포개는 힌두 신상의 교족좌가 완화되어, 점차 반가부좌에 가까운 남방 특유의 과도기적 좌법으로 변화함을 확인할 수 있다. 이는 좌법에서 정신생리적 중심성이 점차 간과되고 있음을 간접적으로 보여준다.

남방불교에서 교족좌(pallaṅkāsana)는 점차 변형된다.

[그림I-16] 남방 불교전통에서 교족좌의 반가부좌化

a: 좌불상, Amaravati, Andhra Pradesh(인도), 2세기.
b: 좌불상, Anuradhapura(스리랑카), 7~8세기.
c: 좌불상, Sukhothai(태국), Walters Art Museum, 14세기.
d. 보살상, Mon-Dvaravatidhkdwh(태국), Norton Simon Art Foundation, 7~8세기.

쉬리 락슈미 신상의 교족좌와 동일한 불상의 좌법은 점차 완화되어, 좌우 발이 중앙에서 교합되지 않고 반대쪽 무릎에 가까워지면서, 발뒤꿈치가 중심에서 벗어난 '완만한 반가부좌'로 변형되어 감을 [그림I-16_81쪽]을 보면 알 수 있다. [그림I-16]은 좌우 발이 중심성을 잃고 좀 더 변형된 '완만한 반가부좌'로 변형되는데, [그림I-16]d는 반가부좌라고 해도 될 정도로 변형된 자세를 보여준다.

[그림I-13_78쪽]에서처럼 좌우 발을 음낭 아래 회음부 가까이 놓을 때, 양 무릎이 바깥쪽으로 최대한 멀리 놓이게 되면서 골반부와 고관절을 이완시켜 자극하게 되는데, 수행자가 이 좌법의 요점을 파악하

지 못하면 발 위치에 따라 달라지는 정신생리적 변화를 자각하지 못하여, 점차 다리를 느슨하게 하여 앉게 된다. 결국, 선정의 중요한 특성인 중심성을 상실하여 점차 중국식 반가부좌처럼 좌법이 완화될 수밖에 없었다.

[그림I-17] 교족좌를 취한 남인도의 좌불상

a: 도솔천에서 설교하는 붇다, Amaravati Stupa, Andhra Pradesh, Calcutta Museum, 2세기.
b: 초전법륜 불상, Amaravati, Andhra Pradesh, Chennai Government Museum, 2세기.
c: 난다의 개종에서 붇다, Nāgārjunakoṇḍā, The Nagarjunakonda Muesium, 4세기 후반.

[그림I-17_82쪽]은 2~4세기경에 조성된 남인도의 아마라바티와 나가르주나콘다의 좌불상이다. 교족좌를 따르고 있으나 왼발바닥 위에 오른발등이 완벽하게 겹쳐진 발모양은 아니다. [그림I-18_83쪽]a의 스리랑카 아누라다푸라[104]양식 불좌상[105]도 중심성을 완전히 갖추지

104) BCE 5세기~CE 8세기경까지 Sinhala족 왕국의 수도였다.

105) 스리랑카 Anuradhapura의 최초기 불상(3세기경)은 연화좌대와 광배, 신중神衆을 거느린 북방 불상과는 달리 홀로 선정에 든 모습을 보여준다. 반면, 비슷한 시기에 조성된 남인도 아마라바티와 나가르주나콘다의 불상은 연화좌대 위에 광배를 뒤로 하고, 신중을 거느린 모습으로 장엄한 불탑에 표현되어 있다. 이는 이 시기에 남인도에서도 붓다를 초월적 존재로 신앙하고 있었다는 점을 보여준다. 후대에 밀교와 더불어 힌두 사원 양식이 유입되면서 상좌부전통의 중심지인 스리랑카에서도 불상이 점차 장엄한 양식으로 변모하게 된다.

못한 '완화된 교족좌'를 보여준다. 4~5세기 전후, 주로 오른발이 위에 놓이면서 좌우 발뒤꿈치가 중심에 모인 '완화된 교족좌' 불상은 남방 좌불상의 모범으로 확립된다. [그림I-16_81쪽], [그림I-18]a와 b에서처럼, 남방 상좌부 지역의 좌불상은 오른쪽 손발을 왼쪽 위에 두는 길상좌식 '완화된 교족좌'로 확립된다.

[그림I-18] 남방 좌불상과 Gajalakṣmī 신상의 완화된 교족좌

a: 선정좌불상, Anuradhapura, 스리랑카, 5~6세기경.
b: 선정좌불상, Anuradhapura, 스리랑카, 10세기.
c: 쉬리(Śrī) 신상, DaladaMaluwa사원, Polonnaruwa, 스리랑카, 12세기경.

이 좌법은 '반가부좌화 된 교족좌'라고도 할 수 있는데, 왼쪽 손발을 오른쪽 위에 두는 중국 선종의 항마좌식 반가부좌와는 반대다. 이러한 '완화된 교족좌'를 반가부좌라고 할 수 없는 이유는 원어가 'aḍḍhapallaṅka(반교족좌)'가 아니라 'pallaṅka'이며, 무엇보다 완화되기는 하였으나 좌우 발뒤꿈치를 몸의 중심부에 놓는 규칙을 지키고 있었다는 점에서 그렇다.

[그림I-16_81쪽]처럼 현저하게 중심성이 지켜지지 않는 경우도 있으나, 스리랑카와 남아시아의 '완화된 교족좌'는 중심부에 발뒤꿈치를 놓는 고대 인도의 좌법 전통을 어느 정도 준수하고 있다. [그림I-13_7

8쪽]에서 [그림I-18_83쪽]까지 좌우 발뒤꿈치가 몸의 중심부에 놓이고 오른발을 왼발 위에 겹친다는 점에서, 달인좌(그림I-4_57쪽, d) 그리고 쉬리 락슈미의 교족좌와 다르지 않은 좌법임을 알 수 있다.

그러나 남방에서 발뒤꿈치가 중심에서 벗어나서 반가부좌化되는 변형과정은 후대로 갈수록 심해지고, pallaṅka라는 이름만으로 좌법의 정통성은 확보되지 못했다. 남방전통에서는 5세기 전에 pallaṅka는 '완화된 교족좌' 또는 좀 더 변형된 '완만한 반가부좌'로 인식되기 시작하였으며, 결국 왼발바닥 위에 오른 발등을 겹치는 교족좌 전통은 사라져갔다. 이는 북방 불교에서 항마좌식 반가부좌를 좌선수행의 좌법으로 명시하였던 혼동 양상과 다르지 않다.

결론적으로, 교족좌의 역사적 계통은 다음과 같이 요약된다.

〈표I-1〉 교족좌의 도상학적 계통

시기	교족좌의 기원과 전승
2600~1900 BCE	인더스문명의 인장
450~300 BCE	Saurashtra주화(그림I-6_59쪽, a)의 쉬리 락슈미 좌법
2세기~1세기 BCE	무불상 시대: 쉬리 락슈미와 수행자의 좌법, 중인도 바르후뜨, 산치, 마투라, 보드가야의 stūpa 중인도 Ujjain 주화
2세기~4세기 CE	불상의 좌법: 남인도 아마라바티와 나가르주나콘다
CE 3세기 이후	스리랑카, 남부 아시아 상좌부의 좌법

〈표I-1〉에서처럼, 지역적으로, 교족좌류의 좌법 전통은 무불상 시대에는 중부인도의 마투라, 보드가야, 바르후뜨와 산치 등에서 시작하여, 불상 출현 이후에는 아마라바티와 나가르주나콘다 등 남인도로, 그리고 3세기 이후에는 스리랑카와 남아시아까지 확산된다.

남방 불교에서 좌법은 부파불교 이전부터 쉬리 락슈미의 좌법인 교족좌나 합족좌를 수행했으며, 5세기 이후까지도 이러한 좌법은 지속되었었다. 그 과정에서 교족좌는 '완화된 교족좌'나 '완만한 반가부좌'로 변형되어 갔다. 또한 결가부좌가 붓다고사(5세기경)의 위숫디막가 *Visuddhimagga*(『청정도론』)에 나타나기 시작하고, 이어서 힌두 탄트리즘, 대승불교와 탄트리즘이 본격적으로 남아시아에 유입되면서 결가부좌(연화좌)도 본격적으로 유포되기 시작하였다. 밀교가 상좌부전통을 압도하던 시기를 거치면서도 남방불교에도 존폐의 위기가 있었으나. 교족좌가 완화되는 선에서 변형되긴 하였으나, 중국의 남종이 그랬던 것처럼 상좌부는 밀교의 좌법을 받아들이지 않았다.[106)]

106) 스리랑카에서 기원 전후 상좌부가 분별설부만을 고수하면서 정통성을 확립하여 왔다고 한다. 무외산사파가 1세기경 대중부, 3세기경에는 대승불교를 받아들이는 개방적인 입장인데 반해, 상좌부의 대사파는 BCE 1세기 중엽 Aluvihara에서 4차 결집을 통해 남방 불교의 *Nikāya*를 정립하고 이를 근본으로 삼았다. 아누라다뿌라를 중심으로 스리랑카 불교가 번성하던 시기에 대사파와 무외산사파, 기타림사파로 분열돼 끊임없이 대립을 계속했다. 스리랑카 교단은 이후 스리랑카 왓따가마니아바야왕은 인도의 침략을 피해 피신하던 중 마하띳사 장로에게 많은 도움을 받았다. 왕은 장로에 대한 감사의 표시로 무외산사를 건립하여 하사했다. 그러나 왕과의 잦은 접촉을 갖는 마하띳사 장로에게 불만을 품은 대사파의 스님들은 마하띳사 장로를 대사파로부터 축출하였는데, 이를 계기로 무외산사파와 대사파 분열이 시작되었다. 무외산사에서는 상좌부 대사파와 달리 대승의 보살 사상을 수용했다. 다시 7세기말에 밀교가 전해져서 무외산사파가 4세기 이상 강화되어 상좌부에 위기가 오지만 12세기에 미얀마의 상좌부를 받아들여 대사파가 무외산사파를 완전히 소멸시키고 종단을 통합하게 된다. 스리랑카 불교의 역사는 개방적이고 시대의 흐름을 따르는 무외산사파와 1200여 년간의 대립이며, 분별설부(상좌부) 수호의 역사라고 할 수 있다.

5. 결가부좌의 출현

알렉산더 침입(327~326 BCE) 이래 인도 북부의 불교문화는 그리스와 페르시아, 그리고 힌두 전통이 자연스럽게 융합된 모습으로 나타난다.107) 중앙아시아에서 내려온 쿠샨왕조(30∼375) 하에서 1세기경 간다라와 마투라를 중심으로 불보살상이 만들어지기 시작하였다.

---

107) 학자들은 간다라의 지정학적·문화적 환경 속에서 고대 인도미술과 헬레니즘이 융합하여 불상이 출현되었다고 규정하곤 한다. 최초기 불상에 대한 논의가 여전히 진행되는 상황이지만, 宮治昭(2009)과 이주형(1996: 380)도 이러한 일반적인 관점에 동의하면서 [그림I-19_88쪽]a를 간다라의 최초기 불상으로 예시하고 있으나, 마투라에서 기원 이전에 불상이 조성된 것으로 학계에 보고되고 있다.(Huntington 1985: 123) 대승불교 출현과 밀접한 관련을 갖는 간다라는 조르아스터교의 성전 *Avesta*에서도 Ahura Mazda에 의해 창조된 지상의 가장 아름다운 6곳 중 하나로 언급되듯이, 페르시아 문명과 인도의 접경지역으로서 실크로드와 인도의 관문이라는 지정학적 특수성 때문에, 대대로 여러 세력이 만나는 지정학적 위치로 인해 다양한 민족과 문화가 융합되어 공존하였다. 아래 표와 같이 마우리아 왕조가 쇠퇴한 이래 주로 비인도 민족의 지배하에 있어 왔다. 지도는 [그림I-20_90쪽]을 참조할 것.

<Gandhāra 지역의 연대기>

지배 세력	지배 기간 및 특성
Achaeamenids	c. 600∼400 BCE, BCE 518년 페르시아의 행정구역에 편입
Greeks	327∼326 BCE, 알렉산더의 침입, Macedonian 간다라
Maurya	321∼297 BCE, 인도 정통 통일 왕국
Seleucid	BCE 312년 헬레니즘의 계승 왕국 중 하나인 Seleucid에 편입
Maurya	BCE 305년 Maurya에 편입
Indo-Greeks Greco∼Bactrian	250∼190 BCE
Scythians	c. 2세기∼1세기 BCE, BCE 140년경 중아아시아로부터 페르시아계 Scythian의 침입, BCE 1세기경 Indo-Scythian왕조 설립
Parthians	BCE 1세기∼CE 1세기
Kuṣāṇa	1∼5세기, 북부에서 내려온 Uezhi(月支族)에 의해 1세기 중엽 쿠샨왕조 설립, Kaniṣka재임(127∼150)
Sasanian	232년 간다라 일부를 포함한 아프가니스탄 지역에 페르시아계 사사니안왕조 설립

간다라 지역을 중심으로 북인도에서 외래 문명의 융합과 불보살상의 출현은 대승불교[108] 운동과 매우 밀접한 관련이 있다.

불상이 출현한 간다라에서 쉬리 락슈미[109]는 숭배되지 않았다.

기원전에 불교 중심지였던 산치나 바르후뜨에 교족좌나 합족좌 또는 ardhaparyṅka(반교족좌)로 앉은 쉬리 락슈미가 새겨졌던 것처럼, 당시 간다라에서도 교족좌가 성행했다면, 당연히 간다라에서 초기 불상을 제작할 때 이 좌법이 반영되었을 것이다. 그러나 당시 간다라에서 교족좌의 불상은 물론 쉬리 락슈미 신상을 찾아보기 어렵다.

간다라 불상을 출현시킨 쿠샨왕조의 주화(coin)[110]에서 교족좌를 한 쉬리 락슈미는 발견되지 않는다.[111] 대중적으로 유통되는 주화에

---

108) 불교는 Maurya왕조, 특히 Aśoka(304∼232 BCE) 재위 때, 마케도니아, 시리아, 이집트는 물론 남쪽으로 스리랑카, 동쪽으로 타이와 버마, 북쪽으로 타림분지까지 전래되었으며, 이를 초기불교라고 한다. Maurya 왕조 이후 BCE 2세기에 인도는 남북으로 분열된다. 북쪽에는 외래 왕조 쿠샨(BCE 78∼CE 226), 남쪽엔 힌두 왕조 안드라가 세워졌다. 쿠샨의 카니슈카(재위 120∼144 CE)에 의해 불교가 크게 진흥되었는데, 이때 중생구제에 역점을 둔 대승불교가 성행하였다.

109) 힌두전통의 쉬리 락슈미, 그리스의 티케Tyche, 로마의 포르투나Fortuna, 페르시아 전통의 아나히타Anahita 등은 모두 풍요와 행운의 여신이기에 특히 상인들에게 숭상의 대상이었다.

110) 인도의 Janapada(소왕국) 시대의 주화는 BCE 7세기∼BCE 4세기 말까지 주조되었는데, 주화의 전후면에 모두 자연물을 기호화한 추상적인 문양을 새겼다. 이후 마우리아(3∼2세기 BCE)시기에는 Śiva와 Lakṣmī가 주로 새겨졌다. 다음 시대인 Sātavāhana(BCE 1세기∼CE 2세기) 시대에 들어서는 추상적인 기호와 더불어 점차 코끼리, 황소, 말, 성수聖樹, 연꽃, 사람 문양(*Śiva 추정), 짜끄라(맥륜) 등이 새겨지기 시작한다. BCE 2세기경에도 우자인에서 시바와 락슈미를 새긴 주화가 다수 주조되었다.(그림I-6_59쪽, b, c, d) 알렉산더 침입 이후 Graeco-Bactrian와 Indo-Greek 주화(BCE 4세기경)는 그리스 조각처럼 사실적으로 왕의 얼굴과 동물을 묘사하였다. 인도에서도 점차 사실적인 묘사가 강화되고 숭배하는 신이나 왕을 새기는 것이 일반화된다. 기원 전후 쿠샨왕조기에 이르면 사실적인 그리스적 묘사가 반영된 주화가 주조된다. 이는 그리스적 조형예술적 형식이 쿠샨시대를 풍미했다는 것을 의미한다.

111) 마우리아 왕조 말기에 간다라에서 만들어진 주화의 쉬리 락슈미상은 모두 직립상

정치·문화·종교적 관념이 그대로 반영되기 마련인데, 중앙아시아에서 인도 서북부로 내려온 쿠샨왕조의 불교도는 인도 전통의 쉬리 락슈미에 대한 인식이 미약했던 것으로 보인다.

불상은 붓다에 대한 신앙을 위해 출현하였다.

[그림I-19] 가장 이른 시기의 좌불상

a: Brahm와 Indra의 경배를 받는 붇다(梵天勸請), Swat, Museum für Asiaische Kunst, Berlin. Staatliche Museen zu Berlin, Preußischer Kulturbesitz, inv. no. 1597, CE 100년(Juhyung Rhi 2008).
b: 梵天勸請, Swat, Awat Museum, Saidu Sharif Inv. No. P 788, CE 1세기 후반(Filigenzi 2008)
c: Meru산 정상에서 四天王에게 보시를 받는 좌불상, Mathura Museum, BCE 1세기경(Huntington 1985: 123).

기원전 무불상 시대 쉬리 락슈미의 좌법이 신격의 상징이었듯이, 1세기경 간다라와 마투라 등 인도북부에서 결가부좌는 신앙 대상으로서 불보살을 신격화하기 위한 상징이 되었다. 즉, 남북방, 두 전통은 선정 수행의 좌법으로 paryaṅka(Ⓟpallaṅka)라는 명칭을 동일하게

이다. 마우리아왕조기에 간다라에서 쉬리 락슈미가 대중적으로 숭배되었다고 할 수 있으나, 마우리아왕조가 멸망한 다음, Indo-Greeks, Greco-Bactrian, Scythians, Parthians을 거쳐 쿠샨왕조에 이르기까지 인도 외래 왕조 하에서 주조된 주화에 쉬리 락슈미는 새겨지지 않았다. 그 자리를 Ardochsho라는 중앙아시아(서역)의 풍요의 여신이 대신하게 된다. [그림I-23_106쪽]처럼 중앙아시아와 페르시아 신들을 주화에 새겼던 것과 같이, 알렉산더 침입(BCE 327) 이래 쿠샨왕조까지 간다라에서 인도 토착의 신앙보다 그리스, 페르시아, 중앙아시아의 신앙전통을 통합하였던 것으로 보인다.

사용하면서도, 서로 다른 좌법을 수행하여 왔던 것이다.

북부에서 불보살상의 출현이 불교도의 신앙적 욕구에서 비롯되었기 때문에, 불상 출현은 신앙대상의 변천과정 중 한 계기로 파악할 수 있다. 신앙으로서 불교 운동이 불보살상을 만들었으며, 이는 대승불교의 출현과 관련되어 있다. 이때는 구원신앙의 출현과 동일한 시기임을 아래 〈표I-2〉을 통해 확인할 수 있다.[112]

〈표I-2〉 시대별 불탑신앙의 변천과정(권기현 2016)

시기	stūpa의 종류	신앙 형태
고대 인도	Harappa·Mohenjo Daro 유적	성단
붓다 재세시	6종탑	분묘
열반 이후	근본 8탑	예배·공양
마우리야의 아쇼카왕 (즉위년 BCE 270)	8만4천탑	공덕·신앙
슝가왕조(BCE 2세기경)	산치 Ⅱ탑·바르후뜨 대탑	탑경전 신앙
쿠샨왕조기의 불상 출현 (기원 전후)[113]	간다라·마투라 조각, 산치 Ⅰ탑(1세기 초)	구원 신앙
굽타왕조 및 팔라왕조 (CE 4~9세기경)	아잔타·엘로라, 사르나트, 남인도 불탑	오불 신앙

불사리탑(알 모양 스투파) 신앙에서 불보살상 신앙으로 그 중심이 옮겨감으로써, 불보살상은 가장 대표적인 신앙 대상이 되었다. 그래

112) 대승불교가 발흥하기 시작한 것은 북인도에는 쿠샨, 남인도에는 사타바하나 왕조가 세력을 확장하고 있던 시기이다. 지도는 [그림I-20_90쪽]b를 참조할 것.

113) 권기현(2016, p.18)은 "카니슈카왕이 즉위(CE 144)한 이후 얼마 되지 않을 무렵부터 불상이 출현하게 되었다."고 하여 일관되지 않으므로 저자가 바로 잡음.

서 붓다와 보살의 초월성, 즉 신적인 대상화는 대승 불교의 신앙과 밀착되어 있는 것이 역사적 사실이다.

[그림I-20] 실크로드와 간다라, 슝가, 쿠샨, 굽타왕조

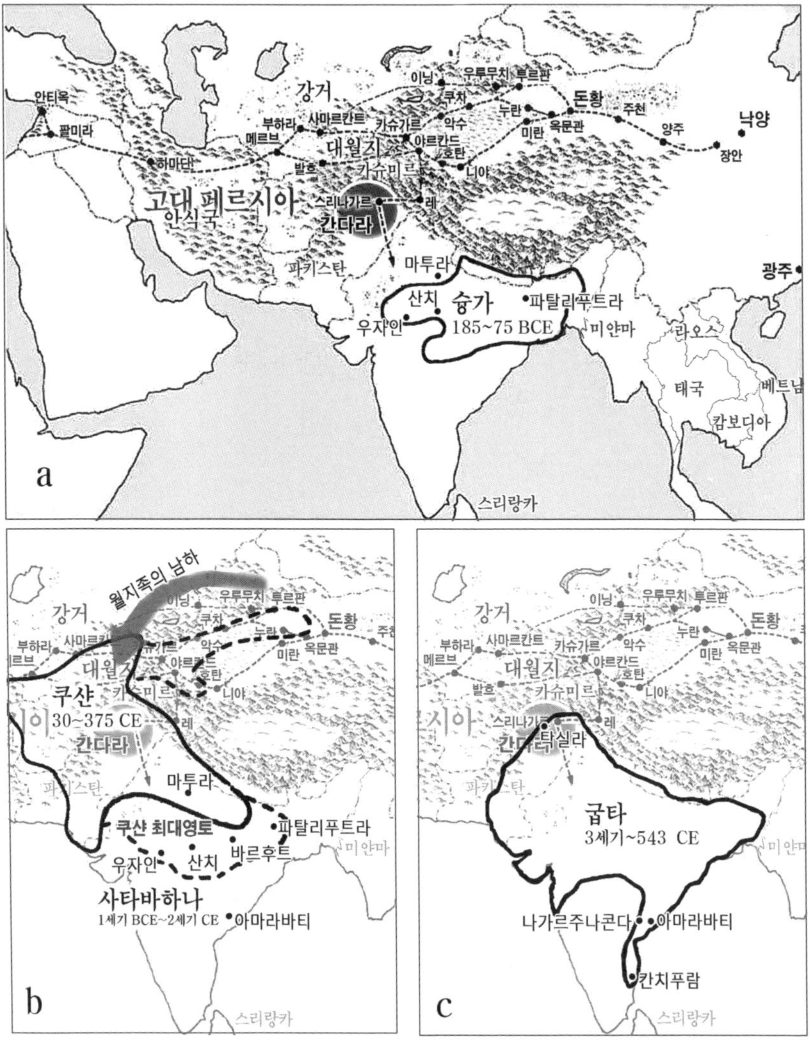

당시 대승불전의 편찬과 불보살상의 조성은 동시에 일어난 신불교 운동이라고 할 수 있다. 불상과 대승경전의 출현을 동일한 맥락에서 이해할 수 있다. 초기 대승불교가 전통적인 부파교단 내부에서 '지속적인 대승경전 제작'을 통해 대승이라는 실체를 서서히 만들어갔다.[114]

보살상은 외래 신중에 대한 대승적 신앙의 결과다.

불상이 출현한 당시는 북부 인도에서 대승경전의 편찬과 유포도 왕성했었다. 이 시기와 지역에서 대승경전과 불보살상이 출현하였기 때문에 불보살상과 대승신앙의 출현은 분리해서 생각할 수 없다.[115]

북방에서 불보살상의 출현과 긴밀하게 관련되어 있는 불보살에 대한 숭배는 북방불교와 남방불교를 구분하는 한 기준이 된다.

붓다를 중심으로 좌우에 미륵보살(Maitreya=Mithra)과 관세음보살(Avalokiteśvara)을 삼위일체의 성상 양식으로 조성한 [그림I-21_92쪽]a는 이러한 맥락을 직접적으로 드러내 주는 한 예이다. 그리고 [그림I-21]b와 c처럼 미트라Mitra와 시바Śiva가 쿠샨왕조에서 발행된

114) 이자랑(2015)은 간다라지역에서 발굴된 대중부·설출세부 계통의 부파 문헌과 더불어 대승경전으로 생각되는 사본에 대한 마크 아론과 리챠드 살로몬의 연구 결과를 통해 '대승불전은 1, 2세기부터 존재하였다'는 결론을 제시하였다.

115) "7세기에 인도에서 배운 의정(635~713)에 의하면 "만약 보살을 예배하고 대승 경전을 독송하면 이를 대[승]이라 칭한다. 이것을 하지 않으면 소[승]이라 부른다."라고 기술하고, "이른바 대승이란 두 종류에 불과하다. 하나는 중관[파], 또 하나는 유가[행파]이다."라고 설한다. 또한 5세기에 인도에 간 법현(339~420)에 의하면 "대승의 사람은 반야바라밀, 문수[보살], 관세음[보살] 등을 공양한다."라고 기술한다. 이들 증언에서 '대승'을 특정하는 기준으로 ①대승경전의 독송, ②대승의 학파(중관파나 유가행유식파)에의 소속, ③대승 특유의 불, 보살(아미타불, 관음보살 등)에 대한 숭배라는 세 가지를 들 수 있다."(이자랑 역 2016: 143)

주화에 새겨졌다는 것은 당시 쿠샨인들에게 신앙 대상이 다원화되어 있었음을 의미한다. 미트라는 고대 페르시아와 인도에서 태양신으로 숭배되었고, 시바는 브라흐마, 비슈누와 함께 힌두교의 삼주신 가운데 하나이다. 쿠샨왕조 시대는 페르시아, 힌두 문명의 신앙체계를 대표하는 미트라와 시바를 대승불교라는 범세계적 흐름 속에 융합시켜 통합을 도모하였던 시기이다.

[그림I-21] 대승불교에 융화된 외래 신격

a: 불교도와 승려가 있는 삼존여래상, Gandhara 출토, 2~3세기경
b: Huvshika왕과 MIIPO가 새겨진 쿠샨조 주화, ca. 150~191CE.
c: Huvshika왕과 Oesho가 새겨진 쿠샨조 주화, ca. 150~191CE.

또한 북방 불상은 헤라클레스(금강역사), 제우스(금강수金剛手, Vajrapāṇi), 미트라(미륵보살), 인드라(제석천), 이슈바라(관음보살) 등 '불교 외부에서 유입된 신중神衆'과 더불어 장엄하고 화려한 양식 속에 융합되었다. 유입된 외래 신중에 의해서 불보살신앙의 성격이 결정되었을 것이다.

이는 쿠샨 불교도들이 자신들의 정체성만을 내세워서 외도를 배척하기보다 붓다를 중심으로 종교적 통합을 대승(Mahāyāna)적으로 이루려 하였던 시대적 상황을 보여준다.[116]

이처럼 당시 대승은 주변 문명의 신앙 대상을 '보살'이라는 신격에 통합한 종교개혁과 같은 운동이었다.

결국, 북방 불보살상의 결가부좌는 힌두적인 전통뿐만 아니라 그리스, 페르시아, 중앙아시아의 다종교적 신상을 통합했던 시기의 신격을 상징하던 좌법이었다. 쿠샨왕조는 결가부좌를 비롯해 다리를 교차하는 교각좌를 성상聖像과 왕권의 상징으로 사용하였으며, 이는 힌두 전통 좌법의 북방식 변형이다.(그림I-15_80쪽, 그림I-23_106쪽)

『아비달마대비바사론』(2세기 중엽)은 결가부좌를 설한다.

기원 전후 결가부좌 불상이 북인도에서 출현하였으며, 카니슈카Kaniṣka왕(재위 c. 120~144 CE)의 절대적인 후원을 받으면서 북방 소승 부파인 설일체유부(Sarvâstivāda)가 카슈미르[117]에서 4차결집을

116) 이는 후대 힌두인들에게 대승불교가 힌두전통과 다른 것으로 비춰졌을 것이다.
117) 간다라로부터 북쪽에 위치한 카슈미르는 인도박트리아 그리스(190 BC), 사카스(Scythians) & 파르티아인(90 BC~64 AD), 쿠샨인(AD 1~2세기), 훈족(5세기 AD) 등

통해 『아비달마대비바사론』(*Abhidharma-mahāvibhāsā-śāstra*, 현장 역)을 이루는 등, 그 결과가 2세기부터 실크로드(그림I-8_62쪽)를 따라 서역과 중국 등으로 빠르게 전해졌다. 특히 간다라와 카슈미르 지역(그림I-8_62쪽, b)이 설일체유부의 중심지이며, 그 대표적인 논서인 『아비달마대비바사론』이 결가부좌를 설한다는 점은 주목할 필요가 있다.

카슈미르의 환림사[118]에서 협존자脇尊者[119]가 중심이 되어, 세우世友(바수미트라Vasumitra, 1~2세기경)와 마명(아슈바고샤Aśvaghoṣa, 80~150년경)[120]이 의장과 부의장을 맡고 그리고 주재한 4차 결

의 중앙 집중식 권력 구조에서 필수 불가결한 지역이었다. "카슈미르 불교와 4차 결집은 쿠샨 왕조의 카니슈카 왕의 보살행을 생각하지 않을 수 없으며, 동아시아에 대승불교의 이념을 제공한 아슈바고샤(마명 Aśvaghoṣa 80~150 CE)), 나가르주나(용수 Nāgārjuna 150~250 CE), 바수반두(세친 Vasubandhu 4세기) 쿠마라지바(Kumārajīva 334~413 CE) 삼장 등을 떠올리지 않을 수 없다. 이 분들이 이곳 카슈미르에서 활동했음을 볼 때, 이곳은 대승불교의 산실이면서 동아시아 더 나아가서 한국불교 대승교학의 이념의 산실이라고 말 할 수 있을 것이다.(이치란, 불교닷컴, 2014년 3월29일자)

"5세기 이전의 카슈미르·간다라 불교는 인도불교가 교리적 혁신을 이루게 된 원천이었고, 이로 인해 카슈미르 비바사사毘婆沙師는 인도불교 4대 학파 중의 첫 번째로 손꼽히게 되었다.(나머지 셋은 경량부와 대승의 중관·유식)--중략—현장은 카슈미르에 2년간 머물면서 『구사론』과 『순정리론』을 학습하기도 했다. 뿐만 아니라 중국 초기불교사를 장식한 역경승들 중 많은 이가 카슈미르 출신이거나 이곳으로 유학했고, 법현, 현장, 혜초 등의 구법승 또한 이곳을 통해 인도로 들어가고 나갔다. 현장(629~645년 인도여행)은 오늘날 아프가니스탄에서 간다라(페샤와르)-오장나(밍고라)-탁샤실라(탁실라)-카슈미르-책가(시알코트)-치나북티(암리차르 일대)를 거쳐 중인도로 들어갔고, 해로로 입국한 혜초는 치나북티-책가-카슈미르-간다라를 거쳐 출국했다. 이렇듯 카슈미르와 간다라는 불교학의 고향일 뿐 아니라 동아시아불교의 전초기지와 같은 곳이었다."(권오민, 법보신문, 1309호, 2015년 9월 9일자)

118) 環林寺, 숲으로 둥글게 에워싸인 사원, Karṇikāvana 혹은 Kuṇḍalavana-vihāra

119) 제10대 조사祖師. 중인도 마가다 사람으로 복타밀다의 의발을 전수받았다. Pārśva라는 이름은 옆구리라는 뜻인데 눕지 않고 수행하여 옆구리가 바닥에 닿는 일이 없었다는데서 비롯된 이름이다. 『선관책진』에 "협 존자가 여든 살에 출가하자 젊은이들이 '출가인의 공부는 첫째는 선을 닦는 것이요, 둘째는 경을 외우는 것인데 늙고 쇠잔했으니 무슨 진취가 있으랴'하고 비웃었다. 존자가 이 말을 듣고서 '내가 만약 삼장 경론을 꿰지 못하고 삼계의 욕망을 끊어 육신통과 팔해탈을 갖추지 못하면 결코 옆구리를 땅에 붙이지 않으리라'하고 맹세했다. 그리하여 낮에는 교리를 연구하고 밤에는 선을 닦아 마침내 세 해만에 맹세한 바를 이루니, 당시 사람들이 우러러 보며 '협존자'라 했다."고 하였다.

집은 삼장에 정통한 500인의 비구가 모여 7일간 경 10만 송, 율 10만 송, 논 10만 송, 총 30만 송 660만 단어에 달하는 방대한 주석을 결집하였으며, 이때 집성된 『아비달마대비바사론』은 설일체유부의 교리를 확립시킨 가다연니자(Katyāyāniputra, 2∼1세기경 BCE)[121]의 『아비달마발지론』(*Jñānaprasthāna-śāstra*)을 토대로 설일체유부의 근본 교학을 확립한 논으로 평가된다.[122] 이 제4차 결집이 간다라를 장악한 쿠샨왕조의 3번째 왕 카니슈카(재위 120∼144 CE)왕의 지원으로 이루어졌으며, 기원전부터 부파불교의 대표적인 부파인 설일체유부가 카슈미르 지방을 본거지로 하였다(그림I-8_62쪽)는 점에 주목하게 된다.

마우리아 왕조의 아쇼카왕처럼 호불정책을 펼쳤던 쿠샨 왕조의 카니슈카왕은 설일체유부의 장로인 빠르쉬와에게 귀의하고 아슈바고샤(80?~150?)에게 배우면서 불교에 헌신하였다. 『대당서역기』에서 현장은 가다연니자의 『아비달마발지론』이 간다라의 남동부에 위치한 치나북티Cīnabhukti(현, Amritsar) 지역에서 찬술되었다고 보았는데,[123] 이 지역은 당시 카니슈카왕이 후원한 설일체유부의 중심지였

120) 중국문헌에 중인도 마가다 출신으로 기록됨. 카니슈카왕이 중인도 마가다를 정복하고, 북쪽의 월지국으로 마명을 데리고 갔다. 왕의 보호를 받으며 대승불교 사상을 선전하였다 하여 그를 대승불교의 시조라고 한다. 카니슈카와 동시대 인물임은 확실하고 그보다 더 나이가 있었던 것으로 보인다,

121) 『이부종륜론』, 『삼론현의』, 『대당서역기』 등에 약 BCE 2세기경 인도 북서부에서 활약한 것으로 되어 있다.

122) 후대의 많은 아비달마 논서의 표본이 된다. 줄여서 『대비바사』, 『대비바사론』이라고도 한다. 설일체유부의 사상이 집약된 중요한 북방 소승불교 문헌이지만, 현장의 한역본 론장 200권만 현존한다. 이 논을 '신바사'로 일컫는데, 5세기 중엽 인도 출신의 학승 불타발마가 도태 등과 함께 번역한 『아비담비바사론』(전 100권 중 60권 현존)은 구바사라고 일컫는다. 이 『아비달마대비바사논』의 편찬으로 북방 상좌부 불교의 교의가 완성되었다고 할 수 있다.

123) 현장은 Cīnabhukti의 동남쪽에 위치한 암림(暗林, Tamasāvana) 가람을 상세히 묘

다. 카니슈카 1년 명문이 있는 유명한 카니슈카의 사리舍利 용기가 설일체유부에 봉헌되었던 사실을 볼 때 결가부좌의 출현이 이 부파 교단과 밀접한 관련을 맺고 있었던 것으로 볼 수 있다.[124] 결국 불상이 출현할 당시 쿠샨왕조의 불교는 설일체유부에 의해서 주도되었다고 할 수 있다.

이는 이 지역에서 기원 전후 찬술된 설일체유부 문헌 내의 좌법이 결가부좌를 지칭할 가능성이 크다는 것을 의미한다. 그런데 *Abhidharma-mahāvibhāsā-śāstra*(『아비달마대비바사론』)를 한역하면서 현장은 '結跏趺坐'와 '吉祥坐'로 좌법용어를 정하였는데, 이 문헌의 근본불전인 가다연니자의 『아비달마발지론』을 한역하면서도 '結跏趺坐'를 동일하게 사용하였다. 이는 두 원전이 동일한 용어였음을 의미한다. 그러나 가다연니자가 활동할 당시에 조성된 결가부좌 도상이 발견되지 않았으며, 구체적인 작법도 설명되지 않았기 때문에, 이 원전의 좌법이 실제 결가부좌였는지는 확정할 수는 없다.

『아비달마대비바사론』에서 결가부좌는 다음과 같이 설해졌다.

> 이 형상은 [둥근 연화좌대처럼] 둥글고 편안하게 앉는다는 뜻이라고 하며, 성론자聲論者는 '두 발의 발등을 두 넓적다리에 올려놓는 것이 용龍이 서려 얽혀 있는 듯한 것이니 단정히

사하여, 승려는 300여명, 설일체유부를 배우고 있으며, 경내에는 Aśoka왕이 세운 높이는 6m정도의 불사리탑이 있으며, 작은 불사리탑과 커다란 석실들이 고기비늘처럼 쭉 늘어서 있어서 서로 마주보고 있는데 그 수는 헤아릴 수 없을 정도라고 하고, 산을 두르고 있는 가람의 둘레는 20여 리이며 붓다의 사리탑은 수백 수천 여 개가 있는데, 모서리가 서로 연이어 있고 그림자가 잇달아 있을 정도로 빼곡하게 늘어서 있다고 하였다. Cīnabhukti라는 이름은 한봉漢封이라 하는데, Cīna는 China를 의미한다. 중국서부에서 볼모로 온 사람들의 주거지에서 비롯된 말이다.

124) 이주형 (1996: 391)

> 앉아 사유하기 때문에 결가부좌라 한다'라고 설한다. 협존자脅尊者는 '두 다리를 포개서 좌우 [다리가] 교차하여 휘감고(交盤) 바르게 경계를 관하는 것을 결가부좌라 한다. 오직 이 위의(결가부좌)만이 선정을 닦는 데에 수순하기 때문이다'라고 설하였다. 대덕大德은 '이것은 성현의 길상한 앉음새(길상좌)이기 때문에 결가부좌라 한다'라고 설하였다.[125]

"이 형상은 [둥근 연화좌대처럼] 둥글고(주원周圓)", "두 발의 발등을 두 넓적다리에 올려놓는 것(兩足趺加致兩髀)", "두 다리를 포개서 좌우 교차하여 휘감고(重疊兩足左右交盤)"라고 구체적으로 묘사함으로써, 이 좌법이 간다라식 결가부좌임을 확신할 수 있다. 특히 '교반交盤'은 결가부좌를 결정짓는 구체적인 용어인데,[126] 『아비달마대비바사론』보다 앞선 시대의 다른 번역인 『아비담비바사론』(부타발마와 도태 역, 437~439)에서는 사용되지 않고 "협존자가 설하길, 가부좌란 양다리를 포개고(累兩足) 바르게 경계를 관하는 것이다"[127]라고만 되어 있다. 또한 현장의 다른 한역 불전에서는 '교반交盤'이 발견되지 않았으므로[128] 이 용어는 현장 개인적인 견해가 아니라 원전의 표현을 직역한 것으로 추정된다. 따라서 협존자가 원전에서 결가

125) 答是相周圓而安坐義。聲論者曰。以兩足趺加致兩髀。如龍盤結端坐思惟。是故名為結加趺坐。脇尊者言。重疊兩足左右交盤正觀境界名結加坐。唯此威儀順修定故。大德說曰。此是賢聖吉祥坐故名結加坐。

126) 尊者波奢(脅尊者)說曰。跏趺坐者。累兩足正觀境界。
좌법을 설명할 때, 책상다리를 산반散盤, 한 쪽 다리만 반대 쪽 위에 올리는 것을 단반單盤, 양쪽 다리를 모두 서로 교차하여 올리는 것을 쌍반雙盤이라도 한다.

127) '루양족累兩足'은 『불설범망육십이견경』(지겸支謙 한역)에 "한밤중 오른쪽 옆구리에 의지해서 양다리를 포개고 눕는다"(中夜猗右脇累兩足而臥)라는 구절에 등장한다.

128) '交盤'은 SAT大蔵経DB에서 2건 검색되는데, 좌법과 관련해서 『아비달마대비파사론』이 유일하다.

부좌를 설명한 것으로 보인다. 여기서 결가부좌의 동의어로 '길상좌'라는 명칭이 등장하는데, 이는 결가부좌의 두 가지 방식 중 간다라식 결가부좌가 항마좌와 대비하여 길상좌로 불리게 된 근거가 될 것이다.

이처럼 가다연니자(2~1세기 BCE)와 협존자가 결가부좌(길상좌)를 실천하였을 가능성을 배제할 수 없다. 『아비달마발지론』이 간다라 불상 출현 이전에 편찬된 것이므로, 결가부좌가 불상 출현 이전부터 설일체유부에서 실천되는 좌법이었음을 의미한다. 그렇다면 설일체유부의 대표적인 논서를 찬술한 4차결집의 대표적인 논사들, 세우, 마명 그리고 협존자는 길상좌식 결가부좌를 수행하였을 가능성이 크다. 또한 스승으로부터 전해지는 사자전승師資傳承의 수행전통에서 좌법은 한 세대만에 갑자기 변형될 수 있는 것이 아니기에, 결가부좌가 간다라 지역의 설일체유부 전통에서 협존자 이전부터 실천되었을 가능성도 배제하기 어렵다. [그림I-19_88쪽]c처럼 BCE 1세기경부터 불상이 조성되었을 가능성도 이를 뒷받침 한다.(이주형 1996: 380~383)

따라서 결가부좌의 출현 시기는 [그림I-23_106쪽]b, c를 참조하면 기원전까지 고려될 수 있다. 불멸 이후 인도 북서부에 불전을 통해 paryaṅka라는 이름은 전해졌으나, 고대 인도의 좌법은 전해지지 않았거나, 기원 전후에 출현한 결가부좌에 의해 대체되었을 것이다.

6. 중국에 전해진 좌법

불보살상을 숭배하는 서역의 대승불교가
대승경전과 결가부좌를 중국에 전했다.
중국에 불교가 본격적으로 전래한 시기는 1세기경이다.[129)]

중국에서 활동한 최초의 역경승으로 중인도의 승려 가섭마등과 축법란, 서역 안식국(Parthia=페르시아)[130)] 출신 안세고, 월지족(Tocharians) 출신 지루가참 등을 비롯해, 이후로 인도 출신 승려 축불삭, 강거(Sogdiana) 출신 승려 강맹상과 강거, 돈황의 월지족 승려 축법호, 구자(쿠차) 지역에서 태어나 오장국에서 출가한 불도징, 대월지 출신인 지겸과 강거 출신인 강승회, 카슈미르 출신 승가발징과 승가제파, 토카리아Tocharia(두구륵국) 출신 담마난제, 카슈미르의 바라문 출신 불타야사, 돈황으로 통하는 길목의 양주凉州 출신 축불념(4세기 중후반), 중인도 담무참, 북인도 출신 보리류지 등이 지속적으로 역경에 종사하였다.(지도는 [그림I-20_90쪽]을 참조)[131)]

---

129) 『위지』의 〈위략서융전〉에 따르면, BCE 2년에 서한의 사신인 경헌景憲이 대월지국에서 불경을 가지고 들어오면서 중국에 처음 불교가 알려졌다고 한다. 『삼국지 위서』 권30, 〈오환선비동이전〉에 인용된 『위략』을 인용하여 "옛날 한나라 애제 원수 원년에 박사제자 경로가 대월지국의 사자 이존이 불경을 입으로 전하는 것을 받았다."고 하였다.

130) 메소포타미아지역과 간다라지역은 BCE 2천여 년 전부터 교역이 있었다.

131) 중인도의 승려 가섭마등(Kāśyapa-Mātaṅga)은 후한後漢 명제明帝의 사신 채음蔡愔 등의 간청으로 67년(영평 10) 축법란竺法蘭과 함께 중국에 들어와 낙양에서 최초의 한역 경전인 『사십이장경』을 함께 공역하였다. 이 경은 대월지에서 필사한 것으로 보이는데, 여기에 坐에 대한 언급은 없다. 소승불교의 선경을 전한 안식국 출

신 안세고(?~168)와 20여 년 뒤 66년에 낙양에 도착하여 중국에 반야경전류를 전한 월지국 승려 지루가참(Lokakṣema, 147~?), 그와 함께 『반주삼매경』을 번역한 인도 출신 승려 축불삭(168~188), 강거(Sogdiana) 출신 승려 강맹상 및 강거 등이 낙양에 있었다. 2세기 후반에는 이름이 알려진 외국인 승려 6명을 포함하여 다수의 전법승들이 낙양에서 활동하고 있었다. 돈황의 월지족 승려 축법호(233~310년경), 구자 지역에서 태어나 오장국에서 출가한 불도징(232년~348년) 등은 대·소승의 경전을 번역하고 중국인 제자들을 가르쳤다. 그리고 선조가 대월지 출신인 지겸과 강거 출신인 강승회 등 중앙아시아 출신의 승려들, 4세기 중후반의 전법승으로는 계빈국(현, Kashmir) 출신 승가발징(Saṃghabhūti)과 승가제파(Sanghadeva), Tocharia(두구륵국) 출신 담마난제(Darmānandi) 등이 뒤를 이었다. 구마라집의 소개로 후진에 와서 그를 도와 역경에 종사한 불타야사는 감숙성 량주출신 축불념(4세기 중후반)과 함께 장안에서 『장아함경』을 한역하였다. 그 외, 중인도 바라문 출신 담무참(385~433), 북인도 출신으로 낙양에서 활동한 보리류지(?~535), 우자인(ujjayanī)의 바라문 출신 진제(Paramārtha, 499~569) 등이 도래하여 경전의 한역을 행하고, 그 경전 연구에 따라 삼론과 사론, 성실, 법화 등 많은 학파가 발생하였다.

*『사십이장경』: 『모자이혹론』에 기록된 후한 명제의 꿈의 설화에 따르면, 한의 사신들은 대월지로 가서 『사십이장경』을 필사하여 가지고 돌아왔다. 이로 본다면 중국 최초의 불경은 『사십이장경』이다. 그러나 다른 문헌에는 인도인 승려 섭마등(Kāśyapa-Mātaṅga)이 한역한 것으로 기록되어 있으며, 다른 문헌에는 섭마등과 역시 인도인승려인 법란의 공역으로 나와 있다. (박해당 역 1991: 46)

*지루가참: 147년 후한의 낙양에 들어온 월지국의 스님. 183년(중평 3년)에 이르기까지 『도행반야경』, 『반주삼매경』, 『잡비유경』, 『아도세왕경』, 『아축불국경』, 『무량청정평등각경』, 『수릉엄경』(망실) 등 14부(일설에 따르면 23부)의 경전을 번역하였다. 원전은 거의 대승경전이였으므로, 이런 의미에서 그는 중국에 대승경전을 전한 최초의 인물이었다고 할 수 있다.

*축법호: 돈황, 월지족 승려 Dharmarakṣa이다. 그는 돈황에서 활약하였기 때문에 돈황보살(돈황보살)이라고도 한다. 당시는 대승경전이 서역에는 전해져 있었지만 중국에는 전해지지 않은 시기다. 그는 서역에 가서 서역어로 된 경전들을 가지고 돈황으로 돌아왔다. 이후 돈황·주천酒泉·장안·낙양 등에 머물면서 대소승경전들을 역출하였다. 중국에 관음이라는 이름이 알려진 것은 그가 『정법화경』을 번역한 이후의 일이라 한다. 이역본으로는 구마라집의 『묘법연화경』(7권)과 사나굴다와 급다가 공역한 『첨품묘법연화경』(7권)이 있다.

*불도징: 9세에 오장국(現, 파키스탄 북단 스와트 일대)에서 출가, 진회제 영가 4년(310)에 낙양에 왔다. 그의 제자로 도안, 승랑, 축법태, 축법화, 축법아 등이 있다.

*계빈국: 계반국은 인도 북부 카슈미르 지역에서 2~5세기경 불교가 성행했었던 고대 국가로서 7세기까지 존속했었다. 한漢 무제武帝(재위 BCE 141~87) 때부터 중국과 통교가 이루어졌다고 한다. 당나라 때에도 계빈국과 왕래가 있어 계빈에서 사신을 파견해 오고 명마 등 조공을 바친 일이 있었다. BCE 3세기 마우리아 왕조의 아쇼카왕에 의해 이 지역에 불교가 전파됐으며, 2세기 쿠샨 왕조 카니슈카왕 때는 쿠샨제국에 복속돼 불교 중심지 역할을 했던 곳이다. 쿠산 왕조 이후 계빈국은 페르시아(지금의 이란) 사산왕조에 복속돼 이슬람화 됐으며, 6세기 중엽에는 돌궐의 지배하에 있었다.

*승가발징: 4세기경 북인도의 계빈국(Kashmir) 승려다. 중현衆賢이라 한역한다. 『아비담비바사론』(*Abhidharmavibhāṣā*) 전문가로서, 가전연자가 지은 『아비담팔건도론』

이들 최초기 전법승들 대부분이 페르시아 문명권에 속한 서역 출신으로서 낙양과 장안을 중심으로 활동하였다. 앞에서 열거한 초기 역경사들의 출신 지역과 중국내 전법 활동지가 거의 동일하다는 점은 전법승들 사이에 교류가 보다 활발할 수 있었음을 짐작케 한다. 특히 그들의 출신 지역이 페르시아 종교문화권에 있었다는 점은 초기 중국불교의 성격을 이해하는데 있어서 중요한 사항이다. 불교 전래 초기의 중국은 페르시아와 서역 승려들이 이해한 불교를 받아들일 수밖에 없었을 것이다.132)

을 설하고, 359년에는 중국 장안에 와서 『아비담비바사론』을 외우며, 담마난제에게 산스끄리뜨로 쓰게 하고 불도라찰과 민지 등으로 하여금 번역케 했다.

*승가제파: 4세기경의 인도 계빈국 출신으로 중천이라 한역한다. 그는 삼장에 능통하였다. 동진의 건원 때(343~344) 중국 장안에 와서 불교 선포에 노력, 또 범본을 번역하는 사업에 종사했다. 『중아함경』(*Madhyamagama*)과 『증일아함경』(*Ekottarāgama*), 『아비담팔건도론』(*Abhidharma-jñaprasthāna-śāstra*) 한역.

*Tocharia(두구륵국)는 산스끄리뜨인 Tukhāra(Tocharia)의 음사. 아프가니스탄 북부에 있는 힌두쿠시 산맥의 북쪽 자락에 있던 고대 국가라고도 하며,(곽철환 2003) 중앙아시아를 연구하는 학자들은 Tocharian이 중국 사서에 등장하는 Uezhi(월지족)와 동일 집단이라고 생각하며, 월지족은 토카리어군의 말을 썼던 사람들을 아울러 부르는 말이다. 당시 Sogdiana의 기록이나 서방측의 기록을 종합해보면, 중국 사서에 등장하는 월지족의 사건들과 토카리아의 사건들이 일치함을 알 수 있다. 그들은 흉노의 침입으로 인해 Sogdiana로 밀려났다. 그곳에서 대월지를 이룬 Tocharian은 이후 인도 북부로 남하하여 쿠샨왕조를 이룬다.

*담마난제: 전진 건원 20년(384) 長安에 와서 도안, 축불념 등과 함께 『중아함』 59권과 『증일아함』 41권 등 무릇 100권(또는 92권)을 번역하였다.

*불타야사佛陀耶舍(Buddhayaśas): 북인도 카슈미르(계빈국)의 바라문 출신. 13세에 출가하여 27세에 구족계를 받고, 사륵국에 이르러 태자 달마불다의 환대를 받음. 그때 구자국에서 온 구마라집에게 아비달마와 십송율을 가르침. 그 후 구마라집의 청으로 408년에 장안에 와서 『사분율』, 『장아함경』 등을 번역하고, 413년에 계빈국으로 돌아감.

*축불념: 375년경에 장안에 와서 승가발징과 담마난제의 역경을 돕고, 또 스스로 『보살영락경』, 『출요경』, 『보살포태경』, 『중음경』 등을 번역함.

*담무참: Dharmakṣema, 중인도 출신 역경승. 실크로드 중 사막북도인 카슈미르·소륵(疏勒, 현 카쉬가르)·악수·쿠차(구자, 고차)·카라샤르(현 언기)·차사전왕정(현 돈황판)·옥문관(혹은 양관)·돈황을 거쳐 412년 고장(고장: 감숙성)에 들어와 하서왕 몽손의 비호 하에 『대집경』, 『대운경』, 『금광명경』, 『보살지지경』, 『불소행찬』 및 『열반경』 초분 10권과 중분 등 경전의 한역에 종사하였다.

132) "정토경전에 대한 언급은 대승불교, 특히 정토경전에 의거하는 아미타불신앙에 끼

당시 서역의 여러 나라에서 대승불교와 소승(상좌부)불교가 함께 행해지고 있었는데, 모두 인도 불교 그대로가 아니다. 이른바 중국에 처음 전해진 불교는 서역화된 불교였던 것이다.133) 불교의 전승과정에서 불상양식의 원형은 물론 붓다의 가르침이 변형되었을 가능성은 크다.

중국에 전법활동을 한 인도 중남부 출신 역경승이 드물었던 당시, 중국의 불교도는 서역에서 전해진 불교전통과 결가부좌 불상을 인도 전통의 불좌상으로 받아들이는데 거부감이 없었을 것이다.

쳐진 이란으로부터의 영향을 생각하게 한다. 조르아스터교의 태양숭배가 대승불교에 영향을 끼쳤다(Buswell 2013: 429)고 믿을 수 있는 몇 가지 근거가 있다. '아미타(Amitābha)'는 무한한 광명을 의미한다. 아미타불을 염송한 사람들은 죽은 뒤에 깨끗하고 더러움 없는 존재로서 극락에 다시 태어나며 아미타불은 바로 이 극락을 다스린다. 조로아스터교에는 아후라마즈다가 다스리는 빛과 광채가 가득한 무한한 빛의 하늘이 있다. 그리고 대일여래(Vairocana)나 정광불(Dipaṅkara)과 같은 대승불교의 붓다들은 태양숭배를 나타내고 있는 것으로 보인다. 아미타불의 또 다른 이름은 영원한 생명이라는 의미의 Amitāyus이다. 그리고 이란의 신인 Zurvan Akaranak 또한 무한한 시간과 공간이라는 함의를 지니고 있다. 아미타불과 관세음보살(빛의 상징) 및 대세지보살(Mahāsthama ; 힘의 상징)의 정토삼불이 이란의 세 신인 Zurvan Akaranak, 태양 빛으로서의 Mithras 및 힘과 지혜로서의 Vṛthragna와 관련되어 있다고 주장하는 학자들도 있다. 이러한 불교사상은 인도의 중심부에서 발달한 것이 아니라, 쿠샨왕조의 영향력을 벗어나 있으면서 이란의 영향이 가장 강한 지역이었던 인도의 서북부 지방에서 발달하였다는 사실이 이런 생각을 더욱 강력하게 뒷받침하기 위하여 제시되었다. 더욱이 중국에 최초로 정토경전을 번역 소개했던 安世高 등 다수의 역경승이 안식(Parthia) 출신이었으며, 이런 점들은 개별적으로는 큰 의미를 지니지 못할 수도 있으나 전체적으로 볼 때, 대승불교가 이란적 요소의 영향을 받았다고 믿을 수 있는 강력한 근거가 된다." (박해당 역 1991: 27)

133) 북천축北天竺 가유라위伽維羅衛(카필라바스투Kapilavastu) 출신 불타발타라(Buddhabhadra 359~429)가 한역한 『달마다라선경』에서 좌법은 '연좌宴坐'라는 이름으로만 언급되었다. 서문에 "지금 여기서 번역하는 것은 달마다라와 불대선으로부터 나온 것이다. 그런데 이 분들은 서역의 뛰어난 분들로서 바로 선훈禪訓의 종장宗匠들인 것이다."라고 밝힌 것처럼 이 선경은 서역의 선관禪觀을 다룬 것이다. 불타발타라의 스승 불대선은 5세기경 설일체유부의 승려로 간다라 북부의 카슈미르에서 달마다라와 함께 선법을 전파했다.

*달마다라: 산스끄리뜨 dharmatrāta의 음사. 5세기경, 설일체유부의 승려로, 불대선과 함께 계빈국에서 선법을 전파함.

*불대선: 산스끄리뜨 buddhasena의 음사. 5세기경, 북인도 계빈국 출신으로, 설일체유부의 승려. 달마다라와 함께 고국에서 선법을 전파함.

이와 같이 간다라 불상의 출현 시기에 중국에 서역불교가 본격적으로 전해지면서 'paryaṅka'로 명시된 좌법이 결가부좌로 한역되고 그것을 붓다의 좌법으로 당연시하는 전통이 시작되었던 것이다.

'paryaṅka'를 '결가부좌'로 번역하지 말아야 한다.

'부趺'는 '부跗'자와 동의어인데, 跗자는 '난족闌足', 즉 '난간을 이루는 다리'이고,[134] 부柎자와 동의어로서 용기의 받침을 이루는 다리를 모두 柎라고 한다.[135] 또한 跗자는 발뒤꿈치(족지足趾)와 발등(족배足背)의 의미로도 쓰인다.[136]

그런데 부趺자와 달리 가跏자는 자전字典에 드물게 발견되며, "양 발의 발등을 모아서 앉는 법"[137]으로만 설명될 뿐이다.

跏자는 교차하는 다리, 즉 '책상다리'를 묘사하기 위해 초기 페르시아 역경승들에 의해 만들어진 것으로 추정된다. 그 근거는 첫째, 한역 역경승 대다수가 안세고를 비롯해 서역 출신이며 낙양에서 주로 활동했다는 점,[138] 둘째는 페르시아에서 유행하던 호좌胡坐(座)와 관련된 것이다. 아래 [그림I-22]처럼 '跏'는 접이식 의자의 다리, 즉 '책상다리'와 같이 다리를 교차하는 자세나 간다라 불좌상의 좌법을 묘사하기 위하여 서역 역경승들에 의해서 만들어진 한자였을 것이다.

---

134) 『설문해자』(CE 121년)

135) 跗는 '발등 부' 또는 '받침 부', '꽃받침 부'라고 하는데, 『설문해자주』에서 '柎'는 "柎跗正俗字也。凡器之足皆曰柎"(柎는 跗의 속자다. 대개 용기의 다리를 모두 柎라 한다), "闌足也"(난간의 다리다), "鄂足也"(꽃받침의 다리다)라고 하였다.

136) 『강희자전』(1716)에 '족지足趾'(발뒤꿈치), '족상足上'(발 위쪽), '족배足背'(발등), '족부足跗'(발등) 등으로 설명하고 있다.

137) 兩足の甲をかさねてすわる坐法 (諸橋轍次 『대한화사전』 1960)

138) "낙양에 외국인 승려들이 조직한 번역 중심부가 있었다."(박해당 역 1991: 56)

[그림I-22] 서역에서 중국에 유입된 의자(호좌胡座)

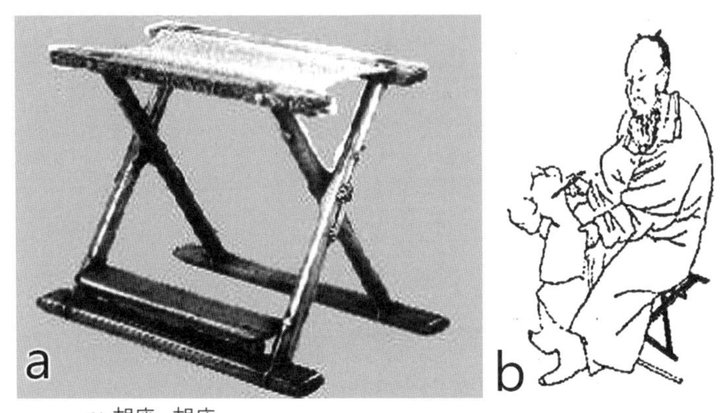

a: 胡座, 胡床
b: 楊子華(傳), <北齊校書圖>, Boston Museum of Fine Arts 波士頓美術博物館, 556년. *일부분 백묘로 모사

실제 '跏'(책상다리할 가)자가 페르시아의 '胡坐'(책상다리 좌법)[139]라는 좌법과 관련되어 있다. 호좌胡坐는 다리를 교차하여 앉는 책상다리, 부좌趺坐 또는 반좌盤坐이며,[140] 호좌胡座[141]는 의자의 다리가 X자로 교차하는 접이식 페르시아 의자나 상床(책상, 밥상)인데 중국인들이 관용적으로 쓰는 말이었다.

『한어대사전』(제6권)에 호좌를 "반퇴이좌盘腿而坐"라고 하였는데, '盘腿'는 '앉을 때 양 다리를 돌려서 굽히고 교차하여 겹치는 것'[142]

139) 여기서 胡는 중국 고대 북방이나 서역의 적대적인 민족을 통칭하는 말이다. 당시 서역 문물이라면 대체로 페르시아의 것으로 알고 '胡 '자를 붙여 명명하는 것이 일종의 관행이었다.

140) "足を組んで坐する. あぐら. 趺坐盤坐."(『대한화사전』) 盤의 동의어는 상床·상牀·궤櫃·안案·탁卓 등이다.

141) 胡牀, 交床, 交椅, 繩床이라고도 함. 胡床은 漢~魏왕조기에 들어와서 위진남북조를 거쳐 수당시대에 이르도록 널리 쓰였다. 지배층은 거실에서 이 의자를 사용했으며, 외부에서 휴대용으로도 널리 쓰였다. 당시 胡床은 가구 부문에서 고급이어서 대개 집에서 남자 주인이나 귀한 손님만 사용할 자격이 있었다.

을 이른다. 이어서 “한영제(157∼189)는 호복胡服, 호장胡帳(장막), 호상胡牀, 호좌胡坐, 호반胡飯(음식), 호공후胡箜篌(하프류 현악기), 호적胡笛(피리), 호무胡舞 등을 좋아했고, 수도 낙양의 귀족들도 그것을 얻기 위해 경쟁하였다”고 적고 있다. 그리고 “옛사람은 땅에 앉았는데 무릎을 꿇는 궤좌跪坐[143] 형식이었으며, 다리를 돌려서 타좌하는 것을 호좌라고 불렀고, 이것이 외국에서 들어온 좌법이다”고 곽말약(1892∼1978)을 인용하였다.[144] 여기서 외국은 광범위하게 페르시아 문명권이며, 강거康居(Scythia, Sogdiana), 안식安息(Parthia), 대월지大月支(Uezhi) 등이 포함된다. 『수신기搜神記』(CE 4세기경)에 “호상은 융적戎翟의 기구이다”[145]고 하였다. 융적은 서쪽 오랑캐(西戎)와 북쪽 오랑캐(북융北翟) 등을 지시하는 말이다. 낙양을 중심으로 북서쪽은 서역에 해당한다. 호좌胡坐는 현재도 ‘책상다리(冊床胡坐)를 하다’, ‘가부좌[양반다리]하다’는 의미이며, 영어로 ‘cross-legged’로 표기된다.

[그림I-23_106쪽]에서 확인되듯이, 기원 전후로 간다라 지역을 지배했던 서역 왕조들은 왕권을 강화하기 위해서 제왕의 자세를 다리를

142) 坐时两腿盘曲交叠 (『汉语词典』, http://cd.hwxnet.com/index.html)

143) 중앙아시아의 서역인들이 무릎을 꿇는 예법을 좌궤左跪, 장궤長跪, 호궤胡跪(胡人跪坐)라고 하는데, 장궤는 발가락으로 땅을 짚고 발을 세우고 두 무릎을 착지한 다음 허리를 세우는 자세다. 호궤는 ‘편단우견우슬착지偏袒右肩右膝著地’에서처럼 고대 승려들이 무릎을 꿇어 존경을 나타내는 예절로서 오른 무릎을 바닥에 대고 왼쪽 무릎은 세워서 꿇어앉고(좌궤左跪), 힘들면 양쪽 무릎을 바꾸어 앉으므로 호궤互跪라고도 불렀다. 혜교慧皎(497∼554)의 『고승전』 「신이」 上 〈기역〉에는 “以晋惠之末至於洛陽, 諸道人悉爲作禮, 域胡跪晏然不動容色.”라고 되어있다. 여기서 ‘晋惠之末’는 진晋의 혜제惠帝(290∼306) 말기로 역경 최초기에 해당된다.

144)“【胡坐】盘腿而坐。『后漢書·五行志一』:“靈帝　好胡服、胡帳、胡床、胡坐、胡飯, 胡箜篌, 胡笛, 胡舞, 京都貴族皆競為之。” 郭沫若 『李白與杜甫·李白與杜甫在詩歌上的交往』:“古人席地而坐, 坐取跪的形式。打盤腳坐叫‘胡坐’, 是外來的坐法。”

145) 胡床戎翟之器也.

교차한 책상다리로 표현하였다.

[그림I-23] 인도스키타이와 쿠샨 왕조의 주화에서 호좌

이러한 교각좌의 전통이 이후 중국 석굴 사원에서도 보살상의 전형으로 확립되었다.(그림I-23_112쪽, 그림I-24_111쪽, 그림I-25_112쪽)

그러나 본래 고대 중국인은 양 무릎으로 앉아서 엉덩이로 발뒤꿈치를 누르는 자세를 '좌'(궤좌)라고 하였으며, 다리를 교차하는 의자(호좌胡座)가 서역으로부터 유입된 이후에 책상다리 자세를 비로소 '좌'라고 하게 되었다.[146]

> 옛사람은 땅에 자리를 펴고 양 무릎으로 앉아서, 엉덩이가 발뒤꿈치위에 놓여 압박하는 것을 '좌'라 하였다. 후에 엉덩이를 평평한 의자에 자리잡는 것이 전래되었는데, 걸상이나 기타 물체 위에 신체를 지지하도록 하는 것이 '坐'가 되었다.[147]

무릎을 꿇는 궤좌가 중국고대 좌법이다.
다리를 교차해서 앉는 좌법은 서역에서 전래되었다.

[그림I-23_106쪽]b와 c는 기원전 간다라를 지배했던 인도스키타이 왕조의 주화인데, 좌법이 결가부좌에 가깝고, d는 [그림I-22_104쪽]의 책상다리(胡坐, 胡座)와 완전히 동일한 다리모양을 보여준다. 양 다리를 교차하는 교각좌는 불교도상이 유입되기 이전에 중국에서 도상으로 표현된 경우는 없으며, 중국을 비롯한 동아시아 지역의 전통적인 좌법에서 기원한 것이 아니다.[148] 주로 쿠샨왕조와 중앙아시아(서

146) 『汉语词典』(http://cd.hwxnet.com/index.html)에 "古人双膝跪地, 把臀部靠在脚后跟上"라고 하여 중국고대 좌법은 무릎을 꿇는 궤좌가 보편적이었다. 『한어대사전漢語大詞典』(제3권)의 '安坐'에 "清 凤韶 『凤氏经说·四牡』: 古者之坐皆跪。安坐, 坐而著于蹠也。危坐, 坐而直其身也。"라고 설명됨.

147) 古人铺席于地, 两膝着席, 臀部压在脚后跟上, 谓之'坐'. 后来把臀部平放在椅子, 凳子或其他物体上以支持身体称为'坐'.(『한어대사전』(제2권)의 '坐')

역)의 유목민족 전통에서 확인된다.

이와 같이, 중국에 불교가 유입되던 시기에 페르시아 문명권에서 일반적으로 사용하던 이동식 접이식 의자(胡座)나 호좌胡坐와 더불어 '책상다리 跏'자가 중국에서 쓰이기 시작한 것으로 보인다. 결국 서역 출신 역경승들 사이에서 붓다와 간다라 불상의 좌법을 지칭하는 용어로서 '결가부좌'는 빠르게 통일될 수 있었으며 짧은 기간 내에 공식적인 불교용어로 정착되었을 것이다. 따라서 교각좌, 책상다리로 앉는 것, 결가부좌 등이 모두 호좌에 속하는 것이다.

이제 한역과정에서 결가부좌를 어떻게 묘사하고 있는지 살펴보자.

대부분의 한자 자전에서도 跏는 '책상다리할 가', 즉 '다리(足)를 교차하는 것(交迭)', 즉 호좌로서 'cross-legged'로 설명한다. 趺는 『한어사전漢語詞典』[149]에서처럼 "同'跗'。腳(脚)背 [instep] ", 즉 '발등'이나 '다리의 등'(대퇴부, leg)을 의미하므로[150], 跏趺는 '발의 교차'와 '다리의 교차'라는 두 가지 자세로 해석 가능하다. 이러한 해석은 '足'이 '발'(foot)과 '다리'(leg)를 모두 내포하는 단어로 쓰인다는 점에서도 동일하다.[151]

---

148) 서남영(2014: 147~8). 두 다리를 나란히 하여 의자에 걸터앉는 자세(倚坐)는 주로 메소포타미아나 아시리아에서 발견되므로, 서아시아에서 유래되었다는 설이 설득력을 얻고 있다.

149) 中國大辭典編纂處(1991)

150) http:||www.zdic.net/z/25/xs/8DD7.htm를 참조하라.

151) 일본판 WIKI백과의 結跏趺坐항목에 "「趺(あし)」とは足の甲のこと, 「結」とは趺を交差させ,「跏」とは反対の足の太ももの上に乗せること。したがって趺を結跏趺して坐(すわ)ることをいう。結跏趺坐は足を結んだ形をしているのが特徴である。片足を乗せる上下で吉祥坐·降魔坐と呼び, その意味も異なる(後述)。なお, 足を結んだ形ではなく, 両足を重ねる座り方を, 半跏趺坐(はんかふざ)という。"라고 풀이하고 있는데, 여기서 '足の太もも'는 '다리의 대퇴부'로서 '足'이 다리를 의미한다.

한역 불전에서 '발(다리)를 겹친다'는 의미를 '루족累足'으로 번역하곤 하였다. 예를 들면, 『잡아함경』 제43권 제1176경 〈누법경漏法經〉 등 다수의 경전에 "오른쪽 옆구리로 누워서 무릎을 굽히고 다리를 포갠다"[152]고 하여, 누울 때는 오른쪽으로 두 발(다리)를 겹쳐서 눕는 것이라고 설명하고 있다.[153] 『아비담비파사론』[154]에서도 "가부좌란 양 다리를 겹쳐서 바르게 대상을 관하는 것이다"[155]라고 하여 결가부좌에서 두 다리를 겹치는 모양을 '누족累足'으로 번역하였다. 축법호가 역출한 『불설포태경』에서도 '누부좌累趺坐'라는 말로 좌법을 지칭하고 있다.[156] '루累'가 '가跏(加)'와 상통하는 의미로 쓰였다.

혜림의 『일체경음의』에서 '교부交趺'를 "다리를 교차하여 앉는 것이니, 불전 중 다수에서 가부를 한다."[157]라 하고, '加趺'에 "加는 중첩이라, 즉 교차하여 앉음이다"(加重也 則交坐), "趺를 교차하여 결

152) 우협이와右脅而臥, 굴슬누족屈膝累足

153) 이어지는 문장은 "於初夜時, 經行, 坐禪, 除去陰障, 以淨其身。於中夜時, 房外洗足, 入於室中, 右脅而臥, 屈膝累足, 係念明想, 作起覺想。"(難陀經; 北傳:雜阿含275經, 別譯雜阿含 6經)이다. 이 경에 대응하는 남전의 증지부 8집9경에는 "在初夜時段, 以經行, 坐禪, 心從障礙法淨化。在中夜時段, 以右脅作獅子臥, 將[左]腳放在[右]腳上, 正念, 正知, 意念作起身想。"이라고 되어 있다. 수행승의 눕는 자세를 사자가 오른쪽으로 눕는 것을 따라 정한 것이다.(『중아함경』제8권, 미증유법품 시자경 제이)

154) 북량北凉시대에 서역(고장姑臧?) 출신 부다발마浮陀跋摩(Buddhavarman)와 도태道泰가 437년에서 439년 사이에 양주凉州의 한예궁사閑豫宮寺에서 번역하였다. 처음에는 전체 100권으로 완비된 것이지만 병란으로 산실되고 현재 60권만 전한다.

155) 가부좌자跏趺坐者, 누양족정관경계累兩足正觀境界

156) 가령 그것이 男兒이면 곧 어머니의 오른쪽 옆구리로 가서 가부좌하고 두 손바닥을 얼굴에 대고 밖을 등지고 그 어머니를 향하는데, 그 위치는 생장生藏의 밑이요 숙장熟藏의 위이며, 다섯 결박으로 스스로 묶어 마치 가죽주머니에 있는 것과 같다. 가령 그것이 女兒이면 어머니의 왼쪽 옆구리에 가부좌하고 손바닥을 얼굴에 대고 있는데 그 위치는 생장 밑이요 숙장 위이며, 다섯 결박으로 스스로 묶어 마치 가죽주머니에 있는 것과 같다.(假使有男, 即趣母右脇累趺坐, 兩手掌著面背外, 面向其母, 生藏之下熟藏之上, 五繫自縛如在革囊。假使是女, 在母腹左脇累趺坐, 手掌博面, 生藏之下熟藏之上, 五繫自縛如在革囊。)

157) 謂交足而坐也 經中多作加趺

합하여 교차하는 좌법이 이것이다"(結交趺坐是也), "교족좌라 하니, 경전에 혹 趺를 결합하여 교차하는 좌법을 짓는 것이 이것이다"158) 라고 하여, 跏는 교交, 중重, 가加의 의미로, 足은 발이 아니라 다리의 의미로 사용되었다. 이는 현응의 『일체경음의』(655~663)를 그대로 따른 것이다.

역경사들이 한 문헌에서 '跏'[jiā]자와 '加'[jiā]자를 혼용하여 사용한 것은 '跏'의 의미가 '加(더할 가)'라는 점을 나타낸 것이다. 跏(책상다리 가)는 '두 다리를 겹치는 것(루累)'이다. 『신화자전新华字典』(魏建功 외 1957)에서도 '結跏趺'를 "불교도의 일종의 좌법인데, 양다리(발)을 교차하여 중첩하여 앉는 좌법"159)이라고 하여, '足'을 '다리' 또는 '발'로 해석할 수 있다.

따라서 '跏(加)趺'라는 말은 '교족좌', '간다라식 결가부좌'와 '교각좌'를 모두 지시할 수 있는 포괄적인 용어라고 할 수 있다.

산스끄리뜨 어군에서도 발(foot)을 의미하는 'pada'도 '발'과 '다리'를 의미하여 포괄적으로 사용되었다. 예를 들면, tripādī(세 개의 발)는 '세 개의 다리를 가진'(three-legged stool)의 의미가 된다.

이와 같이 'X자로 교차하는 다리 모양(교각交脚)'은 신격을 상징하는 자세로서, 결가부좌의 출현과 직접적인 관련이 있을 것이며, 그 연원은 쉬리 락슈미 등 힌두 신상의 좌법과도 관련되었을 것이다.

다리를 교차하는 자세는 신성한 존재를 상징한다.

158) 謂交足坐也 經中或作結交趺坐是也
159) 佛教徒的一种坐法, 即双足交叠而坐

'다리(발)를 교차하는 좌법'의 연원은 고대 인도의 신상에서 기원한 것이다. 그리고 이 좌법은 간다라와 서역에 교각좌류로 변형·전승되어 불보살의 권위와 왕권을 상징하는 것으로 사용되었다.

[그림I-24] 교각(交脚)의 원형, '끈으로 묶는 paryaṅka'

a: Kṛṣṇa, Asian Art Museum of San Francisco, 15세기.
b1: 'Vessantara Jātaka'에서 교각좌를 한 Vessantara, Sanchi대탑 북문, 29~10 BC.
b2: '뱀을 길들이는 붓다'에서 교각좌를 한 고행자, Sanchi대탑 동문, 29~10 BC.
b3: 'Syama Jātak'a에서 교각좌를 한 Syama, Sanchi대탑 서문, 29~10 BC.
c: 교각좌를 한 Bodhisattva, Gandhara, 2~3세기.

좌우 다리를 교차하고 끈으로 묶어서 장시간 앉아 있을 수 있는 좌법(그림I-24, b)과 다리를 교차한 채 의자에 앉은 초기 간다라 보살상(그림I-24, c)은 모두 '교차한 다리'라는 큰 틀에서 교각상[160]으

160) "불상의 좌법 중 하나로서, 걸터앉아 두 다리를 교차시킨 자세의 상이다. 간다라의 보살상에 많은 예가 있다. 중인도에서는 천신(deva, 天)이나 속인의 좌법으로서 옛부터 있었으나 보살의 교각상은 드물다. 중국에는 4~5세기에 이미 전해진 것 같으며 돈황막고굴 275굴은 북량기北凉期의 오래된 예이다. 북위시대에는 운강석굴이나 용문 석굴 등에서 다수 발견되며, 금동불의 경우도 있다. 북위의 교각보살상에는 미륵의 명문을 가진 것이 몇 체가 있으나 관음의 표지인 화불化佛이 있는 보관을 쓴 예나 여래형 교각의 예도 있어, 미륵에만 있는 것은 아니다."(『미술대사전』(용어편) 1998)

로 분류되는데, b가 c의 기원이라고 할 수 있을 것이다.

[그림I-25] Gandhāra식 교각보살상

a: 미륵보살(Maitreya), Gandhara, 2세기.
b: 다리를 교차한 Bodhisattva, Gandhara, 1~2세기.
c: 다리를 교차한 Bodhisattva, Gandhara, 1~2세기.
d: 다리를 교차한 Bodhisattva, Gandhara, 2~3세기.
e: 다리를 교차한 싣다르타와 헌신, Gandhara, 2~3세기. Kabul Museum.
f: Bodhisattva, Shotorak, Kapisa(Gandhara), 2~3세기.

[그림I-25]의 교각보살상은 간다라 불상 초기부터 만들어진 성상聖像의 대표적인 예이다. 결가부좌도 교각형 다리 모양이라고 할 수 있는데, 교각좌는 주로 보살을 표현하였던 좌법이다. 보살을 교각좌로 표현하는 전통은 자따까Jātaka(본생경)의 전생담에 등장하는 수행자(전생의 붓다)를 '끈으로 묶는 paryaṅka'로 묘사하던 전통과 관련

된다. 자따까Jātaka(『본생경』)에서 붓다는 전생에 성불하기 위하여 수행하는 보살로 묘사되곤 하는데, [그림I-24_111쪽]에서 무한한 보시행을 실천한 웻산따라Vessantara를 묘사한 b1과 눈 먼 부모에게 헌신하는 샤마Syama를 묘사한 b3이 이에 해당하며, b2도 보살에 준하는 성상으로 여겨진다. '끈으로 묶는 paryaṅka'를 한 이들은 장좌불와長坐不臥의 두타행頭陀行을 실천하기 위한 보살의 원형적 모습을 보여준다. 쿠샨왕조의 왕들도 [그림I-23_106쪽]처럼 교각좌를 한 자신의 모습을 주화에 새겨서 보살에 준하는 위의를 갖춘 존경 대상이 되고자 하였다.

대승불교에서 교각보살상이 지닌 보살신앙의 위상은 간다라에서 실크로드를 따라 돈황의 석굴들에 이르기까지 쉽게 발견된다. '다리(발)을 교차하는 좌법'은 분명 숭배의 대상을 표현하는 특별한 상징이었던 것이다.

이와 같이, '끈으로 묶는 paryaṅka', 교각좌를 비롯해 교족좌와 결가부좌 등도 '두 다리(발)를 교차하는 것'으로 동일하게 설명될 수 있다. 그리고 '발'과 '다리'를 상호 전환하여 사용하는 언어적 습관으로 인해서, '두 다리(발)를 교차하는 좌법'이라는 설명이 충족되는 선에서 좌법이 변형되어 왔다고 추정할 수 있다.

결가부좌結跏趺坐의 사전적 의미는 '책상다리(跏)를 하고 발등(趺)을 [대퇴부에] 결합하는(結) 좌법'이다

한역 용어 해석에 있어서 ①結跏趺坐는 '跏와 趺를 결합하는 좌법', ②結加趺坐는 '발등을 [대퇴부에] 結加하는 좌법'이라는 의미로 각각 해석될 수 있는데, 한역과정을 살펴본 결과, '跏'자는 '다리를 더한다(겹친다, 교차한다)'는 ②의 의미로 사용되었다. 그러나 '跏'는 '발바닥', '趺'는 '발등'을 의미한다고 설명하는 경우가 다수 있는데 이는 개선되어야 할 문제다.[161]

이러한 낱글자의 해석만 따른다면, '結跏趺坐'는 '발바닥과 발등이 결합된 좌법'이라고 할 수 있으며, [그림I-1_30쪽]b와 c같이 왼 발바닥에 오른 발등이 결합된 교족좌를 지칭하게 된다. 그러나 실제 자세는 결가부좌로 설명하고 있어서 혼동을 야기하고 있다.

결가부좌는 『아비달마대비바사론』(2세기 중엽)에서 설명한 것처럼
'발등(부趺)을 대퇴부에 결합하는 좌법'이다.

초기 역경사들도 결가부좌(cross-legged)를 설명하기에 '結加趺坐'가 더욱 적합한 용어로 인식되었을 것이다. 실제로 규기[162]가 찬술한

161) 『가산불교대사림』(가산불교문화연구원 2011)에서 "跏는 발바닥, 趺는 발등의 의미로"라고 설명하고 있다. 『두산백과사전』과 『종교학대사전』(성문출판사 편집부1998)에서도 "가(跏)는 발바닥, 부(趺)는 발등"으로 설명하고 있다. 그러나 낱글자에 대한 풀이와 달리, 모두 발등과 발바닥의 결합으로 설명하지 않고, 양 다리를 엇갈리게 겹치는 모양(cross-legged)으로 정의한다. 『불교학대사전』(홍법원 편집부1988)에도 "가(跏)는 발의 안, 부(趺)는 발의 등을 말하며"라고 자의(字意)를 풀이하고 "오른발을 우선 왼쪽 대퇴부 위에 얹고 다음에 왼발을 오른쪽 위에 얹어 앉는 법이다"라고 결가부좌를 설명하고 있다. 일본의 『国語辞書』(『デジタル大辞泉』2015)에서도 "'跏'는 발바닥, '趺'는 발등의 뜻, 좌법의 하나. 양 발의 발등을 각각 반대의 허벅지 위에 얹어 누르는 형태로 앉는 방법. 먼저 오른발을 구부려 왼발을 올려놓는 항마좌와 그 반대의 길상좌, 2가지가 있다. 붓다의 좌법으로서 선정 수행자가 행한다."(「跏」は足の裏, 「趺」は足の甲の意』坐法の一。両足の甲をそれぞれ反対のももの上にのせて押さえる形の座り方。先に右足を曲げて左足をのせる降魔坐 (ごうまざ) と, その逆の吉祥坐の2種がある。仏の坐法で, 禅定 (ぜんじょう) 修行の者が行う。蓮華坐 (れんげざ)。)라고 하여, 동일한 해석을 발견할 수 있다.

162) 자은慈恩이라고도 하며 법상종의 개조다. 중국 당나라 초기의 장안 출신 승려로 6

『묘법연화경현찬』에 "坐에는 두 가지가 있는데, 하나는 항복좌降伏坐로서 왼쪽으로 오른쪽을 누른다. 다른 하나는 길상좌로서 오른쪽으로 왼쪽을 누른다. 이제 장차 길상좌를 설법하여 짓고자 하니, '加'자는 '중重(겹침)'이라, 즉 다리를 중첩하여 앉는 것이다."[163]라고 하여 加를 '겹침'(重)의 의미로 풀이하고 있다. 후대의 담연(711~782, 당)은 『지관보행전홍결』[164]에서 "두 발등을 [반대쪽 대퇴부에] 서로 더하는 고로 결가라 한다."[165]고 하여 '加'의 의미를 명확히 하였다.

본서 'I.2 붓다의 좌법, 빠르양까'에서 paryaṅka(=pallaṅka)를 '무릎을 구부리는(曲; bend)것을 특징으로 하는 좌법'이라고 어원적으로 분석하였는데, '結跏趺坐'에는 'aṅka(무릎)'에 해당하는 번역이 결여되어있다. paryaṅka의 어원적 의미는 '전슬全膝'(완전히 구부린 무릎)이므로, '結跏趺坐'나 '全跏坐'라는 용어는 paryaṅka의 의미와 부분적으로만 합치한다.

간다라불상 이전, 초기불교의 paryaṅka는 이후의 것과는 다른 좌법이다.

중국에서 불교 유입 초기에 서역화된 불교를 다시 한문으로 번역하는 과정에 초기불교의 본래 모습이 변형되었을 가능성은 꾸준히 인정되어 왔다. 특히 인도 북부에서 출현한 결가부좌 불보살상이 불

59년 현장에게 배우고 그와 함께 『성유식론』을 한역하고 『성유식론술기』 등을 저술하였다. 이에 의거하여 법상종이 시작되었다.

163) 坐有二相。一降伏坐以左押右。二吉祥坐以右押左。今將說法作吉祥坐。加者重也即交重足坐。有為跏者不知所從。

164) 『마하지관』 1부 10권에 대한 주석서.

165) 二趺相加故云結加。

전과 함께 중국에 전해지면서 좌법 전통이 왜곡되기 시작하였다.

붓다의 좌법으로 알려진 paryaṅka 또한 결가부좌로 번역되는 과정에서 초기 역경사들 사이에서 용어의 혼용이 발견된다.

중국에 소승불교를 전파한 안식국(Parthian)의 태자 안세고가 환제桓帝시대(147~167)에 낙양에 들어와서 『안반수의경』을 번역하였다. 이 책에서 '좌선坐禪'은 7회, '坐'는 35회 발견되는데, '결가부좌'라는 이름이 사용되지 않았으며, 여타의 좌법 명칭도 발견되지 않는다. 안세고의 한역 경전들로 기록된 문헌들[166] 중 유일하게 『불설아난동학경』[167]에서만 '좌구坐具'가 언급되고 '結加趺坐'라는 이름이 사용되고 있어서 그의 번역이라고 신뢰할 수 없다.

그리고 초기 대승경전을 번역하기 시작한 월지국 출신의 학승 지루가참은 147년(후한) 낙양에 와서 대승선경, 『반주삼매경』, 『도행반야경』(소품반야), 『아도세왕경』, 『수릉엄경』(망실) 등을 한역하였는데, 좌법 명칭이 사용되지 않았다.[168]

안세고 보다 20여 년 뒤에 낙양에 들어온 월지국인의 후손인 축법호(239~316)는 結跏趺坐, 結加趺端坐, 加趺坐, 加趺而坐, 結加趺坐를 번역어로 사용하였다. 『도지경』의 이역본인 『수행도지경』(284년)에 跏와 加를 병용하여 結跏趺坐, 結加趺端坐, 加趺坐 등을 사용

---

166) 518년 무렵 승우가 편찬한 『출삼장기집』에는 35개의 경명이 실려 있으나 수대 비장방의 『개황삼보록』에는 176개로 기록되어 있다. 그리고 730년의 『개원록』에는 90개의 경명이 실려 있다. 이러한 숫자상의 불일치는 당연히 후대의 자료가 갖는 타당성을 재검토하게 한다. 의심할 나위 없이 안세고가 번역한 것으로 기록 된 경전 모두를 실제로 그가 번역한 것은 아니다.(박해당 역 1991: 57)

167) 『증일아함경』에 속해있으며, 후한시대에 안세고가 148년~170년에 번역하였다.

168) 2세기 말부터 4, 5세기에 걸쳐서 서역과 인도로부터 전해진 불전들 가운데 중국의 지식인이 가장 관심을 가졌던 대승경전류는 반야계의 경전이었다.

하였다. 그의 또 다른 한역경전 『정법화경』에서도 좌구坐具와 함께 加趺而坐, 結加趺坐가 언급된다.

3세기 중엽 이후에 이르러서 結跏趺坐, 結加趺端坐, 加趺坐, 加趺而坐, 結加趺坐 등의 용어가 불교 용어로 사용되기 시작하였다.

마명의 저작인 찬불송 『불소행찬』(*Buddhacarita*)은 산스끄리뜨 원전이 남아있는데 'paryaṅka'라는 명칭은 2회 언급된다.[169] 420년에 담무참(385∽433)의 한역본[170]에서 'paryaṅka'는 '단좌端坐'와 '가부加趺'로 한역되지만, 완전한 명칭이 사용되지는 않았다. 그런데 담무참이 421년에 한역한 『대반열반경』(100∽220[171])에서는 '結跏趺坐'라고 완전한 명칭이 한 차례 사용된다. 『대승기신론』[172]에서 진제[173]가 "住於靜處, 端坐正意"(고요한 곳에 머물러 단정히 앉아 의

169) "그래서 그 산꼭대기에서 왕은 우뚝 솟은 존재이자 고요해진 감각기관을 갖춘 보살을 보았는데, 마치 가려진 구름으로부터 솟아오르는 달처럼 paryaṅka좌를 취하고 빛을 발하고 있었다."(tataḥ sma tasyopari śṛṅgabhūtaṃ śāntendriyaṃ paśyati bod hisattvam | paryaṅkamāsthāya virocamānaṃ śaśāṅkamudyantamivābhrakuñjāt || 10.18)
"그래서 그는 똬리를 틀고 잠에 든 뱀과 같이 흔들림 없는 최상의 paryaṅka좌를 틀고 "해야 할 바를 이루지 않고는 이 땅에서 이 자세를 깨트리지 않을 것이다."라고 (각오했다)."(tataḥ sa paryaṅkamakampyamuttamaṃ babandha suptoragabhoga piṇḍitam | bhinadmi tāvadbhuvi naitadāsanaṃ na yāmi yāvatkṛtakṛtyatāmiti || 1 2.120)

170) 『불소행찬』의 산스끄리뜨본은 17장으로 구성되었는데 한역과 티베트역은 28장이다. 근래, 역자는 담무참이 아니라 『불본행경』을 한역한 보운(375?∽449)이라는 사실이 밝혀졌다.

171) Hodge(2006)

172) *Mahāyāna-śraddhotpāda-śāstra*. 진제가 553년에 번역한 1권본과 실차난타가 695~704년간에 번역한 2권본이 있다. 산스끄리뜨 원전은 전해지지 않는다. 『대승기신론』이 아슈바고샤(마명)의 저작이라는 기존의 견해가 의문시되고 있는데, 그는 부파불교와 초기대승불교시대 사이에 생존했으며, 『대승기신론』에서 논의되고 있는 여래장사상은 당시에 아직 형성되지 않았기 때문이다.

173) Paramārtha(499∽569): 우자인(優禪尼)지역에서 바라문 가문으로 태어서 승려가

식을 바르게 한다)라고 한역한 부분을 실차난타(652~710)는 "住寂靜處結加趺坐端身正意"라고 하여 '結加趺坐'라는 명칭을 구체적으로 언급하였다. 구자국 출신 구마라집鳩摩羅什(350~409)[174]도 『좌선삼매경』[175]에서는 '結跏坐', 『선비요법경』[176]과 『선법요해』에서는 '結

되었다. 섭론종의 초조. 베다와 육론六論, 삼장에 정통함. 여러 지역을 편력하다가 부남(扶南, 지금의 캄보디아)에 이르렀을 때, 양무제가 학덕이 높은 승려를 초빙하고 있다는 말을 듣고 546년에 산스끄리뜨 경전을 가지고 해로로 광주를 거쳐 양 왕조의 수도 건강에 도착하였다. 그 해 10월, 후경의 반란으로 무제가 실각되자, 부춘(지금의 저장성 부양현)에 도피하여 그곳에서 경론을 번역하기 시작함. 그 후 여러 곳을 편력하면서 『금강반야바라밀경』, 『대승기신론』, 『섭대승론』, 『섭대승론석』, 『중변분별론』, 『대승유식론』, 『불성론』, 『전식론』, 『아비달마구사석론』 등을 번역함. 특히 『섭대승론』을 중심으로 하여 진제 문하에서 섭론종이 형성됨. 대승의 유가행유식학파를 전한 인물로 유명하다. *지도는 [그림I-8_62쪽]과 [그림I-20_90쪽]을 참조.

174) 쿠마라지바Kumārajīva: 구자국(타클라마칸Taklamakan 사막의 북쪽, 지금의 고차庫車 지역) 출신 구마라집은 현장 이전의 구역舊譯 시대를 대표하는 최대의 역경승이다. 7세 때 출가하여 9세 때에 어머니와 함께 간다라(일설에는 카슈미르)에 가서 소승과 대승을 배웠으며, 그 밖에도 여러 스승들에게서 가르침을 받아 그의 명성이 서역뿐만 아니라 중국에까지 알려져 있었다. 401년(58세)에 장안에 정착하면서 많은 인재들이 모여들어 대규모 전문 역경소를 꾸리고 집단적 역경이 이루어졌다. 그의 문하에 도생, 승조, 도융, 승예 등 4인을 관중關中사성 · 습문什門사성이라 한다.

175) 안세고가 번역한 소승선경을 대체할 『좌선삼매경』과 『달마다라선경』이 구마라집에 의해서 한역되어 대승불교의 선관禪觀을 익히게 되었다. 이 두 문헌은 당시 서역의 선법을 집대성한 문헌이다. 『좌선삼매경』은 중국에 나타난 최초의 대승선경이라는 점에서 중요한 의미를 지닌다. 번역은 구마라집에 의해 401년에 장안에 와서 402년 정월부터 소요원의 서명각에서 승조와 승예 등 여러 제자와 함께 이루어졌으며, 5년 후(407년)에 다시 다듬어졌다. 파수밀婆須蜜(Vasumitra의 음사. 세우世友, 1~2세기경)·마명馬鳴(Aśvaghosa, 80~150년경)·구마라나타鳩摩羅羅陀(Kumāralāta 또는Kumāralabdha, 3세기 말경) 등 여러 계통의 선사상을 5문門으로 나누어 설명하였다. 5문의 선은 ①탐욕을 다스리는 치탐욕법문, ②분노를 다스리는 치진에법문, ③어리석음을 다스리는 치우치법문, ④생각과 깨달음을 다스리는 치사각법문, ⑤일심과 염불삼매를 설하는 치등분법문 등이다. 보살의 선수행법은 ①애욕을 끊는 법, ②일심을 얻는 법, ③보살도를 실천하는 법, ④십이연기를 관조하는 법 등이다. 이 문헌 이전 중국불교의 선禪은 소승선에 의지하였으나 이후 선종의 성립에 있어서 4대 조사 도신, 5대 홍인 등 동산법문에 의해 적극 수용되고 이후 선종이 발전하는 데 큰 역할을 하였다.

176) 『고금역경도기古今譯經圖紀』에 따르면 구마라집이 402~409년 사이에 한역함. 이 경은 수행자가 마음에 비춰진 대상을 관하여 번뇌를 제거하는 30가지 선법을 제시한다. 30종 선법은 1.부정관, 2.백골관, 3.참괴자책관慙愧自責觀, 4.진니참괴관津膩慙愧觀, 5.관박피부정법觀薄皮不淨法, 6.후피충취관법厚皮蟲聚觀法, 7.극적어니탁수세피잡상極赤淤泥濁水洗皮雜想, 8.신사상新死想, 9.구신상具身想, 10.절절해관節節解觀, 11.백골유광관白骨流光觀, 12.지수화풍관(사대관), 13.결사근본관結使根本觀(제2

加趺坐'라는 명칭을 사용하고 있다는 점에서 좌법의 한역어에 일관성이 없다. 『좌선삼매경』에 '結跏坐'라고 좌법명을 언급하는데, 이 명칭은 발등(趺)이 결가부좌에서 차지하는 중요성이 결여된 용어라고 할 수 있다. 趺가 없는 '結跏'는 'cross-legged'의 의미로서 교각좌까지 포괄하는 용어다. 『선비요법경』에서 다리 모양은 언급되지 않았으나 "왼손을 오른손 위에 놓는다"고 한 점으로 보아 항마좌를 의미하는 것으로 추정할 수도 있으나, 후대 천태지의[177]처럼 다리는 길상좌에 수인은 항마수인일 수도 있다. 간다라에서 불상을 조성하는 과정에서 간혹 왼손이 위에 놓이는 항마수인이 발견되는 점을 고려하면, 『선비요법경』의 수인은 길상좌와 항마좌의 혼동기에 간다라나 중앙아시아에서 유래되었을 가능성이 크다.

현장도 좌법을 加趺坐, 結加趺坐, 結跏坐, 跏趺坐 등으로 번역하였다. 축불염도 結跏趺坐와 結加趺坐를 혼용한다. 승가발징은 『비바사론』(383)[178]에서 結加趺坐로 한역하고 있다. paryaṅka의 한역과정

사대관), 14.변이관變易觀 지대관地大觀(제삼、외사대관), 15.내사대관, 16.사대보상관四大補想觀(응위보신관應爲補身觀), 17.신념관身念觀, 18.관신부정잡상관觀身不淨雜樣想觀, 19.관불삼매(제죄법除罪法), 20.수식관(부정관관정법문不淨觀灌頂法門), 21.완법관緩法觀, 22.정관頂觀, 23.조정법방편관助頂法方便觀, 24.火大觀, 25.화대무아관火大無我觀(신화멸관身火滅觀), 26.득번타항도정관得煩陀恒道正觀(四大相應觀), 27.향사타함수대미묘관向斯陀含水大微妙觀(滅水大觀), 28.경계실상관境界實相觀(微妙水大觀), 29.최승기특화대관最勝奇特火大觀, 30.미묘풍대관微妙風大觀이다.

177) 天台智顗(538～597): 수隋(581～618)의 승려. 호남성 악주 출신. 560년에 하남성 광주 대소산의 혜사(515-577)를 찾아가 그에게 지관법문, 삼론계의 교리와 선관, 달마선 등 소위 북방계의 교리를 배움(560～67). 남중국 건강에 머물렀다가 575년에 절강성 천태산에 들어가 천태학을 확립함. 교상판석의 대가로 당시 유행하던 남쪽의 3학파(南地三師)와 북쪽의 7학파(北地七師)의 교상을 정리하여 오시팔교의 교판을 세우고 천태종을 열었다. 호흡을 닦는 수행문(식문息門)에는 단전, 안마, 좌선의, 토납법, 태식법 등과 도교의 육자결(취吹, 호呼, 희嘻, 가呵, 허噓, 희呬)을 차용하여 격의불교적 경향이 농후하다.

178) 인도의 학승 시타반니尸陀槃尼가 지었고 인도 출신의 학승 승가발징이 383년 번역함.

에서 '단좌端坐'로 한역하거나, 한문 운율이나 전후 맥락에 따라 결가부좌를 加趺, 結跏趺坐와 結跏坐, 結加趺坐, 跏趺坐 등으로 다양하게 지칭하고 있다.

이와 같이 paryaṅka를 결가부좌로 한역하는데 있어서 초기에는 좌법 명칭이 언급되지 않았으나 3세기 후반부터 점차 '결가부좌'(가부좌)를 지칭하는 용어들을 혼용하였음을 알 수 있다.

구마라집과 마찬가지로 현장도 『대당서역기』에서 加趺坐, 結加趺坐, 結跏坐, 跏趺坐 등 명칭을 다양하게 반복하여 언급하였다. 그는 길상좌식 결가부좌를 취한 불상을 다음과 같이 묘사하였다.

> 정사 안에는 불상이 엄숙하게 결가부좌를 하고 있는 모습이 보였다. 불상은 오른발을 위로 올리고(길상좌) 왼손을 안으로 거두고 오른손은 아래로 늘어뜨렸으며(항마촉지인) 동쪽을 향하여 앉아있었는데 그 모습이 마치 살아 있는 것처럼 숙연하였다.[179] *괄호는 저자.

이는 인도의 불상을 직접 확인한 현장이 간다라의 전통적인 길상좌를 재차 전한 것인데, 이는 항마좌를 공식화하던 선종의 입장과 반대되는 좌법이다.[180] 현장도 선종의 항마좌에 영향을 미치지 못한 것으로 보인다.

현장의 가장 중요한 역경 중 하나인 『아비달마대비바사론』에 "협

179) 精舍內佛像儼然結加趺坐。右足居上。左手斂右手垂。東面而坐。肅然如在。
180) 중국을 위시하여 동아시아에서 『유가사지론』의 수행체계가 소멸된 것이 현장의 법상종이 몰락하고 돈오가 중시되는 화엄종과 선종의 득세에 따른 것으로 보인다.(차상엽 2016) 이는 좌법의 변천사와 동일한 역사적 맥락으로 드러난다.

존자는 '두 다리를 포개서 좌우 [다리가] 교차하여 휘감고(교반交盤)" 라는 내용은 설일체유부가 결가부좌를 수행했다는 중요한 단서다. 그리고 입출식념을 위해 취하는 결가부좌의 뛰어남을 찬탄하는 내용이 포함되어 있는데, 그 내용은 다음과 같다.

> [문] 일체의 몸가짐(위의威儀) 모든 것으로 선(善)을 닦을 수 있는데 무엇 때문에 결가부좌만을 말하는가?
>
> [답] 이것은 성현의 통상적인 위의이기 때문이다. 과거와 미래의 긍가(殑伽; 갠지스 강)의 모래 수보다 더 많으신 모든 붓다와 그의 제자들은 모두가 이 위의(결가부좌)에 머무르면서 선정(定)에 들었기 때문이다. --중략-- 또 오직 이 위의에 의해서만이 위없는 붓다의 보리(깨달음)를 증득하기 때문이다. --중략-- 붓다가 옛날 보리수 아래서 결과부좌하고 머물면서 두 마군을 물리쳤으니 자재천自在天과 모든 번뇌이다. 이 때문에 악마들로 하여금 이 위의를 보게 하면 놀라고 두려워하여 대부분이 물러나고 흩어지게 된다. 또 이것은 외도의 법과는 공유되지 않기 때문이다. 그밖의 다른 위의는 외도에게도 있지만 오직 결가부좌만은 외도에게 없기 때문이다.
>
> 또 결가부좌는 선정을 닦는 데에 수순하기 때문이다. 모든 소소한 선(散善)은 그 밖의 다른 위의에 머무르면서도 닦을 수 있지만, 만일 선정을 닦는 뛰어난 것이 있다면 오직 결가부좌만이 가장 수순하게 된다. 이와 같은 등의 갖가지 인연으로 말미암아 다만 결과부좌만을 말한다.[181] *밑줄·괄호는 저자.

---

181) 問諸威儀中皆得修善。何故但說結加趺坐。答此是賢聖常威儀故。謂過去未來過殑伽沙數量諸佛及佛弟子皆住此威儀而入定故。--중략-- 復次唯依此威儀證得無上佛菩提故。--중략-- 謂佛昔於菩提樹下結加趺坐破二魔軍。謂自在天及諸煩惱故。令魔眾見此威儀即便驚恐多分退散。復次此是不共外道法故。謂餘威儀外道亦有。唯結

이 문헌이 불교사에서 매우 중요한 논서라는 점에 누구나 동의하지만, 결가부좌에 대한 내용에는 반드시 논의되어야 할 쟁점이 있다. “모든 붓다와 그의 제자들은 모두가 이 위의(결가부좌)에 머무르면서 선정(定)에 들었다”거나 “붓다가 옛날 보리수 아래서 결과부좌하고” 깨달음에 이르렀다는 설명은 역사적 사실이 아닐 수 있기 때문이다. 또한 “이것은 외도의 법과는 공통하지 않기 때문이다.” 그리고 “오직 결가부좌만은 외도에게 없기 때문이다.”라는 말은 외도들이 다른 좌법을 수행하고 있었다는 것인데, 유물에 따르면 고대 좌법은 종파를 초월한 보편적인 것이었다는 사실과 맞지 않는다. 이 문헌이 성립되기 600여 년 전에 붓다가 위없는 깨달음에 이르렀으며, 이때 취한 좌법이 결가부좌라면, 초기불교가 인도 대부분의 지역에서 국교화되는 과정을 거쳤음에도 불구하고 이 좌법이 불사리탑에 기록되지 않을 수 없는 것이다. 뿐만 아니라, 외도들에게 알려지지 않을 수도 없었을 것이다. 또한 “만일 선정을 닦는 뛰어난 것이 있다면 오직 결가부좌만이 가장 수순하게 된다.”는 설명은 2세기 중엽 『아비달마대비바사론』이 편찬된 간다라 북부 카슈미르의 환림사에서 쉬리 락슈미 신상의 좌법이 존재하지 않았음을 반증하는 것이다.

카슈미르에서 설일체유부에 의해 편찬된
『아비달마대비바사론』은 결가부좌를 붓다의 좌법으로 설한다.
설일체유부는 결가부좌를 수행했다.

加坐外道無故。復次結加趺坐順修定故。謂諸散善住餘威儀皆能修習。若修定善唯結加坐最為隨順。由如是等種種因緣。是故但說結如趺坐。『아비달마대비바사론』 (권39).

현장의 『아비달마대비바사론』 이전의 한역본인 『아비담비바사론』은 서역 출신 부타발마(Buddhavarman)와 도태가 437~439년 사이에 한역하였는데, 여기서는 길상좌가 발견되지 않는다. '길상좌'라는 용어는 『아비달마대비바사론』 이후 편찬 된 한역 불전, 특히 한漢나라에 전해진 밀종의 조사인 불공(705~774)[182]의 문헌에 자주 등장하기 시작하며, 밀교 문헌과 중국 불전에 지속적으로 사용된다.

밀교의 태동과 더불어 결가부좌는 '길상좌' 또는 '연화좌'(빠드마아사나padmāsana)라는 이름으로 불리며 가장 중요한 좌법으로 중시된다.

182) 사자국(스리랑카) 출생의 브라만이라고 전할 뿐 확실한 기록은 없다. 어려서 아버지를 잃고 720년 숙부를 따라 당나라로 건너가 그 후에 낙양 광복사에서 비구계를 받고 중국어를 학습하고 금강지를 따라 여러 경전을 번역했다. 스승 금강지를 도와 불경 번역에 종사했다. 741년 남인도로 돌아와 용지(龍智)로부터 범본을 전수받아 진언의 비법을 배우고, 746년 다시 당나라에 들어왔다.

7. 중국 선종의 좌법, 항마좌[183)]

중국에 불교가 전래되고 350여 년 동안 수식관數息觀[184)] 등을 가르친 선경들이 주로 번역·유포되었었으나, 이후 대승불교 경전이 대거 한역되면서 고도의 논리가 담긴 논서들이 속출하고 현학적인 교학 중심으로 관념화와 이론화가 지나치게 된다. 달마(Bodhidharma, 菩提達磨, 미상)[185)] 이후부터 이에 대한 대안으로 선종이 교외별전敎外別傳, 불립문자不立文字, 이심전심以心傳心으로 깨달음에 이를 수 있다는 불교개혁이 일어난다. 문자에 의지하지 않고 조사祖師의 직접적인 가르침으로 깨닫는 전법의 시대가 시작된 것이다.

양梁나라에 달마가 527년에 도착함으로써 시작된 중국 선종의 정착기였던 6세기경이 중국에서 항마좌가 좌법으로 인정된 시기였음을 당시 불보살상을 정리해 보면 알 수 있다. 이는 천태지의(538~597)

183) 항마좌라는 명칭이 기록된 인도와 서역 불전은 아직 발견되지 않았다. 다만 『별역잡아함경』(역자 미상, 三秦시대 352~431)에서 "마군을 항복시고 도량에 앉아"(降魔坐道場)와 『법구비유경』(4세기 초, 거법와 법립 공역)에서 "덕의 힘으로 악마들을 항복받고 홀로 앉으시어"(德力降魔坐)라는 문장이 발견되나, 모두 '항마좌'라는 좌법명이 아니라 '앉는다'는 동사로 사용되었다. 그러나 이러한 어구들이 일반화되면서 좌법명칭으로 전환되는 것은 어렵지 않았으리라고 본다.

184) 호흡의 수를 세면서 들숨과 날숨을 알아차리는 관법.

185) 달마에 관한 가장 이른 시기의 문헌인 『낙양가람기洛陽伽藍記』(동위東魏(534-550)의 양현지楊衒之(?-555 추정)가 지은 전 5권으로 된 책)에 따르면 달마는 서역의 페르시아 출신(파사국호인波斯國胡人)이다. 그러나 담림曇林(506~574)이 스승 달마의 가르침을 기록했다고 하는 돈황본 『이입사행론장권자二入四行論長券子』에 "西域南天竺國人서역남천축국인"이라 하고 "遂能遠涉山海 遊化漢魏"(자발적으로 멀리 바다와 산을 넘어서 우리의 한위漢魏의 땅에 와서 살게 되었다.)고 하여 바다를 통해 중국에 들어온 것으로 기록하였다. 정각淨覺의 『능가사자기楞伽師資記』(708)에서도 남인도 출신으로 기록되어 있다. 아직 달마에 대한 정확한 기록은 확정되지 않았다.

의 시대이기도 하다. 그리고 혜능(慧能, 638~713)에 의해 남종선이 태동하던 7세기에는 현장(602∽664)이 역경에 헌신하여 그 결과가 중국내에 파급되기 시작하였다. 현장의 『대당서역기』에 따르면, 당시 서역과 중국은 대승불교가 융성한 시기로서, 인도에서는 대소승이 공존하였으나, 사원과 승려의 수를 헤아려보면 상좌부 전통(소승)이 우세하였던 것으로 보인다.[186] 반면 인도의 상황과 달리 중국에서는 남종선이 득세하게 되면서 좌법에서도 간다라 전통의 길상좌가 아닌 항마좌를 좌선의 좌법으로 정하게 된다.

서역의 좌불상이 중국에 유입되는 단계에서부터 좌법과 수인은 가변적인 요소로 받아들여졌던 듯하다. 특히 서역에서 수인은 확정되어 있지 않았다. 간다라와 마투라에서 상투(uṣṇīṣa)과 옷주름 등의 표현이 짧은 기간에 상당한 변화를 겪는데, 중국에 들어온 불상과 불사리탑도 또한 중국화의 길을 거치게 된 것이다.

불상의 중국화 과정에서 좌법의 중요성을 간과하거나 좌법 양식을 혼동하였던 상황이 두드러진다. [그림I-26_126쪽]과 [그림I-27_126쪽]에서처럼 불상의 중요한 상징적 요소들이 간과되고 항마좌식 반가부좌상이 제작되고 있었으며, 좌법 자체를 고려하지 않은 불상들도 제작되었다. 간다라 시대부터 옷주름에 가려져서 발이 보이지 않는 경우가 자주 발견되는데, 간다라 불상이 서역과 중국으로 전해진 후, 호신불이 다량 제작되면서 그리고 불상을 수행의 교본이 아니라 신앙의 대상에 국한하여 제작하게 되면서, 좌법과 수인은 생략되고, 좌법의 변형은 가속화되었다.

186) 전치수 (1992: 34)

중국에서 간다라 전통의 길상좌는 중국식 항마좌와 대립하였다.

[그림I-26] 중국화된 항마좌 불상

a: 항마좌식 불상, 山東青州龍興寺, 魏晉南北朝(220~589년)
b: 불상의 원형이 불분명한 항마좌식 불상 陝西西安碑林博物館, 北魏(386~534년)
c: 가사가 과장되어 좌법이 무시된 불상, 陝西西安碑林博物館, 北魏(386~534년)

[그림I-27] 좌법이 중요하게 인식되지 않은 중국화된 호신불

a: 선정불좌상, 일본 동경대학 공학부, 3세기 전기.
b: 건무4년명 선정불좌상, 중국하북성석가장부근출토,
샌프란시스코 De young museum, 338년.
c: 자기식 선정불좌상, 석가장 부근 출토, 중국 고궁박물원, 4세기 말.

견염선정불좌상[187]을 본 딴 것으로 추정되는 동경대학 소장 선정불좌상(그림I-27_126쪽, a)의 수인은 오른손이 아래에 놓여있다. 건무4년명 선정불좌상은 손등이 보이게 표현되었으며,[188] 자기식[189] 선정불좌상은 좌우 손이 놓인 순서를 알아볼 수 없게 표현하고 있다. 이는 후대에 길상좌식 다리와 수인이 항마좌식으로 변화하는 양상의 추이와 더불어 좌법의 혼란을 짐작하게 한다. [그림I-28_136쪽]에서처럼 초기 간다라 불상에서도 좌수상左手上의 항마수인이 발견되지만, 힌두적 경향의 마투라 불상은 우수상右手上을 준수하고 있었다.

중국에서 왼쪽이 위에 놓이는 항마좌식 가부좌가 주로 행해졌다.

이와 같이 간다라 좌불상의 결가부좌는 길상좌였으나, 중국으로 불교가 전파되는 초기부터 이러한 경향이 지켜지지 못한 것으로 보인다. 점차 중국적인 방식으로 변형되어 5~6세기 이후 중국에서 (결)가부좌는 길상좌와 항마좌로 나누어지고 두 좌법이 동시에 행해지게 되었다. 이 시기는 달마대사가 중국에서 활동하던 시기(6세기 초)와 비슷하다.

7세기경흥[190]은 『무량수경련의술문』[191]에서 "一降伏坐以左押

187) 肩焰禪定佛坐像: 양 어깨 위에 불이 타오르는 화염이 표현된 불상으로, 서역의 태양 숭배와 관련된 표현이다.

188) 오른손이 앞에 위치한 쌍수교첩의 수인이 북위(386~534)시대 돈황 석굴에서도 발견된다. 한국의 경우, 금동여래좌상(5세기 전반, 서울 뚝섬출토, 높이 4.9cm, 국립중앙박물관)과 소조불좌상(고구려 6세기, 높이 19.5cm, 평남 평원군 원오리출토)이 동일한 수인으로 표현되어 있다.

189) 건무 4년 불좌상처럼 중국화된 양식을 모방하는 것을 최완수는 '자기식'이라고 하였다.(최완수 2014: 129)

190) 璟興이라고도 함. 정확한 생몰 년대는 알 수 없다. 다만 활동 시기를 7세기 말로 확정하고 있다. 저서로는 『무량수경연의술문찬』3권, 『삼미륵경소』1권, 『금광명최승왕

右。二吉祥坐以右押左"라고 '항복좌'라는 명칭을 길상좌와 대비하여 설명하면서 자신은 길상좌를 수행한다고 하였다.[192] 규기(632~682, 당) 또한 '降伏坐'라는 명칭을 길상좌와 대비하여 사용하고 있다.[193]

원효(617~686, 신라)는 『대승기신론소』에서 반가좌半跏坐, 전가좌全跏坐와 수인을 모두 항마좌식으로 설명하고 있는데, 항마좌라는 명칭은 사용하지 않았다. 동일 시기에 같은 신라인으로 경흥과 원효가 상이한 결가부좌를 수행하였음을 알 수 있다.

원효의 『대승기신론소』에 다음과 같이 좌법을 설명하고 있다.

> 次當正腳若半跏坐。以左腳置右髀上。牽來近身。令左腳指與右髀齊。若欲全跏。即改上右腳必置左髀上。次左腳置右髀上。次解寬衣帶。不坐時落。次當安手。以左手掌置右手上。累手相對。頓置左腳上。牽來近身當心而安。次當正身。前當搖動其身。并諸支節。依七八反如自按摩法。勿令手足差異。正身端

경약찬』5권 이외에 소실된 여러 저서가 있다. 신라 3대 저술가 중 1인으로서, 신라 불교를 체계화하는데 심혈을 기울인 고승이다.

191) 신라시대의 승려 경흥이 『무량수경』을 주석한 문헌. 『무량수경술찬』 또는 『무량수경연의술문찬』 또는 『무량수경술기』라고도 한다.

192) "결가부라는 것은 마장을 항복시키는 좌법으로서, 두 가지 모양이 있다. 첫 째, 항복좌는 왼쪽이 오른쪽을 누르는 것이고, 둘 째, 길상좌는 오른쪽이 왼쪽을 누르는 것이다. 내가 지금 비록 마장의 항복을 받으려 하나, [나는] 성불을 마음에 두고 있는 고로 길상좌를 한다. '加'자는 '重(겹침)'이라, 즉 다리를 교차하여 앉는 것이다. 跏를 한다는 것이 어떻게 하는 것인지를 알지는 못함이 있다." (結跏趺者即伏魔之坐。坐有二相。一**降伏坐**以左押右。二**吉祥坐**以右押左。我今雖伏魔意想成佛故作吉祥坐。加者重也。即交置足而坐。有為跏者不知所從。『무량수경연의술문』) 『삼미륵경소』과 『금광명최승왕경약찬』에도 동일 내용이 기술됨.

193) "좌법에는 두 가지가 있다. 첫 째, 항복좌는 왼쪽이 오른쪽을 누르는 것이고, 둘 째, 길상좌는 오른쪽이 왼쪽을 누르는 것이다. 지금 설법하여 길상좌를 하였다. '加'자는 '重(겹침)'이라, 즉 다리를 교차하여 앉는 것이다. 跏를 한다는 것이 어떻게 하는 것인지를 알지는 못함이 있다." (坐有二相。一降伏坐以左押右。二吉祥坐以右押左。今將說法作吉祥坐。加者重也即交重足坐。有為跏者不知所從。『묘법연화경현찬』 No. 1723 in Vol. 34: 671)

直。令肩骨相對。勿曲勿聳。次正頭頸。令鼻與臍相對。不偏不邪。不仰不卑。平面正住。"194) *밑줄은 저자.

이 문장은 천태지의를 거의 그대로 따르면서, 밑줄 친 좌법 부분만 항마좌로 바뀌었다. 천태지의는 밑줄 부분을 "若欲全跏, 即正右腳置左腳上"(만약 전가좌를 하려면 바로 오른다리를 왼다리 위에 둔다. 『수습지관좌선법요』)와 "若欲全結跏者 卽上下右脚 跋置左脚上"(만약 전결가라는 것을 하려면 바로 아래의 오른다리를 올려서 왼다리 위에 눌러둔다. 『석선바라밀차제법문』)이라고 길상좌를 설하였었는데, 원효는 왼발을 위에 두는 항마좌로 다리 모양을 개정하였다. 이는 당시 원효처럼 동아시아 불교가 길상좌를 의도적으로 개정하여 항마좌를 선택하였음을 입증하는 것이다.

일본 평안시대 승려 원효(835~871)도 『금광명최승왕경현추』에 "경흥이 전하길, 결가부란 모든 붓다가 외도와 공유하지 않았던 좌법이다. 몸을 단정히 하여 바르게 [제법의 性相을] 알아차려서 마장을 항복시키는 위의(몸가짐)가 있다. 왼쪽으로 오른쪽을 눌러서 앉으면

---

194) "다음에는 마땅히 다리를 바르게 하는데 만일 반가부좌를 한다면, 왼 발을 오른 대퇴부 위에 놓고,(항마좌) 끌어당겨서 몸에 가까이 하여, 왼 발가락을 오른 대퇴부 가장자리와 가지런하게 한다. 만약 전가좌를 하려면, 이전 자세를 고쳐서 오른쪽 발을 위로 올려서 왼 대퇴부 위에 두고 다음에 왼 발을 오른 대퇴부 위에 두어라.(항마좌) 다음에는 허리띠 등을 풀어 느슨하게 하되, 앉았을 때 흘러내리지 않게 한다. 그 다음에 반드시 손을 편하게 하되, 왼 손바닥을 오른손 위에 놓고, 손을 겹쳐서 서로 대하게 하여, 왼쪽 다리 위에 놓고 끌어당겨서 몸에 가까이하여 마음을 안정시킨다. 다음에는 몸을 바르게 하는데, 먼저 마땅히 그 몸과 더불어 안마법 하듯이 모든 팔다리 뼈마디(지절)를 일곱 여덟 번 거듭 흔들어 움직여야 한다. 손발이 어긋나지 않게 하고 몸을 바르게 해서 단정하며 꼿꼿하게 하고 어깨뼈가 서로 대응하게 하여 굽거나 튀어나오게 해서는 안 된다. 다음에는 머리와 목(두경)을 바르게 해야 한다. 코는 배꼽과 더불어 서로 대응해야하며 한쪽으로 치우치거나 비뚤어져도 안 되며 위로 올리거나 아래로 내려서도 안 되고 앞을 보고 똑바로 있게 해야 한다."(『대승기신론소』)

항복좌고, 오른쪽으로 왼쪽을 눌러서 앉으면 길상좌이다. 길상좌를 방금 설법하였던 고로, '加'자는 '重(겹침)'이라. 跏를 함에 따라야 할 바를 모른다."195)고 하여 경흥과 규기를 거의 그대로 인용하여 "有爲跏[者]不知所從"(跏를 함에 따라야 할 바를 모른다)이라 하였다.

당시에 승려들은 결가부좌를 함에 따라야 할 바를 몰랐다.

이러한 좌법의 혼동기에, 서역 밀교 승려 불타파리(7세기)196)가 항마좌식 결가부좌를 비판하고 길상좌가 정확한 결가부좌임을 『수선요결』(667)197)에서 역설하였다. 『수선요결』은 불타파리의 가르침을 문답형식으로 기록하고 있는데, 중국 선정문헌들에 항마좌가 주된 결가부좌로 인정된 것은 다음과 같은 이유라고 한다.

---

195) 興云。結跏趺者。即諸佛不共外道之坐。端身正念降魔之儀。以左押右即降伏坐。以右押左即吉祥坐。吉祥坐者即説法故。加者重也。有爲跏不知所從

196) 佛陀波利(Buddhapāli): 『불정존승다라니경』(*Buddhoṣṇīṣavijayadhāraṇī-sūtra*, 683)의 한역자로서 7세기 Kashmir(계빈국) 밀교승려이다. 각호覺護라 한역되며, 『수선요결』에 "北天竺婆羅門禪師佛陀波利(唐云覺愛)"라고 기록되었다. 『송 고승전』과 『광청량전』에 전기가 전한다. 『수선요결』에 '佛陀波利(唐云覺愛)'라고 되어 있다. 당나라 때의 승려로서 계빈국(카슈미르) 사람이다. 산스끄리뜨로 Buddhapālita라고도 하는데, 470~540년경의 인도의 대승 중관파의 학자인 불호佛護(Buddhapālita)와 혼동하는 경우가 있다. 『불정존승다라니경』의 서문에 "여러 나라로 다니며 영적인 유적을 참배하고, 오대산(청량산)의 문수보살을 참배하려고 676년(의봉 1년)에 중국에 왔으나 문수보살이 노인으로 변장하여 『불정존승다라니』를 구해오도록 하여, 바로 서역에 돌아가서 경을 가지고 683년 돌아와 장안에 와서 황제에게 고하여, 어명에 의해 두행의와 일조 삼장이 번역하여 범본과 역본을 모두 궁중에 두었다. 그는 경의 유통을 청하고 범본을 하사받아 서명사의 순정順貞 등과 함께 대천복사에서 번역하여 『불정존승다라니경』(710)이라 하고, 범본을 가지고 청량산에 들어갔다."고 전한다. 그는 불정존승다라니를 '길상'이라 하고 『장수멸죄호제동자다라니경』에서 좌법에 관련해서 '길상법좌'만을 언급하고 결가부좌라는 말을 사용하지 않았다.

197) "서경에 있는 선림사의 사문인 명순明恂이, 같은 절의 인도 스님인 혜지법사의 통역 하에, 북천축의 브라만 출신 불타파리(覺愛, 覺護)선사에게 한 질문과 질문에 따른 간략한 대답을 기록하니, 그 때가 대당 의봉2년(서기 677년) 정축년이다."(西京禪林寺沙門明恂問并隨口錄。同寺梵僧慧智法師傳譯。于時大唐儀鳳二年丁丑歲也。)

問: 이곳(中國)에서는 평소에 오른손 등을 많이 움직이므로 앉을 땐 반드시 왼쪽이 오른쪽을 누르게 하는 것(압壓)으로 서로 전해 왔는데, 이제 하신 말씀은 이와는 완전히 반대가 되니 무슨 까닭인지 모르겠습니다.

答: 서방의 모든 깨달은 분들이 붓다 이래로 서로 이어온 좌법이 모두 이러했다. 아울러 이곳은 수인법도 제멋대로 고쳐졌는데, 그 연유를 나로서는 모르겠다.[198]

그리고 불타파리는 길상좌를 결가부좌의 원형이라고 강조하였다.

결가하여 단정하게 앉는데, 방법은 왼다리로 오른쪽 [대퇴부]를 누르고, 오른다리로 왼쪽 [대퇴부]를 누른다. 만약 이것이 불편하면, 반가도 좋다. 반가법은 오직 오른다리로 왼다리를 누른다. 양손의 손바닥을 위로 보게 하고, 오른손으로 왼손을 누르며 반대로 하지 말라. 그리고 모름지기 눈은 감고 입을 다물며, 혀는 윗잇몸에 머물게 하며, 혹 이빨에 머물러도 된다. 눈을 감고 입을 다무는 것 등은 모두 급하게 하지 말며, 모든 일은 천천히 느긋하게 하는 것이 바람직하다. 눈을 감는 것이 익숙하지 않은 이는 때때로 조금씩 눈을 떠도 된다. 오랫동안 앉아 있느라 좀 피곤하거나 권태로우면 어느 때든지 몸가짐을 바꿀 것이요, 고통이 생기게 하지 말라. 다른 몸가짐도 모두 이를 따른다.[199] *밑줄 저자.

198) 問:此方相傳為右手等多動。坐者要令左壓右。今乃與彼碩反。未審何故耶。答: 西方諸佛。從佛以來相承坐法皆如是也。並是印法。此方擅改。吾所未詳。

199) 結跏端坐。結跏法。以左腳壓右右壓左俱得。若結跏未便。半跏亦得。半跏法唯是右壓左。其兩手各仰舒。掌亦右壓左。並不得左壓右也。乃須閉目合口。舌跓上齶。或可跓齒。其閉目合口等並不宜令急。乃至萬事皆貴舒縱。不用拘急。閉目未慣者。時任稍開。坐久少似疲倦。輒改威儀。勿令生苦。他皆准此。(『수선요결』)

길상좌가 북방 전통의 결가부좌다.

여기서 '반가半跏'라는 용어가 등장하는데, 불타파리가 이 용어를 사용한다는 것은 어쩌면 그가 ardhaparyaṅka를 반가부좌로 알고 있었거나, 중국에 통용되는 좌법을 언급한 것뿐일 수도 있다. 본래 인도에서 반대쪽 대퇴부에 한쪽 발만 올리는 반가부좌는 없었으며, 무불상 시대의 좌법은 교족좌를 근간으로 하였다는 점을 고려하면 불타파리는 남방불교의 좌법을 몰랐던 것으로 보인다.

불타파리에게 있어서 논의의 쟁점은 길상좌와 항마좌의 진위 문제이다. 그는 중국적인 항마좌식 결가부좌가 인도의 좌법 전통과 다른 이유에 대해서는 구체적인 원리를 생략하고 있지만, 결가부좌의 원형에 대한 중요한 단서를 제공하였다. 길상좌식 결가부좌만을 보아왔던 서역 승려에게 항마좌의 대두는 심각한 왜곡으로 여겨진 것이다. 당시 남방의 불상을 접하지 못한 서역 승려들은 결가부좌와 반가부좌를 붓다로부터 직접 전승된 좌법으로 인식하였을 것이다.

이러한 길상좌와 항마좌의 진위 문제가 타가미 타이수(田上太秀)에 의해서 본격적으로 제기되었다.

> 붓다가 좌선할 때 주로 취하는 자세로 길상좌와 항마좌의 두 형식이 있는데 전자는 붓다가 보리수 밑에서 좌선할 때 취한 자세로서 그 기원이 좀 더 오래된 것이다. 손은 오른손을 왼손 위에 놓는 수인을 취하고 발은 오른발을 왼발 위에 놓고 앉는 방식을 길상좌라하고, 이 반대의 좌법과 수인을 항마좌라고 하고 있다. 앉는 방법으로서는 길상좌가 전통적이고, 인

> 도에서 전래한 이 작법이 중국에서는 일반적이었던 것 같다. 그런데 선종에서는 항마좌의 앉는 방식을 전통적인 것으로 생각하고 이것을 정통적인 좌법으로서 실수하게 되었다. 인도의 불전에서는 이와 같은 좌법이나 수인의 형태를 둘로 나누어, 각각 명칭을 붙이고 있다거나 하는 예는 보이지 않는다. 중국에서 좌선의 작법에 관해 면밀하게 설명했던 이는 천태지의(538~597)였다고 한다. 그가 지은 『천태소지관』(약명 개몽초학좌선지관요문의 별칭)에 기술된 좌법은 인도 이래의 좌법과는 약간 다르다. 다시 말해서 오른발을 왼발 위에 겹쳐 놓는 결가부좌는 인도 전래의 좌법과 같지만, 왼발을 오른발 위에 놓는 반가부좌와 왼손을 오른손 위에 놓는 항마좌의 수인과 같은 형은 인도 전래의 자세와는 완전히 다르다. 어째서 그런가는 의문점이다. (최현각 역 1990: 105~106) *밑줄 저자.

수인이 거꾸로 된 이유에 대해서 다음과 같이 설명한다.

> 왜 왼손을 오른손 위에 놓는가에 관해서 세속의 관습이나 중국의 음양 사상 등을 원용해서 설명하고 있다. 다시 말해서 오른쪽은 양이고 왼쪽은 음이며, 양은 움직이는 특성(동상動相)이고, 음은 고요하려는 특성(정상靜相)이다. 그래서 정려, 심통일이라고 하는 선정의 목적을 달성하기 위해서 산란하고 동요하는 것을 진정시키는 것이다. 따라서 정으로써 동을 가라앉히고, 산란해지는 것(동난動亂)을 제압하는 것이지 않으면 안 된다. 즉 이러한 의미에서 동적인 것(動相)이고 양인 오른손을 정적인 것(靜相)이고 음인 왼손으로 누르지 않으면 안 된다고 하는 것이다. 이것이 지의가 말하고자 하는 '좌수상우

수하左手上右手下'의 선정인설이다. 그리고 천태지의가 입적한 지 80여 년이 지날 무렵, 서경 선림사의 명순이라는 승려가 북인도에서 중국으로 건너온 불타파리(7세기)와 인도와 중국에서의 여러 불조상승의 작법이나 교의의 이동에 관해 문답한 내용을 기술한 책이 있다. 『수선요결』이라는 책이 그것인데, 이것은 667년에 선림사의 승려 혜지가 그 문답을 기록한 것으로 되어 있다. 그 가운데에 발의 상하의 문제나 손의 상하의 문제에 관한 문답이 있다. 여기서 불타파리는 당시 행해지던 지의 전래의 수인은 불조상승의 방법이 아니라고 비판하고 있다. 발을 모으는 법은 인도 전래의 좌법이기 때문에, 문제가 되지 않는다. 그러나 수인의 경우, 가령 인도 전래의 수인이 아니었다 하더라도 이미 지의가 전승한 작법이 너무나도 일반화 되어 있었기 때문에, 이제 그것을 본래의 작법으로 되돌리기는 불가능하게 되었던 것이다. 이 수인이 지의 이후에 입국한 인도, 서역의 불교승들이나 진언 밀교가 인도 전래의 작법을 가지고서도 개정할 수 없을 정도로 깊숙이 침투해 있었던 것이다. (최현각 역 1990) *밑줄 저자.

이상, 중국적인 설명방식과 인도 전통적인 불타파리의 관점이 상반됨을 확인할 수 있다.

그런데 구마라집이 한역한 『선비요법경』(402~409년경)에서 "왼손을 오른손 위에 둔다(左手著右手上)"고 하여 역수인逆手印[200]이 나타난다. 5세기 초에 한역된, 관음신앙의 대표적인 경전 중 하나인 『청관음경』[201]에도 "왼손을 오른손 위에 둔다(以左手置右手上)"고

200) 왼손을 오른손 위에 두는 것.
201) 관음신앙의 근거가 되는 대표적인 경전으로서 원명은 『청관세음보살소복독해다라

설해졌다. 천태지의는 이 경전을 따라 '左手上右手下'(항마수인)를 중시하게 된 것으로 보인다. 『청관음경소』[202]에서 그는 오음(오온五蘊)을 좌우음양과 머리에 배속하여 설하고 左手上右手下의 정신생리학적 원리를 밝히고 있는데,[203] "以左手置右手上"[204]라는 문장은 『마하지관』, 『천태지자대사선문구결』, 『방등삼매행법』에도 사용됐다.

[그림I-27_126쪽]a와 b는 [그림I-28_136쪽]처럼 간다라 불상 초기부터 나타난 왼손이 위에 놓이는 역수인을 그대로 보여준다. 초기 간다라 불보살상 다리의 상하 위치에 대한 규범은 길상좌로 확립됐던 것으로 보이지만 a와 d에서처럼 천에 가려진 경우도 많다. 특정 수인을

니주경』로 서역출신 축난제(동진)가 역출하였다. 축난제는 419부터 유송 시대까지 활동하였다.

202) 『청관음경請觀音經』은 관음신앙에 있어서 매우 중요한 경전이다. 온전한 명칭은 『청관세음보살소복독해다라니주경請觀世音菩薩消伏毒害陀羅尼呪經』으로 관음신앙과 지관수행止觀修行의 겸수를 설하고 있다. 특히 천태지의에 의해 이 경전이 중시되었는데, 단순히 빌고 바라는 것만을 설하는 『보문품』보다도 지관수행이 함께 설해지는 이 『청관음경』을 더욱 중시하였다.

203) "이제 오체가 오음으로 드러남을 밝히겠다. 왼다리는 색色, 오른다리는 수受, 왼손은 행行, 오른손은 상想, 머리는 식識이다. 어찌하여 그러한가! 수水는 심신心神의 법으로서 오른다리와 같이 양이 된다. 계戒는 색법으로서 명밀冥密(깊고 고요함)을 이루는 바가 없어, 음이 왼다리로 드러난다. 그러므로 좌음우양이라 말한다. 想은 바깥 경계(대상)를 따라 추측해서 그리는 것(推畫)이다. 이것이 오른손과 같은 양이다. 행은 음陰처럼 사수思數(생각)이고 왼손으로 드러난다. 머리가 식이라는 것은 눈, 코, 입, 귀, 촉각 5개 감각기관(五識)이 머리에 있어서 능히 분별하므로 머리에 대응하니라." (今明五體卽表五陰。左脚是色。右脚是受。左手是行。右手是想。頭是識。何故爾。受是心神之法。爲陽如右脚。戒是色法。無作冥密。如陰表左脚。故言左陰右陽也。想是推畫前境。是陽如右手。行是思數如陰表左手。頭爲識者。五識在頭能了別故對頭。) *천태지의의 생리학은 본서 'Ⅱ. 3 좌법에서의 음양'에서 다루어진다.

204) "모든 성현에서 선한 신왕에 이르기까지 그 몸을 보살펴 이롭게 하는데 결가부좌하고 왼손을 오른손 위에 놓는다."(切賢聖及善神王加被已身結加趺坐左手置右手上。『화엄오십요문답』 후권, 화엄종의 2대 조사 지엄(602~668) 찬), "다음으로 금강살타 대지인(지권인)을 즉시 풀어 앞에서 지은 수인의 두 날개로 각각 금강권을 짓고 왼손을 오른손에 놓는다."(次結金剛薩埵大智印 即解次前印 二羽各作金剛拳左手置於胯右手。『금강정대교왕경사기』 제십칠, 일본 진언종 담적 찬(1674~1742), "선정인은 왼손을 배꼽 앞에서 오른손 위에 겹쳐서 결인하는 것이다."(結定印左手置臍前以右手加上。『금강계대법대수기』제일, 일본 천태종 안연 찬)

하지 않는 경우도 있으며, 좌우가 뒤바뀐 역수인도 있는 것으로 보아, 초기 불상에서 수인에 대한 규정이 명확하지 않았던 것으로 보인다. 이처럼 수인의 혼동은 간다라 양식 초기부터 나타나며, 간다라는 물론 중국, 그 주변 지역의 좌법과 수인 변화를 짐작하게 한다.

[그림I-28] 길상좌에 항마수인(역수인)을 취한 불상

a: Bodhisattva, Gandhara, 2~3세기
*출처:https://www.flickr.com/photos/centralasian/5497609612/(2018.4.26)
b: 범천권청(Indra와 Brahma), Gandhara, Swat-Museum, 1세기.
c: 범천권청(Indra와 Brahma), Gandhara, 1세기 전후
d: Siddhartha의 최초 선정, Swat, Swat Archaeological Museum, 1세기경.
*출처: https://www.eonet.ne.jp/~kotonara/budanosyougai.htm(2018.4.26)
e: 범권청도, Gandhara, 캘커타 인도박물관소장, 1세기경.
*출처: http://kousin242.sakura.ne.jp/wordpress014/wp-content/uploads/2016/06/107-60-768x939.jpg(2018.4.26)
f: 범천권청(Indra와 Brahma), Gandhara,
*출처: Gandharan Archives Kurita, httpgandharan-archives.blogspot.kr201106(2018.4.26)

간다라와 비슷한 시기에 해당하는 마투라 불상 양식과 굽타왕조

기의 완성된 불상 양식에서 역수인은 거의 발견되지 않는다. 좌우 발 모양도 천으로 가려지지 않고 분명하게 묘사되는 것이 특징이다. 마투라 이남 인도 전지역과 스리랑카 등 남아시아 상좌부전통에서 수인과 좌법은 모두 오른쪽이 위에 놓인다. 또한 마투라 불상은 오른쪽 어깨를 드러낸 편단우견偏袒右肩의 착의법을 보여주는데, 이는 좌우의 구분을 전제하고 있는 것으로서, 좌우 손발에 대한 인식이 확실했던 것과 동일한 맥락이다. 마투라 불상은 BCE 3세기부터 만들어진 약샤·약시상에서부터 7세기 굽타 불상까지 양식적인 특징이 이어져 왔다. 약 천년에 걸쳐 마투라의 양식적 전통이 독자적으로 존재했던 것이다. 그래서 마투라 불상을 인도 고유의 불상이라고도 한다.[205]

[그림I-28]의 간다라 불상에 다리 모양은 길상좌(右足上)로 단일한 반면 수인은 左手上(항마수인)과 右手上이 동시에 나타나고 있는데, 이는 밀교계 불전 『청관음경』을 따른 천태지의의 길상좌와 항마수인과 같다. 후대, 밀교문헌에서도 다리는 右足上으로 통일되어 있으나, 左手上右手下의 역수인이 『불설다라니집경』 등 다수의 밀교부 문헌에 등장한다.[206]

---

205) 강우방 외(2003)

206) "나머지 세 손가락을 펼쳐서 또한 다시 그렇게 하는데, 왼손을 뒤집어서 오른손 위에 겹쳐 놓는다. 엄지손가락을 위로 한 연후 왼손을 가볍게 주먹 쥐는데 물건을 잡는 모습처럼 하여 뒤집어서 오른손 위에 겹친다."(舒餘三指左手亦然復以覆左手重於右手上, 拇指上然後微拳左手似握物相覆重右手上。『광대보루각선주비밀다라니경』 권하, 보제류지), "먼저 왼손 손등을 당겨 가슴 위에 대고 후에 오른손을 당겨 오른손 위에서 손바닥을 서로 합한다."(先彎左手背。持按心上。後彎右手。於右手上掌相合。『저리삼매야불동존위노왕사자념송법』 일권, 불공), "두 손으로 장심을 비워서 합장하는데 손가락을 첫마디에서 왼 손가락이 오른 손가락을 누르면서 교차하여 완성한다. 양 엄지를 서로 교차하되 왼쪽으로 오른쪽을 누른다."(二手虛心合掌交指初分左押右即成, 二大指相交左押右。『가루라급제천밀언경』일권 반야력), "결가부좌의 지침은 오른다리를 왼쪽 대퇴부에 두고 왼다리를 오른쪽 대퇴부 바깥쪽 경계에 맞춰서 위에 두며 왼손을 오른손 위에 안치한다."(教令跏趺正坐。右脚著左髀上

인도 전통의 수인은 오른손이 위에 놓인다.

역수인은 거의 모든 북방 불교지역에서 발견되며, 간다라와 서역에서 좌법은 右足上의 길상좌에 수인은 左手上 내지 右手上으로 나타나며, 중국에서 좌법은 右足上과 左足上, 수인은 左手上과 右手上이 모두 행해졌다.

반면, 인도찬술 불전에서 항마좌식 좌법과 수인은 전하고 있지 않다. 항마좌식 좌법과 수인은 모두 중국찬술부에서 발견되고, 좌수상의 역수인은 일부 밀교문헌에서도 발견된다. 밀교 이전 인도 불전에서 좌우 다리에 대한 설명[207]이 없는 이유는 좌법이 단일하였기 때문일 것이다. 결국 역수인이 마투라 이하 인도 본토와 상좌부전통에서 발견되지 않는다는 것은 『선비요법경』과 『청관음경』 등 역수인을 설하는 불전들이 간다라 등 인도 북방 또는 서역에서 찬술되었을 가능성을 시사한다.

이러한 좌법 전승과정에 중국화의 한 예로서 항마좌식 좌법과 수인이 확립되기 위한 시대적 조류, 이론적, 생리학적인 기반에 대해서 살펴볼 차례다.

불교의 중국화는 당시 시대적, 정치적인 상황에 큰 영향을 받았던 것이다. 당시는 유교 중심의 후한이 멸망하고(220년경) 위, 촉, 오 삼국시대로 분열하여, 다시 위나라의 통일, 그리고 서진시대로 연결되는 혼란기이다. 또한 非유교적인 북방의 제 국가들이 중국에 들어오

與外齊。左足安右髀上與外齊。左手安右手上。『관무량수경소』권제삼, 선도).

207) SAT大藏經DB에 '左足'으로 검색한 다음 그 용례들을 하나씩 검토한 결과, 왼쪽발이 위에 놓이는 항마좌는 인도찬술부에서 발견되지 않는다.

기도 하면서 유교 중심으로 중국사회를 수습할 수 없었다. 따라서 위진남북조(220~589년) 시대에 왕조의 교체가 빈번하여 사회체제에 대한 불안감은 탈세속적인 것에 관심을 돌렸다. 점차 정치, 사회, 경제적 혼란과 아울러 사상적 혼란이 심화되었던 시기(4~5세기)에 불교는 중국사회에서 급격하게 퍼져 나갔다. 특히 이상세계로서 신선의 경지를 갈구하며 현실도피적인 노장사상이 상류계급에 광범위하게 동화되었기 때문에, 불교는 낯선 종교가 아니라 노장사상의 연장선상에서 바라보는 이국적이면서도 지적인 학문으로 받아들여졌다. 도교의 청담淸談사상과 불교의 탈속적 수행관이 융성하게 되었다. 또한 극락정토와 불보살 신앙 등은 하위 계층에게 신심을 일으켜 불교가 쉽게 사회에 습합될 수 있었다.

당시 중국인들은 음양사상에 의한 세계관으로 모든 것을 이해하려 하였는데, 음양사상에 근거한 도교와 중국의학의 문화적 힘은 그들의 현실적인 삶에 직접적인 도움이 되었다. 따라서 중국인은 노장사상을 매개로 불교를 이해하였으며, 오히려 이를 계기로 불교는 노장사상화되어 수월하게 대중화될 수 있게 되었다. 특히 노자화호설[208]은 불교의 중국 정착에 지대한 공헌을 하였는데, 이것이 가능했던 이유는 초기 역경 문헌들이 도교수행과 마찬가지로 호흡(氣)을 기반으로 선정을 강조하였기 때문이다. 천태지의가 도교의 육자결[209]을 호흡관에 활용한 것은 대표적인 예이다. 선경 문헌에는 음양이나 오행, 오운육기[210]와 같은 정교한 동양의학과 내단 수련처럼 정교한 생리학적 원

208) 노자가 오랑캐 나라인 인도에 건너가 석가모니로 태어나 그들을 가르쳤다는 설.
209) 去病延年六字法, 六字延壽訣, 太上玉軸六字氣訣 등으로 부르기도 함.
210) 목·화·토·금·수의 오운과 풍·화(군화와 상화)·서·습·조·한의 육기를 말한다. 더 줄여서

리가 제시되지 않았기 때문에, 중국인이 동양의학과 도교적 수행원리로 불교수행을 이해하려했던 것은 당연하다.[211]

중국식 좌법의 생리학은 천태지의로부터 기원하였다.

이러한 일련의 중국화 과정이 격의로 비판받아 왔지만, 천태지의는 음양에 기초한 동양의학을 근거로 좌선 수행체계를 체계화하였다. 중국 좌선 전통의 초기 문헌인 『수습지관좌선법요』에서 천태지의는 항마좌나 길상좌라는 용어를 사용하지 않고 길상좌식으로 결가부좌(全跏坐)를 설하는 반면, 반가부좌와 수인은 항마좌식으로 설했다.

> 처음에 좌대에 이르면 바로 먼저 앉을 자리에 편안하게 앉아야 하는데, 늘 안온하게 할 수가 있으면 오래도록 방해가 되는 일이 없다. 다음에는 반드시 다리를 바르게 하는데 만일 半跏趺坐를 한다면, 왼다리를 오른다리 위에 놓고,(항마좌) 끌어당겨서 몸에 가까이 하여, 왼 발가락을 오른쪽 대퇴부와 가지런하게, 또 오른 발가락을 왼편 무릎과 허벅지에 가지런하게 두라. 만일 완전한 結跏趺坐를 하려면, 즉 아래에 있는 오른다리를 위로 올려 왼다리 위에 올려놓는다.(길상좌) 다음에 옷의 띠를 느슨하게 풀어 옷을 두루 바르게 하고, 좌선할 때 벗겨져 떨어지는 일이 없게 한다. 그 다음에 반드시 손을 편하게 하되, 왼 손바닥을 오른손 위에 놓고, 손을 겹쳐서 서로

'운기'라고도 한다.

211) 이점은 격의불교를 비판하더라도 주의해야 할 점이다. 생리적인 현상과 윤리학을 동일시할 수 없듯이, 수행생리학적 원리와 사상적인 습합을 동일 선상에서 비판하는 것은 바람직하지 않다.

> 대하게 하여, 이것을 안정시키고, 가지런하게 왼다리 위에 놓고 끌어당겨서 몸에 가까이하여 다음에 맞게 하고 안정시킨다.[212] *괄호, 밑줄은 저자.

『석선바라밀차제법문』(571년)도 결가부좌를 '半跏坐'와 '全跏'로 지칭하면서 『수습지관좌선법요』에서와 동일한 내용으로 좌법을 상세히 설명하였다.[213] 항마좌나 길상좌라는 이름은 언급하지 않았다. 『마하지관』에서도 '結跏趺坐'라는 이름과 "以左手置右手上"이라는 손에 대한 설명만 보일뿐 '길상좌'와 '항마좌'라는 용어는 발견되지 않는다. 『육묘법문』에서는 '跏趺坐'라는 명칭만 한 번 언급한다. 『묘법연화경현의』에서도 '結跏趺坐'라는 명칭만 한 번 언급된다. 『선문구결』에서는 남녀를 구분하여 좌법을 정하기도 하였다.

> "수행하는 사람은 마땅히 고요하고 한적한 곳에 머물러 가부좌를 맺고 앉아야 한다. 여자의 경우에는 반가부좌로 앉는다. 앉을 때 몸을 편평하고 곧게 하고, 몸이 편한 자세로 하여 팔다리를 느긋하게 풀고, 긴장된 뼈가 풀려 관절과 상응하게 하며, 기대지도 아니하고 굽히지도 아니한다. 옷을 풀고 허리띠를 느슨하게 하여, 조금이라도 불편하고 미세한 동요가 있으면, 편안한 요령을 취하여 적절히 조정해야 한다.

---

212) 初至繩床, 即須先安坐處, 每令安穩, 久久無妨。次當正腳, 若半跏坐, 以左腳右腳上, 牽來近身, 令左腳指與右髀齊, 右腳指與左髀齊。若欲全跏, 即正右腳置左腳上。次解寬衣帶周正, 不令坐時脫落。次當安手, 以左手掌置右手上, 重累手相對, 頓置左腳上, 牽來近身, 當心而安。『수습지관좌선법요』는 『천태소지관』 또는 『동몽지관』이라고도 한다.

213) 若半跏坐以左脚置右髀上。牽來近身。令左脚指與右髀齊。右脚指與左髀齊。若欲全跏。即上下右脚置左脚上。次解寬衣帶。周正不令坐時脫落。次當安手。以左掌置右手上。重累手相對。頓置左脚上。牽近身當心。而安正身。

> 그리하여 편안하고 자상한 마음으로 왼손을 오른손 위에 놓고, 두 손의 엄지손가락 끝을 내려 서로 닿게 버려두며, 입술은 가볍게 닫아 이가 미미하게 보이게 열고, 혀를 들어 올려 네댓 번 입 안 천장에 닿게 한 후, 길게 숨을 내쉰다. 그 다음, 차차 앞쪽을 보며 천천히 가늘게 눈을 감고 눈시울이 크거나 급하게 움직이지 않도록 하며, 마땅히 눈 안이 몽롱한 듯해야 한다."[214] *밑줄은 저자.

이러한 내용들을 통해, 천태지의가 부파의 한역 율장을 참조하여 반가부좌를 비구니의 좌법으로 언급한 것으로 보이며, 좌법에서 좌우 손발을 반대로 하는 것에 대해 확실히 알고 있었던 것으로 보인다.

천태지의의 음양이론에 따라, 왼쪽이 위에 놓이는 중국식 해석은 6세기에 일반적이었다. 북제(550~577) 때부터 음양 생리학에 근거해서 왼발을 오른발 위에 두는 항마좌의 불상이 길상좌와 함께 조성되었다는 사실도 시대적 상황을 짐작하게 한다.([그림I-29_144쪽])

원효 또한 『금광명경』[215]의 〈제병품〉을 동양의학의 음양오행론으로 풀이하고 있는데, 인도의학에서 말하는 사대四大(지수화풍)를 오행五行(목화토금수)으로 풀어 설명하고 오행의 상생상극을 통해 병을 다스리는 내용들을 구체적으로 설하고 있다.[216]

---

214) 行者當住閑靜之處結跏趺坐。女則半跏趺平身正直。縱任身體散誕四肢。布置骨解當令關節相應。不倚不曲解衣緩帶。輒有不安微動取便要令調適也。安詳以左手置右手上。令左手小指頭拄右手大指本。下兩手大指頭。纔相詣放頰車。小小開齒微微啟舉舌。四五過長吐氣。次漸平視徐徐細閉目。勿令眼瞼大急。當使眼中矓矓然。

215) 인도의 굽타 시대에 쓰여진 경전으로 현재 그 원전이 남아있다.

216) 인도의학(아유르베다)이 불교경전과 함께 중국과 동양에 전해졌지만, 기의 흐름인 경맥에 근거한 동양의학의 구체적인 병리학과 장부 장상학을 대신할 수는 없었던 것이다. 그리고 아유르베다가 체질론 중심의 병리학인 반면, 요가의 생리학은 동양의학과 마찬가지로 prāṇa(氣)와 그 흐름인 nāḍī에 기반하고 있다.

중국 선종의 좌법은 항마좌로 정해진다.
원효의 좌법도 중국식 항마좌다.

원효(617∼686)도 『대승기신론소』에서 "左腳置右髀上"(왼쪽 다리를 오른쪽 대퇴부 위에 둔다)이라고 좌법을 설명하고 '항마좌'라는 명칭을 사용하지 않고 '全跏坐'라고 설하였다. 이는 항마좌가 한국불교 좌선의 대표적인 좌법이 되는데 일조하였을 것이다. 또 신라의 경흥(620∼700 추정), 당의 규기(자은慈恩, 632∼682)가 항복좌라는 명칭을 사용한 점으로 봐서 적어도 7세기에 선종에서 '항마좌'라는 명칭이 보편화된 것으로 보인다.

이처럼 중국에서 결가부좌는 좌우 다리와 손이 겹치는 두 가지 방식으로 나누어졌다. 오른발이 위에 놓이느냐 왼발이 위에 놓이느냐에 따라 길상좌와 항마좌라는 새로운 명칭이 만들어지고, 그 결과 7세기 말, 비슷한 시기에 돈황보살 불타파리에 의해 두 좌법의 정통성 논쟁도 일어나게 된 것이다. 『수선요결』에서 그는 항마좌를 비판하고 길상좌를 붓다의 결가부좌로 전하였으며, 길상좌식 반가좌도 설하였다. 이는 불타파리가 당시 서역의 좌법을 따른 것으로 추정된다.

[그림I-29_144쪽]는 석굴사원이 융성하던 시기의 반가부좌 불상인데, 항마좌와 길상좌가 함께 조성되었으며, 실크로드 석굴군에서도 동일한 양상을 보여준다. [그림I-30_144쪽]처럼 경주에서 같은 시기에 제작된 길상좌와 항마좌 불상 또한 이러한 혼돈을 보여준다. 석굴암의 본존불 석가여래불은 북인도 불상양식의 완성인 굽타양식의 불좌상이다. 이 좌불상의 좌법이 오른발이 위에 놓이는 길상좌다. 오른발이 왼다리 위에, 그 다음 왼발이 오른다리 위에 올라가는 항마좌는 [그

림I-30_144쪽]b의 좌법이다. 석굴암과 동일시기에 조성된 이 좌불상의 항마좌는 인도와 서역의 좌불상에서는 발견하기 어렵다.

[그림I-29] 중국의 6, 7세기 반가부좌상

a: 반가불좌상, 북제, 557.
*출처: 河北省河北靈壽幽居寺塔出土 / 佛身藏河北博物院藏
b: 반가불좌상, 북제~隋朝, 550~618.
*출처: The Collection of Robert H. Ellsworth, New York, before 1984.
c: 반가불좌상, 돈황 419호 석굴, 隋, 581~618.
d. 반가불좌상, 唐, 618~909.

[그림I-30] 신라시대 길상좌와 항마좌

a: 길상좌, 경주 석굴암, 8세기 b: 항마좌, 경주 삼릉계곡, 8세기

왼발과 왼손이 모두 위에 놓이는 항마좌 불상은 인도와 서역에서 발견되지 않는다.

동아시아에서 항마좌가 독자적으로 어떻게 비롯되었는지 알 수는 없지만, 이 좌법이 등장한 이래 혼동을 초래한 것은 분명해 보인다. 13세기 이후까지도 좌법에 대한 문제의식이 지속되었음을 문헌을 통해 확인할 수 있다.

신라의 경흥과 당의 규기가 '항복좌降伏坐'라는 명칭을 같은 시기에 공동으로 사용한 점으로 봐서 항마좌라는 명칭 이전에 항복좌가 먼저 사용되었을 것이다. 『신수대장경新脩大藏經』에서 '항복좌'의 용례는 본연부(1회, 『대승본생심지관경』), 경소부(2회), 속경소부(3회), 속율소부·속론소부(1회), 속제종부(2회, 일본찬술부)로 총 9회가 된다. 그중 『대승본생심지관경』[217]은 밀교에 기반을 둔 경전이고, 『대승본생심지관경』을 그대로 인용한 일본찬술부를 제외하면, 나머지는 모두 중국 주석(疏)인데, 하나같이 좌압우左押右(왼쪽으로 오른쪽을 누름)는 항복좌, 우압좌右押左(오른쪽으로 왼쪽을 누름)는 길상좌로 설명한다.

『대승본생심지관경』이 한역되기 100여 년 앞선 시기에, 중인도 마가다국의 날란다사(那爛陀寺)[218]에서 스승인 달마국다를 스승으로부

217) 계빈국(Kashmir) 출신 반야가 790년(唐)에 번역함. '항복좌降伏坐'라는 명칭만 언급됨.

218) 인도 동부, 비하르주의 바르가온에 위치함. 굽타왕조의 왕 쿠마라굽타 1세(415~454)가 오늘날의 대학이라 할 수 있는 날란다사寺를 창건한 이후 역대 왕조에 의해 증축, 확대되었다. 427년에서 1197년까지 Pala제국 하에서 불교 학습 중심지였다. 초기에는 유식학파唯識學派, 다음에는 밀교密敎의 교학을 연마하는 학문의 중심지로 번성하였으나, 12세기 말 이슬람에 의해 파괴되었다.

터 유가 · 삼밀의 비결을 배운 선무외(637∼735)[219]는 『대비로자나성불경소』에서 길상좌를 관정법灌頂法의 좌법이라 언급한다.[220] 그의 한역인 『허공장보살능만제원최승심다라니구문지법』에서도 "보배로운 연화대 위에서 반가하여 앉는데 오른쪽으로 왼쪽을 누른다"[221]라고 길상좌를 설한다. 그의 또 다른 한역 『제불경계섭진실경』에 "먼저 금강처럼 마장을 항복시키는 반가좌(금강항복반가부좌)를 하고 몸을 단정히 하여 바르게 [모든 법의 속성을] 알아차려야 하는데, 오른발로 왼발을 누른다."[222]라고 하여, 밀교의 반가부좌는 오른발로 왼발을 누르는 '금강항복반가부좌金剛降伏半跏趺坐'임을 알 수 있다. 밀교 전통에서 항복반가부좌降伏半跏趺坐는 오른쪽으로 왼쪽을 누르는 길상좌식 좌법이다. 이는 왼발을 위에 두는 중국식 항마좌와 반대다.

219) 선무외(śubhakarasiṃha, 輸波迦羅, 輸婆迦羅)는 동인도 오다국(산스끄리뜨로는 oḍra, 지금의 Orissa 북부)의 왕가에서 출생하여 중인도 마가다국의 날란다사(Nālandā, 那爛陀寺)에서 스승인 달마국다를 스승으로부터 유가(요가) · 삼밀(신밀身密·구밀口密·의밀意密)의 비결을 배움. 뒤에 당 장안으로 와서 밀교 보급과 역경에 종사. 『대일경』 등의 경서를 번역했다. 스승의 명에 따라 중국에 밀교를 포교하기 위해, 중앙아시아에서 천산북로의 소엽성이나 고창 등의 여러 지방에서 『대일경』을 강의하다가 개원4년(716년) 장안에 도착했다. 당시 선무외는 80세 고령이었다. 현종황제는 그를 홍복사로 맞이하며, 뒤에 서명사의 주지로 대우한다. 역서로는『대일경』칠권, 밀교의 율장 『소파호동자경』삼권, 『소수지갈라경』삼권, 『허공장구문지법』일권 등이 있다. 금강지와 함께 인도 중기 밀교를 중국에 전한 대표적 인물이다.

220) "무릇 관정하려고 할 때에는 ―중략― 세 종류의 삼매를 차례대로 이용하여 세 곳에 가지하고 금강살타로써 지분을 가지하여 마쳤으면, 길상좌법에 의거하여 그 가운데에 앉게 하라." (凡欲灌頂時。用辨事真言加持座物。安置蓮花臺上。阿闍梨復為弟子如法護身。先以不動明王用除諸障。次用三種三昧耶加持三處。金剛薩埵加持支分已。令依吉祥坐法而坐其中。『대비로자나성불경소』 권팔)

*관정법: 스승이 여래의 5가지 지혜를 의미하는 5병의 물을 제자의 정수리에 부어주며, 이것은 붓다의 지위를 계승함을 알려주는 의미로 이해되었다. 이는 정수리의 에너지 중심을 여는 의례였을 것이다.

221) 寶蓮華上半加而坐, 以右壓左。

222) 先作金剛降伏半跏趺坐 端身正念 以右足押左足。

중국에 전해진 밀교전통도
중국 선종의 좌법과 반대로 좌법을 전하였다.

그러나 100여 년이 지나서, 혜림(737∼820)[223]은 『일체경음의』(807년)에서 항마좌가 선종의 좌법이 된 것으로 설명한다. 그렇다면 중국 내에서 항마좌가 선종의 좌법으로 결정된 시기는 현장이 활동하고, 밀교가 전래되던 7세기 전후라고 할 수 있다.

선무외의 저술 『무외삼장선요』(8세기 초)[224]에서도 전가全跏와 반가半跏로 좌법을 설명하면서 길상좌식 반가부좌를 설한다.

> 몸을 단정히 하여 바르게 하고 오른[발]로 왼 [대퇴부]를 누르는 반가부좌를 취하는데, 결가부좌를 꼭 할 필요는 없다. 결가부좌는 많은 통증이 오게 되고, 그리하여 만약 마음이 통증에 매이면 선정을 얻기가 어렵다. 만약 결가부좌를 먼저 취했던 자는 가장 묘하다 할 것이다.[225]

초입자에게 길상좌식 반가부좌를 권하고 있으며, 결가부좌를 중시

223) 서역 카슈가르(소륵疎勒)에서 출생. 속성 배裴. 어려서 유교 고전에 정통하고 나중에 불교에 출가하였다. 불공삼장에게 사사하여 인도의 성명聲明(언어·문학·문법)을 배웠고, 중국 고전의 훈고와 음운도 연구하였다.

224) 경 서두에, 경현이 선무외를 만나(716∼723년 사이), 불법에 대하여 대론한 것을 서명사 혜경이 필록하고, 후에 혜경 자신이 혹은 일행에 의해 종합 정리되어 『무외삼장선요』가 이루어졌다고 한다. 그 내용은 「수보살갈마의궤」라 하여 밀교의 수보살계의와 「관지밀요선정법문대승묘지」라 하여 밀교의 좌선법으로 구성되어 있다. 인도 밀교의 수계와 좌선법에 관하여 구체적으로 설하여였는데, 밀교의 계戒와 수행이 밀접하게 관련되어 있음을 알린 것이다. 이것이 북종선의 대가인 경현에게 전해진 것은 인도 밀교의 전승에 있어서 중국 선종사와 관련된 중요한 부분이다.

225) 然端身正住如前半跏坐以右押左不須結全跏。全跏則多痛。若心緣痛境即難得定。若先來全跏坐得者最為妙也。(『무외삼장선요』 No. 0917 in Vol. 18: 942)

하고 있다. 선무외는 결가부좌 불상이 융성한 인도 북부에서 공부하고, 중국으로 들어오기 전 천산북로를 따라 투르판[226] 등 서역에서 불법을 전하였으며, 중국불교 문화가 융성했던 서역의 석굴문화를 경험한 밀교 승려다. 그는 당연히 간다라와 마투라 불상양식을 종합한 굽타왕조의 결가부좌를 붓다의 좌법으로 인식했을 것이다. 그리고 서역에서 인도 북방 좌법전통과 중국식 좌법이 섞여서 길상좌와 항마좌가 혼재된 과도기를 경험했을 것이다. [그림I-29_144쪽]는 그가 보았음직한 반가부좌 불상들이다.

한편, 북인도 비하르주에 위치한 날란다에서 공부한 선무외가 결가結跏와 반가半跏를 동시에 설하는 것은 밀교문헌의 영향일 것이다. 8세기 초부터 다량으로 한역된 밀교 경전에 '半跏'라는 용어가 자주 발견된다. 한역문헌에서 '반가부좌'는 '半跏' 내지 '半加'가 포함된 용어로 언급되는데, 『신수대장경新脩大藏經』에서 '半跏'와 '半加'의 용례를 보면, 초기불교와 대승불교 문헌에서는 발견되지 않으며, 밀교부에 총 92회 등장하며, 나머지는 거의 중국·한국·일본찬술부에 속하며, 그 중 대부분이 선종에 속한 것이다.[227]

---

226) 고창高昌, Turfan, 토로번吐魯番 등으로 불린다.

227) 한역 문헌에 반가부좌는 半跏 내지 半加가 포함된 용어로 언급된다. '半跏' 로 검색하면, 아함부, 본연부, 반약부, 법화부·화엄부, 보적부·열반부, 대집부, 경집부, 석경론부, 비담부, 중관부·유가부, 론집부 등 초기불교와 대승불교 문헌에서는 발견되지 않으며, 밀교부(62회)와 속제종부(82회)를 중심으로 율부(5회), 경소부(1회), 율소부·논소부(2회), 제종부(7회), 속경소부(11회), 속율소부·속론소부 (2회)의 결과를 얻는다. '半加'로 검색하면, 본연부(1회, 『대장엄론경』), 밀교부(30회), 율부(5회), 경소부(3회), 논소부(1회), 제종부(2회), 사휘부(3회), 속논소부(1회), 속제종부(5회), 고일부(1회)의 결과를 얻는다. 『대장엄론경』(*Kalpanā-maṇḍitikā*)은 인도의 논사 마명(Aśvaghoṣa)이 2세기경 지은 것을 5세기 초 구마라집이 한역하였다. 19세기 말 '『대장엄론경』'의 범본 사본(全90장 중 75장)이 발견되었는데, 책의 제목을 '성자 Kumāralāta가 분별 장엄한 비유집성(Dṛṣṭānta-mālā)'이라 하여 마명 저작의 진위여부가 제기되었다. 반가부좌에 해당하는 범어 원문 부분은 소실된 듯하다.

이는 '반가부좌'가 밀교에 이르러서 본격적으로 공식화된 용어이며, 이전 시대의 것, 다시 말하면 부파불교 이전의 좌법이 아니라는 반증이다. 그리고 밀교 문헌에 이르러서 좌우 다리의 순서에 대한 설명이 추가되었다는 것은 부파불교 이전의 좌법이 단일할 정도로 혼동이 없었던 것에 비해 후대로 갈수록 좌법이 다변화된 것에 그 이유가 있을 것이다.

그럼에도 불구하고 북방불교에서 여전히 교족좌와 합족좌가 나타나지 않는 것은 밀교시대에도 이 좌법이 인도불교에서 잊혀진 상태였다는 것을 의미한다.

밀교시대에 결가부좌(길상좌)는
연화좌라는 이름으로 다시 중국에 알려지고,
다양한 좌법과 수인도 전해졌으나
남종은 이를 받아들이지 않았다.

8세기 한역불전에서는 결가부좌를 '연화좌'라고 번역하였다. 신라의 밀교승, 불가사의(8세기 후반)가 찬술한 『대비로자나경공양차제법소』와 불공(705~771, 당)이 한역한 『금강공포집회방광궤의관자재보살삼세최승심명왕경』에서 두 명칭은 동일한 좌법이다.[228] 『대비로자

---

228) 밀교는 당 현종 개원 년간(712~741)에 인도로부터 들어왔다. 그 대표적인 경전이 『대일경』(대비로자나성불신변가지경)과 『금강정경』(금강정일체여래진실섭대승현증대교왕경)이다. 『대일경』은 7세기 중엽 서부 인도에서 성립되었다고 하는데 산스끄리뜨 원전은 존재하지 않으며 선무외善無畏(637~735)의 한역과 9세기 초엽에 인도의 승려 시렌드라 보디와 티베트의 번역관 페르체크의 공역에 의한 티베트어 역본이 있다. 『금강정경』이 『대일경』보다 약간 늦은 670~690년경 인도 동남부에서 성립된 것으로 추정되고 있다. 『대일경』과 『금강정경』을 기준으로 하여 인도의 비의를 구분하면, 6세기 이전의 비의를 초기 비의, 두 근본경전을 중심으로 한 7세기에서 8세기 전반까지를 중기 비의, 8세기 후반 이후를 후기 비의라고 구분하고 있다. 이 두 문

나경공양차제법소』에는 다수의 좌법이 등장하며, "결가좌란 대개 성스러운 사찰의 삼장화상 곁에서 대면하여 [직접] 전수받는 것인바, 왼발을 먼저 오른쪽 대퇴부에 놓고 오른발을 왼쪽 대퇴부에 놓는데, 이름하여 연화좌라고 한다. 한쪽 발을 왼쪽 대퇴부 위에 붙이면, 이름하여 길상좌라고 한다. 이런 좌법과 다른 것은 성스런 좌법이 아니다. 만약 보리(깨달음)를 구한다면 붓다의 좌법을 배움에 얻는 바가 있다."[229]라고 하고 또 "연화좌대에 머문다는 것은 결가하여 앉는 이것인데, 소위 먼저 왼쪽 다리를 오른쪽 대퇴부 위에 두고 이어서 오른다리를 왼쪽 대퇴부 위에 두는 것이다. 길상좌란 오른다리를 왼쪽 대퇴부 위에 두는 것으로서 달리 반가좌라고 하노라."[230]라고 하여 연화좌와 길상좌를 결가부좌와 동일시하고 우상위右上位의 반가부좌를 길상좌라 하였다.

『금강공포집회방광궤의관자재보살삼세최승심명왕경』에서는 '무릎을 세워서 좌우다리를 교차한다'[231]라고 하여 교각좌를 연상시키는 좌법으로 길상좌를 설하고, "연화좌를 맺고서(즉 결가하고) 선禪(왼손)을 위로 펴서 [다리에] 더하여 올리라, 지智(오른손) 역시 선(왼손)에 올리면 이것이 선바라밀인이다."[232]라고 연화좌와 결가부좌를

헌에 좌법에 대한 구체적인 설명은 없다.

229) 跏趺坐者。凡坐法聖善之寺三藏和上邊面受。左足先著右髀上。右足次著左髀上。名為蓮華坐。單足著左髀上。名為吉祥坐也。別此坐者, 非聖坐也。若欲求菩提, 學佛坐為得。*聖善: 석가여래가 도솔천에 계실 때 이름

230) 住蓮華座者。結跏坐是。所謂先左脚著右髀上。後右脚著左髀上也。吉祥坐者。右脚著左髀上。亦言半跏坐是也。

231) "길상좌 하고 (스승이 양 무릎을 세워서 오른다리와 왼다리를 서로 교차하여 결합한다고 전하였다) 동쪽이나 북쪽을 향한다." (吉祥坐(師云 竪兩膝以右脚加左脚交之) 面東或北。)

232) 結蓮華坐已(結跏也)禪仰舒加上。智亦爾加禪是禪波羅蜜印眞言曰

동일한 의미로 설하며, 길상수인을 전한다. 『금강정유가호마의궤』에서도 “길상좌는 양다리를 세워서 오른쪽으로 왼쪽을 누른다.”[233]라고 하여 교각상을 떠올리는 좌법으로 길상좌를 한다. 『금강정유가중략출념송경』에는 다수의 좌법이 등장하며, 교각좌와 같은 좌법으로 결가부좌를 설한다. 『금강정경대유가비밀심지법문의결』에는 몇몇 좌법과 더불어 結跏趺坐와 다양한 수인이 소개되고 있다. 『금강정경일자정륜왕유가일체시처념송성불의궤』에서도 “즉 결가부좌는 전가, 반가 혹 윤가輪跏[234]가 있는데, 모두 오른쪽으로 왼쪽을 누르고 몸을 단정하게 하고 관절을 정돈한다. 왼손은 겹쳐진 다리 위에 위로 향하게 놓고 오른손을 왼손 위에 위로 향하게 하여 놓는다.”[235]라고 하여 길상좌식 결가부좌와 반가부좌를 설한다. 선무외 한역의 『제불경계섭진실경』에 반가부좌는 오른발로 왼발을 누르는 ‘金剛降伏半跏趺坐’(금강과 같이 마장을 항복시키는 반가부좌)이며 이는 중국식 항마좌와 반대로 ‘우압좌右壓左’의 좌법이다. 선무외의 저술 『무외삼장선요』(8세기 초)에서도 全跏와 半跏를 설명하면서 오른쪽이 위에 있는 길상좌식 반가부좌를 설한다.[236]

이처럼 8세기 초 중국에 도입된 밀교는 좌법의 다변화된 양상을 반영하고 있으면서도, 결가부좌와 반가부좌는 길상좌식으로 전하고

233) 吉祥坐。兩脚交豎膝右押左。

234) 전륜선왕의 자세를 일컫는 것으로 윤가輪跏 또는 윤왕가輪王跏라고도 부른다. [그림I-12_72쪽]g처럼 편안한 자세로 앉아 왼손은 몸 뒤로 땅에 대고, 오른팔은 뻗어 오른쪽 무릎 위에 자연스럽게 올려두었다. 윤왕좌의 관음보살은 중국 송대와 원대에 크게 유행하였다.

235) 即結跏趺坐 全半或輪跏 皆以右押左 端身定支節 左手仰跏上 仰右手安左. *윤가輪跏는 밀교 좌법 용어.

236) 선무외의 예는 앞의 1절에서 밀교의 길상좌식 좌법 내용 교차하는 내용이다.

있다. 이 결가부좌를 '연화좌'라는 이름으로 전하였는데, 이는 '연화좌'라는 명칭이 밀교의 부흥과 밀접하다는 것을 의미한다.[237]

밀교의 도입시기와 비슷한 8세기 전후 남종과 북종[238]이 상반된 의견으로 대립하고 결국 남종이 승리하는데, 이는 좌법 변천사에 있어서 역사적인 의미를 지닌다. 중국에서 선종의 좌법사에 있어서 종파 간 영향관계는 북종과 밀교의 친화력에 비해서 남종과 밀교의 배타적 관계로 나타났던 것이다.[239]

당시 북종선은 새로 유입된 밀교와 적극적인 융합을 이루고 있었던 것으로 보인다.[240] 북종선은 교학적인 선정을 닦는 점오를 내세웠

---

237) 하타요가 이전의 요가에서 결가부좌는 길상좌였으나 하타요가에서 결가부좌는 항마좌로 실천되었다. '[그림Ⅲ-2_256쪽] 항마좌를 취하고 있는 근현대 요가수행자들'을 참조할 것

238) 상대의 견해에 잘못이 있음을 논파하는데 주력했던 남·북종의 관계성을 일반적으로 '남돈북점' 또는 '남능(혜능)북수(신수)'라고 부른다. 북종이라는 명칭은 현종 개원 20년(732)에 조계혜능(638∼713)의 법을 이어받은 신회(670∼762)가 선종의 종론을 문제 삼으면서부터이다. 달마선종의 정통을 이어받은 사람은 혜능이며, 북종은 그 방계에 불과하다고 비난한 뒤로부터 불리게 되었다. 이는 마치 대승불교가 전통불교를 '소승'이라고 깎아내린 것처럼, 가치비판적인 의미를 함축하고 있다. 따라서 이른바 북종의 사람들이 스스로 북종이라고 자칭한 사실은 없다. 종론문제로 신회의 공격이 시작될 때까지, 아니 그 후에도 오랫동안 북종의 사람들은 스스로 달마의 정통을 이어받고 있다고 자처했으며, 달마계 선종의 전통은 사실상이 파의 사람들에 의해서 확립되었던 것이다. 따라서 북종이라는 명칭은 적당하지 않지만, 오늘날에는 자주 양자 강 중류에 있는 기주 쌍봉산을 나와 북쪽지방, 특히 장안과 낙양 방면에서 활동한 사람들을 임시로 북종이라고 불러왔던 것이다.(김현남, 2003) 남종선의 혜능(638∼713)과 북종선의 신수(606∼706)가 오경(깨달음의 경지)을 다투고 그 결과 오조홍인(601∼674)이 혜능에게 정법을 전수하고 인가하였다는 내용이 『육조단경』(790)을 비롯하여 『조당집』(952) 『경덕전등록』(1004) 등에 남겨졌다. 이 기록은 남종의 입장에서 기록되었기 때문에 신뢰할 수 없다는 견해도 다수다.

239) 밀교가 북종에 전승된 관계에 대해서는 김현남(2003)을 참조.

240) 김현남(2003: 211∼221)은 "선무외와 경현敬賢(660∼723)과의 관계뿐만 아니라, 신수 계통의 북종선이 경현과 일행 등에 의해서 밀교와의 교류가 시작되어 폭넓게 전개된 사실을 엿볼 수 있다고 하였다. 다시 말해 북종선이 일행의 시대에 이르러 밀교와의 융화가 적극적으로 전개되었다고 볼 수 있으며, 특히 보적(651∼739)의 제자인 일행은 선승이라기보다는 오히려 밀교의 전수자로 볼 수 있다."고 기술하고 있다. 그리고 그는 『능가사자기』에 신수를 이은 법통으로 보적, 경현, 의복(658∼736), 혜복 등 4인을 들고 있는데, 밀교와 북종선 사이의 밀접한 관련에 대해서 선무외와

지만, 남종선은 돈오 특유의 독자성을 발전시켰다고 볼 수 있다. 이는 남종선과 북종선의 구별되는 흐름이라고 할 수 있는데, 항마좌가 선종 내 규범으로 정해진 것도 남·북종의 분열과 관련이 있을 것으로 추정된다. 왜냐하면 길상좌(연화좌)를 좌법으로 삼는 밀교를 받아들인 북종과 달리 남종은 항마좌를 좌선의 기본으로 정했기 때문이다.

남종선은 항마좌를 기본좌법으로 정하였다.

이렇게 격변하는 불교전통 속에서 선종은 항마좌식 좌법을 공식적인 좌선작법으로 확립시켜 나간다. 밀교 문헌이 북인도 전래의 길상좌를 연화좌라는 이름으로 좌선을 가르쳤던 것과 달리, 남종은 항마좌를 공식적인 좌선의 작법으로 인정한 것이다. 남종선의 마조도일[241]에게 배워 깨달음을 얻고 선풍을 중흥시킨 백장회해(749∽814)

경현, 금강지와 의복, 보적과 일행, 일행과 선무외의 관계를 조명하고 있다.

*일행一行(683∽727): 21세에 형주의 홍경선사를 따라 출가했다. 그 후 숭산 보적선사에게서 禪을 익혔다. 일행이 6년 동안 사사한 보적(651∽739)은 북종선을 대표하는 인물이다. 일행은 725년에 선무외와 더불어 공동으로 『대일경』을 번역했을 만큼 당唐나라 때 밀종의 고승이다. 그후 천태산에 올라가 불교 경전과 천문을 익히며 여러 인도 불교 경전을 번역하고 천태종이라는 불교 문파를 열었다. 개원 7년(719)에 중국밀교 초조로 여겨지는 고승 금강지가 경성에 들어오자 그를 따라 제자의 예를 취하고, 더불어 『금강경』의 要訣을 배웠다. 저서로는 『대일경소』(=대비로자나성불경소), 천문학 문헌인 『대연력』이 있다.

*금강지金剛智(Vajrabodhi, 671∽741): 중인도 출신으로 선무외와 함께 날란다사(Nālandā, 那爛陀寺)를 중심으로 율·중관·유식불교를 배우고, 남인도의 용지 문하에서 7년 동안 주로 『금강정경』계통의 밀교를 연구했다. 바닷길로 인도네시아 수마트라를 경유하여 개원 7년(719)에 남해를 지나 광저우(광주)에 이르렀고, 다음해 낙양, 장안에 이르렀다. 선무외보다 4년 늦게 개원8(720)년에 당나라 도착하였다. 현종황제의 환대를 받으며, 대당제국의 국사가 되었다. 금강지는 약 20년 동안 장안과 낙양사이를 왕래하며 밀교경전을 한역하는 일 외에도 각 사찰에 관정도량을 세우기도 하고, 칙명에 의해 기우제나 공주의 치병 등 밀교 보급에 힘썼다. 제자에 불공, 혜초, 원조 등이 있다.

241) 馬祖道一(709~788)은 709년 사천성의 막주에서 태어났으며, 19세 때 출가하여 제6조 혜능의 제자인 남악회양의 법맥을 이었다. 백장(百丈)·대매(大梅)·남천(南泉)

의 『백장청규』[242]에 "결가부좌 혹 반가좌는 왼 손바닥을 오른 손바닥 위에 두고 양 엄지손가락을 마주하면서 몸을 바르게 단정히 앉는 것이다."[243]라고 하여 항마좌식 수인을 제시하였다.

혜림은 『일체경음의』(807)에서 '연화'라는 단어를 70여회 사용하고 있으나, 밀교 경전에서 인정한 '연화좌'라는 이름은 언급하지 않았다. 항마좌라는 명칭이 최초로 기록된 한문 문헌인 『일체경음의』에서 "대개 앉는 것은 모두 먼저 오른발로 왼쪽 대퇴부를 누르고 '왼발로 오른쪽 대퇴부를 누르는 것'이 '좌압우左押右'(왼쪽으로 오른쪽을 누른다)인데, 손도 역시 왼쪽을 오른쪽 위에 두는 것으로, 항마좌라고 한다. 모든 선종의 대다수가 이 좌법을 전한다."[244]라고 하여 당시에 대부분의 선종 전통에서 항마좌식 결가부좌를 한다고 말하고 있다. 그러나 이어서 "여래가 정각을 이룰 때, 몸은 길상좌로 안정되었다."[245]고 하여 깨달음의 좌법은 길상좌이며, "항마좌는 때에 따라 사용되는 것(降魔坐有時而用)"이라고 하였다. 이는 간혹 항마좌와 길상좌를 수행 단계상의 문제로 추정하는 단서로 여겨지기도 한다. 그는 당시 항마좌가 선종의 공식적인 좌법임을 명시하면서도(曰降魔坐。

등의 제자가 있으며, '평상심시도平常心是道'를 주창하여 일상생활 속에서 선을 실천하는 새로운 선종이 이 무렵부터 시작되었다.

242) 정식명칭은 『칙수백장청규』이다. 백장회해가 선종 사원의 규범을 성문화한 것을 『고청규』라고 하였는데, 선종이 독립된 사원·제도·의식 등을 아직 갖지 않았을 때 법당·승당·방장 등의 제도를 설정하고, 중승에게 東序·寮元·堂主·化主 등의 각 직책을 규정해 놓았다. 그러나 이것이 당·송 시대에 이리저리 흩어져서 없어졌으므로, 1335년 元나라의 백장덕휘가 순제의 칙명을 좇아 수정, 전국 선원에서 시행시켰는데, 바로 이것이 『칙수백장청규』이다.

243) 結跏趺坐。或半跏趺。以左掌安右掌上。兩大拇指相拄。正身端坐。

244) 凡坐皆先以右趾押左股，後以左趾押右股，此即左押右，手亦左在上，名曰降魔坐，諸禪宗多傳此坐。

245) 如來成正覺時身安吉祥之坐

諸禪宗多傳此坐) 깨달음을 성취할 때 좌법은 길상좌이며, 보리수 아래에서 붓다가 성도한 좌법이 길상좌라고 하고,(如來昔在菩提樹下, 成正覺時, 身安吉祥之坐) 그것이 항마좌보다 뛰어나다는 점을 명시하였다.(吉祥為上。降魔坐有時而用)[246] 그런데 이는 길상좌가 선대이고 항마좌가 후대에 속한다는 시대적 구분이 가능하며, 항마좌보다 길상좌를 더욱 뛰어난 좌법임을 분명히 하는 것이다.

항마좌가 먼저 수행된 다음 길상좌를 수승한 경지에서 수행한다는 수행차제 상의 구분 가능성에 대해서 살펴보면, 길상좌와 항마좌의 차제적인 측면을 인정한다고 하더라도 그간의 좌선수련 문헌들에 이 두 가지 좌법을 모두 언급한 경우가 없다는 점을 감안하면 혜림의 주장은 납득되지 않는 것이다. 차제에 따른 좌법을 인정한다면, 항마좌만 언급한 문헌들은 하급 수련자를 위한 안내만 하고 있을 뿐 선정을 목표로 하는 상급 수행자에게 합당한 좌법을 제시하지 않았다는 비판을 면할 수 없다. 중국 선종문헌은 길상좌보다 항마좌가 뛰어나다는 수행상의 실효성이나 근거를 제시하지 않았기 때문에, 길상좌 대신 항마좌를 선택한 선종의 입장이 지금까지 베일에 가려져 있다.

---

246) "길상좌가 뛰어나고 항마좌는 그 다음이다. 그 길상좌라는 것은 먼저 왼발을 오른쪽 위에 얹고 또 오른발을 왼쪽 위에 얹은 다음, 두 발바닥이 양 쪽 [다리] 위에서 하늘을 보게 하는 것이다. 두 손은 전에 했던 기준으로 손가락을 펴서 손바닥이 위로 향하게 하여 오른손으로 왼손을 누르면 길상좌이다. 이것이 일체 좌법 중에 최고로 뛰어난 것이다. 여래께서 성도를 이루실 때, 몸은 길상좌를 하시고 왼손으로 땅을 가리켜서 악마를 항복시키는 수인을 하셨다. 만일 수행하는 사람이 항상 이 좌법을 수행한다면 백복으로 장엄한 상相을 다 갖추고 능히 모든 삼매와 상응할 것이므로 최고로 뛰어난 것이라고 한다." (即以吉祥坐為上。降魔為次。其吉祥坐者。先以左足趺加右[骨*坒]上。又以右足趺加左[骨*坒]上。亦令二足掌仰於二[骨*坒]之上。二手准前展指仰掌。以右押左此名吉祥坐。於一切坐法之中此最為上。如來成正覺時身安吉祥之坐。左手指地作降魔之印。若修行人能常習此坐具足百福莊嚴之相。能與一切三昧相應名為最勝也。『일체경음의』 권제이십육)

이와 같이 합리적 근거의 결함에도 불구하고, 항마좌는 동북아 선종 전통에서 좌선의 기준으로 확립되어갔다. 자선子璿(?-1038)의 『기신론소필삭기』[247]에서 "한쪽 다리를 누르면 반가인데, 그중 오른쪽으로 왼쪽을 누르면 항마좌가 되고, 왼쪽으로 오른쪽을 누르면 길상좌가 된다."[248]라고 하여 항마좌와 길상좌가 서로 바뀌어 설명되고 있다. 밀교의 명칭인 '연화좌'나 다른 좌법은 언급되지 않는다.

선원의 규범인 장로종색(12세기)의 『선원청규』〈좌선의〉[249]에서도 연화좌는 언급되지 않으며 항마좌만을 설한다.

> 좌선하려 할 때는 고요한 곳에서 두꺼운 좌구를 깔고, 허리띠를 느슨하게 매고, 차림새를 단정히 한 후에 결가부좌를 한다. 먼저 오른발을 왼쪽 위에 두고 왼발은 오른쪽 위에 놓는다. 혹은 반가부좌하는 것도 좋으나 다만 왼발로 오른발을 누른다. 다음 오른쪽 손을 왼발 위에 놓고 왼 손바닥을 오른 손바닥 위에 두고 두 엄지손가락 끝을 서로 맞대고 천천히 몸을 일으켜 앞과, 뒤, 좌우로 여러 번 오며가며 움직여 몸을 바르게 해서 단정히 앉는다.[250] *밑줄은 저자.

이와 같이, 좌선 작법에 있어서 중국 선종 문헌의 독자성을 발견

247) 송나라의 자선이 종밀의 주소를 풀이한 것.

248) 押一脚為半加。於中以右押左為降魔坐。以左押右為吉祥坐

249) 숭녕 2년(1103)에 백장회해(749~814)의 청규를 토대로 하여 엮은 것. 〈좌선의〉는 1103년에 최초로 편성된 『禪苑淸規』에는 보이지 않고, 고려본 『선원청규』에도 빠져 있다. 가태嘉泰 2년(1202)에 편성한 『선원청규』에 수록되기 시작하여, 지원년간至元年間(1335~1340)에 성립된 『칙수백장청규』에 계승되었다.

250) 欲坐禪時 於閑靜處 厚敷坐物 寬繫衣帶 令威儀齊整 然後 結跏趺坐 先以右足安左上 左足安右上 或半結跏坐亦可 但以左足 壓右足而已 次以右手安左足上 左掌安右掌上 以兩手大拇指面相徐徐擧身 前後左右 反覆搖振乃正身端坐.

하게 된다. 선종은 항마좌가 좌선작법의 기준으로 확립되는 시기에 중국에 전래된 밀교의 좌법 수행체계를 받아들이지 않았다. 좌법의 명칭과 기준에 있어서 중국식 수행체계에 인도밀교는 영향을 미치지 못했던 것이다.[251]

[그림I-31] 항마좌를 취한 중국의 결가부좌상

a: 정관13년명 불좌상, 639년(당), 출토지 미상, 일본 경도 등전유린관 소장
b: 석불좌상, 8세기 전반(당), 중국산서성 천룡산석굴에서옮겨 옴. 하버드대학 포그박물관.

일본 조동종의 시조 도원(1200~1253, 일본)의 『보근좌선의』도 중국 선종의 입장을 그대로 받아들인다. "결가부좌는 먼저 오른발을 왼쪽 대퇴부 위에 두고 왼발을 오른쪽 대퇴부 위에 두는 것이며, 반가부좌는 항시 왼발로 오른쪽을 누르는 것이다."[252]라고 하여 『선원

251) 일본에서도 천태종과 진언종의 좌법은 왼쪽 위에 오른쪽을 두는 길상좌식이지만, 선종의 좌법은 오른쪽 위에 왼쪽을 두는 항마좌식이다.
252) 結跏趺坐, 先以右足安左腿上, 左足安右腿上。半跏趺坐, 但以左足壓右矣。

청규』를 거의 그대로 인용하듯이 항마좌를 설하고 있다. 이는 왼다리가 동적인 오른다리를 위에서 눌러 제압한다는 방식에 방점을 둔 표현이다. 종색선사가 『좌선의』에서 밝히고 있는 것처럼, 그는 천태지의의 『천태소지관』과 종밀의 『수증의』에 많이 의존하고 있다. 『좌선의』는 "왼 손바닥을 오른 손바닥 위에 두고"라고 하고, 『보근좌선의』도 "오른손은 왼발 위에 얹은 다음 왼손은 오른 손바닥에 포개 얹는다."고 하여, 인도 전통 길상좌식 결가부좌에서 취하는 선정인과 반대로 항마좌식 수인을 따른다.

> 좌법은 결가부좌 또는 반가부좌를 취한다. 상세히 말하면 결가부좌는 우선 오른발을 왼쪽 허벅다리 위에 놓고, 왼발을 오른쪽 허벅다리 위에 놓는다. 반가부좌는 오직 왼발로 오른쪽 대퇴부를 누르는 것처럼 포갠다. 옷이나 허리띠는 느슨하게 하되 단정히 한다. 오른손은 왼발 위에 얹은 다음 왼손은 오른 손바닥에 포개 얹는다. 양 손의 엄지손가락은 서로 마주 닿게 세운다. 몸을 바르게 하고 단정하게 하고 왼쪽으로 쏠리거나 오른쪽으로 기울지 않고 앞으로 굽거나 뒤로 젖혀지지 않게 한다. 귀는 어깨와 나란히 하고 코는 배꼽과 수직이 되게 한다. 혀는 입천장을 받치고 입술과 이빨은 자연스럽게 붙인다. 눈은 가늘게 열라. 코는 조금 통하되 숨 쉬지 말라. 몸이 정리 되었거든 한 호흡 멈추고 몸을 좌우로 움직이고 조용히 좌정하라.[253] *밑줄은 저자.

253) 或結跏趺坐、或半跏趺坐。謂、結跏趺坐、先以右足安左腿上、左足安右腿上。半跏趺坐、但以左足壓右矣。寬繫衣帶、可令齊整。次右手安左足上、左掌安右掌上。兩大拇指、面相拄矣。乃正身端坐、不得左側右傾、前躬後仰。要令耳與肩對、鼻與臍對。舌掛上腭、唇齒相著。目須常開。鼻息微通。身相既調、欠氣一息、左右搖振。兀兀坐定、思量箇不思量底。

일본에서 다음 세대인 형산소근의 『좌선용심기』254) 또한 항마좌식 다리모양에 대해 설명하고 있다. 다만 수인은 좌우 어느 손이나 위에 둘 수 있다고 언급했다.255) 이로써 중국 남종선의 영향 아래 동아시아 좌법은 항마좌로 규정되어 지금에 이르고 있다.

[그림I-32] 항마좌를 취한 중국과 일본의 불상과 불화

a: 七尊像 중 본존불, 敦煌 莫高窟 45窟, 712~762년.
b: 호류지(法隆寺) 금당벽화의 본존불, 일본, 7세기경.

[그림I-31_157쪽]처럼 7세기 이후의 좌법은 항마좌식 불상이 늘어나는 불교 미술의 경향으로 나타난다. 당나라 시대 조성된 돈황 막고굴의 칠존상(그림I-32_159쪽, a)을 통해서도 당시 항마좌식으로 불상이 조

254) 형산소근瑩山紹瑾(1268~1325)의 저작. 좌선 초심자들의 입문서로, 좌선을 할 때 준수사항을 세부적으로 설하였다. 도원道元의 『보권좌선의』의 영향을 받았다.

255) "결가법이란 먼저 오른발을 왼쪽 대퇴부 위에 두고 이어서 왼발을 외쪽 대퇴부에 위에 두는 것이다. 이내 의복을 가지런히 한 다음, 오른손을 오른다리 위에 두고 왼손을 오른손 위에 두는 것이다." (結跏法者。先以右足置左髀上。以左足置右髀上。而寬系衣物(內衣帶紐)可令齊整。次以右手安左足上。以左手安右手上。)

성된 것을 확인할 수 있다. 고구려 담징이 610년경에 그린 것으로 추정되는 일본 호류사 금당벽화 중 '아미타정토도'의 본존 아미타여래(그림I-32_159쪽, b)도 항마좌를 취하고 있다.

이러한 항마좌는 인도에는 없고 중국에서도 남북조(420~589) 후기부터 생겨 당唐 초기에 일반화된 것으로[256] 일본에서는 하쿠호(白鳳) 시대(645~709)부터 행해진 것이다.[257] 적어도 7세기에 항마좌가 동아시아에서 선종의 공식적인 좌법이었음을 확증할 수 있다.

[그림I-33] 발등이 펴진 완만한 결가부좌

a: 초전법륜, Sarnath, Sarnath Museum, © Robert Skelton, 5세기 후반
b: 說法圖, 莫高窟 288窟 남쪽 벽화, 西魏(535~556)
c: Ratnasambhava, Central Tibet, Kadampa Monastery, LACMA, 1150-1225.

한편, 좌선 수행자의 좌법과 달리 불상은 길상좌로 조성되는 전통

256) "이 좌법에는 두 종류가 있다. 좌의 부(趺)로 우의 퇴(腿)를 밀고 이어 우의 부로 좌의 퇴를 미는 것을 길상좌(左押右), 그 반대로 우선 우의 부로 좌의 퇴를 미는 것을 항마좌(右押左)라 한다. 인도의 불상은 최초기의 것부터 모두 길상좌이며 이것이 본래의 결가부좌의 좌법이었던 것 같으며, 동남아시아나 중국 남북조시대(420~589)의 불상도 대체로 이 좌법을 취한다. 그런데 당나라 초(오래된 예로는 북제北齊(550~577)까지 소급된다)부터 항마좌의 불상이 길상좌와 같이 행해지게 되어, 선종에서 이 좌법을 취하게 되었다고 한다." (『미술대사전(용어편)』 1998)

257) 안휘준(2007: 262)

도 여전히 유지되고 있다. 수행좌법과 불상좌법이 이원적으로 유지되어온 것이다. 동시에 불좌상의 변천도 발견되는데, 발등이 대퇴부가 아니라, 좌우 발이 발목부위에서 겹치고 종아리 위에 발등이 완만하게 올려진 좌법(그림I-33_160쪽, a)이 굽타시대에 들어서면서 표현되기 시작한다. 이처럼 [그림I-33]의 '완만한 결가부좌'가 돈황 막고굴(4세기), 병령사 석굴(5세기)과 용문석굴(북위386∼당907), 운강석굴(460∼494)에서 쉽게 발견된다. 12세기 티벳 불좌상([그림I-33]c)도 종아리 위에서 발등이 펴진 도상으로 표현된다. 이는 좌우 발등을 펴는데 주안을 둔 좌법이다.

중국, 한국, 일본의 좌법은 선종의 항마좌로 통일되었다.

이상, 중국에 결가부좌가 전해진 이래 좌법의 혼동 양상을 일본의 량충(1199∼1287)[258]이 『관경소전통기』의 〈관경정선의전통기〉 일권에서 간결하게 정리하고 있으므로 해당 전문을 소개한다.

가부좌를 하고 바르게 앉는 것은, 『지관보행전홍결』二(담연, 711~782, 당)에 이르기를, "결가라는 것은 먼저 왼쪽을 하고 나중에 오른쪽을 하되(先左後右) 양쪽 대퇴부에 가지런히 맞추는 것이라 하였다. 『대지도론』에서 묻기를, 많은 좌법이 있는데 어떤 연유에서 오직 결가부좌만을 해야 합니까? 하

258) 출가 후 천태학, 구사학, 법상, 율, 선을 배웠다. 고향 석견삼우장으로 돌아와 염불을 수련했다. 정토종 2조 변장을 만나 제자가 되어 인가를 받고 일본 정토종 제3조가 되었다. 저작으로 『정토대의초』, 『선택전홍결의초』, 『삼심사기』그리고 『관경소전통기』와 함께 정통종학의 기본이 되는 『결답수수인의문초』가 있다.

니, 이에 답하길, 가장 편안하여 손과 발을 거두어 지니면 마음도 역시 흐트러지지 않으며, 마왕이 이를 보면 그 마음이 두려워하게 된다고 하였다. 고로, 게송에 도를 얻고 한없이 참회하는 이는 용이 도사린 듯 평안하게 앉아 있다. 가부좌한 그림을 보면 마왕도 겁을 내고 두려워하나니, 세속의 좌법과 같지 않으며 외도의 '발돋움 하여 서는 것'(翹立)과도 다르다. 『자서字書』에 이르기를, 加趺라는 것은 위대한 좌법이니, 고로 이들 좌법은 깨닫지 못하는 좌법임을 알라. 오직 대좌(가부좌)만을 전하니, 지금 붓다의 좌법는 결結하는 것으로서 상대함(相)은 두 발등을 [대퇴부에] 상호 더하는 것(相加)인 고로 '결가'라고 전한다."라고 하였다.

오른다리가 왼 대퇴부 위에 놓이는 것에 대한 의문: 『관념아미타불상해삼매공덕법문』(선도 613~681)에 "왼쪽 다리가 오른 대퇴부 위에 놓이는 것"으로 전하였다. 어찌 하여 지금은 달라진 것인가? 수인도 역시 마찬가지다.

먼저, 좌법: 경흥이 『무량수경소』[259]上에 이르기를, "결가부란 즉 복마좌伏魔坐인데, 坐에는 두 가지가 있다. 하나는 항복좌로서 왼쪽으로 오른쪽을 눌러 앉는 것이고, 다른 하나는 길상좌로서 오른쪽으로 왼쪽을 눌러 앉는 것인 바, 내가 지금 비록 마군의 항복을 받으려 하나, [나는] 성불을 마음에 두고 있는 고로 길상좌를 한다. '加'자는 '重(겹침)'이라, 즉 다리를 교차하여 앉는 것이다. 가跏를 한다는 것이 어떻게 따라하는 것인지를 알지 못한다."고 하였다.

다음, 수인: 좌우상하에 따라 각기 그 이치가 있으니, 오른쪽은 혜慧, 왼쪽은 정定에 해당된다. 정과 혜는 상응하는 것

259) 『대정신수대장경』에 책 이름이 수록되어 있으나, 현재 전하여지지 않는다.

이니, [이 둘에] 지고이기는 것(옳고 그름)이 없다. 고로 먼저 혜를 닦을 시 오른손을 왼손 위에 두고, 만약 定을 닦을 시에는 왼손을 오른손 위에 둔다. 혜가 없이 정을 이룰 수 없으며 定이 없이 혜가 이루어지지 않는다. 한 쪽 바퀴로 어찌 [마차가] 달리 수 있으며, 외 날개로 어찌 비상할 수 있겠는가. 고로 『석마하연론』[260]에 이르기를, "[좌법의 열 가지 규칙 중] 네 번째 손을 겹치는 것은 양손이 서로 대응하니, 오른손이 아래가 되고 왼손이 위가 되고, 왼손이 아래가 되면 오른손이 위가 된다. 하루씩 위치 바꾸는 일을 잊지 않는다."고 하였다.[261] *밑줄은 저자.

이글은 『대지도론』을 인용하여 이상적인 좌법으로서 결가부좌에

260) 『대승기신론』을 체계적으로 자세히 설명한 문헌이다. 용수(2세기 전후)가 저술하고 벌제마다筏提摩多가 한역했다고 전해진다. 그러나 이 문헌은 실제로는 7~8세기 전반 중국 불교 권에서 화엄교학을 배경으로 성립한 것으로 볼 수 있는데, 아직 『대승기신론』의 원전에 대한 인도 성립설과 중국 성립설 등과 더불어 결론은 나와 있지 않다.(ja.wikipedia) 안연의 『진언교시문답』 〈실담장〉, 증진의 『법화현의사기』 등에는 신라 때 대공산의 사문인 월충이 찬술하였다는 기록이 있다. 이 문헌에서 좌법의 열 가지 규칙 중 첫 번째는 좌우 무릎 끝에 엄지발가락을 위치하는 것(兩膝末中其兩母指)인데, 이는 반가부좌를 지시하는 것이므로 용수가 저술했다고 볼 수 없는 명백한 단서가 된다.

261) 跏趺正坐等者。弘決二云。結加者。先左後右。與兩髀齊。大論第九。問云。有多坐法。何故但令加趺坐耶。答。最安穩故。攝持手足。心不散故。魔王怖故。故偈云。得道慚愧人。安坐若龍蟠。見畫加趺坐。魔王亦驚怖。不同俗坐。及異外道翹立等也。字書云。加趺者。大坐也。故知此方未曉坐法。但云大坐。今佛法坐其相如結。二趺相加故云結加（已上）。
右腳著左髀上等者。問。觀念門云。左足安右髀上等。何與今違。手印亦爾。答。先坐法者。璟興大經疏上云。結加趺者。即伏魔之坐。坐有二相。一降伏坐。以左押右。二吉祥坐。以右押左。我今雖伏魔。意想成佛。故作吉祥坐。加者重也。即交重足而坐。有為跏者不知所從（已上）。
次手印者。左右上下各有其理。右是掌慧。左是掌定。定慧相應。無復勝負。故先慧時。右安左上。若先定時。左安右上。無慧則定不可成。無定則慧不可立。片輪何馳。隻翼豈翔。故釋摩訶衍論八云。四者手累事。兩手相對。右手為下。左手為上。左手為下。右手為上。經一日已。互相變易。不忘失故（已上）。

대한 믿음을 전달하면서, 동시에, 경흥이 보여준 두 가지 결가부좌 방식에 대한 혼동을 제시함으로써, 13세기 이후까지 좌법에 대한 의문이 이어지고 있었음을 짐작할 수 있게 한다. 량충이 선종에서 규정한 항마좌를 언급하지 않고 경흥의 고민을 대신 인용하였다는 것은 그 스스로도 그와 같은 고민을 하고 있다는 뜻일 것이다. 그런데 수인에 있어서는 항마선정인와 길상선정인의 수행론적 특성을 간결하게 정리하여 두 가지 모두 그 효용성이 있다고 밝히고 있다. 그가 인용한 『석마하연론』에 좌법의 10가지 규정[262]이 제시되는데, 여기서 좌법은 결가부좌가 아니라 반가부좌이며, 좌우 발의 상하순서는 언급하지 않았다. 이는 결가부좌를 중시하지 않게 되었거나 길상좌와 항마좌를 모두 인정하는 것으로 추정된다. 이처럼 두 가지 결가부좌에 대한 논쟁은 선종에서 항마좌로 결론지어진 것과 별도로, 후대에 양자를 모두 인정하는 경향도 있었던 것으로 보인다.

---

262) "첫째는 발에 관한 것인데, 양쪽 무릎 끝에 엄지발가락이 오게 하여 차이가 없이 딱 맞추도록 한다. 둘째는 무릎에 관한 것인데, 양쪽 무릎이 오차 없이 평행을 이루도록 한다. 셋째는 허리를 반듯이 하는 것인데, 허리가 굽거나 튀어나오지 않도록 곧은 자세를 유지한다. 넷째는 손을 포개는 것인데, 양손을 마주해서 오른손이 위로 가면 왼손은 아래로, 왼손이 위로 가면 오른손은 아래로 하며, 하루씩 위치 바꾸는 일을 잊지 않는다. 그리고 손을 근(根) 위에 놓는다. 다섯째는 목을 반듯이 하는 것인데, 목을 반듯이 해서 움직임 없이 곧게 세운다. 여섯째는 얼굴에 대한 것인데, 얼굴이 위를 보거나 아래를 보지 않고 평행이 되게 한다. 일곱째는 입 모양에 대한 것인데, 쉽게 하지도 말고 좁게 하지도 말며 가운데는 열린 상태로 둔다. 여덟째는 코에 관한 것인데, 숨을 내쉬는 데 흐트러짐이 없어야 하며 한 번이라도 어긋나가서는 안 된다. 아홉째는 눈 모양에 관한 것인데, 눈을 치켜뜨지도 말고 내리깔지도 말며 눈동자를 편히 한다. 열째는 눈을 머물게 하는 것인데, 대허공자륜(大虛空字輪)에 두고 언제나 떼지 않도록 한다." (一者足等事。兩膝末中其兩母指。互相契當令無差故。二者膝等事。兩膝平攝令無差故。三者腰端事。其腰端直無故。四者手累事。兩手相對右手為下左手為上。左手為下右手為上。經一日已互互易變不忘失故。亦復其手置根上故。五者頸端事。其頸之質端直不動定建立故。六者面端事。其面相貌不仰不俯令平相故。七者口相事。其口之相不廣不狹開中間故。八者鼻相事。出其氣息令無差違不出一故。九者眼相事。其眼根量不上不下平等舒故。十者止眼事。置其眼處安置大虛空字輪中。恒不離故。是名為十。『석마하연론』)

이처럼 동아시아에서 결가부좌의 역사적 변천과정은 항마좌로 단일화되었으나, 이에 대한 문제의식이 지속적으로 남아있었음을 확인하였다.

종교적 성상이 수행법과 관련될 수밖에 없음에도 불구하고 자주 바뀌는 것은 수행체계의 일관성에 문제를 야기하게 된다. 선정을 설하는 불전에서 좌법을 취한 붓다를 묘사하고 있음에도 불구하고, 좌법이 바뀌면서 좌법의 정통성에 결함을 야기하였다. 그 결과 후대의 북방불교 수행 전통은 부파불교 이전의 초기 좌법전통을 계승하지 못하게 되었다.

양충이 선정인에서 좌우 손를 정定·혜慧로 대별하여 설명했던 것처럼 몸의 좌우는 동일하지 않으므로, 좌우 다리의 순서에 따라 일어나는 실제적인 내적 현상의 관점에서 길상좌와 항마좌는 구분되어야 한다. 이는 수행생리학적인 이해를 요구하는 것이다.

결국, 근본적으로 좌법이 지닌 수행론적 의의는 논리적 추론이나, 문헌적인 검토만으로 드러나지 않는다. 길상좌와 항마좌에 대한 실제적인 실천과 수행생리학적인 이해가 절실하게 필요하다.

II

좌법의 수행생리학

Ⅱ. 좌법의 수행생리학

요가는 선정에 이르는 수행의 과학이다.

수행생리학은 논증(비량)보다는 직접적인 자각(현량, 알아차림)에 근거한 영역이다. 따라서 앞 장에서 논증한 결과를 실천을 통해서 직접 체험하여 자각하는 것이 바른 앎(정지正知)으로 이어질 것이다.

고전요가의 수행 단계에 따르면, 아사나(좌법)는 쁘라나야마prāṇāyāma(조식調息)의 선행 조건이며, 쁘라나(氣)와 나디로 이루어진 기체氣體(prāṇamaya-kośa)로서의 몸(미세신)[263]수련을 전제로 한다. 즉 쁘라나와 나디nāḍī(경맥)[264]의 정신생리학적 원리[265]에 따라 좌

---

263) 微細身(sukṣma śarīra): 우빠니샤드에서 인간의 내적 구조인 오장설五藏說(pañca-kośa)은 미세신에 대한 것이다. 이 5가지는 ①음식으로 이루어진 annamaya-kośa, ②만물을 생동하게 하는 근원적인 힘인 쁘라나, 즉 생기生氣로 이루어진 prāṇamaya-kośa, ③마음으로 이루어진 의생신意生身(manomaya-kāya)으로서 manomaya-kośa, ④지적인 앎으로 이루어진 vijñānamaya-kośa, ⑤환희로 이루어진 ānandamaya-kośa이다. 니까야에서는 다소 간결한 내적 구조를 보여준다. "다음의 세 가지 양상의 인격성(atta-paṭilābhā)들은, 포타파다여, [세상에서 흔히 통용되고 있다]: 물질적인 [또는 '거친' 것(oḷāriko), 비물질적인 [또는 '의생의' 것(manomayo), 그리고 형체가 없는 것(arūpo). 첫 번째는 형체가 있고 네 가지 원소로 만들어져 있으며 고형의 음식으로 자양된다. 두 번째는 형체가 없으며 마음으로 만들어져 있으며 크고 작은 신체 부분과 기관들을 완전히 갖추고 있다. 세 번째는 형체가 없으며 상想으로만 만들어져 있다(saññāmayo)" (*Dīgha Nikāya* I 195; Rhys Davids 1899, 259-260).

264) 쁘라나(기氣)가 흐르는 길로서 동양의학의 경맥(경락) 개념과 동일하다. 다만 경락이 장부에 귀속되는 반면, 나디는 몸의 중심부에서 회전하는 짜끄라cakra(맥륜脈輪)를 통해서 확산·수렴하면서 호흡의 기를 운반한다. 경락, 경맥, 맥도, 나디 등은 모두 기의 흐름을 의미한다. 나디와 경맥은 관점의 차이가 아니다. 이들 생명력이 흐르는 길은 모두 인간의 내적 구조를 이룬다.

265) 여기서 정신생리적이라는 말은 수행에서 정신과 에너지 현상이 함께 동조된다는 의미이다. 불교에서 四禪에서 호흡이 사라진다고 하여 거나, 하타요가에서 "마음작용의 두 원인은 잠재의식(훈습薰習, saṃskāra)과 호흡(氣)이다. 이 둘 중의 하나가 소멸하면, 그 둘 역시 소멸한다."(『하타(요가)쁘라디삐까』 4.22)는 원리를 말한다.

법을 수련하면, 미세한 몸에 대한 알아차림이 가능하다. 이때 몸의 좌우는 음양으로 자각된다.

수행이 진전되는 과정을 요가의 나디(경맥) 체계에 따라 간략하게 요약하면, ①'다수의 나디(경맥)에서 단일한 나디로', ②'체표의 나디(경맥)에서 체내의 나디로', ③'나디(경맥)로의 확산(원심성)에서 중심으로의 집중(구심성)'에 이르는 양상을 보여준다.[266]

〈표 II-1〉 선정수행 과정의 생리학적 이해

계戒 ⇛ 좌법 ⇛ 호흡수련 ⇛ 제 감 ⇛ 삼야마(명상)[267]		
다수의 나디, 체표, 확산(원심성), 유출	⇛ <u>좌우의 합일</u>	단일한 나디, 체내, 집중(구심성), 환멸
심신의 정화 (유위법有爲法)		중심에 몰입 (무위법無爲法)

마음은 호흡의 길(나디, 경맥)을 따라 흐른다.
마음이 중심에 몰입되는 것이 일심이고 합일이다.

마음이 흐르는 나디를 정화하는 것이 초기 수련과정이다. 몸의 중심부에서 사지 말단으로 나디가 확산되는 양상(원심성)이 나디의 정화다. 몸과 마음을 닦는다는 것은 맑게 정화하는 것이다. 좌법(아사나)과 쁘라나야마(호흡수련)에서 온몸으로 확산되는 나디의 정화가 이루어진다. 이때 온몸에 대한 자각이 가능하다.

---

266) 이는 Prakṛti의 전변轉變(외부 현상계 인식)에서 환멸還滅(내적 몰입)로 전환되는 상캬Sāṃkhya의 해탈론과도 유사성을 보여주는 것이다.

267) 제감인 pratyāhāra를 직역하면 '거두어들임'이다. 밖으로 향하던 마음과 쁘라나를 중심부, 특히 심장으로 되돌려서 몰입시키는 수행단계다. 삼야마saṃyama는 내적 몰입이 시작되면서 마음이 모두 제어되는(총제總制) 과정이다.

제감(pratyāhāra)에 이어 본격적인 집중수련인 삼야마saṃyama 단계에서는 좌우로 움직이는(행行) 마음과 기가 중심에서 합일하여 중맥中脈과 맥륜(cakra)에 몰입되는 합일(구심성)이 이루어진다. 쁘라나가 몸의 중심부에 위치한 아나하따anāhata(심장)와 아갸ājñā(미간)[268] 등의 cakra에 몰입되는 것이다.(그림Ⅱ-3_205쪽, 그림Ⅱ-4_207쪽, 그림Ⅳ-4_316쪽 참조) 음양이 중심으로 몰입되어 합일되는 음양합일은 Haṭhayoga의 정의와 동일하다. *Jyotsnā*(=HPJ)[269]에 다음과 같이 ha와 ṭha의 결합을 밝히고 있다.

> '하타요가의 도법'이란 'ha와 ṭha' 다시 말해서 '태양과 달'로 [상징되는] 'ha와 ṭha'를 결합하는(yoga) Haṭhayoga이다. 이것으로써 '하와 타라는 말이 지시하는 태양과 달로 불리는 두 가지', 즉 '[심장에서 상승하는 본성의] prāṇa(ha)와 [항문에서 하강하는 본성의] apāna(ṭha)라는 두 가지의 결합을 본성으로 하는 prāṇāyāma(조식調息)가 Haṭhayoga이다.[270]

HPJ에서 'Haṭhayoga'를 'prāṇa와 apāna[271]의 상하 결합'으로 정의하고 있는데, 이에 대해서 좀 더 구체적으로 세분하면 ①'태양과

---

268) 아나하따는 감지하는 대상에 대한 자각이 시작되는 곳으로, 아갸는 직관적 인지가 일어나는 곳이다. 감각반응을 대상으로 인식하게 되면서 '나라는 마음'이 시작되고 '보는 자'로서 인지적 자아가 형성된다.

269) *Jyotsnā*는 Brahmānanda의 『하타(요가)쁘라디삐까』의 주석서이다.

270) haṭhayogavidyā haś ca ṭhaś cahaṭhau sūryacandrau tayor yogo haṭhayogaḥ, et ena haṭhaśabdavācyayoḥ sūryacandrākhyayoḥ prāṇapanayor aikyalakṣaṇaḥ prāṇa yāmo haṭhayoga iti haṭhayogasya lakṣaṇaṃ siddham । tathā coktaṃ gorakṣanāt hena siddhisiddhāntapraddhatau "hakāraḥ kīrtitaḥ sūryaṣ ṭhakāraś candra ucyate । sūryācandramasor yogādd haṭhayogo nigadyate ॥ " iti ॥ HPJ. 1.1)

271) 쁘라나는 심장에, 아빠나는 항문에 머물며, 각각 위와 아래로 오르고 내려가려는 성향의 기이다. 동양의학에서는 하향하는 힘은 신장의 기능에 해당한다.

달의 결합', ②'prāṇa(상승에너지)와 apāna(하강에너지)의 결합', ③ '남성적 원리인 최고아(Śiva)와 여성적 원리인 샥띠Śakti의 결합'으로 정의할 수 있다. 그리고 여기서 태양과 달은 ⓐ'prāṇa와 apāna', ⓑ'piṅgalā-nāḍī(우맥)와 iḍā-nāḍī(좌맥)', ⓒ'복부의 소화의 불과 입천장의 감로' 등을 의미한다.[272] 따라서 'ha와 ṭha의 결합'은 좌우와 상하를 통합하는 '음양합일陰陽合一'로 규정될 수 있다.

이와 같이 'Haṭhayoga'는 '좌우와 상하를 아우르는 수승화강'이며, 이는 수水와 화火의 에너지가 결합하는 원리다. [그림Ⅱ-3_205쪽]과 [그림Ⅱ-4_207쪽]에서처럼 'ha'는 '해'의 nāḍī, 즉 몸의 오른쪽에서 흐르는 삥갈라나디piṅgalā-nāḍī이며, 'ṭha'는 '달'의 nāḍī 즉, 몸의 왼쪽에서 흐르는 이다나디iḍā-nāḍī이다. 또한 호흡을 기준으로 하면 해와 달은 상하로 상대되는 음양에너지로서 prāṇa와 apāna에 해당한다. 수화水火의 생리적 현상을 기준으로 하면 태양은 복부에 있는 '소화의 불'이고 달은 입천장에 있는 '감로(soma)'[273]에 해당한다. 정신적인 원리를 기준으로 하면 Śiva와 Śakti에 해당한다.

'prāṇa와 apāna'는 상하로 움직이는 기운이며, '복부의 소화의 불과 입천장의 감로'는 그 결과 나타나는 생리적 현상이다. Śiva와 Śakti의 결합은 좌우 nāḍī(piṅgalā와 iḍā)의 신격화된 표현인 아르다-나리-이슈바라Ardhanārīśvara([그림Ⅱ-1_201쪽])이다.

272) 박영길(2013: 63~80)은 'Haṭhayoga'를 이 세 가지로 정의한 바가 있다.
273) "위로 올린 혀가 고정되고서, 감로(soma)를 마시는 요가에 정통한 수행자는 분명히 보름 만에 죽음을 극복할 수 있다. || 항상 몸의 근본요소, 감로(soma)로 몸을 가득 채우는 요가수행자는 비록 독사에 물린다 해도 독이 [몸 속으로] 스며들지 않는다."(ūrdhva - jihvaḥ sthiro bhūtvā soma - pānaṃ karoti yaḥ | māsārdhena na saṃdeho mṛtyuṃ jayati yogavit || nityaṃ soma - kalā - pūrṇaṃ śarīraṃ yasya yoginaḥ | takṣakeṇāpi daṣṭasya viṣaṃ tasya na sarpati || HP 4.44~45)

〈표Ⅱ-2〉 태양(ha)과 달(ṭha)의 생리학적 의미

	태양	달
좌우	삥갈라piṅgalā-nāḍī(우맥右脈)	이다iḍā-nāḍī(좌맥左脈)
	시바Śiva(우반신右半身)	샤띠Śakti(좌반신左半身)
상하	쁘라나prāṇa(심장)	아빠나apāna(항문)
	소화의 불(하복부)	불사의 감로amṛta(입천장)
	시바Śiva(머리)	샤띠Śakti(하복부)

앞서 인도 전통 좌법인 교족좌와 하타요가의 달인좌가 동일한 계통의 좌법임을 설명하였는데, 하타요가에서 최고의 좌법으로 알려진 달인좌는 바로 이와 같은 음양합일의 원리를 확실하게 구현한 것이다. '결가부좌의 효력'도 이와 같은 '음양陰陽'의 생리학적 원리를 따르지만 중심에의 몰입은 달인좌보다 부족하다.

수행생리학을 통해서 '중심에의 몰입'과 '마음의 고요함',
그리고 '선정(삼매)'를 동일한 맥락에서 이해하는 것이 가능하다.

좌선을 비롯해 명상을 마음공부라고 할 수 있으나, 몸과 마음을 각각 대비되는 실체로 생각한다면, '중심에의 몰입'과 '선정'을 별개의 것이라고 생각할 수 있다. 그러나 몸과 마음이 분리되어 존재할 수 없으며, 선정 또한 생명현상의 하나다.

선정은 삶의 또 다른 모습인 것이지 삶의 부정이 결코 아니다. 선정 체험이 있다고 한들 일상적인 삶의 고통을 소멸하는 지혜가 생기지 않는다면, 그것은 '바른 선정(정정正定)'이 아닐 것이다.

1. 선정[274]이란 무엇인가

내적 몰입에 의해 상想(ⓟsaññā ⓢsaṃjñā)을 자각한다.

몸을 움직일 때, 그 찰나 찰나의 과정을 관조할 수 있다. 손을 움직이는 순간 가슴에서 손으로 물질과 호흡의 바람이 이동하는데, 이는 바람(기)의 힘이 손에 있는 바람의 힘과 함께 작용하여 손을 이루는 물질이 움직이는 것이다.[275] 마음의 변화나 생각에 따라 연속하여 일어나는 것을 있는 그대로 알아차리기 위해서 선정이 필요하다. 선정을 통해 색수상행식의 변화를 알아차리(sati)는 것이 가능해진다.

사띠sati(념念)는 신수심법信受心法(사념처)을 알아차리듯이 오온(색色수受상想행行식識)의 연기작용을 알아차림으로써, 선법(善法, 유익한 법, kusala dharma)인지 불선법(무익한 법, akusala dharma)인지를 판별할 수 있다. 특히 행行이 일어나기 이전의 상想을 알아차림으로써 제행諸行이 무상無常함을 알 수 있다. 사띠를 통해 알아차린 바에 따라 선법은 유지·증장시키고 불선법은 억제·폐기하는 '바른 노력(정정진正精進)'을 닦는 것이 인간이 할 수 있는 유일한 고통소멸법이다.

마음은 미세한 물질과 기의 활동(想)으로 인하여 일어난다. 이것

274) 남방 상좌불교 전통에서는 기본적으로 定(jhāna 선, 선정, 정려, 선나), 삼매(samādhi 등지, 삼마지), 止(samatha 사마타), 심일경성(cittass' ekaggatā, or cittekaggatā)은 동의어로서 사용한다. (水野弘元 1964: 414~415).
275) 전현수 (2015)

(想)을 알아차리는 것으로부터 참된 앎이 있다.[276] 지혜의 직접적인 원인(paccupaṭṭhāna)이 정定(선정, 삼매)이다. 定(지止)해야 비로소 보이기(관觀) 때문이다.

> 마음이 몰입된 사람은 있는 그대로 알고 본다는 말에서처럼 삼매가 지혜의 직접적 원인이다.[277]

『청정도론』에서 말하는 정定(삼매)의 의미는 '좋은(유익한) 상태(kusala, 선善)'로, 마음작용이 산란하게 움직이지 않고 있는 고요한 상태를 의미한다.

> 삼매란 무엇인가. 유익한 심일경성(kusala cittekaggatā)이 삼매이다. 어떤 의미에 의해서 삼매인가? 고르게 유지된다(등지等持)는 의미에 의해서 삼매이다. 어떤 것이 고르게 유지된다고 불리는 것인가. 하나의 대상에 대하여 마음과 마음작용[心所]이 고르게 그리고 바르게 유지되고 머무는 것을 말한다. 그 때문에 어떤 법의 힘에 의해서 하나의 대상에 대하여 마음과 마음작용이 고르게 그리고 바르게, 산란함 없이 그리고 혼란함 없이 머문다. 이것을 고르게 유지됨(samādhānan)이라고 알아야 한다.[278]

---

276) 『청정도론』에서 삼매 수행의 5지 공덕은 1)현법락주現法樂住 diṭṭhadhammasukhavihāra, (2)관觀 vipassanā, (3)신통神通 abhiññā, (4)뛰어난 존재양식 bhavavisesa, (5)멸진정 nirodhasamāpatti이다. 정에 들어 지극한 안락에 머물면 법이 여실이 드러나므로(현법락주) 자연히 미세한 대상을 관할 수 있는 신통을 지닌 뛰어난 존재의 상태가 되어 멸진정에 이른다.

277) samāhito yathābhūtaṃ jānāti passatī ti vacanato pana samādhi tassā padaṭṭhānaṃ. (*Visuddhimagga*)

278) ko samādhi. kusalacittekaggatā samādhi. ken' atthena samādhī ti. samādhānaṭṭhena samādhi. kiṃ idaṃ samādhānaṃ nāma. ekārammaṇe cittacetasikānaṃ sama

'고르게 유지된다(등지等持)'는 것은 마음이 흔들리지 않는다는 것이다. 심일경성(cittekaggatā)은 마음의 하나됨이다. 'citta(tla)+eka(일)+[g]+gata(됨)'은 말 그대로 마음이 한 대상에서 떠나지 않고 지속되는 것과 같이 한마음으로 몰입된 상태다. '心(마음)+一境(한 대상)+性(속성)'은 마음의 본성이다. 이것은 한 번에 하나의 대상만을 받아들일 수밖에 없는 인식의 속성이 그대로 지속되는 상태다. 초선정에서 이후 7선정(무소유처정)까지 심일경성은 지속된다.279)

> [삼매는] 바람이 없는 곳에 등불이 멈추어 있는 것처럼, 마음이 멈추어 있는 것이라고 알아야 한다.280)

이처럼 선정이란 마음이 산란하지 않기 때문에 유익한 것(kusala, 善)이다. 마음이 산란하지 않다는 것은 호흡이 깊고 안정된 상태다. 호흡이 깊고 안정되기 위해서는 중심맥이 통해야 한다. 가슴 중심으로 들어온 숨이 중맥으로 통하여 있을 때 마음은 더 이상 감정적이지 않게 되니, 마음과 생기生氣가 중맥(수슘나, 아와두띠)으로 몰입된다.(그림IV-5_321쪽) 호흡이 심장 가운데로 들어가서 희열과 안락이 확

ṃ sammā ca ādhanaṃ ṭhapanan ti vuttaṃ hoti. tasmā yassa dhammassānubhāvena ekārammane cittacetasikā samaṃ sammā ca avikkhipamāṇā avippakiṇṇā ca hutvā tiṭṭhanti, idaṃ samādhānan ti veditabbaṃ.(*Visuddhimagga*)

279) *Majjhima Nikāya* 111, *Anupada-Sutta*(일어난 차례대로 경)에 선정의 단계에 따른 요소들을 상세하게 설명하고 있다. 이 경에 따르면 초선에서 무소유처정까지 공통적으로 존재하는 법은 cittekaggatā(심일경성心一境性), phassa(촉觸), vedanā(수受), saññā(상想), cetanā(사思), citta(심心), chanda(욕欲), adhimokkha(해탈에 대한 확신; 信解), vīriya(노력), sati(염念), upekkhā(사捨; 평정), manasikāra(작의作意; 주의 기울임) 등이다.

280) nivāte dīpacchīnam ṭhiti viya cetaso ṭhitī ti daṭṭhabbo. (*Visuddhimagga*) 『요가수뜨라』에서 요가는 심작용의 지멸이라고 하였다.

장되고 호흡은 깊어지며, 온몸으로 숨을 쉬게 된다. 그리고 호흡이 중심으로 몰입되어 쿤달리니가 깨어난다. 이때 마음은 외부 대상으로 향하지 않으며 자연히 내적 몰입상태에 이르게 되어 내면의 빛이 밝아진다. 그리고 지혜의 빛이 머리 중심(아갸짜끄라)에 현현하게 되면서 있는 그대로를 비추는 힘이 증장되고 신통력이 생긴다. 그 힘으로 선정이 지속된다.[281]

물결이 이는 수면에 달이 온전히 비춰지지 못하듯이, 마음이 산란하면 인식의 거울이 대상을 있는 그대로 비출 수 없게 된다. 있는 그대로 비추는 것이 사띠(알아차림, 념念)의 힘이자 신통력이다.

거울이 대상을 비추기 위해서 먼지가 없어야 하듯이 마음에도 산란심과 오염된 생각이 없어야 여실하게 비출 수 있다.

『대지도론』에서 "선정이란 모든 산란한 마음을 쉬는 것이다."는 말은 요가의 고전적인 정의인 '심작용의 지멸'과 다르지 않다. 마음을 쉬게 하고 마음을 멈추게 하고 마음을 중심에서 흔들리지 않게 하는 것이 선정이기 때문에 『대지도론』에서는 다음과 같이 설한다.

> 선정은 지혜를 지키는 창고요, 공덕(유익한 것)이 자라는 복전福田이다. 선정은 맑고 깨끗한 물이어서 온갖 더러운 욕망을 씻어준다. 선정은 금강으로 만든 투구여서 번뇌의 화살을 막아주니, 비록 무여열반을 얻지 못해도 열반을 이미 얻은 것이네. 금강삼매를 얻어 번뇌의 산을 부수고 육신통의 힘을 얻어 한량없는 인간무리 제도하네. 어지러운 티끌이 태양을

281) 숙명통·천안통·누진통이라는 삼명三明 중, 숙명통·천안통은 각각 과거·미래, 누진통은 현재와 관련된 신통이다. 붓다는 '지금 여기에서 번뇌가 완전히 소멸된 상태로서 누진통漏盡通을 깨달음의 정점으로 설명한다.

> 가릴지라도 큰 비가 능히 씻어버리고 각관覺觀의 바람이 마음을 산란시키나 선정으로 능히 가라앉히네.[282]

'좌선이란 무엇인가'에 대해 『육조단경』의 가르침은 다음과 같다.

> 대사께서 대중에게 전하기를,
>
> "선지식들아, 무엇을 이름하여 좌선이라 하는가? 이 법문 가운데 막힘이 없고 걸림이 없어 밖으로 모든 좋고 나쁜 경계에 마음과 생각이 일어나지 않는 것을 이름하여 좌坐라 하고, 안으로 자기 성품(자성自性)이 움직이지 않음을 보는 것을 이름하여 선禪이라 한다.
>
> 선지식들아, 무엇을 이름하여 선정禪定이라 하는가? 밖으로 상相[283]을 떠나는 것이 선禪이요, 안으로 어지럽지 않은 것이 정定이다. 밖으로 상에 집착하면 안으로 마음이 곧 어지러워지고, 밖으로 상을 떠나면 마음이 곧 어지럽지 않게 된다. 본래 성품은 스스로 깨끗하고 스스로 안정되어 있지만, 다만 경계를 보고 경계를 생각하기 때문에 곧 어지러워진다. 만약 모든 경계(대상)를 보더라도 마음이 어지럽지 않은 것이 바로 참된 정定이다.

282) 禪為守智藏 功德之福田 禪為清淨水 能洗諸欲塵。禪為金剛鎧 能遮煩惱箭 雖未得無餘 涅槃分已得。得金剛三昧 摧碎結使山 得六神通力 能度無量人。囂塵蔽天日 大雨能淹之 覺觀風散心 禪定能滅之。*각관覺觀: vitarka와 vicāra. 각은 대상을 향하는 마음의 고유한 특성, 관은 그 대상을 향하여 지속되는 마음 작용이다.

283) 『금강경』에서 相의 문제가 핵심이 되고 있다. 제2 선현기청분에서 수보리가 아욕다라삼약삼보리를 구하려고 마음을 낸 사람은 어떻게 마음을 머물러야 되냐고 묻자, 붓다는 '相에 머물지 말고 相에 머무는 마음을 항복받아야 한다.'고 설한다. 相을 보되 실재로 보지 말라는 것이다. 여기서 相은 특징(lakṣaṇa) 또는 想(saṃjñā), 인상印象(nimitta)의 의미인데, 대상의 상(인상)에 대한 지각을 구마라집은 '相'으로, 현장은 '相想'으로 번역했다.

선지식들아, 밖으로 상을 떠난 것이 곧 선이요, 안으로 어지럽지 않은 것이 정이니, 밖으로 선禪하고 안으로 정定한 것이 바로 선정이다."[284]

『육조단경』의 가르침에 따르면 무념으로 종지를 삼고(무념위종無念爲宗), 무상으로 본체를 삼으며(무상위체無相爲體), 무주로 근본을 삼는다(무주위본無住爲本)고 하였다. 무념이란 아무 인식기능도 없는 것이 아니라 대상에 대한 관념이 없는 바라봄이다. 무상은 상(오온의 想)을 알아차리지만 상(相, 관념)에 구속되지 않는 것이다. 무주란 그 어떤 것에 의지하여 머물지 않음으로써, 즉 대상과 자기동일시를 하지 않음으로써 자성을 청정하게 유지하는 것이다. 그래서 머무는 바 없이 그 비추는 마음만을 내어 알아차려야 한다(응무소주이생기심應無所住而生其心).

좌선坐禪에서 '좌坐(ⓢāsana)'는 대상에 따라 호흡이 변동을 일으키지 않고 고요함 속에 머무는 것, 즉 '흔들림 없는 앉음'다. '선禪(ⓟjhāna, ⓢdhyāna)'은 대상에 따라 감정적인 마음작용이 일어나지 않는 상태에서 보는 것, 오직 관조되는 想(saṃjñā)을 있는 그대로 보고 그것에 흔들리지 않도록 유지하는 것이다.

---

284) 師 示衆云 善知識 何名坐禪 此法門中 無障無礙 外於一切善惡境界 心念不起 名爲坐 內見自性不動 名爲禪 善知識 何名禪定 外離相 爲禪 內不亂 爲定 外若着相 內心卽亂 外若離相 心卽不亂 本性 自淨自定 只爲見境思境 卽亂 若見諸境 心不亂者 是眞定也 善知識 外離相 卽禪 內不亂 卽定 外禪內定 是爲禪定(『육조단경』 교수좌선 제사)

2. 바른 좌법은 바른 선정(정정正定)을 실현한다.

빨랑까pallaṅka는 아나빠나사띠(입출식념)의 기본 좌법이며, 좌선에 있어서도 기본적인 좌법으로 명시되는 전통이 확립되어 있다. 『대념처경』(*Mahāsatipaṭṭhāna Sutta*), 『초전법륜경』(*Damma cakka pavattana sutta*) 등 초기불교의 문헌들에서 '빨랑까'는 언제나 선정과 결부되어 언급되며, 호흡관(입출식념)을 포함한 호흡수행과 선정에 이를 때까지 지속적으로 실천되는 거의 유일한 좌법명이다.

마명(아슈바고샤, 80?~150?)이 지은 『불소행찬』(*Buddhacarita*)에서 'āsana'는 좌법의 의미로 쓰였으며, 동시에 결가부좌로 번역되어온 'paryaṅka'라는 단어가 "흔들림 없는 가장 뛰어난 빠르양까"(paryaṅkam akampyam uttamam)라는 구절에서 발견된다.[285] 나가르주나(용수, 2세기 중엽~3세기 초)와 붓다고사 또한 paryaṅka(pallaṅka)를 수행의 필수요건으로서 중요하게 언급하였다. 이러한 āsana에 대한 중요한 언급들은 『요가수뜨라』보다 이르거나 동시대의 것으로 추정되며,[286] 아슈바고샤, 나가르주나, 붓다고사 등이 활동하던 시대에 좌

---

285) "그래서 그는, 잠든 뱀의 향락(똬리)이 뭉쳐진, 흔들림이 없는 가장 뛰어난 빠르얀까를 취하고 '해야 할 바를 이루지 않고는 이 땅에서 이 자세를 흐트러트리지 않을 것이다.' 이렇게 [마음을 먹었다]. 그러자 마음이 견고한 당신께서 [빠르얀까의] 좌법을 취하였을 때, 하늘무리(神衆)들은 견줄 바 없는 기쁨으로 나아갔으며, 짐승의 무리들과 새들은 울지 않았으며, 바람에 부딪친 숲속의 나무들도 소리를 내지 않았다." (tataḥ sa paryaṅkamakampyamuttamaṁ babandha suptoragabhogapiṇḍitam | bhinadmi tāvadbhuvi naitadāsanaṁ na yāmi yāvatkṛtakṛtyatāmiti|| tato yayurm udamatulāṁ divaukaso vavāśire na mṛgagaṇā na pakṣiṇaḥ | na sasvanurvanatar avo'nilāhatāḥ kṛtāsane bhagavati niścitātmani|| *Buddhacarita* 12.120~121.)

법이 선정 수행과 밀접한 관련이 있음을 보여준다.

이 명칭이 본래 의미와 별개로 결가부좌로 알려져 왔는데, 이는 불전이 번역되는 과정에 비롯된 바가 크다. paryṅka(Ⓟpallaṅka)라는 좌법이 북방에서 결가부좌로 번역되고, 이처럼 결가부좌(연화좌)를 하고 선정에 들어 신통력을 얻는다는 내용은 중국에서 모든 좌법을 결가부좌로 통일하여 번역하면서 더욱 확고해졌다.

2세기 중엽에 카슈미르에서 편찬됐으나 현장(602?~664)의 한역본만 전해지는 『아비달마대비바사론』에서 입출식념을 수행할 때의 결가부좌(길상좌)를 찬탄하는 내용이 다음과 같이 기록되어 있다.

> [문] 일체의 몸가짐으로 선善을 닦을 수 있는데 무엇 때문에 결가부좌만을 말하는가?
>
> [답] --중략-- 또 이와 같은 위의(좌법)는 악법을 어기기 때문이다. 그 밖의 위의는 음욕 등의 모든 착하지 않은 법을 좇는 것이지만 오직 결가부좌만은 그런 것과는 반대이기 때문이다.--중략-- 또 오직 이 위의에 의해서만이 위없는 붓다의 보리(깨달음)를 증득하기 때문이다. 그 밖의 다른 위의(좌법)에 의하여도 2승乘의 보리(깨달음)는 증득할 수 있지만 붓다의 보리만은 증득할 수 없기 때문이다.--중략-- 또 결가부좌는 선정을 닦는 데에 수순하기 때문이다. 모든 잡다하게 유익한 것은 그 밖의 다른 위의에 머무르면서도 모두 닦을 수 있지만, 만일 선정을 닦는 뛰어난 것이 있다면 오직 결가부좌만이 가장 순조롭게 된다.[287]

286) 『요가수뜨라』가 현재의 형태로 편찬된 시기는 400~450년경일 것으로 추정되며, 근래의 연구에 의하면 CE 2세기 후반에서 540년 사이로까지 확장될 수 있다.
287) 問諸威儀中皆得修善。何故但說結加趺坐。答 --중략-- 復次如是威儀違惡法故。

결가부좌가 음욕을 끊을 수 있고 붓다의 보리(Bodhi, 깨달음)를 증득하며, 선정을 닦는데 적합하다는 것이 인용문의 요지다. 『유가사지론』에서도 결가부좌를 수행하여 빠르게 경안輕安에 도달함을 강조하고 있다.[288] 대부분 북방 대승경전에서 결가부좌는 선정 그리고 선정의 위력과 결부되어 설명되며 최고의 좌법으로 칭송된다. 그러나 선정이 성욕이 제어된 상태이기는 하지만, 성욕의 제어는 중심에의 몰입을 통해서 이루어지므로 결가부좌에서 성욕을 제어할 만한 중심 집중적인 수행생리학적 원리가 교족좌보다 뛰어나다고 할 수는 없다.[289] 그리고 본서 I장 '6. 중국에 전해진 좌법'에서 동일한 인용문을 분석하였는데, 『아비달마대비바사론』의 결가부좌를 길상좌라 하고 오직 결가부좌만이 선정을 닦는 도리에 합당한 것이라 설한 점을 신뢰할 수 없음을 언급하였다.[290]

대승의 대표적인 불전인 『금강반야바라밀다경』(*Vajracchedikā Prajñāpāramitā Sūtra*, CE 1세기경)[291]의 7종 한역본 중 6종에서도 par

謂餘威儀順婬欲等諸不善法。唯結加坐能違彼故。--중략-- 復次唯依此威儀證得無上佛菩提故。謂依餘威儀亦能證得二乘菩提。不能證得佛菩提故。--중략-- 復次結加趺坐順修定故。謂諸散善住餘威儀皆能修習。若修定善唯結加坐最為隨順。

288) "어떤 연유로 결가부좌를 하는가에 대해 바르게 관조하여 5가지 연유를 말하였는데, 첫 번째 이유는 몸을 섭수하여 이 빠르게 나타난다. 이와 같이 위의(몸가짐)를 갖추고 순조롭게 경안이 생기니 가장 훌륭한 이유이다." (何因緣故結跏趺坐, 謂正觀見五因緣故。一由身攝斂速發輕安。如是威側順生輕安, 最為勝故。『유가사지론』 권삼십) 경안(passaddhi)은 몸과 마음이 가볍고 편안한 것이다. 일곱 가지 깨달음의 요소(칠각지) 중 하나다. 칠각지는 ①마음챙김(念覺支, sati-sambojjhaṅga), ②법에 대한 고찰(擇法覺支, dhamma-vicaya-sambojjhaṅga), ③정진(精進覺支, viriya-sambojjhaṅga), ④기쁨(喜覺支, pīti-sambojjhaṅga), ⑤심신의 안락(輕安覺支, passaddhi-sambojjhaṅga)], ⑥몰입된 마음(定覺支, samādhi-sambojjhaṅga), ⑦일체를 내려놓음(捨覺支, upekkhā-sambojjhaṅga)이다.

289) 이에 대해서는 Ⅲ과 Ⅳ장을 살펴보기 바란다.

290) 重疊兩足左右交盤 正觀境界名結加坐。唯此威儀順修定故。大德說曰。此是賢聖吉祥坐故名結加坐。

291) 북인도 출신으로 낙양에서 활동한 보리유지菩提流支(?∼535)가 한역했다.

yaṅka는 結加趺坐를 의미하는 용어로 번역되었다.[292]

인도 대승불교 초기의 고승인 용수가 『대품반야경』을 해설한 『대지도론』(3세기)[293]을 구마라집이 한역하면서 좌법을 '(결)가부좌'로 번역하였다. 이 문헌에서 용수도 좌법이 삼매수행의 조건임을 다음과 같이 설하고 있다.

> [문] 앉는 법이 많거늘 어찌하여 붓다께서는 결가부좌만을 쓰시는가? [답] 모든 좌법 가운데 결가부좌가 가장 편안하여 피로하지 않다. 이것은 곧 좌선하는 사람의 앉는 법으로 손과 발을 거두어 지니면 마음도 역시 흐트러지지 않는다. 또한 온갖 네 가지 몸가짐(행주좌와) 가운데서 가장 편안하니, 이것은 곧 참선할 때의 앉음새이며 도道를 성취할 수 있는 법좌法坐이어서 마왕이 이를 보면 그 마음이 두려워하게 된다. 이렇게 앉는 법은 출가한 사람의 법이니, 나무 밑에서 가부좌를 틀고 앉으면 뭇 사람이 이것을 보고 모두 환희하며, 그 도인은 반드시 도를 얻으리라고 안다. 가부좌를 틀면 몸이 평안하여 삼매에 들고, 사람들이 그 위덕을 경앙하니 태양이 천하를 비춤과 같다. 졸음과 게으름과 전도된 생각을 제거하고, 몸이 가벼우니 지치거나 느슨해지지 않으며, 마음도 역시 가볍고

292) 총 8종의 한역본 중 첫 번째 번역인 구마라집 한역본(402~412)만 좌법명이 언급되지 않음. 구마라집이 저본으로 삼은 산스끄리뜨本만 간결한 게송으로 구성된 것이었다. 산스끄리뜨本 자체에 一頌本과 二頌本이 있는데, F. E. Pargiter本은 一頌으로 구마라집 한역본과 일치하고, M. Müller本은 二頌으로 다른 한역본들과 일치한다.

293) 『대품반야경』(구마라집 번역의 『마하반야바라밀경』(*Mahāprajñāpāramitā Sūtra*, 27권 90품)의 주석서. 전100권의 방대한 것인데, 원서는 그 10배나 되며, 구마라집은 최초의 34품만 전역하고, 이하는 초역했다. 산스끄리뜨 원전은 없으며, 구마라집의 한역만 현존. 『마하반야바라밀경』의 이역본으로는 축법호의 『광찬반야경』(10권; 286년), 무라차의 『방광반야경』(*Pañcaviṃśatisāhasrikā-prajñāpāramitā Sūtra*, 20권; 291년), 현장玄奘의 『대반야경』 제2회(78권)가 있다.

> 편하니, 용이 도사린 듯 평안하게 앉아 있다. 가부좌한 그림을 보면 마왕도 겁을 내고 두려워하나니, 도에 든 사람이라면 평안히 앉아 동요할 리가 없으리라. 이런 까닭에 가부좌로 앉는 것이다. 또한 붓다께서 제자들에게 이와 같이 앉아야 한다고 가르치셨기 때문이다. 어떤 외도들은 항상 한 발로 서서 도를 구하고, 혹은 항상 서 있거나 혹은 발을 올려 메기도 한다. 이런 기이한 모습으로는 마음이 삿된 바다에 빠지고 몸은 안온하지 못하다. 이런 까닭에 붓다께서 제자들에게 가부좌를 맺고 몸을 곧게 하라 하셨다. 왜냐하면 몸을 바로 하면 마음을 바로 잡기가 쉽기 때문이다. 그 몸을 똑바로 세워 앉으면 마음이 게을러지지 않나니, 단정한 마음으로 뜻을 바르게 하여 염을 모아 눈앞에 두며, 마음이 흐트러지면 이를 다시 거두어들인다. 삼매에 들려는 까닭에 갖가지 잡념을 모두 거두어 모으니, 이와 같이 염을 모아 삼매 중 최고의 삼매에 드는 것이다."[294] *밑줄은 저자.

좌법이 수행의 마장을 제거한다는 상징적인 묘사와 더불어, 좌법이라는 신체적인 자세를 통해 마음을 바로 잡는다는 가르침이 명확하게 제시된 중요한 대승문헌이다.

---

294) 問曰：多有坐法，佛何以故 唯用結跏趺坐?。答曰：諸坐法中，結跏趺坐，最安穩不疲極，此是坐禪人坐法，攝此手足，心亦不散。又於一切四種身儀中最安穩，此是禪坐取道法坐，魔王見之，其心憂怖。如是坐者，出家人法，在林樹下結加趺坐，眾人見之皆大歡喜，知此道人必當取道。如偈說：若結加趺坐 身安入三昧，威德人敬仰 如日照天下．除睡懶覆心 身輕不疲懈，覺悟亦輕便 安坐如龍蟠．見畫加趺坐 魔王亦愁怖，何況入道人 安坐不傾動。以是故，結加趺坐．復次，佛教弟子應如是坐．有外道輩或常翹足求道，或常立，或荷足，如是狂狷，心沒邪海，形不安隱．以是故，佛教弟子結加趺直身坐．何以故? 直身心易正故．其身直坐，則心不懶，端心正意，繫念在前．若心馳散，攝之令還．欲入三昧故，種種馳念，皆亦攝之．如此繫念，入三昧王三昧．(『大智度論』卷七有云，鳩摩羅什 漢譯，大正藏，T25n1509)

이 불전의 원전이 소실되어서, '(결)가부좌'의 원어가 paryaṅka인지, 그리고 이 단어가 결가부좌를 의미하는지 교족좌를 의미하는지는 확증할 수는 없다. 다만, '나가르주나의 언덕'이라는 의미를 가진 남인도의 대표적인 불교유적지 나가르주나콘다Nāgārjunakoṇḍa의 명칭이 나가르주나가 말년에 그곳에 머물렀던 역사적 사실에 따른 것이라고 하므로,[295] 이는 적어도 당시에 나가르주나콘다에서 만들어진 불상의 좌법(교족좌)과 『대지도론』의 원문으로 추정되는 'paryaṅka'가 동일한 좌법일 가능성을 열어놔야 할 것이다. 그러나 이 논서를 한역한 구마라집은 paryaṅka를 결가부좌로 한역했던 것으로 보이며, 그 효력을 위와 같이 삼매와 직결해서 이해했다.

밀교에서도 "연꽃 위에서 가부좌로 앉아 삼매를 닦아 모든 독을 제거한다"[296]고 하였다.

반면, 남방 불교전통에서 paryṅka(pallaṅka)는 교족좌로 전승되어 왔다. 남방과 북방의 선정을 위한 좌법이 불전마다 상이하게 전해졌음에도 불구하고, 'paryṅka(pallaṅka)'가 선정 수행의 거의 유일한 좌법명으로 전하여 왔다는 것도 확실하다. 니까야의 주석인 『빠띠삼비다막가』*Paṭisambhidāmagga*(무애해도, BCE 3세기경)[297]에서 빨랑까

---

295) Hirakawa(Paul Groner 역 2007: 242)와 Kalupahana(1992: 160)는 나가르주나가 Sātavāhana왕조의 왕사王師였으며 150~250년경에 생존했을 것으로 추정한다.

296) 加趺坐蓮上 正受離諸毒. (『대일경』(대비로자나성불신변가지경), 권9 공양의식품), 이 문헌에서 '加趺坐'는 한 번 언급된다. 정수正受는 근본등지根本等至로서, 삼마발제三摩鉢提(Samāpatti) 혹은 발제拔提라고도 음역하며, 등지等至, 정정正定, 현전現前이라 의역하기도 한다. 그리고 여기서 독은 삼독(탐욕貪慾·진에瞋恚·우치愚癡)을 의미할 것이며, 이 '독' 또한 심신상관적인 것으로 이해해야 한다.

297) 4부 *Nikāya*를 중심으로 수행 방법을 체계적으로 정리하여 후대의 *Visuddhimagga*에 영향을 미쳤다. *Khuddaka Nikāya*의 12번째 경전이다. 성립 년대에 대해서는 임승택(2001: 12)을 참조할 것.

는 선정에 이르러 얻게 되는 신통력과 결부된다.

'공중에서 pallaṅka좌를 한다. 마치 날개가 있는 새와 같이'란, [五大 중] 지地가 충만한 선정의 상태(地遍滿等至)를 얻은 이가 있어, 허공에 대해 마음을 기울인다. 마음을 기울인 후 지혜로써 '땅이 되어라'라고 마음 굳힌다. [그리하여] 땅이 되는 것이다. 그는 허공에서 공중을 거닐고, 서고, 앉고, 눕는다. 마치 원래 신통을 지니지 않은 사람이 땅 위에서 거닐고, 서고, 앉고, 눕는 것과 같다. 이와 같이 신통을 지닌 이는 마음의 자재력을 얻어, 허공에서 공중을 거닐고, 서고, 앉고, 눕는다. 마치 날개가 있는 새와 같이.

'그와 같은 대신변, 그와 같은 대위력을 지닌 달과 해를 손으로 만지고 쓰다듬는다'란, 여기에 그러한 신통을 지닌 이가 있어, [II.209] 마음의 자재력을 얻어, 앉거나 누워 달과 해에 대해 마음 기울인다. 마음을 기울인 후 지혜로써 '손안에 있으라'라고 마음 굳힌다. [그리하여] 손 안에 있게 되는 것이다. 그는 앉거나 누워 달과 해에 손을 대고, 만지고, 문지른다. 마치 원래 신통을 지니지 않은 사람이 손 안의 물체를 대보고, 만지고, 문지르는 것과 같다. 이와 같이 신통을 지닌 이는 마음의 자재력을 얻어, 앉거나 누워 달과 해에 손을 대고, 만지고, 문지른다.[298]

---

298) 'ākāse pi pallaṅkena caṅkamati, seyyathāpi pakkhī sakuṇo'ti. pakatiyā pa ṭhavīkasiṇasamāpattiyā lābhī hoti. ākāsaṃ āvajjati ; āvajjitvā ñaṇena adhiṭṭhāti'p aṭhavī hotuti.' paṭhavī hoti. so ākāse antalikkhe caṅkamati pi tiṭṭhati pi nisīdati pi seyyaṃ pi kappeti. yathā manussā pakatiyā aniddhimanto paṭhaviyā caṅkamanti pi tiṭṭhanti pi nisīdanti pi seyyaṃ pi kappenti. evamevaṃ so iddhimā cetovasippatto ākāse antalikkhe caṅkamati pi tiṭṭhati pi nisīdati pi seyyaṃ pi kappeti. seyyathā pi pakkhī sakuṇo. 'ime pi candimasuriye evaṃmahiddhike evaṃ-mahān ubhāve pāṇinā parāmasati parimajjatīti.' idha so iddhimā (Ⅱ.209) cetovasippatto

여기 『빠띠삼비다막가』에서 pallaṅka는 니까야 율장에 언급된 교족좌일 가능성이 확실하다. 반면 마가다 출신 붓다고사(佛音, 5세기)의 『청정도론』(5세기경)에서 빨랑까는 결가부좌다.[299] 이처럼 남방불전에서도 pallaṅka는 문헌마다 시기에 따라 다른 좌법을 지시하게 되지만, 그 효력은 문헌이나 시대를 초월해서 앞의 인용문에서처럼 허공을 날거나 신통력을 얻는다고 유사하게 설해져 왔다.

이처럼 남북방 전통이 공히 삼매에 드는 좌법으로서 paryaṅka(ⓟ pallaṅka)라는 이름을 사용했던 것은 분명하나, 그것이 후대에 결가부좌(연화좌) 또는 교족좌 등 여러 좌법으로 전승되었다. 결가부좌와 교족좌가 다른 좌법임에도 불구하고 그 효력이 동일하게 제시된 것은 고대부터 전해진 paryaṅka라는 좌법의 효력을 그대로 따랐기 때문일 것이다. 또한 이는 선정수행에 있어서 좌법이 지닌 근본적인 효력이 문헌상으로 전해져 온 것이기도 하다.

요가에서도 좌법은 선정을 위한 기본적인 수행으로 설해져 왔다.

샹카라Śaṅkara(788～820년경) 또한 *Brahmasūtra-bhāṣya*[300] 4.1.

---

nisinnako vā nipannako vaā candimasuriye āvajjati ; āvajjitvā ñaṇena adhiṭṭhāti 'hatthapāse hotūti,' hatthapā se hoti. so nisinnako vā nipannako vā candimasuri ye pāṇinā āmasati parāmasati parimajjati. yathā manussā pakatiyā aniddhimanto kiñcid eva rūpagataṃ hatthapāse āmasanti parāmasanti parimajjanti. evamevaṃ s o iddhimā cetovasippatto nisinn ako vā nipannako vā candimasuriye pāṇinā ām asati parāmasati parimajjati. 7-(5).

299) 관련 내용은 제I장 '2. 붓다의 좌법, 빠르양까 paryaṅka'를 참조할 것.

300) 『브라흐마수뜨라』(400~450년경)는 인도철학에서 가장 유력한 학파인 베단타학파(Vedāntravāda)의 근본성전이다. 저자 바다라야나Bādarāyaṇa(BCE 1세기경)는 이 학파의 개조로 추정된다. 베단타는 '베다 성전의 끝 부분(완성)'을 의미해서 우파니샤드를 가리키기 때문에 우파니샤드의 학도(Aupanisada)라고도 한다. 그래서 우파니샤드 사상의 중심인 브라만을 우주의 유일 절대의 궁극원인이라고 하여 일원론을 주

7의 '명상은 오직 앉은 상태에서 행해야 가능하다'는 경문 이하 4.1.10에 이르도록 선정(드야나Dhyāna)수행에서 좌법의 중요함을 역설한다. 그는 연화좌(padmāsana)를 언급하면서 Dhyāna를 하나의 대상에 마음이 몰입된 경우에 비유하며 일념으로 유지되는 것으로 정의한다. 그리고 걷거나 뛰는 동안에는 몸을 움직여서 마음이 함께 흐트러지고, 서 있을 때는 마음이 몸을 유지하는데 뺏겨 미세한 것을 관조할 수 없으며, 누워 있을 때는 순식간에 잠들 수 있기 때문에 명상이 불가능하므로 Dhyāna는 앉음으로써 이루어진다고 설한다.

하타요가에서 연화좌는 다른 요가적 수련, 즉 쁘라나야마Prāṇāyāma, 무드라Mudrā, 까발라브하띠Kapālabhati(정뇌호흡), 다라나Dharaṇā, 드야나Dhyāna, 사마디Samādhi(삼매)에 적용하여 라야laya[301]로 안내하거나 전념할 수 있도록 한다고 제시되었다. 특히 이러한 좌법의 정신생리적 효력은 선정수행의 지속성과 관련된다.

슈바짠드라Śubhacandra의 갸나르나바*Jñānārṇava*(지혜의 바다; 11세기경)[302]는 삼매의 지속과 연관해서 좌법(āsana)의 중요성을 다음과 같이 설한다.

> 나무나 석판 또는 흙이나 모래 위에서, 현명한 자(yogi)는 삼매에 이르게 하는 실로 안정된 좌법을 취해야 한다.26.9
>
> 묵언수행자(muni)는 안락하게 앉아 있으면 그 좌법에 의해

장한다.

301) laya는 '흡수', '부착', '소멸', '용해'를 의미한다. 즉 기가 수슘나나디로 흡수되어 사라지는 현상을 묘사하는 말이다.

302) dhyāna의 방법과 그 효력에 대해서 논한 자이나교의 중요한 문헌으로서, 존재론과 요가의 빛에 대해서 다룬다.

서 마음이 고요해지는 그것(āsana)을 수련해야 한다. 26.11

장소와 좌법에 관한 규칙은 선정(dhyāna)의 성취에 있어서 근본토대이다. 그렇지 않다면, 묵언수행자(muni)의 마음은 곧바로 산만해진다. 26.20

이제, 감관이 조복된 요가수행자는 좌법을 통달해야 한다. 좌법이 안정된 수행자는 삼매에서 결코 흔들리지 않는다.26.30

그러나 좌법 수련에 취약하면 몸의 안정은 존재하지 않는다. 몸의 취약함으로 인해 삼매에 든 상태에서 [삼매의] 지속이 방해받는다. 26.31

좌법을 통달한 요가수행자는 바람, 열기, 추위 등등 그리고 해충들에 의해서 괴롭힘을 당할 지라도 [삼매의 지속이] 방해받지 않게 된다. 26.32[303)]

이처럼 좌법은 삼매에 이르기 위한 예비적 수행에 그치는 것이 아니라 삼매를 지속시키는 필수 조건임을 명시하고 있다. 따라서 『요가수뜨라』에서 āsana를 "견고하고 안락한 것이 좌법이다"[304)]라는 정의와 더불어, 『요가수뜨라 주석』에서 "좌법에 능통하기 때문에, 추위와

303) dārupaṭṭe śilāpaṭṭe bhūmau vā sikatāsthale |
samādhisiddhaye dhīro vidadhyāt susthirāsanam ||26.9
yena yena sukhāsīnā vidadhyur aniścalaṃ manaḥ |
tat tad eva vidheyaṃ syān munibhir bandhurāsanam ||26.11
sthānāsanavidhānāni dhyānasiddher nibandhanam |
naikaṃ muktvā muneḥ sākṣād vikṣeparahitaṃ manaḥ ||26.20
athāsanajayaṃ yogī karotu vijitendriyaḥ |
manāg api na khidyante samādhau susthirāsanāḥ || 26.30
āsanābhyāsavaikalyād vapuḥsthairyaṃ na vidyate |
khidyante tv aṅgavaikalyāt samādhisamaye dhruvam || 26.31
vātātapatuṣārādyair jantujātair anekaśaḥ |
kṛtāsanajayo yogī khedito 'pi na khidyate ||26.32

304) sthirasukhamāsanam || YS 2.46

더위 따위의 상반하는 것들에 의해 굴복당하지 않는다."(YSbh 2.48)[305]는 설명은 '삼매(선정)의 지속'에 있어서 좌법의 정신생리적 중요성을 입증한다.

좌법은 삼매를 지속시킨다.
적정과 몰입의 삼매는 바르게 앉는 것으로부터 시작된다.

움직이지 않는다면 언제나 마음을 몰입시킬 수 있는 조건은 갖추어진 것이다. 움직인다는 것은 마음을 빼앗는 대상이 있다는 것이므로 정지하여 고요함에 이르는 것이 가장 중요하다. 이러한 의미에서 앉는다는 것은 정지를 위한 최적의 조건이 된다. 몸의 움직임을 최소화하면 마음의 움직임을 관조할 수 있다.

몸의 움직임을 정지하는 것이 몸을 부정否定하는 것이 아니다.

일반적으로 종교 전통에서는 몸을 부정否定해야하는 부정不淨한 것으로 봄으로써 육체에 대한 집착을 극복하고자 하였다. 몸의 고통에 마음이 관여할 바가 아니라고 하여, 죽음을 마다하지 않는 고행苦行(tapas)[306]을 실천함으로써 몸이 고통을 받을수록 마음은 청정해진다고 착각하기도 한다. 이러한 관점에서 부정관과 극단적 고행이 영적 수행의 참모습으로 이상화되기도 한다.

불교전통에서도 한때는 부정관不淨觀이 적극적으로 실천되었으며

305) śītoṣṇādibhirdvandvairāsanajayānnābhibhūyate || YSbh 2.48
306) 붓다는 6년 동안의 고행을 한 다음, 육체를 괴롭히는 방식으로는 고苦를 소멸할 수 없음을 깨닫는다. 몸과 마음의 극단적 수행을 버리고 중도의 길을 가게 된다.

극단적인 혐오와 회의주의로 변질되기도 하였다.[307] 불교에서 육체의 부정관이 여전히 유효한 초보 수행법으로 실천되고 있지만, 이 부정관은 육체가 더럽다거나 욕망덩어리라는 신념을 강조하는 것이 아니라, 미세한 몸을 자각하기 위해서 거친 육체를 부정적으로 언급할 뿐이다. 부정관은 육체를 자기라고 아는 유신견有身見을 버리고, '숨 쉬는 몸'을 자각하기 위한 예비적인 수련 방편으로 이해되어야 한다. 그래야 부정관이 호흡을 관조하는 아나빠나 사띠와 일관된 맥락으로 성립될 수 있다.

살아 숨 쉬는 몸을 시체에 비유하고, 단식과 같은 고행을 통해 육肉으로서의 존재를 최소화하는 방식으로 고의 소멸은 불가능하다. 붓다 또한 정신적 기능을 최소화하는 선정을 수행하고 그 한계를 자각하여 6년간의 육체적 고행을 한 결과 극단적인 몸수행과 마음수행으로는 삶의 본 모습을 자각하는데 한계가 있다고 깨달았다. 이렇게 붓다가 중도의 길을 깨달았다는 가르침은 몸과 마음의 이분적인, 또는 유심론적인 편견으로부터 벗어나도록 한다.

생노병사, 희노애락이 마음만의 문제로 일어나는 것이 아니다. 색→수→상→행→식으로 연기하는 생명현상을 알아차리지 못하는 무지로 인해 고통이 가중되고, 고의 소멸이 어려워진다.

---

307) 육신肉身에 대한 탐착을 버리기 위해 육신의 더러움을 관조하는 수행법. 『쌍윳따니까야』 10권, 〈호흡품 베쌀리경〉)에는 부정관을 수행하던 중에 자살을 하는 비구들이 많았다고 기록하고 있다. 『잡아함경』(제 29권 13, 〈금강경金剛經〉)에는 심지어 비구들이 외도外道를 찾아가 죽여 달라고 부탁하는 내용이 있다. 이런 부작용을 방지하고자, 붓다는 호흡을 관조는 호흡관(아나빠나 사띠)을 기초로 하여 몸(身)·느낌(受)·마음(心)·법(法)의 사념처四念處를 차례대로 수행하라 설하는 내용이 기록되어 있다. 이는 부정관 수행의 본의를 왜곡해서 받아들일 수 있는 근거로 활용된다.

알아차리기 위해서 마음이 흔들리지 않도록 잘 앉아야 한다.
모든 지혜 있는 가르침은 '현실 자체의 부정'이 아니라
'실상에 대한 자각이자 잘못된 인식의 수정'이다.
선정도 생명현상, 삶의 한 부분이다.

제Ⅱ장 '6. 선병을 극복하는 좌법'에서 상기증과 관련된 생리학적 원리를 다루게 되는데, 좌법은 체내 에너지의 순행을 좌우한다는 점에서 바른 좌법은 고의 소멸에 이르는 길과 이어져 있다.

고의 소멸은 탐진치[308]의 제거와 다르지 않다. 탐진치는 '6근(감관)과 6경(대상)'이라는 대상세계를 받아들여 지각하는 과정에서 발생하는 것이며, 몸(kāya)이 갖추고 있는 것이 육입六入(Ṣaḍāyatana, 육처, 6감관)이기 때문에 기본적으로 몸에 대한 알아차림이 철저해야 탐진치의 소멸이 가능하다.

좌법에 대한 무지는 몸에 대한 사띠sati가 부족한 것이다.
수행생리학은 사띠의 결과로 자연스럽게 이루어진다.

마음이 고요해진 거울처럼 맑아진 선정에서 몸과 마음, 즉 오온의 작용을 알아차린다면 좌법의 이치는 자연스럽게 터득된다. 좌법은 선정에 빠르고 바르게 이를 수 있도록 하고 그 지속을 돕는다.

선정은 체험되지 않았기 때문에 모르는 것이 아니라, 단지 그것을

308) 삼독三毒이란 탐욕貪慾(lobha)과 진에瞋恚(dosa, 분노)와 우치愚癡(moha, 어리석음)를 가리킨다. 삼독은 삼불선근三不善根, 삼구三垢, 삼화三火라고도 한다. 탐은 좋아하는 것에 대한 집착, 진은 탐의 이면에 있는 것으로 좋아하지 않는 대상에 대한 반감·혐오·불쾌 등의 감정을 말한다. 치는 있는 그대로의 세계를 이해하지 못한 어두운 마음(무명)이다. 탐진치로 대표되는 번뇌는 아상을 중심으로 생성, 발전되기 때문에 무아에 대한 통찰은 모든 번뇌의 서식처를 없앤다.

자각하지 못하는 것일 뿐이다. 또한 노력 끝에 선정을 체험하더라도 기억 속에 없으면 그것이 선정인지 자각하지 못하곤 한다.

선정의 체험은 호흡을 관조하는 방법이 가장 확실하다. 호흡이 멈춰진 상태(지식止息)가 선정에 가장 가까운 상태다. 마시고 멈추거나 내쉬고 멈추거나 숨이 가슴에서 편안하게 유지되면 마음의 정서적인 변화도 사라진다. 정서적인 변화가 사라진 상태가 지속되면 희열과 안락이 자연스럽게 일어난다. 그 느낌을 잊지 않고 반복하면 선정력이 증장될 것이다.

호흡의 정지(지식止息)와 선정

한역 불전에서 '止息'은 '숨을 멈춘다'는 뜻보다 '분별망상 또는 모든 행을 멈춘다'는 포괄적인 의미로 사용되어 왔다. 즉, '지식'에는 '식息(숨 쉴 식)'을 멈추는 것으로 모든 행을 멈출 수 있다는 의미를 내포하고 있다. 즉 신행身行으로서 숨의 멈춤이 심행心行의 정지로 이어진다.

다음과 같이 수련해보면서 선정 체험을 잘 기억해 둔다.

① 의자에 앉아도 되며 바닥에 앉을 수 있으면 좋다. 좌법을 갖출 수 있으면 교족좌를 하고 양손을 가슴 앞에 편안하게 합장하여 놓는다.
② 깊은 호흡을 몇 차례 반복해서 가슴의 긴장을 풀어준다. 복식호흡을 하려고 애쓰기보다 평소에 심호흡 하듯이 한다. 폐활량

을 크게 하다보면 자연스럽게 호흡방식은 따라온다. 호흡 횟수는 최소 30회 이상 한다.

③ 호흡이 편안하게 커지면서 원활하게 되면 숨을 마시고 멈춘다. 이때 마시는 숨이 가슴 가운데로 들어온다고 생각한다. 가슴이 긴장되지 않도록 전체 폐활량의 70~80%정도로 마신다.

④ 마시고 호흡을 억지로 붙잡는 느낌이 있으면 편안한 정도까지 숨을 조금만 흘려 내보내면서 목과 어깨의 긴장을 풀어준다. 가슴의 긴장을 관조하면서 다시 긴장되면 다시 조금 숨을 내보내면서 긴장을 푼다. 반복해서 긴장될 때마다 조금씩 숨을 내보내면서 마음의 긴장을 풀어준다.

⑤ ②와 같이 심호흡을 하고 또 다시 ③~④와 같이 편안하게 유지한다. 가슴이 사라지는 지점에 이를 때까지 반복한다.

⑥ 절대 억지로 숨을 참지 않는다. 가장 가슴이 안락한 느낌을 유지한다.

이와 같이 호흡의 정지를 체험하다보면, 심작용이 멈춘다는 것을 알게 된다. 그리고 그것이 선정의 체험임을 자각하게 되고 그 기억에 의해서 일상적인 삶 속에서 선정을 수행할 수 있게 된다.

선정은 그 자체로 존재의 속성이다. 우리 내면에 이미 선정이 일어나고 있기 때문에 우리는 호흡을 하고 대상을 인식하며 살아있는 것이다. 다만 우리는 선정에 대한 바른 이해와 기억(sati)이 없는 것 뿐이다. 자각하건 아니건 선정은 언제나 일어난다.

3. 좌법에서의 음양

음양은 상대적으로 작용하지만 상대적인 관념은 아니다.

수행생리학을 바르게 이해하기 위해서는 그간 혼동을 야기했던 음양에 대한 관념적 이해를 극복해야 한다. 생명현상을 시대적·문화적 관념으로 이해하여 좌법의 생리학적 원리가 상황에 따라 달라진다면 수행의 보편성과 일관성(법法)이 유지될 수 있다. 문화적 상대성에 의해 그리고 상대주의적 사고로 생명현상을 개념화한다면, 인간의 좌우를 기준으로 일어나는 현상의 내적 동일성에 있어서 객관성을 확보하기 어렵다. 길상좌와 항마좌의 수행생리학적 차이를 이해하기 위해서는 좌우음양에 대한 직접적인 자각이 가능해야 한다.

그간 다음과 같이 좌법의 생리학적 원리를 설명하곤 하였다.

불교가 중국으로 건너가면서 항마좌가 전통이 되어 오늘날 우리나라에서는 항마좌가 주를 이루고 있다. 그 까닭은 인도에서는 오른쪽은 깨끗하고 왼쪽은 부정하다고 생각하여 깨끗한 것으로 부정한 것을 누른다는 의미로 길상좌를 가장 좋은 것으로 택했지만, 중국에서는 음양사상을 바탕으로 오른쪽은 양인 동시에 동상(움직이는 모양)이며, 왼쪽은 음인 동시에 정상(정지해있는 모양)이라 하는 관습이 있다. 그러다보니 고요하고 정적인 선정을 수행하기 위해서는 음이면서 고요하다고 여기는 왼발로 동적인 오른발을 눌러 제압해야 했으니, 이

런 의미로 항마좌가 전통적인 좌법이 된 것이다.[309)]

이러한 설명은 전상태수田上太秀가 『인도의 선, 중국의 선』에서 주장한 견해와 동일한 것으로서, 천태지의의 이론[310)]을 그대로 전하고 있다. 그러나 이러한 견해는 인간의 생리적 특성을 상대적인 문화적 관습에 대입시킨 것이며, 좌우 음양을 상하 위상차로 치환하여 관념적으로 설명한 것이다. 일본 조동종의 시조 도원(1200~1253)도 〈좌선의〉를 통해 왼발이 위에 놓이는 항마좌를 수행 좌법으로 규정하였다.

문화적인 배경에 따라 몸의 오른쪽이 차갑기도 하고 왼쪽이 차갑기도 한 것은 아니다. 우주 변화의 원리는 인간 생명현상의 원리와 다르지 않다. 개인에 따라 상대적인 편차는 있을지라도 그 편차의 양상이 결정되는 근본적인 생명의 원리는 누구에게나 동일하다. 만일 생리학적 원리에 따르지 않는다면 오히려 다양한 심신의 문제를 야기할 수도 있으므로, 음양은 모든 수행체계의 근간이다.

음양은 누구에게나 동일한 인간의 생명원리다.
음양에서 좋고(유익함, kusala) 싫음(무익함, akusala)이 시작된다.

역사 이래 동서양을 막론하고 무수한 유물과 문헌적인 예들이 현상세계와 인체의 좌우에 대해서 언급하여 왔다. 아리스토텔레스(384~322 BCE)는 피타고라스(582~496 BCE)의 철학에서 유래한 서로

309) 혜거(2014: 67)
310) 천태지의의 『청관음경소』와 『청관음경소천의초』를 참조할 것.

대립하는 것들의 목록을 『형이상학』(*Metaphysica*)에서 위와 같이 열 개의 쌍으로 요약하였다.

〈표Ⅱ-3〉 피타고라스의 대립되는 10가지 목록

유한	무한
짝수	홀수
하나	다수
오른쪽	**왼쪽**
남성	**여성**
정지	운동
직선	곡선
빛	어둠
선	**악**
정사각형	타원형

해부학의 대가이기도 했던 그는 오른쪽이 왼쪽보다 따뜻하다는 관찰 결과를 이론화하였다. 누구나 고요하게 앉아서 눈을 감고 자신의 좌우 손이나 뺨, 또는 귀를 관조해보면 알 수 있다. 이러한 직접적인 체험이 반영되어, 오른쪽을 남성성, 왼쪽을 여성성으로 간주하게 되었다. 그는 인체의 오른쪽이 왼쪽보다 더 따뜻하고, 그 피는 더 순수하고 영적이며, 수분은 덜 갖는다고 하였다. 오른쪽이 수분이 덜하다

는 것은 왼쪽이 '수분의 기능' 즉, 신수腎水가 있음을 의미하며, 좌혈우기左血右氣와도 상통한다. 몸의 오른쪽에서 '열기의 기능', 즉 우명문상화가 생성된다는 통찰은 동서양이 유사하다.

그러나 〈표Ⅱ-3_197쪽〉의 경우, 음양에 대한 이해를 돕기는 하지만, 곧이곧대로 믿는다면 관념화의 문제에 직면하게 된다. 왼쪽-오른쪽 개념에 따라 고대 그리스 의사들은 자궁 속에서 남자는 오른쪽에, 여자는 왼쪽에 놓이며, 오른쪽 고환에서 나온 정자가 아들이 된다고 믿었었다. 동양에서는 자궁 왼쪽은 남아, 오른쪽은 여아라는 공식이 만연해 있었으며, 인도에서는 거꾸로 자궁 오른쪽이 남아 왼쪽이 여아로 여겨졌다.[311] 그림으로 표현될 때도, 동양에서는 좌양우음의 원칙에 따라 남성이 왼쪽 여성이 오른쪽에 배치되지만 서양에서는 반대다. 이처럼 음양을 상징적·관념적으로 적용시킨 사례들은 생명현상을 문화적인 상대성으로 이해하게 만드는 전형적인 경우들이다. 그 결과 실제 현상과 관념 사이에 혼동을 일으키게 한다.

오른쪽과 왼쪽은 우열 또는 선악으로 관념화되곤 한다.

좌우에 대한 준수사항은 아함경에서도 언급된다. 우요삼잡右遶三匝, 편단우견좌슬착지偏袒右肩右膝著地, 오른쪽으로 돌아 올라가는

311) "붓다가 아난에게 이르기를, 가정하여 만일 남아가 [자궁에] 있다면, 어머니의 오른쪽 옆구리로 가서 가부좌를 하고 있다. --중략— 가정하여 만일 여아가 [자궁에] 있다면, 어머니의 복부 왼쪽 옆구리에서 가부좌를 하고 있다."(佛告阿難：「假使有男, 即趣母右脇累趺坐, --중략-- 假使是女, 在母腹左脇累趺坐『佛說胞胎經』)"만약 남아라면 태내에서 어머니의 오른쪽 옆구리에서 등을 향해 궤좌를 하고 있으며, 만약 여아라면 태내에서 어머니의 왼쪽 옆구리에 의지해서 복부를 향해 머물러 있다." (若男處胎依母右脇向背蹲坐。若女處胎依母左脇向腹而住。『阿毘達磨俱舍』)『유가사지론瑜伽師地論』에도 동일한 내용이 있다. 이러한 태아의 위치는 관념적인 설명이다. 남녀 태아의 위치는 좌우 난소로 구분되지 않는다.

모발과 백호 등도 오른쪽을 중시하는 불교 전통의 대표적인 예들이다. 이 외에도 붓다가 마야부인의 오른쪽 옆구리에서 태어났으며, 입멸 시에는 오른쪽으로 누워서 반열반(parinirvāṇa)[312]에 든 경우가 있다. 이를 두고 '인도는 오른쪽을 숭상한다'고 하는 것은 좌우우열左右優劣을 전제로 한 말이다. 〈표Ⅱ-3_197쪽〉의 '선악'처럼 음양을 좌우우열로 관념화 하면, 자연현상을 윤리적인 문제로 오인하게 된다.

일상 생활과 관련된 것으로, 수행승들이 누울 때, 오른쪽으로 눕도록 설하였는데, 『잡아함경』 275 〈난타경〉의 다음과 같은 구절이다.

> 초저녁에도 경행하고 좌선하며 장애를 덜어버려 그 몸을 깨끗이 하며, 한밤중에는 방 밖에서 발을 씻고 방안에 들어가 오른쪽으로 누워, 무릎을 굽히고 다리를 포개고, 마음을 놓지 않고 상想을 밝게 하여, 깨어 일어날 생각을 가진다.[313]

오른쪽으로 눕는 것의 생리학적 원리는 화기는 위로 오르고 수기는 아래로 내려가는 특성을 눕는 것에 적용한 것이다. 이를 단지 종교문화적인 관습으로만 이해하기보다 생명현상의 관점에서 생리학적으로 이해하려는 시도가 요구된다.

인도나 중국은 쁘라나(氣)를 근간으로 하여 생명현상을 음양의 생리학에 따라 이해하였는데, 동일한 생리학적 원리를 따름에도 불구하고 반대의 입장을 갖는다면, 그것은 대부분은 관념화로 인한 것이다.

---

312) 완전한 열반, 즉 윤회 없는 죽음.

313) 於初夜時, 經行, 坐禪, 除去陰障, 以淨其身。於中夜時, 房外洗足, 入於室中, 右脅而臥, 屈膝累足, 係念明想, 作起覺想。"(난타경;북전:잡아함275경, 별역잡아함6경 남전:증지부8집9경)

좌우는 조화와 합일을 전제로 한 상대적인 에너지이다.
좌우 없는 중심이 불가능한 것과 같이,
왼쪽 없이 오른쪽만 존재할 수 없다.

좌우는 우열의 문제가 아니라 생명에너지의 상대적인 현상인 것이다.

평소에 오른쪽을 많이 사용하기 때문에 그 동적인 힘을 제압하기 위해서 왼쪽을 위에 두는 항마좌를 하게 되었다는 중국 선종의 이유는 논리적으로는 타당하지만, 벽돌을 쌓는 것처럼 위에서 누른다(압押)는 말로 좌법의 정신생리적 현상을 온전히 설명하기는 어렵다.

『일체경음의』나 『수선요결』에서 반대쪽 대퇴부를 '제압한다(押)'는 표현은 『무량수경연의술문』, 『기신론소필삭기』, 『좌선의』, 『보근좌선의』 등에서도 '압押', '압壓', '안安' 등으로 이어졌다. 이처럼 중국에서 왼발(손)이 오른다리(손)를 제압한다는 취지는 '마장을 항복시킨다'는 '항마좌'라는 명칭에도 반영된 것이다.

좌측 상위의 관념이 정당성을 확보하기 위해서 중국선종은 동적인 오른쪽으로 정적인 왼쪽을 누르는 길상좌를 한 인도의 불교도가 선정에 이르지 못했음을 먼저 입증했어야 한다. 그러나 이는 시도된 적이 없었으며, 당연히 입증될 수 없는 것이다.

인간의 몸에서 음양은 좌우다.

인도에서 몸을 좌우 합일체로 표현한 예를 살펴보자. 여타 다른 지역에서와 마찬가지로, 인도에서도 인간을 태양과 달로 상징되는 이원적인 생명에너지의 자웅동체이자 소우주로 이해하였다.[314]

인도의 수행생리학도 동양의학과 마찬가지로 음양이라는 상대적 에너지의 원리로 이루어져 있다. 하타요가에서 몸의 왼쪽은 서늘한 달, 즉 수성水性의 좌맥左脈인 이다iḍā 나디nāḍī가, 오른쪽은 뜨거운 태양, 즉 화성火性의 우맥右脈인 삥갈라piṅgalā 나디가 주관한다. 이것이 오른쪽에서 화의 기운(화기火氣)은 내려가고 왼쪽에서 수의 기운(수기水氣)은 올라가야 하는 좌승우강의 음양 원리다.(그림Ⅱ-3_205쪽, Ⅱ-4_205쪽)

[그림Ⅱ-1] 좌우 음양 합일체로서 몸, 아르다나리슈바라

a: Ardhanārīśvara, 북인도 Rajghat 출토, India, Mathura Museum소장, 꾸샨 왕조, 1세기경.
b: Ardhanārīśvara, 북인도, 꾸샨 왕조, 150~200년경.
c: Ardhanārīśvara, 남인도, The Cleveland Museum of Art 소장, Chola 왕조, 1050년.

고대 인도에서 좌우의 생리학을 대표하는 상징은 아르다-나리-이슈바라Ardhanārīśvara[315]이다. 아르다-나리-이슈바라는 음양합일체

---

314) 저자의 〈인도 신화에 나타난 Haṭhayoga 수행생리학〉(2017)을 참조할 것.
315) ardha(절반) + nārī(여성) + īśvara(自在神). 이 陰陽 합일의 개념은 기원 이전으

로서 인간의 근원적인 생명현상에 대한 표현이다. 몸의 왼쪽에 시바Śiva, 오른쪽엔 파르바티Pārvatī가 한 몸으로 합일된 도상은 음(이다iḍā, 좌맥)과 양(삥갈라piṅgalā, 우맥)을 신격화한 것이며, 인간을 음양의 생명에너지가 결합된 생명체로 이해한 것이다.

아르다-나리-이슈바라는 CE 1세기 중엽 이래 힌두교에서 가장 널리 성행한 모티프 중 하나이다. b와 c는 동일한 자세이며 a도 목과 어깨의 각도를 고려하면 동일한 자세로 추정된다. 왼쪽 골반은 상승하고, 오른쪽은 하강하는 동세를 하고 있는데, 이것은 모든 아르다-나리-이슈바라의 상에 적용되는 도상학적 규범이다. 이러한 동세는 좌우 생명에너지의 순환, 즉 '좌승우강'과 '수승화강'의 원리를을 시각적으로 드러낸 것으로 보는 것이 타당하다. '오른쪽은 아래, 왼쪽은 위'라는 도상학적 규범은 천태지의가 주장한 좌측 상위의 관념과 다르지 않다. 이는 왼쪽의 차가운 기운은 위로, 오른쪽의 뜨거운 기운은 아래로 둔다는 논리에 부합한다.

다만, 중국에서 좌법은 동적인 오른쪽을 정적인 왼쪽으로 누른다는 물리적 위상차에 치중한 결과, 서역 전통의 길상좌법을 버리고 항마좌와 항마수인를 선택했다. 이는 중국 선종도 그만큼 좌법과 수인을 중시하였음을 반증하는 것이다. 왼발을 올리건 오른발을 올리건

로 거슬러 올라가겠지만 유물로 남아 있는 가장 오래된 것은 CE 1세기경(꾸샨왕조)이다. "쿠샨왕조에 이르러서 비로소 양성구유신상이 인도의 회화나 조각예술에 표현되기 시작했으며, Gupta왕조 시대(320~600)에 그 양식이 완성되었다. 가장 이른 시기의 양성구유신상은 꾸샨왕조 시대 적색 사암 돌기둥에 새겨진 것으로 현재 마투라 박물관에 보관되어 있다. 이 부조는 아르다나리슈와라에 관한 최초의 '가장 확실한 도상학적 증거자료'로 간주된다. 꾸샨왕조 이후 양성구유신상은 수 세기 동안 북인도의 Kashmir와 네팔에서 남인도의 타밀나두(Tamil Nadu)에 이르기까지 사원 외벽의 부조나 회화에 다양하게 묘사되었다."(이거룡 2013) Chandra(1985)는 [그림 II-1_201쪽]a를 5세기 초로 추정함.

차이가 없다면 굳이 길상좌를 항마좌로 바꿀 필요가 없었을 것이다.

이처럼 좌우 다리 모양에 따른 좌법의 정신생리적 차이를 중시하였기 때문에 불타파리(佛陀波利, 7세기)도 길상좌를 버리고 항마좌를 하게 된 중국 선종을 비판하였다. 『수선요결』에서 그는 오른손(動相, 陽)을 왼손(靜相, 陰)으로 제압하는 중국 선종의 좌법이론을 비판하고, 오른손이 왼손 위에 놓이는 수인을 불조상승佛祖相承의 법이라고 하였다.

수인의 근본은 '촉의 원리'!

[그림Ⅱ-2] 선정인(Bhairava mudrā)의 두 가지 모양[316]

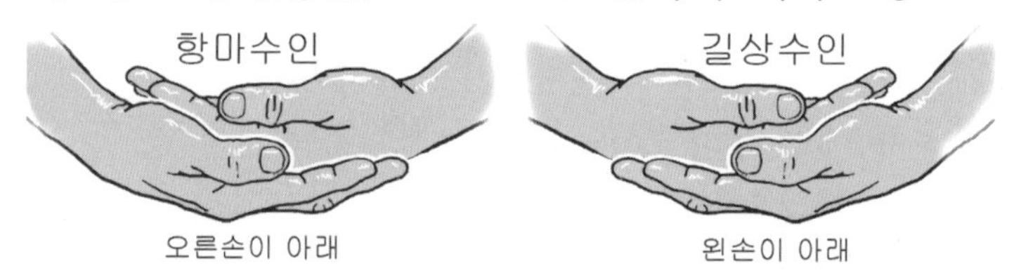

[그림Ⅱ-2_203쪽]와 같이, 좌우 손의 위치가 달라지면 정신생리적 변화도 달라진다. 항마선정인은 길상선정인의 역수인이다.[317]

---

316) 선정인은 선정을 위한 수인으로, 삼매인, 삼마지인이라고도 한다. 밀교에서는 법계정인이라 하며, 태장계대일여래의 수인으로 알려져 있다. 양 엄지 끝을 맞붙이는 것은 남북방 초기불상에서 필수는 아니었기 때문에 그림에서는 이를 따랐다. 그러나 좌우의 중심 맥도는 정수리(사하스라라 짜끄라)에서 엄지손발가락으로 이어져 있으므로 엄지손가락이 마주 닿도록 해야 중심맥도가 더욱 확연해진다.

317) 염중섭(2016)은 〈동아시아 불상에서 확인되는 역수인 문제 고찰〉에서 역수인이 동아시아 불상만이 가지는 특징적인 면으로서 문화권의 차이에 의해서 역수인이 파생되었고, 비율을 결정되었다고 한다. 그는 인도문화가 오른쪽을, 중국문화는 왼쪽을 숭상하기 때문에 손발이 놓인 위치가 상반된다는 도상학적 관습을 지적하고, 동아시아 불상의 수인변화를 크게 3가지로 분류했다. 첫째, 항마촉지인(bhūmisparśa mudrā)과 같이 역수인의 변화가 없는 경우. 둘째, 선정인에서 확인되는 것과 같이 완전히

손을 상하로 겹치는 수인은 물리적인 '압押'의 논리가 아니라, 자석이나 전극의 +과 -가 상호작용하는 것처럼 '촉觸'에 의해 좌우에너지의 순환이 일어나는 것이다. 좌수상左手上은 음기를 강화하고 우수상右手上은 양기를 강화한다. 두 가지 수인 모두 독특한 상대적인 특성이 있다. 따라서 수인과 좌법의 생리학적 원리는 양적인 오른쪽과 음적인 왼쪽 사이의 상대적 경향성, 상호 길항관계와 좌우에너지의 순환 원리로 드러난다. 이에 대해서는 Ⅲ장과 Ⅳ장에서 구체적으로 다루어지겠지만, 인간에 대한 근본적인 이해는 좌우 음양에 대한 이해에서부터 시작된다.

좌우가 접촉하면 순환이 일어난다.
인간은 좌우음양의 합일체이다.
좌우에 대한 관조 없이 인간에 대한 이해는 불가능하다.

좌우의 생리학은 티벳의 『사부의전四部醫典』의 14번째 도상을 통해 확인된다. 원본을 재현한 [그림Ⅱ-3_205쪽]에서 왼쪽은 차가운 성질의 푸른 색 나디들이 흐르고, 오른쪽에는 따뜻한 성질의 붉은 색 나디들이 흐른다. 그래서 오른쪽 반신은 붉은색, 왼쪽 반신은 푸른색으로 그려져 있다. 좌우 콧구멍으로부터 중심의 맥륜(짜끄라)을 경유하면서 발끝까지 흐르는 흰 색과 붉은색 선은 음적인 랄라나lalanā(이다iḍā)맥도와 양적인 라사나rasanā(삥갈라piṅgalā)맥도를 나타낸다.

역수인으로 일반화되는 경우. 셋째, 천지인天地印이나 지권인智拳印 그리고 하품중생인下品中生印에서 확인된 것과 같이 역수인이 혼재되어 있는 경우이다. 수인의 혼재 양상은 좌법의 혼란양상을 드러낸 것으로 봐도 무방하다. 그러나 그의 논지는 아쉽게 인간의 생명현상을 문화적 상대성으로 해석하는 선에서 마무리되었다.

[그림Ⅱ-3] 티벳『사부의전』에서 좌우 음양의 흐름

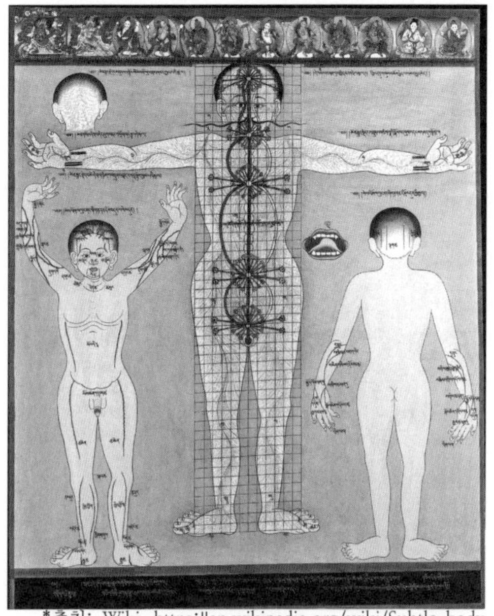

*출처: Wiki, https://en.wikipedia.org/wiki/Subtle_body

〈표Ⅱ-4〉 근본삼맥의 위치[318]

맥(nāḍī)의 이름	별칭	위치	상단	하단	운발물	색상
중심맥 아와두띠 avadhūtī	치癡 우치의 맥	중앙	미간	생식기의 끝	바람 (풍風)	청색(바깥) 적색(안쪽)
우맥 라사나 rasanā	진瞋 분노의 맥	오른쪽	오른쪽 콧구멍	생식기의 끝	피 (혈血)	적색
좌맥 랄라나 lalanā	탐貪 탐욕의 맥	왼쪽	왼쪽 콧구멍	생식기의 끝	정액 (정精)	백색

318) **중암**(2009: 441)의 『금강신론석』

하타요가와 동양의학에서 나디(경맥)로 마음이 흐른다고 통찰하였듯이, 심신상관의 나디생리학은 밀교에서도 열이 많은 우맥은 분노의 정서, 상대적으로 열이 없는 좌맥은 탐욕의 정서와 연계된다.

티벳 밀교에서 하얀 보리심(백정白精)은 중심맥中心[319]脈의 꼭대기에 존재하는데, 달과 물의 특성으로 색이 하얗고 서늘하며, 붉은 보리심(적정赤精)은 배꼽 아래 3맥이 합하는 쑴도(Sum mdo, 삼합처三合處)에 존재하는데, 태양과 불의 특성으로 색이 붉고 따뜻한 감촉이라고 하였다. 또한 유정이 임종하면 하얀 보리심(lalanā)은 아래로 내려오고, 붉은 보리심(rasanā)은 위로 올라간다고 하여 죽음 또한 좌강우승의 에너지 흐름으로 드러난다. 이처럼 좌우는 삶과 죽음, 생명력의 증장과 소진에 관련된 생명에너지의 현상이다.[320]

좌맥(iḍā 또는 lalanā)은 여성적 에너지의 흐름, 우맥(piṅgalā 또는 rasanā)은 좌맥에 비해서 상대적으로 뜨거운 남성적 에너지의 흐름이다. 좌우를 남녀에 대응시키는 문화적 패턴은 여기서 비롯된 것이다. 이 두 나디로부터 인체의 모든 나디에 생명력이 공급되므로 좌우로 확장되는 부수적인 나디들이 이 두 나디에 뿌리를 두고 있다. 좌맥과 우맥은 좌우 나디들이 모여드는 큰 강과 같은 맥도다.

[그림Ⅱ-4_207쪽]의 왼쪽 그림을 보면, 태양의 기운을 닮은 우맥은 오른쪽 눈과 코를 기점으로 하여 몸의 오른쪽과 다리로 이어진다. 달의 기운을 닮은 좌맥은 왼쪽 눈과 코를 기점으로 하여 몸의 왼쪽과 다리로 이어진다.

---

319) '中心'은 심장에 모든 나디가 연결되며, 마음작용의 의지처라는 의미로 사용된다.
320) *Koṅ sprul Yon tan rgya mtsho, Zab mo naṅ don snaṅ byed*(『금강신론석』), 『藏族十明文化傳世經典叢書:噶擧系列 第20券』, 西寧(China): 青海民族出版社, 2001.

[그림Ⅱ-4] 좌우 맥도(나디)와 좌우 신장[321]

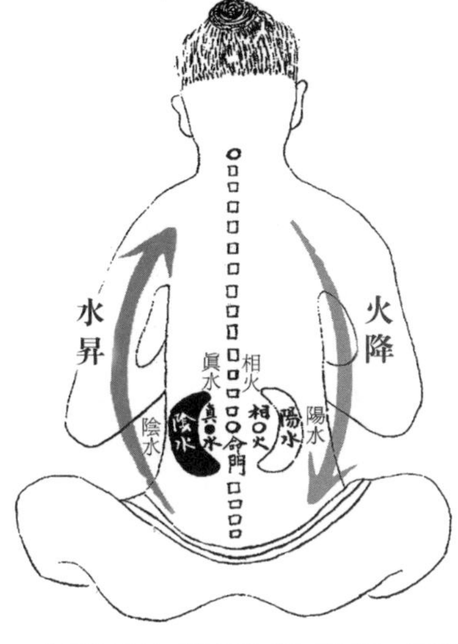

『도양전서』(道养全书), 盖 建, 2001.

명문命門을 그린 오른쪽 그림을 보면, 좌우 두 신장의 상대적인 음양작용에 의한 에너지 승강작용, 즉 '오른쪽의 상승하려는 속성의 火'와 '왼쪽의 하강하려는 속성의 水'를 보여준다. 좌청룡우백호도 이러한 좌우에너지의 승강을 상징적으로 간결하게 드러낸 것이며, 이는 요가에서 이다(좌맥)와 삥갈라(우맥)의 좌우 나디에 의해서 일어나는 좌승우강과 동일하다. 이와 같이 달과 태양에 비유되는 체내 음양에너지는 동양의학의 명문학설[322]과 상통하는 생리학적 원리다. 우명문

321) 굵은 선, 화살표, 문자는 저자가 추가하였다. 왼쪽의 나디 도상는 Tansley(1984)의 *The Subtle Body*에서 최초로 알려졌으나 출처와 저자는 미상이다. 다만 Tansley는 이 도상을 티벳에서 발견하였다고 하나, 표기된 문자가 티벳어가 아니라 산스끄리뜨(범어)인 점으로 봐서 인도에서 그려졌을 가능성이 크다.

322) "신이 둘이라고 하는데, 둘 모두 신은 아니다. 그 왼쪽에 있는 것은 신이고, 오른쪽에 있는 것은 명문이다. 명문은 전신의 신기와 정기가 있는 곳이며, 원기가 연결

상화는 자연히 요가의 수행생리학에서 오른쪽 태양(piṅgalā)과 대응되며, 음적인 왼쪽 신장의 신수腎水는 왼쪽 달(iḍā)과 대응된다.

몸의 좌우에 대한 생리학에서 비롯된 음양 원리는 『황제내경』[323]에서 밝히고 있듯이, 음양은 좌우의 생명력이 흐르는 길이다.[324] 또한 『황제내경』에 "수는 음이고 화는 양이다(水爲陰, 火爲陽)"라고 하고 또 "하늘이 양이고 땅은 음이다. 태양이 양이고 달이 음이다(天爲陽 地爲陰 日爲陽 月爲陰)"이라고 하였다. 동양의학의 생리학에서 음양관은 좌양우음으로만 표현되는 것이 아니라, 우명문상화右命門相火와 좌신수左腎水에서처럼 왼쪽이 수, 오른쪽이 화로 규정되기도 한다.[325] 『야선한화』에서도 상화에 대한 내용이 몸의 좌우 생명현상을 이해하는 단초로 제공된다.

고인의 말에 의하면 "상화가 위로 올라가기 쉬우면 몸에 고

되어 있는 곳이다. 남자는 그곳에 정을 저장하고 있으며, 여자는 포와 연결되어 있다. 그래서 신은 하나 만임을 알 수 있는 것이다."(腎兩者, 非皆腎也. 其左者爲腎, 右者爲命門. 命門者, 諸神精之所舍, 原氣之所繫也, 男子以藏精, 女子以繫胞. 故知腎有一也. 『난경難經』〈36난〉) 요가 생리학이 열기(火)를 제어하는 수련체계라는 면에서 동양의학의 명문상화 이론이 거론되지 않을 수 없다. 명문에 대한 다양한 학설이 있지만, 명문설의 기원이 되는 『난경』에는 오른쪽 신장을 명문命門이라고 하고 이곳이 상화相火의 장기라고 하였다.

323) 편찬은 BCE 200년경에 이루어졌으나, 후대에 첨부된 부분도 없지 않다. 『소문素問』과 『영추靈樞』의 2부분으로 이루어져 있다. 동양의학의 가장 중요한 경전으로 음양오행 원리에 기초하고 있다.

324) "음양이라는 것은 하늘과 땅의 도리이며 만물의 강기(법칙을 정하는 강령)이며 변화의 부모입니다. 생겨나게 하고 죽이는 것의 근본과 시작이며 신명(신령)의 창고입니다. 질병을 치료할 때에는 반드시 그 근본에서 구하여야 합니다." (黃帝曰 陰陽者, 天地之道也, 萬物之綱紀, 變化之父母, 生殺之本始, 神明之府也. 治病必求於本. 『황제내경 소문』〈음양응상대론편〉)

325) 겉과 속(표리表裏)으로 오르고 내리는(승강升降) 작용, 본체(體)와 활용(用)에 있어서 음양은 단일한 개념이 아니다. 겉과 속의 음양, 승강운동에 따른 음양, 본체와 활용에서의 음양 등 맥락에 따라 정확한 개념 적용이 요구된다. 음양을 언어적인 개념으로 획일적으로 적용하는 것이 잘못이다.

통이 있게 된다. 물을 보충하는 것은 불을 제압하게(制) 하기 위해서다." 대개 화에는 상화와 군화(심화)[326] 두 가지 뜻이 있다. 군화는 위에 머무르며 고요함(靜)을 주관하고, 상화는 아래에 머무르며 움직임(動)을 주관한다고 하였다.[327]

'물이 불을 제압한다'는 내용은 수에너지인 좌신수와 화에너지인 우명문상화의 관계를 의미한다. 이는 오른쪽의 우명문상화가 '움직임(動)'을 주관하므로, 이 불을 제압하기 위해서 물이 위에 있어야 된다는 의미로서, 왼쪽의 신수는 위로 올라가고, 오른쪽의 상화는 내려가는 좌승우강에 해당한다. 여기서 상하는 체내 에너지의 운동성을 표현한 것이지 좌우 다리(손)의 상하 위치가 아니다.

좌양우음과 좌음우양은 상호 상충되는 이론이 아니다.
승강과 한열이라는 다른 관점에 따른 차이일 뿐이다.

하타요가에서도 태양(오른쪽 piṅgalā-nāḍī)의 자리는 배꼽이고 달(왼쪽 iḍā-nāḍī)의 자리는 입천장 위이다. 그래서 요동치며 역상하는 체내의 태양(相火)이 입천장에서 흘러내리는 감로를 소진시킨다는 것을 "신성한 모습을 한 달로부터 [불사의] 감로가 흘러나오는데, 그 모든 것을 태양(sūrya)이 삼켜서 소실시킨다. 그로 인해 육체는 노쇠

326) 상화는 생명현상을 일으키는 힘이고, 군화는 오장육부의 임금(君)으로서 심장이 지닌 가슴의 불이다. 군화가 중심의 불이라면, 상화는 왼쪽 신장의 신수에 상대되는 오른쪽 신장의 불이다. 일반적으로 간, 담, 삼초는 모두 그 속에 상화가 있는데 그 화가 모두 명문에 뿌리를 두고 있다. 그래서 상화의 근원은 주로 명문에서 발한다. 군화와 상화가 상호 배합되어 장부를 온양함으로써 생명 기능이 일어난다.

327) "古人曰く、相火上り易きは身中の苦む所、水を補ふは火を制する所以なり。蓋し火に君相の二義あり、君火は上に居して靜を主どり相火は下に處して動を主どる。"(『야선한화』)

하게 된다"[328]고 하였다.

이러한 좌승우강, 수승화강의 원리는 동양의학과 도교수행, 요가생리학의 상식이다. 천태지의가 왼쪽 손발을 위에 두도록 한 배경에도 이 원리가 내포되어 있다. 밀교부에 속하는 『청관음경소』(천태지의)에서 관련내용은 다음과 같다.

> 몸을 단정히 하는 것이 조신調身이요, 마음을 바르게 하는 것이 조심調心이며, 마음의 기운이 끊어짐 없이 원만히 이어지는 것이 조식調息이다. 몸을 단정히 한다는 것은 곧 계戒를 기준한 것이요, 마음을 바르게 한다는 것은 곧 정定(선정)을 기준한 것이며, [身心이] 기운과 서로 이어지는 것(相續)은 곧 혜慧를 기준한 것이다. 이것은 계와 정과 혜를 밝혀 세 가지(조신, 조심, 조식)를 조절하는 것이다. [첫째로] 세간의 양은 위에 있고 음은 아래에 있는 것에 속박되어 있어서, 세간의 풍속에 따르게 되는 까닭에, 왼쪽의 양을 아래에 두고 오른쪽[329]의 음을 그 위에 위치하게 하는 것이다. [반대로] 장차 선정의 고요함에 이르는 법을 찾고자 한다면, 양이 흩어지려는 것을 진정시키켜야 한다. 세속에는 이미 몸가짐이라는 것이 있는데, 그것이 곧 계를 가지고서 거칠고 난폭한 것을 제어하고 단속시키는 것이니, 곧 계를 통해 모든 것을 치유하는 것이다. 두 번째로, 양은 움직이는 모습(動)이요 음은 고요한 모습(靜)이니, 고요함(靜)으로 움직임(動)을 진압한다는 것은 [삼사의] 혼란을 제압하는 방편이므로, 즉 선정의 상태에서 모든 것을 치유하는 것이다. 세 번째로, 오른쪽은 방편을

328) 『하타요가쁘라디삐까』 3.77
329) 원문 "右陽居下右陰處上"은 문맥상 첫 번째 '右'를 '左'로 바꿈.

> 표방하고 있고 주도적 힘을 특성으로 하지만 아래에 위치하고 있고, 왼쪽은 결실로 드러난 지혜로서 위에 위치하고 있으니, 이것이 곧 '주도적 힘으로부터 시작된 것이나 결실로 드러난다.'라는 것으로서, 이것이 바로 혜를 나타낸 것이다. 이것이 계정혜[에 대한 설명]이다.[330] *밑줄·괄호는 저자.

그는 오른쪽에서 아래로 내려가는 우강과 왼쪽에서 올라가는 좌승을 계정혜와 연계해서 설하고 있다. 그는 좌양우음이 아니라 좌음우양을 설하였다. 오른 손발이 동적인 특성(동상動相)이고 왼 손발이 정적인 특성(정상靜相)이라고 직접적으로 표현하지는 않았으나, 오온과 좌음우양이 결합된 교설을 펼치면서 좌측의 음은 왼쪽 팔다리, 오른쪽의 양은 오른쪽 팔다리에 배속된다고 설하였다.[331]

천태지의에서 비롯된 좌상위左上位의 좌법에 대한 구체적인 원리는 이와 같이 좌음우양의 본의와 다르지 않다. 다만 왼쪽으로 오른쪽을 누른다는 취지에 따라 반가부좌와 수인을 항마좌식으로 설하였기 때문에, 후대에 좌상위의 항마좌가 지속되었던 것이다.

『청관음경소천의초』(589년)에서도 다음과 같이 '왼쪽의 음은 위에 오른쪽의 양은 아래에 두는 것(左陰上右陽下)'을 설하고 있다.

> 좌음우양이란 대개 방위에서 연유한다. 동남은 양에 속하고

330) 從端身是調身。正心是調心。心氣相續是調息。端身是約戒。正心是約定。氣相續是約慧。此明戒定慧調三事。約世間陽上陰下。隨世俗故。右陽居下右陰處上者。欲將定靜之法。鎮於陽散也。世俗既有威儀。此即是以戒法。禁約麁獷。即對戒也。二陽動相陰靜相。以靜鎮動。是制亂方便。即對於定。三者右表方便。屬權而居下。左是實智居上。是則自權而顯實。此即表慧。此戒定慧。(『청관음경소』)

331) 각주 203)의 원문과 한글번역 참조할 것. 오온을 오음五陰이라고 함.

서북은 음에 속한다. 이 방위의 예법은 임금과 부모와 스승이 남면할 때 왼쪽이 동쪽, 오른쪽이 서쪽이 되는 것이다. 즉 좌양우음이다. 서역의 예법은 이 셋(군부사)이 모두 동쪽을 대면하는데(東面),[332] 그러면 왼쪽이 북쪽, 오른쪽이 남쪽인 고로 左측이 음이다. 열반경에 예를 들어 서쪽과 북쪽이 위쪽(上)이 되므로 왼쪽이 上이라고 설하였다. [바깥 대상에 대해] 추화推畫(추측해서 그리는 것)[333]는 양의 밝음(明)처럼 [밖으로] 현현하고, 사수思數(생각)[334]는 음의 어둠(暗)처럼 안에 있다. 눈, 코, 입, 귀, 촉각 5개 감각기관(오식五識)이 머리에 있다는 것은 안이비설이 머리에 갖춰져 있으며, 몸이 비록 전신을 의미하지만 머리 역시 몸인 까닭이다.

몸을 단정하게 함은 가부좌를 함이다. 이것이 계를 갖추는 것이다. 신행과 구행을 경계하여 제어하므로 단정한 몸을 갖추게 된다. 定은 산란심을 제어하는 고로 올바른 마음(正心)을 갖추게 한다. 혜는 능히 생각에서 생각으로 이어지면서 분별하는 고로 상속을 갖추게 한다. 양이 위(上)에 있고 음이 아래(下)에 있음은 천지와 같은 것이다. 이는 세속에서 쓰이는 바이다. [반면] 오른쪽 양을 아래에 두는 것은 불법을 바르게 겉으로 드러내서 대응시킨 의미이다. 우양좌음은 앞에서 말한 것과 같다. 장차 삼매에 이르고자 한다면, 음은 안정을 드러내고 양은 흩어짐(산散)을 드러내므로 산란하면 선정에 장애가 되니, 고로 음을 위에 두고 양을 아래에 두어야 한다. 세속

332) 『석마하연론』(용수 저, 벌제마다 한역)에도 좌상을 조성하는 법 중 상을 앉히는 방향을 반드시 동쪽으로 정하였다. 이는 후대 인도에서 사원을 조성할 때 해가 뜨는 동쪽을 향하도록 하였던 전통과 같다.

333) 오래 전에 돌아가신 분의 영정을 추측해서 그리는 것을 추화推畵라고 한다.

334) 심왕心王과 심소心所를 구사하여 善惡 등의 일을 일으키는 작용을 하는 心所.

> 모든 것에 위의(법에 맞는 몸가짐)가 있다는 것은 곧 왼손으로 오른손을 누름으로써 세속의 위의(자세)가 된다.335)

음양과 방위의 상관관계는 일반적으로 태양이 뜨고 지는 자연현상을 따르기 때문에 동남은 양, 서북은 음에 배속된다. 천태지의는 동쪽을 앞면으로(東面) 하는 서역의 전통을 근거로 들어 몸의 왼쪽이 북쪽에 놓이므로 음이라고 하였는데, 이는 문화적 상대성에 기인한 것이다. 만일 남면하는 전통이라면 몸의 왼쪽이 동쪽을 향하게 되어 양이 되기 때문이다. 이는 좌우 생명에너지를 몸 이외의 주변 공간에 기준을 둠으로써 발생한 상대주의적 관점이다. 생명에너지로서 음양은 몸의 좌우를 준거로 삼아서 결정되어야 하는데, 기준점이 외부 세계가 되면 인간은 상대적으로 결정된다.

그리고 '음은 안정을 드러내고 양은 산란함을 드러내므로 산란하면 선정의 장애가 되니, 고로 음을 위에 두고 양을 아래에 두어야 한다."고 하고 왼손으로 오른손을 누름(壓)으로써 정定(선정)를 실현하는 것으로 설하였는데, 이는 좌우상하로 순환하는 생명에너지의 흐름을 상하 위상차로 치환함으로써, 음양과 좌우 손을 동일한 범주로 대응시키고 있다. 음양은 에너지 현상이고 손은 물질적 신체이다. 몸을 고형화된 물체처럼 설명함으로써, '남자는 왼쪽 여자는 오른쪽(남좌여

---

335) 左陰右陽者。夫左右陰陽因於方所。東南屬陽西北屬陰。此方之禮君父師南面則左東右西。則左是陽右是陰。西土之禮三皆東面。則左北右南故左是陰也。涅槃云。譬如四方北方爲上。上卽左也。推晝顯現如陽之明。思數在內如陰之暗。五識在頭者。眼耳鼻舌俱在頭。故身雖遍體頭亦身故。
端身者。卽跏趺坐也。是約戒者。戒防身口故約端身。定制亂心故約正心。慧能念念分別故約相續。陽上陰下者。如天地也。此是世俗所用。右陽下正明佛法表對之意。右陽左陰如前記。欲將等者。陰表定陽表散。散卽定障也。故以陰上陽下。世俗旣有威儀者。卽左手壓右手爲世俗威儀也。(『청관음경소천의초』)

우)'처럼 좌우에 대한 관념적 이해가 조장될 수 있다.

또한 '산란함(산散)의 오른쪽', '고요함(정定)의 왼쪽'으로 대응시키는 천태지의의 이론을 따른다면, '길상좌는 선정의 장애가 된다'는 또 다른 결론에 이르게 된다. 결국 그의 설명은 오른 손발이 위에 놓이는 간다라식 결가부좌(길상좌)는 '산란함'을 조장하는 오른발을 왼쪽 위에 두기 때문에 산란심이 더해진다고 주장하는 것과 같기 때문에, 이는 오른쪽을 위에 두는 인도 전통의 좌법 체계를 부정하는 것이다. 이러한 오류는 좌우에 '승(오름)·강(내림)'이 아니라 '정(고요함)·산(산란함)'으로 대입시킨 결과이다.

음양을 좌우에 배속하는 것은 한열과 승강에 따라 다르게 적용된다. 한열에 있어서는 오른쪽이 따뜻하기 때문에 양적이고 왼쪽이 상대적으로 서늘하기 때문에 음적이다. 반면, 승강의 동세에 있어서는 좌승은 오르기 때문에 양적인 움직임이고 우강은 오른쪽에서 내리는 것이기 때문에 음적인 움직임이다. 즉 오른쪽으로 내림(우강)이 음적인 움직임으로서 오른쪽이 음이 된다. 본체(체體)에 있어서 좌는 신수腎水, 우는 명문상화命門相火이며, 그 움직임의 작용(용用)에 있어서 좌는 상양上陽이고 우는 하음下陰이다. 하강하는 움직임을 음적인 것이라는 생각에 따른다면, 우강右降이 定을 증장한다는 결론도 가능하게 된다. 이와 같이 승강의 움직임으로서 좌양우음은 폐의 숙강[336] 기능이 오른쪽에, 간의 상승 기능이 왼쪽에 작용하는 좌간우폐左肝右

336) "폐는 선발과 숙강을 주관한다.(肺主宣發與肅降 폐주선발여숙강)"는 원리를 가리킨다. 선발에서 선은 선포의 줄임말로 '넓게 펴다'는 뜻이고, 발은 발산의 줄임말로 '내보내다'는 뜻이다. 숙강에서 숙은 청숙의 줄임말로 '말게 한다'는 의미이고, 강은 하강의 줄임말로 '아래로 내린다'는 뜻이다.

肺의 원리와 연관된 것이기도 하다.

천태지의는 왼쪽에 대해 『청관음경소』에서는 '정靜'(고요함)으로, 『청관음경소천의초』에서는 '정定'(고정 또는 선정)으로 다른 한자를 사용하여 의미를 부여하고 있는데, 이는 그가 '음의 속성으로서 정靜'과 '선정의 정定'을 동일한 개념으로 받아들였다는 것을 의미한다. 그러나 고요함이 선정의 필수적인 요소임은 분명하지만, '음적인 정靜'은 동動의 상대적 개념으로서, '하강하거나 움직이지 않으려는 작용력'이라고 할 수 있다.

'땅을 향해 내려가는 힘'은 움직이지 않으려는 작용력이며 '응축하는 힘'이다. 이 '하강하거나 응축하는 힘'은 금金과 수水로 표현되는 힘이다. 목木과 화火의 양적인 기운에 상대되는 금金과 수水의 음적인 기운(음기陰氣)이 정靜의 속성을 지니지만, 음을 '부동' 또는 '작용하지 않는 것'으로 규정하는 것은 음양의 이치에 어긋난다. 즉, 음적인 특성이 '온전히 고요한 선정(삼매)'과 유사한 측면이 있지만, '하강하거나 응축하는 힘(金水)'을 음정陰靜으로 파악하고, '음기의 고요함(정靜)'을 선정과 동일시하는 것은 바르지 않다.

중심에 몰입되는 선정은 음양의 상대적인 작용력를 초월한 무극無極과 같은 개념이다. "여자의 덕은 한이 없다(女德無極., 『춘추좌씨전』)"와 "무극으로 돌아간다(復歸于無極., 『노자도덕경』28장)", 그리고 "무궁의 문에 들어가 무극의 들에서 노닌다(入無窮之門 以遊無極之野., 『장자』「재유在有」)"고 하고, "사물의 끝나고 시작함은 처음부터 무극일 뿐이라(物之終始. 初無極已., 『열자』)고 하였듯이, 무극은 조건적이고 상대적인 한계에 따른 분별 의식의 초월과 무한성을 의미한다. 무극의 수행론적 의의는 대상과 대상을 자각하는 일상적인 의식을 초월하여 내적 몰입을 통한 근원으로의 환원을 의미한다.

무극과 선정의 개념이 동일하다고 단정할 수는 없을지라도,
생리학적인 원리로는 동일한 지점을 가리키고 있다.

[그림Ⅱ-5] 음정左陰靜과 양동右陽動의 태극도

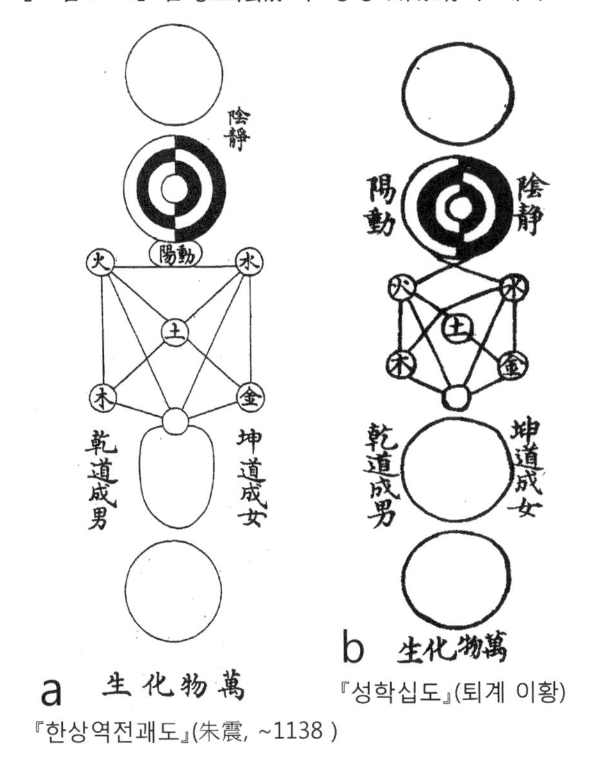

a 『한상역전괘도』(朱震, ~1138)

b 『성학십도』(퇴계 이황)

주자朱子(1130~1200)[337]는 태극에 대해 "나누어지기 이전의 전

337) 주희朱熹라고도 함. 정이천의 이기이원론을 계승하여, 주자학을 집대성한 학자다.

체로 보자면 모든 사물이 하나의 태극이고, 나누어지고 새로 생겨난 개별적 사물의 입장에서 보자면 하나하나의 사물이 각각 하나의 태극이다."(萬物總體一太極 一物各具一太極)고 하였다. 이는 궁극적인 무극이 현상계에도 내재한다고 한 것인바, 따라서 선정이라는 상태도 일상적인 삶 속에서 이미 일어나고 있다는 것과 다르지 않다.

주자에 의하면, 〈한상역도漢上易圖〉([그림Ⅱ-5_216쪽]a)는 진박陳博(희이希夷, 871~989)이 충방种放(955~1015)에게 가르침으로써 시작하여 충방이 목수穆修(979~1032)에게, 목수가 주자에게 전한 것이라고 한다. 〈한상역도〉는 이와 같이 전래된 것이며, 주자는 그것을 기반으로 하여 '주자의 태극도설'을 그리게 된 것이다. 이 〈한상역도〉에는 무극을 의미하는 원 아래 측면에 '음정陰靜', 그 아래 음양을 표현한 태극을 의미하는 원 아래에 '양동陽動'이라고 쓰여 있다.[338] 이는 음양이 좌우의 상대적인 생명현상이면서 동시에 '음정陰靜'이 무극에 가까운 것임을 보여주고자 한 것으로 해석될 수도 있다. 음양현상이 상하로 움직이는 승강을 내포하고 있기 때문에 이와 같이 그렸을 가능성 또한 크다. 이는 주자 이전에 태극도에서 음양이 정동으

어려서 불교, 도교도 공부하고, 정씨학程氏學에 몰두하게 되어, 주염계, 장횡거張橫渠, 이정자二程子(정호程顥와 정이程頤 형제)의 설을 종합 정리하여 주자학으로 집대성하였다. 그는 우주가 형이상학적인 '리理'와 형이하학적인 '기氣'로 이루어져있다고 보았다. 인간에게는 선한 '리'가 본성으로 되어있으나 불순한 '기'로 인하여 악하게 되므로 '격물格物'로 이 불순함을 제거해야 한다고 하였다.

338) 한동석의 『우주변화의 원리』(p. 287)에는 무극의 원 아래에 '陰靜'이 표기되어 있다. 한동석은 "〈漢上易圖〉의 상부에 표시한 흰(白) 空에는 陰靜이라고 표시하고 있는바, 이것은 바로 우주운동의 본원을 표시한 것이다. 다시 말하면 우주는 음양으로 운동을 하고 있는 것인 즉, 그의 운동하는 상象이 표시되려면 반드시 음양의 상태가 나타나야 할 것인데 이 그림은 단순히 素地에 空을 표시한 것은 아무런 운동도 하지 않고 있다는 것을 의미하는 것이다. 그러므로 이것을 靜이라고 하거니와 더욱이 陰靜이라고 한 것은 土의 상태를 의미하는 것이다."라고 하였다. 이는 전통적으로 음양사상에서 '정靜'의 개념이 매우 포괄적으로 사용되었음을 보여주는 예이다.

로 대비되며, 동적인 현상계가 정적인 무극으로 돌아간다는 이론을 보여주는 것이다. 이러한 '상하 음양·정동론'이 바로 천태지의가 '정靜'을 '정定(선정)'과 동일한 것으로 대응시켰던 배경이었을 것이다.

한편, 11세기에 주염계周濂溪(1017~1073)[339]가 태극과 음양오행의 이치를 간결하게 그린 것을 퇴계의 『성학십도』에서 〈태극도〉([그림Ⅱ-5_216쪽]b)는 좌우를 명확하게 대별하고 있다. 이 〈태극도〉의 가장 위의 원은 "이것이 소위 무극이면서 태극이니, 양동과 음정의 본체이다"[340]고 하여, 태극이 무극에서 발생한 것으로 이해되었다. 그리고 위에서 두 번째 원은 음정陰靜(음적인 고요함)과 양동陽動(양적인 움직임)으로 음양이 상대하고 있으며,[341] 더 나아가 음은 수기水氣와 금기金氣[342]의 에너지 작용으로 표현되어 있다. 즉 여기서 음

---

339) 또는 주돈이周敦頤라고도 부른다. 태극도가 유교에서 철학적 의미로 크게 쓰이기 시작한 것은 주염계부터이다. 주염계의 『태극도설太極圖說』은 태극도와 도면의 설명으로 되어 있다. 염계의 저작은 원작이 그대로 전해진 것이 아니라 주자의 편정과 개정을 통해 세상에 유전되었다. 그러나 『태극도설』은 주염계가 지은 것이 확실하며, 원래 하상공이 지었다고 하는 〈무극도無極圖〉라는 것이 있어, 위백양은 이에 근거해서 『참동계參同契』를 만들었다. 그 안에 〈수화광곽水火匡廓〉과 〈삼오지정三五至精〉이라는 두 그림이 있어 도가의 양생도로 전해져 진단에게 이르렀던 것이 주염계에 의해 『태극도설』로 이어졌다.

340) 此所謂無極而太極也, 所以動而陽靜而陰之本體也.(『周濂溪集』「太極圖解」)

341) " '㊌'는 음이 왕성하므로 오른쪽에 자리 잡고, '㊋'는 양이 왕성하므로 왼쪽에 자리 잡으며, '㊍'은 양이 어리므로 '화' 아래에 두었고, '㊎'은 음이 어리므로 '수'아래에 두었으며, '㊏'는 음양이 조화를 이룬 기(沖氣)이므로 가운데 자리 잡았다. -중략- '수'가 '목'이 되고, '목'이 '화'가 되고, '화'가 '토'가 되고, '토'가 '금'이 되며, '금'이 다시 '수'가 되니 마치 둥근 고리에 끝이 없는 것처럼 다섯 가지 기가 펼쳐져 사계절이 운행되는 것이다." 水陰盛, 故居右, 火陽盛, 故居左, 木陽穉, 故次火, 金陰穉, 故次水, 土沖氣, 故居中. -중략- 水而木, 木而火, 火而土, 土而金, 金而復水, 如環無端, 五氣布四時行也.(주자, 『태극해의太極解義』 중 〈태극도해太極圖解〉)
주염계의 『태극도설』은 주자의 해석을 담은 『태극해의』에 의해 '이학(理學)의 본원'으로 알려지게 된다. 이 문헌에서 수금을 오른쪽, 화목을 왼쪽으로 해석하고 있다. 이는 좌양우음으로서 천태지의의 좌음우양 이론과 상반되는 것이다. 그러나 陰陽을 靜動으로 대비하는 이론만은 동일하다. 음양은 오행·오장설에 따르면 좌양우음이 되고, 좌신수 우명문상화설에 따르면 좌음우양이 된다.

342) 목화토금수의 다섯 가지 기운은 오행이라고 하는데, 여기서 목기는 싹이 나오듯

정陰靜은 아무 것도 하지 않는 것이 아니라 動의 상대적인 에너지 작용인 것이다. 이러한 좌우-음양-정동 이론에 따라 '음정陰靜'을 '선정禪定'에 대응시키면, '음정陰靜'에 해당하는 왼쪽의 '수水'와 '금金', 그리고 '곤도성녀坤道成女'가 '定'이 되므로 선정이 상대적인 에너지가 작용하는 상태로 이해되고 만다. 이는 좌우의 상대적인 생명에너지가 중심에 몰입되는 무극 내지 선정의 원리가 간과된 것이다.

이처럼 [그림Ⅱ-5_216쪽]의 a와 b는 동양사상에 있어서 음양과 '음정陰靜'에 대한 개념적 혼란을 보여주고 있다. 즉 음양이라는 말에 상대성이 내포되어 있기 때문에 이를 이분법적으로 실체화하거나, 무극과 동일시하여 적용하는 것은 오류를 범할 수 있는 것이다. 음양이란 음과 양이 각각 별도의 실체로서 존재하는 것이 아니라 상호 연기적 관계 속에서 드러나는 역동적인 생명현상을 이르는 말이다.

결국, 전통적인 중국의 음양사상을 체계화한 태극도를 살펴봄으로써, '선정'을 '음정'으로 규정했던 천태지의의 음양론이 지닌 모순을 발견하게 된다.

음의 작용과 양의 작용이 잦아든 상태가 선정이다.
체내의 음양에너지인 수화에 대한 알아차림이 통찰지다.

수화水火의 작용으로 드러나는 음양은 체내에서 다음과 같이 상호 작용하여 조화를 이루어야 한다.

위로 솟고, 화기는 가지와 잎이 무성하게 자라듯 사방으로 펼쳐지고, 토기는 중심과 주변에 두루 원만하게 조화로우며, 금기는 열매 맺듯이 수렴하여 아래를 향하고, 수기는 씨앗처럼 단단하게 뭉쳐서 아래로 내린다.

> [배꼽 아래] 단전 안에 물(정精)이 있어서, 고로 용궁이라 한다. 물(水)의 성품이 가라앉고 무거워서 아침마다 아래로 흐르게 되고, 신神은 곧 불(火)이니, 불은 성품이 가벼워서 떠오르며, 매 순간순간마다 위로 타오른다. 보통사람들은 물은 밑으로 가라앉고 불은 위로 떠올라서 둘이 분리되어 분산되는 고로 그 도를 이룰 수가 없게 된다. 붓다와 조사는 화기를 응축시켜 물속에 있게 하니, 곧 마음이 저절로 텅 비게 되어, 불이 위로 타오르지 않는다. 물을 불로 끓이면, 물은 밑으로 흐르지 않고 변화하여 기로 되며, 기는 곧 저절로 위로 올라간다. 바로 신이 몰입될 때, 안의 마음은 밖으로 나가지 않으며, 밖의 마음이 안으로 들어오지 않아, 텅 비고 드넓어서 붙들리지 않고 막히지 않으니, 빛을 돌려 반조하는 것이다.[343] (『혜명경』 집설혜명경 제9) *밑줄은 저자

밑줄 부분은 마음의 불(火)이 안으로 몰입되어 신장의 수기와 서로 엉겨서 불이 위로 솟지 않으면 마음작용이 멈춰서 허공이 된다고 한 것이다. 가슴속 진동이 멈추어 심화가 타오르지 않는 상태가 곧 고요한 선정에 비견될 것이다. 『혜명경』에서는 밖으로 향하는 마음의 빛을 되돌려 마음을 비추어 아는 것(회광반조迴光返照)이 가능하려면 수화의 조화가 먼저 이루어져야 함을 밝히고 있다. 즉 음양이 상호 역동적인 조화를 이룰 때 선정(사마타[344])에 이르고 비로소 비추는

343) 丹田之內有水， 故曰龍宮。水性沉重， 朝朝下流； 神即是火， 火性輕浮， 刻刻上焰； 世人沉下浮上，兩離分散，故不能成其道。佛祖以火凝在水中，則心自空，火不焰上；水得火煎，水不下流，化而為炁；炁則自然上升。當凝神之時，內念不出，外念不入，空空蕩蕩，不著不滯，迴光返照。

344) samatha는 지관止觀의 止에 해당한다. 마음의 정지를 통해 관조하는 대상을 여실하게 알아 혜慧를 닦기 위한 기본이다.

것(관觀, 위빠사나)이 가능해진다. 음양은 단지 생명 현상일 뿐만 아니라 정신적인 기능까지 포괄하는 원리인 것이다.

오른쪽이 양적이며 열성이기에 동적이라는 관점은 인도나 서양, 중국이 모두 동일하다. 그래서 좌우 다리를 어떻게 겹치느냐에 따라 좌맥과 우맥, 즉 음양, 수화의 작용이 달라지리라는 생각은 타당하다. 다만, 중국에서 왼발을 오른발 위에, 또 왼손을 오른손 위에 놓음으로써 동적인 오른쪽을 누른다(押)는 좌법 전통도 좌우 음양을 전제를 인정한 것이지만, 그 이유를 온전히 이해하기 위해서는 이론적인 설명보다 실제적인 체험에 근거하여 좌우 맥도(경맥)와 쁘라나(기氣)의 흐름을 통찰하는 수련이 요구된다.

먼저, 좌우 몸에 대해 직접적으로 체험하는 것에서부터 음양을 이해하는 것이 좋을 것이다. 아래 지시대로 따라 해보면서 자신을 관조해 본다.

■ 몸의 좌우는 음양이다.

① 서거나 앉거나 움직임이 없는 자세를 취하고 눈을 감는다.
② 좌우 손을 편안하게 아래로 떨구고 몸의 긴장을 푼다.
③ 좌우 손바닥 가운데의 느낌을 살펴본다. 미세한 전기적 반응과 온도의 차이를 본다. 어느 쪽 손이 더 따뜻하며 크게 느껴지는지 관조한다.
④ 좌우 손가락 다섯 개를 엄지에서 새끼손가락까지 하나씩 비교해본다. 어느 손가락 끝이 더 선명하게 느껴지는지 살펴본

다. 어떤 손가락은 없는 것과 같이 느껴지기도 한다.

⑤ 이제 얼굴에서 좌우를 관조한다. 좌우 귀를 비교하여 본다. 귓구멍의 시원한 정도를 보고 어느 쪽이 좀 더 크게 열려 있는 느낌인지 살펴본다.

⑥ 좌우 귓바퀴와 귀 주변 측두부, 뺨의 온도를 비교해본다.

⑦ 이와 같은 방식으로 좌우 몸의 따뜻한 느낌의 차이를 모든 부위에서 비교해본다.

남방 전통에서도 좌우에 대한 정신생리적 경험은 신족통神足通(잇디위다-아빈냐 iddhividha-abhiññā)[345]을 묘사하는데 나타나기도 한다.

그래서 하늘로 날아 올라가, 오른쪽 눈썹에서는 불을, 왼쪽 눈썹에서는 물을 뿜으며, 이렇게 왼쪽, 오른쪽에서 번갈아 계속 물과 불이 나오게 했습니다. 부처님께서 물과 불을 동시에 보여 주시는 쌍신변 신통지입니다. 그때는 엄청나게 빠른 마음입니다. 계속해서 신통지로 들어가서 물을 만들고 불을 만들고, 물을 만들 때는 불이 없고, 불을 만들 때는 물이 없습니다. 계속 엄청나게 빠른 속도로 나오기 때문에 사람들이 보기에는 계속해서 왼쪽에서 물이 나오고 오른쪽에서는 불이 나오는 줄 압니다. 온 몸에서 계속 나오니까 사람들이 보기에는 동시에 나오는 것처럼 보입니다. 부처님의 온 몸에서 물과 불이 계속 돌고 있는 것입니다.[346]

345) iddhividha-abhiññā는 '신통변화'라고 한다. iddhividha는 '여러 가지로(vidha) 변신하는 힘(iddhi)'이라는 뜻이고, abhiññā(ⓢabhi+jñā)는 신통神通을 의미한다.

4. 좌법에 따라 호흡이 달라진다

심신의 변화는 호흡으로 드러난다.
산란한 마음은 호흡으로 드러난다.
선정은 산란심이 사라진 상태다.

선정은 몸뿐만 아니라 마음까지 정지하는 것을 통해 심신을 총체적으로 재설정하게 된다. 선정 이후 가장 안정된 활력과 정신력을 지닌 상태가 된다. 심신의 활동을 그치기 위한 자세로서 앉는 것은 삶의 포기가 아니다. 몸이 움직이거나 감각 대상이 있게 되면 마음도 함께 움직이게 되고 심신은 피로해진다. 외부 대상에 대한 감정적 반응(행行)과 언어적 분별(식識) 일체가 멈춰서 지극히 고요한 상태인 선정에 이르러 존재는 근원적인 상태에 이른다.

'마음이 움직이지 않는 것'(지止, 정定)은 대상에 대한 집착으로부터 떠난 것으로 표현되며, 그 구체적인 생리적 현상은 호흡으로 드러난다. 여실하게 비추기 위해 마음을 맑게 한다는 것은 마음이 흔들리지 않는 상태이며, 마음이 흔들리지 않는다는 것은 호흡이 안정되고 미세해진 다음 사라지는 상태가 지속되는 것이다. 모든 인간의 행위(신구의身口意 삼행三行)는 호흡의 변화를 일으킨다. 심리적, 육체적 행위(업業, 까르마)는 모두 호흡으로 드러난다.

마음이 산란하지 않도록 하는 수행은 호흡에 전념하는 수련이다. 우다나*Udana*의 〈메기야의 경(*Meghiyasutta*)〉에서는 "생각(심尋, ⓢv

346) 아신 빤딧짜 사야도, 『여래가 오신 길 보물산 둘레길』, (사)법승 담마야나, 2017

itarka ⓟvitakka)[347]의 정지를 위해서 호흡에 대한 새김(호흡관)을 닦아야 한다."[348]고 하였다. 생각을 제거하면 사고 이전에 일어나는 내적인 진동이 명확해진다. 생각이 사라지는 선정은 색계 제2선정이다. 생각을 제거함으로써 산란하지 않게 되어 선정에 이르게 되어 여실하게 비추는 힘이 확립된다. 마음이라는 호수에 바람이 일면 물결이 출렁이듯이 호흡의 바람이 마음을 출렁이게 한다. 생각에 끄달리지 않기 위해서는 호흡을 알아차리는 사띠를 수행해야 한다.

호흡을 보는 것은 인간 내면에서 일어나는 쉼 없는 변화의 양상을 관조하는 것이며 동시에 생명의 법칙(다르마, 法)에 대한 통찰이다. 호흡은 인간 내면의 자연법칙이기에, 호흡을 통해서 인간은 자신의 내적인 시간개념을 형성하게 된다. 개인마다 호흡 양상에 따라 시간이 흐르는 느낌뿐만 아니라 생체 시계(바이오리듬) 또한 달라진다.

사람이 처음 생명을 받을 때는 어머니의 뱃속에서 어머니를

347) 어떤 대상을 목표로 하여 마음이 그것을 향하는 특성을 말한다. 현상학에서 지향성이라는 개념과 매우 유사하다. Schmithausen(1967: 122~3)과 Castillo(1985: 401)도 vitarka(심尋)를 'intentionality(의식의 지향성)'라고 이해하고 있다. 의식은 항상 무언가를 의식하고 있으며, 그 밖의 양태로는 존재할 수 없다. *Visuddhimagga*(『청정도론』) IV.88에서도 vitakka는 대상으로 향하는 마음이며, vicara(사伺)는 그 대상을 따라 계속 움직이는(anusañcaraṇa) 마음이 지속되는 상태를 의미한다.

348) "①탐욕의 제거를 위해서 부정不淨을 닦아야 한다. ②분노의 제거를 위해서 자애를 닦아야 한다. ③**생각(vittaka)의 제거를 위해서 호흡에 대한 알아차림을 닦아야 한다.** ④'내가 있다'는 자만의 제거를 위해서 무상에 대한 지각을 닦아야 한다. 메기야여, 무상에 대한 지각을 이루면, 무아에 대한 지각이 이루어지고, 무아에 대한 지각을 이루면, '내가 있다'는 자만自慢은 제거되고 현세에서 열반을 이룬다. 그리고 세존께서는 그 뜻을 헤아려, 때맞춰 이와 같은 감흥어린 시구를 읊으셨다. 저열한 생각(vitakka), 미세한 생각이 사람들을 따라오며 의식(manas)을 혼란시킨다. 의식 속의 이런 생각들을 제대로 이해하지 못하니 안절부절하고 방황하는 마음(citta)은 이리저리 헤맨다. 의식 속의 이런 생각들을 제대로 알아차리고 정진과 새김을 갖춘 사람들은 그것을 억제한다. 깨친 사람은 사람들을 따라 다니는 잡념들 그것들을 남김없이 없애 버린다." 〈메기야의 경(*Meghiyasutta*)〉

따라 호흡을 하며, 세상에 태어난 후에 탯줄을 끊으면 조그만 진령眞靈의 기氣가 배꼽아래 모인다. 사람에게는 기가 가장 중요하므로 호흡보다 더 우선하는 것은 없다. 눈·귀·코·혀·의식의 육욕(六欲)은 모두 기로 인한 것이다. 기가 없다면 소리·색깔·향기·맛·촉감 현상의 모든 것을 알아차리지 못 한다. 날숨(호기呼氣)은 하늘의 뿌리(천근天根)와 닿아있고, 들숨(흡기吸氣)은 땅의 뿌리와 닿아있는데, 기는 우리 몸에서 하루에 810장(丈)[349]을 돈다.(『동의보감』에서 『정리正理』 인용)

심신의 변화(법)는 반드시 호흡의 변화와 함께 한다.
일상적인 동작은 일상적인 호흡을 낳고
선정을 위한 좌법은 선정을 위한 깊고 미세한 호흡을 낳는다.

좌법은 호흡의 균형과 확장, 그리고 몰입이라는 가장 근원적인 생명현상을 조절하는 수련이다. 호흡이 불안정해지거나 촉박해지는 좌법은 유해한 것이라고 알아야 한다. 하물며 선정을 위한 좌법은 호흡의 안정과 몰입에 직접적인 효력을 지녀야 한다. 그래서 색계4선정에 이르면 호흡이 사라지는데, 이는 몸(색)이 자각되지 않는 공무변처정空無邊處定[350]와 같은 무색계선정으로 이어지는 필연적인 생리적 현상이다.

호흡의 멈춤을 지식止息이라고 한다. 한역 불전에서 止息은 '일체의 멈춤'이라는 뜻으로 사용되었다. 식息은 '스스로 자自'에 '마음(심장) 심心'이 합해진 글자인데, 自는 본래 '코 비鼻'자였으므로 숨을

---

349) 1丈이 약 3.3m이므로, 약 2673m이다.
350) 무한한 허공을 증득. 형상을 이룬 물질(色)에 대한 想(지각; 表象, ⓟsaññā ⓢsaṃjñā)이 사라진다. 육체적 경계로 자각되던 '나'가 사라진다.

쉬는 것(息)은 코와 심이 이어지는 호흡의 작용을 의미한다. 즉 숨이란 마음의 중심인 心에서 코를 통해 일어나는 들숨과 날숨이다. 식息은 호흡과 마음이 하나로 이어짐을 의미하는 것이다.

호흡의 변화는 마음으로 드러나고
마음의 변화는 호흡으로 드러난다.

뛰면 뛰는 동작 따라 호흡이 일어나고, 분노하면 분노하는 마음에 따라 호흡이 일어난다. 일상적인 그저 편안한 자세로 명상하는 것도 가능하겠지만, 호흡이 깊고 미세해지는 좌법을 취한다면 선정은 안락하게 지속될 것이다.

선정을 위한 좌법을 요가에서는 아사나āsana라고 한다. 최근 200여 년 동안 아사나는 다양한 동작으로 변형되어 왔으나, 아사나 본래의 취지는 '움직임'이 아니라 '멈춤'(止)을 위한 가장 효율적인 방법이다. 심작용을 지멸하여 지극히 고요한 상태(선정)에 이르도록 하기 위한 특유의 좌법이 아사나다. 아사나가 목적하는 바는 다양한 동작을 익히는 것이 아니라 동작을 하지 않음으로써 마음을 가장 안정된 상태로 되돌리는 것이다. 동작은 마음을 움직인다, 동적인 상태에서 마음은 거울처럼 대상을 온전히 알아차리지 못하기 때문에 아사나는 고요함을 오래 유지하기 위한 고도의 생리학적인 수행이다.

숨결이 고르지 못하면 가슴(마음)의 진동은 산란해지고, 마음이 산란하면 호흡이 고르지 못하다. 동적인 자세에 따른 호흡의 변화를 살펴보면, 호흡과 아사나의 원리를 이해할 수 있다. 좌우 다리는 좌우 콧구멍과 나디를 통해 연결되어 있어서 다리를 어떻게 하느냐에 따라 좌우 코에서 일어나는 들숨날숨이 달라진다. 따라서 좌우 코에서 가슴(心)을 통해 좌우 다리로 이어지는 좌우 맥도는 마음의 안정을 위한 신체적 조건이 되며, 마음의 진동에 직결되어 있다.(그림Ⅱ-3_205쪽, 그림Ⅱ-4_207쪽) 만일 아래 그림처럼 왼쪽 다리는 무릎 꿇고 오른쪽 다리는 앞으로 편다면, 좌우 코의 호흡이 다르게 일어날 것이다.

[그림Ⅱ-6] 좌우 코와 다리 모양에 따른 호흡[351]

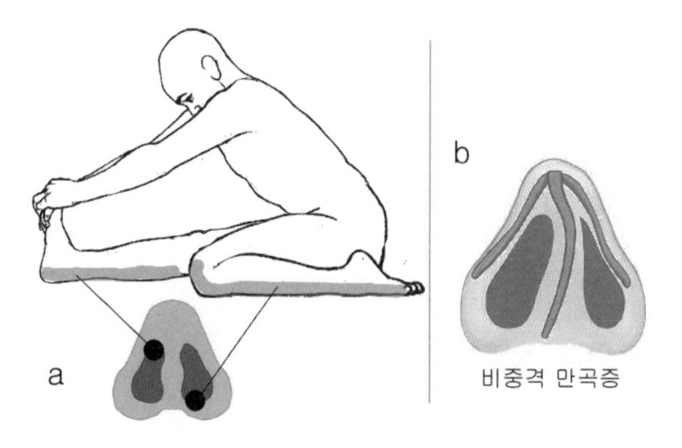

왼쪽 코는 콧구멍 아래쪽이, 오른쪽 코는 콧구멍 위쪽이 상쾌하게 될 것인데, 이는 그곳으로 호흡이 원활하게 들고 나기 때문이다. 이 때 좌우 콧구멍 중 오른쪽이 왼쪽보다 확장되는데, 이는 몸이 왼쪽으로 기울면서 오른쪽이 이완되어 그 경맥이 열리기 때문이다.[352] 오른쪽 폐가 활성화되고 콧구멍도 확장되어 비중격이 기울어지면서 좌우 콧구멍의 차이가 발생한다.(그림Ⅱ-6_227쪽, b) 좌우 콧구멍에서의 크기

351) 좌우 코와 호흡의 상관성에 대해서는 저자의 『삼매의 생리학』 하권을 참조할 것.
352) 양 다리를 무릎 꿇는다면 양 코의 아래쪽으로 들고나는 숨이 강해질 것이다. 또는 양 다리를 펴서 오금을 늘린다면 양 코의 위쪽으로 들고나는 숨이 강해질 것이다.

차이는 기가 들어가는 양의 차이를 나타낸다. 코뼈는 호흡 습관에 따라 오른쪽이나 왼쪽으로 기우는 것이다. 또한 호흡의 불균형에 의해 얼굴은 물론 척주도 한쪽으로 기울어진다. 그리고 일반적으로 콧구멍의 크기는 폐의 크기와도 비례하는데, 왼쪽 콧구멍이 크다면 왼쪽 폐도 큰 것이다. 큰 폐는 에너지의 유통량과도 비례한다. 폐의 크기는 자신의 삶을 실현하려는 신체적 능력, 힘과 생명력을 받아들일 수 있는 능력의 크기라고 할 수 있다.

[그림Ⅱ-7] 좌우 어깨와 좌우 코[353)]

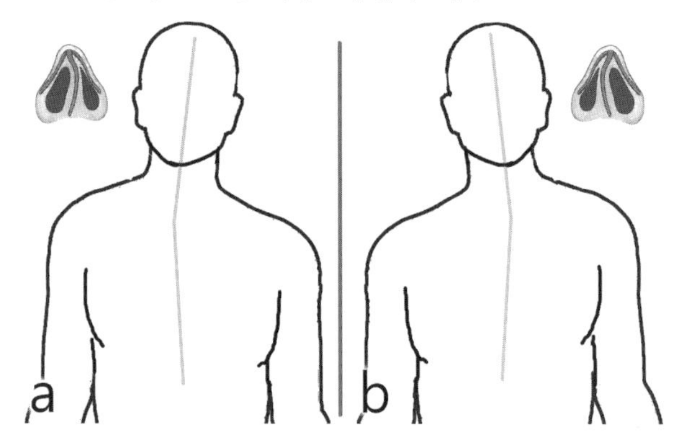

오른쪽 어깨가 올라가면 오른쪽 코가 확장되고(a), 왼쪽 어깨가 올라가면 왼쪽 코가 확장된다(b). 오른쪽 어깨가 왼쪽 어깨보다 올라간 사람(a)은 오른쪽 코(삥갈라나디)가 활성화되어 대체로 식사량이 보통 이상이다. "왼쪽 어깨가 처져있는 사람은 하숙인이나 식객으로 두지 마라"는 프랑스 속담도 오른쪽의 삥갈라나디(오른쪽 코)가 활성

353) 호흡의 원리를 설명하기 위한 매우 단순한 예시를 든 것이다. 좌우 어깨와 척주변형은 다양하므로 세부적인 검사를 통해 정확하게 판단해야한다.

화되어 많이 먹게 되는 생리현상을 말하는 것이다. 반대로 오른쪽 어깨가 처진다는 것은 왼쪽의 이다나디(왼쪽 코)가 활성화 되어 음기가 강화되므로 소식하며, 소화기능 장애가 빈번할 수 있다는 것을 의미한다. 그래서 요가에서는 오른쪽 코가 막혔을 때는 식사를 하지 말고 왼쪽 코가 막혔을 때는 물을 마시지 말라는 말이 있다. 어쩌면 편단우견은 이러한 생리현상과 관련된 것일 수도 있다.

체형의 좌우 상태는 좌우 코의 상태다.

[그림Ⅱ-8] 좌우 견갑골 변형과 호흡

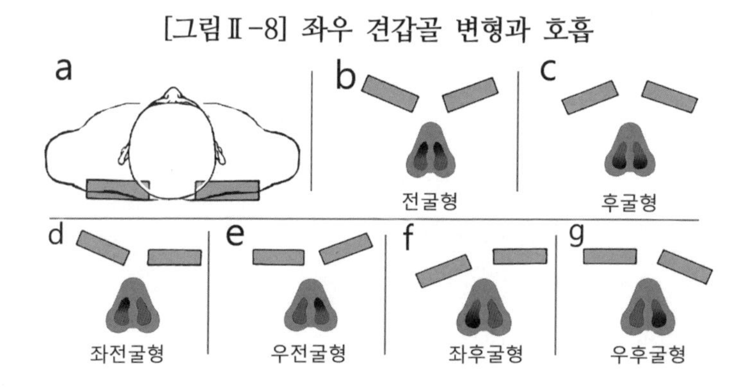

호흡은 어깨와 늑골, 견갑골의 움직임과 직접 연결되어 있다. 좌우 견갑골의 움직임은 좌우 폐의 확장과 수축에 관여하는바, 그 모양에서도 심신의 상태가 드러난다. 견갑골에는 수족삼양경맥[354]이 모두 연결되어 있어서 경맥의 상태가 그대로 반영된다. 수족삼양경맥은 소화에 관여하는 육부六腑, 즉 담, 소장, 위장, 대장, 방광, 삼초의 기운

354) 장부와 연결된 경맥은 음경맥 6개와 양경맥 6개, 모두 12경맥이다. 그 외 기경8맥까지 모두 20개의 경맥이 대표적인 체내 에너지 흐름으로 알려져 있다. 음경맥은 주로 혈액순환기 계통, 양경맥은 주로 소화기 계통과 관련되어 있다. 음양을 혈과 기로 양분할 때, 혈은 음경맥에, 기는 양경맥에 해당된다.

이 흐르는 바, 소화를 위해 필요한 열기의 통로다.

[그림Ⅱ-8_229쪽]a는 좌우 견갑골의 위치가 동일하게 마주하고 있는 표준형이다. b(전굴형)는 가슴이 좁아져서 심포가 위치한 곳이 압박되어 소심하고 폐활량이 작다. 이러한 유형의 사람은 콧구멍도 작아져서 기를 충분히 받아들이기 어렵고 주로 콧구멍 위쪽으로 쌔근쌔근 미약하게 숨을 쉰다. 기가 부족하여 순환 장애가 있으며 금방 지치고 육체적 활동을 싫어할 수 있다. 그에 따라 감기에 걸리기 쉽고 주로 폐·대장 질환이 많고 기력이 쇠약한 창백하고 초췌한 얼굴로 드러난다. 원래 콧구멍이 크고 둥근형을 하고 있는 사람은 폐의 수축·확대가 원활하다는 증거이며 활동 상태도 좋다. 반대로 c(후굴형)는 가슴이 부풀고 견갑골이 둘 다 등뼈 쪽으로 몰려있고 콧구멍 아래쪽으로 숨을 쉰다. 등뼈와 횡격막이 긴장되어 소화기 계통 특히 위장 장애가 일어나기 쉽다. d(좌전굴형)는 콧구멍 위쪽으로 숨을 쉬게 된다. 왼쪽 코(이다나디)가 오른쪽보다 활성화되어 있어서 왼쪽의 음적인 에너지가 과도한 상태로 나타난다. 냉증에서 비롯된 특성을 보여주는데, 피부가 하얗고 저혈압이나 과지방이 발생하기 쉽다. e(우전굴형)는 오른쪽에서 견갑골은 이완되어 있는 반면 가슴은 긴장되어 있고, 콧구멍 아래쪽으로 숨을 쉬게 된다. 오른쪽 코(삥갈라나디)가 왼쪽보다 활성화되어 있어서 오른쪽의 양적인 에너지가 과도한 상태로 나타난다. 열증에서 비롯된 특성을 보여주는데, 피부가 붉거나 진하고 고혈압이나 열병이 발생하기 쉽다. f(좌후굴형)는 왼쪽에서 견갑골이 뒤로 당겨지고 가슴은 이완되고 그 뒤쪽 견갑골 주변이 긴장된 상태인데, 왼쪽 콧구멍 아래쪽으로 숨을 쉬게 된다. 왼쪽 가슴이 열

린 상태인데, 이러한 경우는 하체에 식은땀을 흘리는 일이 많다. 반면 g(우후굴형)는 오른쪽에서 견갑골이 뒤로 당겨지고 가슴은 이완되어, 오른쪽 콧구멍 아래쪽으로 숨을 쉬게 된다. 오른쪽 가슴이 이완되고 그 뒤쪽 견갑골 주변이 긴장된 상태인데, 이러한 경우는 상체로 열기가 떠서 땀을 흘리는 일 많다.

이와 같이 호흡은 몸의 모든 움직임과 함께 작동한다. 체형의 변형은 좌우 코의 호흡과 연계된 좌우 에너지의 균형이 깨지기 때문에 발생하는 것이다. 좌법은 좌우 에너지의 불균형을 좌우 다리로 조절하는 것이다. 좌우 다리 모양에 따라 일어나는 호흡의 변화는 전신에 영향을 미친다. 이러한 생리학적 원리가 반영되어 좌법이 만들어진 것이며, 체형으로서 자세와 더불어 수인에 의한 좌우 에너지의 교류가 더해져서 좌법이 완성된다. 좌우 손을 합장한다거나 두 발을 겹치는 교족좌처럼 좌우 에너지를 연결하는 행법들이 모두 좌법의 수행 생리학적 원리를 따른 것이다.

[그림Ⅱ-9] 좌우의 합일에 의한 호흡의 중심성

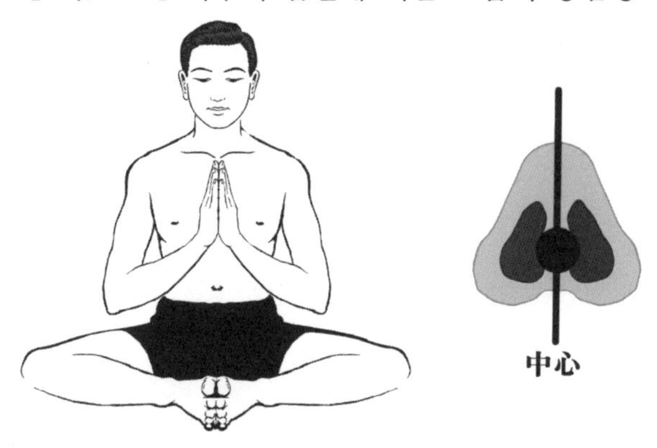

좌우 에너지는 중심에서 교류한다. 좌우 에너지가 중심에 몰입되면 호흡은 좌우 코의 중심에서 들고난다. 즉 합족좌 또는 합장처럼 좌우 손발을 마주하여 좌우 음양에너지가 결합하면 호흡은 좌우 코의 중심으로 몰입되면서 의식은 내면을 향하게 된다.

좌우 손발이 중심에 모이면
좌우의 에너지도 중심으로 몰입된다.
선정의 좌법은 음양합일을 실현한다.
좌우로 흩어지는 에너지는 마음을 산란하게 한다.
에너지는 분열하지 않고 마음은 분별하지 않는 것을 선정이라고 한다.
바른 좌법이 마음을 고요하게 한다.

마음이 산란하면 호흡이 거칠어지며, 산란함을 여의고 고요해지면 대상을 향하던 마음이 안으로 몰입된다. 동시에 호흡이 중심으로 몰입된다. 중심에 호흡이 몰입되어 사라지는 선정에 이르기 위해서는 그에 부합하는 좌법과 마음집중이 필요하다.

『쌍윳따니까야, 1권』 〈악마의 품〉 중 "몸을 고요히 하고 마음을 잘 해탈하여"[355]라는 원문에 대해 주석서 사랏타빠까시니Sāratthappakāsinī[356]를 인용하여 전재성은 "몸을 편히 하는 것은 네 번째 선정(第四禪)에서 호흡의 그침과 관계된다. 마음을 잘 해탈하는 것은 아라한의 경지를 성취한 것을 말한다."라고 설명하고 있다. 실제 몇 가지 좌법을 수련해보면 호흡의 차이를 직접 확인할 수 있다. 아래 두 가지 예를 직접 실천해보고 그 체험을 잘 기억해두기 바란다.

355) passaddiakāyo suvimuttacitto: Srp. 1.187
356) 『쌍윳따니까야』의 주석서인 「현양진의顯揚真義」(Sāratthappakāsinī).

■ 반가부좌와 호흡: 길상좌와 항마좌 비교

① 방석을 준비하여 엉덩이 아래에만 받치고 앉는다. 발은 바닥에 둔다. 방석 두께는 방석을 접거나 겹쳐서 자신의 종아리 두께 정도로 한다.

② 대퇴부 위에 반대쪽 발을 얹는 반가부좌를 해본다. 먼저 오른발을 왼쪽 무릎 위에 두는 길상좌를 한다.

③ 허리를 펴고 목의 긴장을 풀어 턱이 가슴 쪽으로 떨궈지도록 한다.

④ 손은 좌우 대퇴부 위에 편안하게 올려둔다. 수인을 하지 않는 이유는 좌우 다리 모양에 따른 호흡의 변화만을 관조하기 위해서이다.

⑤ 호흡을 관조하면서 깊게 숨을 들이쉬고 내쉰다. 복부를 움직여서 아랫배에 들어가는 힘을 관조한다.

⑥ 들숨에 배가 나오고 날숨에 배가 들어가도록 한다. 호흡의 속도는 마음이 긴장되지 않는 정도로 조절한다. 익숙하지 않아도 하다보면 복부의 힘을 느낄 수 있다. 이와 같이 내쉬는 숨에 숫자를 붙여서 10회 하면서 호흡의 크기와 깊이를 관조한다.

⑦ 이제 왼발을 오른쪽 무릎 위에 두는 항마좌를 한다. 부수적인 사항은 ③~⑤과 동일하다.

⑧ ⑥과 같이 복부 아래에 힘이 들어가는 느낌을 가지고 복식호흡을 하면서 호흡의 크기와 깊이를 관조한다. 방금 전 길상좌에서 확인했던 호흡의 느낌과 비교한다.

좌법이 바르게 되면 호흡이 깊어진다. 더불어 마음도 밝아지고 허리와 척주에 힘이 생긴다. 길상좌나 항마좌 중 어느 좌법에서 호흡이 편안하게 확장되면서 복부에 힘이 생기는 지 관조할 수 있다. 두 좌법을 반복하면서 변화하는 호흡의 미묘한 변화를 관조하여 본다.

■ 교족좌와 호흡

① 방석을 준비하여 엉덩이 아래에만 받치고 앉는다. 발은 바닥에 둔다. 방석 두께는 방석을 접거나 겹쳐서 자신의 발목 두께 정도로 한다.

② 왼발 뒤꿈치를 회음부에 가까이 당겨서 놓는다. 그리고 오른 발등을 왼발바닥 위에 겹쳐 놓으면 [그림I-13_78쪽]에서의 다리 모양이 된다. 두 발을 몸 쪽으로 끌어당겨 놓는 것이 어려우면 가능한 정도만 한다.

③~⑥까지는 앞에서와 동일하다.

⑦ 이와 같이 내쉬는 숨에 숫자를 붙여서 10회 하고 다시 반가부좌를 하여 10회 호흡하면서 복부의 힘을 관조한다.

⑧ 반가부좌와 교족좌를 반복해서 수련하면서 좌법에 따라 달라지는 호흡과 복부의 변화를 관조한다.

호흡이 안정되면 마음도 안정되고 정신도 맑아진다. 좌법에 따라 호흡이 달라지는 것을 확인하면 왜 고대 신상과 수행자들이 특정한 좌법을 하게 되었는지 알 수 있다. 요가에서 좌법(아사나)이 수행 과정에서 필수적인 것이었듯이 초기 불교도들에게 좌법은 말할 필요 없는 당연한 것이었을 것이다.

구체적인 좌법의 수행생리학은 'Ⅲ. 결가부좌의 수행생리학'와 'Ⅳ. 교족좌의 수행생리학'에서 설명될 것이다.

5. 수인의 원리

중국에서는 결가부좌가 길상좌와 항마좌로 나뉘고, 반가부좌가 등장하였다. 인도로부터 밀교와 더불어 다양한 수인이 중국에 전해졌다. 북방에서 좌법과 수인은 남방 불교전통보다 다소 복잡한 양상으로 전개되었던 것이다.

붓다의 근본 5인은 선정인(법계정인法界定印)·항마촉지인降魔觸地印·전법륜인轉法輪印·시무외인施無畏印·여원인與願印 등이다.[357] 이 외 비로자나불의 지권인智拳印, 아미타불의 미타정인彌陀定印, 그리고 합장인 등이 중요하다. 지권인(Vajra(bodhyangi) mudrā)은 왼손을 주먹 쥔 상태에서 집게손가락만 펴서 오른손으로 감싸 쥔 다음 오른손의 엄지손가락과 왼손의 집게손가락 끝을 서로 맞대는데, 중심을 자각시키는 수인이다. 미타정인은 9품品이 있어 이를 아마타여래 9품인이라고 하는데, 상품인은 상단전, 중품인은 중단전(심장), 하품인은 하단전에 대응한다.

---

357) 선정인은 두 손을 포개고 엄지손가락을 배꼽 아래에서 서로 맞대는 모양으로 법계정인이라고도 한다.(그림I-28_136쪽) 항마촉지인은 오른손을 오른쪽 무릎에 얹어 손가락으로 땅을 가리키는 모습이다.(그림I-30_144쪽) 전법륜인은 붓다의 설법을 나타내는 수인으로 양손을 가슴까지 올려 엄지와 검지 끝을 서로 맞댄 후, 왼손은 손바닥을 가슴 쪽으로 하고 오른손은 손바닥을 밖으로 향한 모습으로 설법인說法因이라고도 한다.(그림I-15, b_80쪽) 시무외인은 다섯 손가락을 가지런히 펴서 손바닥을 밖으로 하여 어깨 높이까지 올린 모습이다.(그림I-21_92쪽) 여원인은 왼손의 다섯 손가락을 편 상태에서 손바닥을 밖으로 하여 아래쪽으로 내린 모습으로 시무외인과 반대다.(그림I-29, d_144쪽)

다음 그림은 구품정인과 대응하는 3곳의 에너지 중심점을 나타낸 것이데, 이들 짜끄라는 물리적인 위치이면서 동시에 각각 정精·기氣·신神으로 인간 존재의 중요한 3가지 기능과 관련되어 있다. 이는 오온(색수상행식)의 연기설과도 상응하는 바가 있다. 색을 조건으로 수가, 수를 조건으로 상이, 상을 조건으로 행이, 행을 조건으로 식이 일어나는 것처럼, 정을 기반으로 하여 기가, 기를 기반으로 하여 신이 발현되는 이치가 그 상응하는 바이다. 물질과 에너지 없는 정신적 기능은 없다. 생명현상은 정신현상으로 이어진다.

[그림 II-10] 아미타구품정인과 단전(짜끄라)

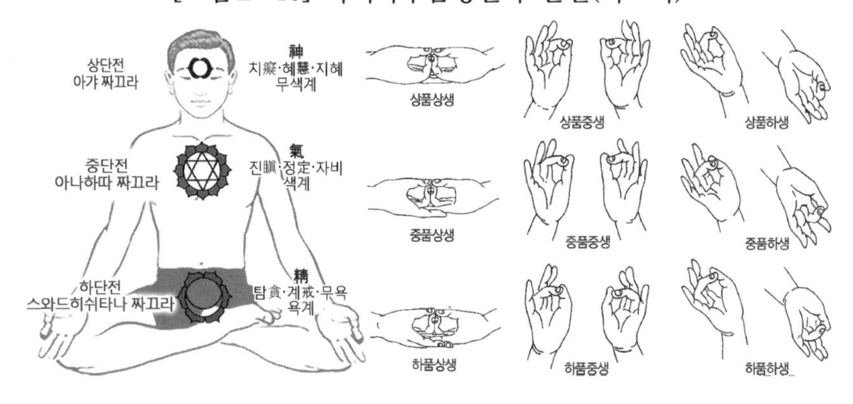

불교의 수인 중 대표적인 선정인(Dhyāna mudrā)은 간다라에서 불상 출현 초기부터 발견되는데, 왼손이 위에 놓이기도 하고 오른손이 위에 놓이는 역수인이 동시에 유포되었으나 그 생리학적 원리가 부족하여 후대에 혼동을 초래하였다. 이는 '[그림I-28_136쪽] 길상좌에 항마수인(역수인)을 취한 불상'을 통해 확인할 수 있다. 반면 남방에서 불상의 수인은 다양화 되지 않고 거의 합장인이나 길상좌식 선정

인만 전승되었다. 이는 왼발바닥에 오른발등을 놓은 교족좌처럼 왼손바닥에 오른손등이 접촉하는 전통적인 좌우의 규범을 그대로 따른 것이다. 역수인이 거의 발견되지 않는 것이다.

그런데 이전의 무불상 시대, 바르후뜨와 산치의 불사리탑에 새겨진 도상에서 선정인은 발견되지 않는다. 무불상 시대에 발견되는 수인은 합장인合掌印이 거의 유일하다. 선정인, 항마촉지인, 전법륜인등과 같은 간다라 불상의 다양한 수인은 무불상 시대 도상에서 발견되지 않는다. 수인은 불상 출현과 더불어 북방에서 다양하게 만들어지고 밀교 시대를 거치면서 정교하게 다듬어진 것이다.

좌법과 수인의 비결은 접촉이다.
좌우는 음양이고 서로 만나면 상호 교류하는 에너지 현상이 일어난다.

자연계의 모든 에너지 작용이 마치 전선의 +극과 –극처럼 상대적인 힘의 접촉에 의해 이루어지듯이, 손발의 접촉에 의해 음양 에너지의 순환이 좌법과 수인의 기본적인 원리다.

불교에서 생명을 유지시키는 네 가지 식사(사식四食)[358] 중 접촉으로 먹는 것을 촉식觸食이라고 한다. 감각기관(육근: 안이비설신의)이 대상(색성향미촉법)을 감지하는 것 또한 모두 촉이라고 할 수 있다. 무지(선정에 들지 못함)로 시작되는 12연기에서 육입六入(안이비설신의)으로 인해 촉觸이[359], 촉으로 인해 수受(감각기관으로 받아

358) 4식食은 존재하기 위해 필요한 욕구를 크게 네 가지 식食으로 정의했다. 단식段食(음식), 촉식觸食(육근), 사식思食(상상), 식식識食(니까야: 의식, 유식: 아뢰야식) 중의 하나. 촉식은 육근으로 먹는 것이다.

359) 정확하게는, 안이비설신과 달리 감각기관에 들어온 정보 없이도 활동하는 의근意

들임)가 일어나듯이, 감각이란 대상과의 접촉의 결과다. 특히 수인은 자신의 손을 접촉하게 되므로 자신을 자각하는 뛰어난 수행법이다.

손은 심心의 확장이다.

손은 심心에너지가 밖으로 드러난 부위이므로 심장이나 심포의 병증이 손에 드러난다.[360] 좌우 손을 겹치는 수인은 심心에 직접 작용하여 심화의 확장과 수축에 직접 영향을 미친다. 그리고 아미타구품정인에서처럼 수인은 손가락만 서로 접촉하더라도 전신의 에너지를 움직이고, 선정인은 마음을 몰입시키는 효력이 있다. 좌우, 음양의 합일은 좌우 손발의 촉觸에서부터 시작된다.

좌우 손의 상하 위치는 음양의 원리에 따른다.
음양에 대한 이해가 바르게 되면
자연스럽게 수인과 좌법이 바르게 실천될 것이다.

오른손이 위에 놓이면 양적인 에너지가 강화되어 따뜻한 심화의 기운(火氣)이 순환하여 전신이 온후해진다. 오른쪽 코가 열리고 몸에서 양기가 일어난다. 양적인 에너지가 강화된다는 것은 마치 해가 뜨면 썰물이 밀려 나가면서 따뜻한 바람이 일어나는 것처럼 맑은 날의 낮과 같은 가벼운 상태가 되므로, 온몸의 한기가 제거된다.

왼손이 위에 있을 때는 음적인 에너지가 강화되어 시원한 수의 기

根만은 직접 접촉하지 않는 대상을 취한다. 대표적으로 기억과 같은 것이다.

360) 심포는 심과 함께 정신·사유 활동에 직접 관여한다. 손바닥에 땀이 나거나 차갑거나 너무 뜨거우면 심장에 이상이 발생한 증후다.

운(水氣)이 순환하여 심열을 가라앉힌다. 왼쪽 코가 열리고 몸에서 음적인 숨결이 일어난다. 음적인 에너지가 강화된다는 말은 마치 해가 지면서 밀물이 들어오는 것처럼 습기를 머금은 바람 없는 밤과 같은 상태가 되는 것이다. 중국 선종에서 왼손이 위에 놓이는 항마수인을 수행하게 된 것도 이와 같이 심신을 진정시키는 효과 때문이었을 것이다. 간화선 수행자는 항마좌와 수인이 몸의 열기를 가라앉히는 데 주효한 것으로 인식하였을 것이다.

이와 같이 좌우 손의 위치에 따라 심장의 변화와 그에 따른 호흡의 변화를 알아차리면 좌법의 원리를 자연히 터득할 수 있다.

■ 좌우 손의 위치에 따라 호흡이 달라진다.

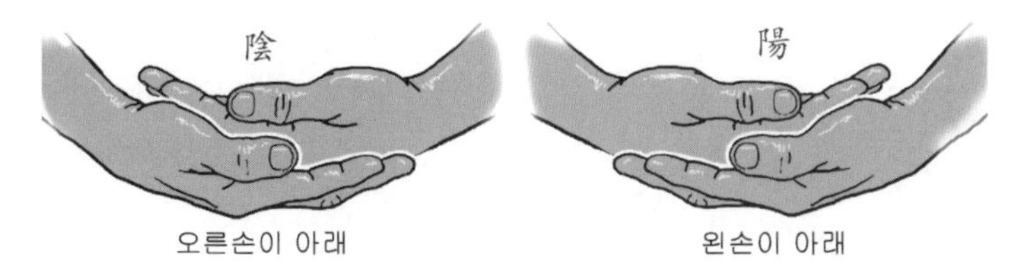

항마좌 수인(좌)과 길상좌 수인(우)

① 좌우 발을 겹치지 않고 편안한 자세로 앉는다. 양 발바닥을 마주 보도록 발뒤꿈치를 몸 쪽으로 하여 좌우 다리가 대칭이 되도록 앉는다.

② 오른손바닥 위에 왼손등을 겹치고 숨이 코를 스치는 느낌을 본다. 좌우 콧구멍에 스치는 숨결의 차이를 관조한다. 가슴의 열감이 늘고 주는 것도 함께 살펴본다.

③ 왼손바닥 위에 오른손등을 겹치고 숨이 코를 스치는 느낌을

본다. 좌우 콧구멍에 스치는 숨결의 차이를 관조한다. 가슴의 열감이 늘고 주는 것도 함께 살펴본다.

항마수인에서 수기水氣의 작용과 길상수인에서 화기火氣의 작용을 알 수 있다. 좌우 상대적 에너지의 만남으로 진동하는 몸, 즉 미세신을 보는 것이 알아차림이다. 미세신은 전선의 양 끝처럼 에너지가 맴돌면서 손등과 손바닥, 발등과 발바닥 간에 음양 에너지의 전환을 이루고 있다.

손발가락으로 마음과 에너지가 흐른다.
손발가락으로 마음과 에너지를 조절할 수 있다.

6. 선병을 극복하는 좌법

선병에는 크게 두 가지가 있다. 하나는 선정에 들어가는데 장애가 되는 여러 가지 육체적·정신적인 것 모두를 선병이라고 하며, 또 하나는 좌선 중 잘못된 자세나 마음의 문제로 야기되는 것이다.

선병의 첫 번째 경우는 『치선병비요경』과 『대지도론』에서 다루어진다. 『치선병비요경』은 외계의 난성, 악명, 이양, 외풍, 내풍[361] 등 다섯 가지 종류의 원인으로 인한 발광, 열격증噎膈症[362], 계율을 범하거나, 음악에 탐닉하거나 또는 당혹스런 일을 겪고 공포, 실신 등의 일이 생기거나, 두통, 눈병, 음욕 등과 지수화풍의 부조화, 귀신이 붙은 것 등 선정에 방해되는 일체를 언급하였다. 『대지도론』에서도 일체의 병을 '전생에 행한 바로 받는 업병'과 '현생의 병(금세병今世病)'의 2종으로 나누고 금세병을 다시 몸의 병(身病)과 마음의 병(心病)으로 나누고, 신병을 또 내병과 외병으로 나누고 있다.[363]

> 2종의 병이 있나니, 첫째는 바깥의 인연으로 빚어지는 병이요, 둘째는 안쪽의 인연으로 빚어지는 병입니다. 바깥의 것은

---

361) 난성亂聲은 급작스런 큰 소리, 오명惡名은 나쁜 소문으로 이름이 알려지는 것, 이양利養은 자신의 이익만을 추구하여 자신의 몸을 살찌게 하는 것, 풍風은 사기邪氣로서 풍사風邪이다.

362) 먹은 움식물을 토하고 대변이 잘 나오지 않는 소화기병의 한 가지이다.

363) 病有二種。先世行業報故。得種種病。今世冷熱風發故。亦得種種病。今世病有二種。一者內病。五藏不調結堅宿疹。二者外病。(『대지도론』)

> 추위와 더위, 굶주림과 목마름, 병장기에 찔리거나 베이는 것, 칼과 몽둥이에 찜질을 당하는 것, 높은 곳에서 떨어지는 것, 떠밀려 눌리는 것 등등 이와 같이 바깥의 온갖 질환을 '뇌惱'라 한다. 안쪽의 것이란 음식을 조절하지 못하거나, 눕고 일어나는 것이 제 맘대로 이거나 하게 되면 [四大의 부조화로 인한] 404병을 앓게 되나니, 이와 같은 여러 가지를 안쪽의 병(內病)이라 부른다. 마치 이 두 병은 이 몸에 하나같이 괴로움을 준다.[364)]

이처럼 안팎의 모든 병들을 몸의 병이라 하고, 음욕, 성냄, 질투, 간탐, 근심, 두려움 등 갖가지 번뇌와 98종의 번뇌(結)와 5백 종의 얽매임과 갖가지 바람(욕원欲願)을 마음의 병이라 하였다.[365)]

선병의 두 번째 경우는 수행 중 발생하는 부작용으로 서역이나 특히 중국 특유의 것일 수 있는데, '선병'이라는 개념이 인도 불전에서는 찾아보기 어렵기 때문이다. 『치선병비요경』의 선병치유가 계념법繫念法(系念法)[366)]류의 개별적인 치법으로 설해졌으며, 천태지의는 음양, 오행, 상생상극 등 동양의학의 생리학적 원리를 기반으로 체계화된 선병치유법을 제시하고 있다.

그는 『수습지관좌선법요』에서는 사대(지수화풍)와 오장의 늘고 줄음, 귀신, 업보 등 3가지로부터 병이 발생한다고 하였으며, "몸·숨·마음(신식심身息心)의 세 가지 사항을 훌륭히 조절할 수가 없게 되

364) 有二種病。一者外因緣病。二者內因緣病。外者寒熱飢渴兵刃刀杖墜落壓。如是等種種外患名為惱。內者飮食不節臥起無常四百四病。如是等種種名為內病。如此二病有身皆苦。(『대지도론』)

365) 種種內外諸病名為身病。婬欲瞋恚嫉慳貪憂愁怖畏等。種種煩惱九十八結五百纏。種種欲願等。名為心病。(『대지도론』)

366) 마음을 한 곳에 묶는 定心.

어, 안팎으로 어긋나는 것들로 인하여 병이 일어날 것이니, 대저 좌선법은 만일 마음을 훌륭하게 쓰면 반드시 404병은 자연히 없어지거나 고쳐진다. 만일 마음의 쓰임이 알맞음을 잃으면 바로 404병을 동하게 한다."[367]라고 하여 병의 근원을 신身(몸)·식息(호흡)·심心(마음) 세 가지로 보고, 특히 좌선 중 선병의 원인은 마음에 두고 있다. 『마하지관』에서 병의 원인을 6가지[368], 즉 사대가 순리에서 어긋남, 음식을 절제하지 못함, 좌선의 부조화, 귀신, 마장, 업장으로 파악하고, 좌선 중 마음을 머무는 방법 여하에 따라서 지병地病, 풍병風病, 수병水病을 일으키고, 또 마음이 산란해지면 다섯 가지 맛(五味), 다섯 가지 감정(五情), 다섯 가지 색(五色), 다섯 가지 기운(五行)의 각각에도 변화를 초래하여 간심비폐신肝心脾肺腎 등 오장에 병이 발생한다고 하였다. 『선문구결』에서는 몸이 만드는 병(신작병身作病), 귀신이 만드는 병(귀작병鬼作病), 마귀가 만드는 병(마작병魔作病), 숨결(식息)이 고르지 못하여 이뤄지는 병(부조식성병不調息成病), 업장의 병(업장병業障病) 등 5가지로 분류하였다.

이처럼 천태지의는 병의 원인을 문헌마다 다소 다르게 설하였는데, 대부분 그 치병론은 호흡과 마음에 치중된 생리학을 따른다. 좌법과 관련하여서는 『마하지관』에서도 좌선시의 바르지 못한 자세를 경계하도록 하고 그 치료법으로 호흡법을 제시하고 있다.

좌선이 조절되지 않으면, 혹 벽이나 기둥, 의복에 기대고,

367) 身息心三事 內外有所違犯 故有發病。夫坐禪之法 若能善用心者 則四百四病 自然除差 若用心失所 則動四百四病。(『수습지관좌선법요』)

368) 明病起因緣有六。一四大不順故病。二飮食不節故病。三坐禪不調故病。四鬼神得便五魔所為。六業起故病。(『마하지관』)

> 혹시 대중들이 아직도 좌선에서 나오지도 않았는데 또한 눕거나 하여 그 마음이 산만하고 태만하여서 마장이 그 틈을 타서 그 사람으로 하여금 그 몸에서 등이 메마르게 하고 뼈마디가 쑤시고 아프게 한다. 이름하여 주병注病이라 하지만 가장 고치기가 어려운 것이다.[369]

『선문구결』은 "이 병(注病)을 치료하려면 息(호흡)을 이용하여 머리에서부터 氣을 흘려보내 등과 척추뼈 주변을 따라 기운을 쏟아 내리고, 마음의 작용을 잘 조절해야 한다."[370]라고 하여, 자세가 바르지 못해서 발생하는 주병의 치료법으로 마시는 숨에 호흡의 기氣를 척주 양 옆으로 보내서 아래로 내리면서 마음을 잘 조절하게 되면 병을 치유할 수 있다고 설명하고 있으나, 좌법 자체를 통한 치료는 언급되지 않았다.

이처럼 천태지의에 이르러 일상적인 병과 별도로 '좌선 중 발생하는 선병'이라는 개념이 확립된다. '좌선 중 발생하는 선병'을 예방하려는 노력은 후대에도 지속되는데, 7세기경 중국에서 지어진 것으로 알려진 『대방광원각수다라요의경(=『원각경』)[371]에서 사병설로 체계화된다. "이 선지식이 증득한 [구경究竟·원각圓覺의] 묘법은 [좌선의]

369) "三坐禪不節。或倚壁柱衣服。或大眾未出而臥。其心慢怠魔得其便。使人身體背脣骨節疼痛。名為注病最難治也。"(『마하지관』 권제팔) 『선문구결』에서도 "夫病有多種。一身作病。二鬼作病。三魔作病。四不調息成病。五業障病。今須識知第一身自作病者。坐時或倚壁或衣襟。大眾未出而臥。此心懈怠魔得其便。入身成病使人身體背脊骨欲疼痛。名為注病難治。"라고 하여 좌선 시 자세를 身이 일으키는 병으로 보았다.

370) 治法者用息從頭流氣。向背脊歷骨節邊注下。須好用心方差耳。(『선문구결』)

371) 「원각경圓覺經」은 당나라 영휘永徽 년간(650∼655)에 낙양의 백마사에서 북인도 계빈국의 승려 불타다라에 의해 한역되었다고 하나, 전해지는 원전이 없어 인도가 아닌 중국에서 만든 위경(僞經)이라는 설이 지배적이다. 이에 대해서는 이희용(1999)의 〈圓覺經의 修行體系에 관한 硏究〉를 참조할 것.

네 가지 병으로부터 떠나 있다"(彼善知識所證妙法應離四病)고 하고, 다음과 같이 사병을 설한다.

첫째는 인위로 조작하는 병(작병作病)이니, 만일 어떤 사람이 '나는 본심에 갖가지 행을 지어서 원각을 구하리라'고 의도하면, 그 원각의 성품이란 [본시] 애써 짓는다고 얻어지는 것이 아니므로 병이라고 한다.

둘째는 맡기는 병(임병任病)이니, 만일 어떤 사람이 '우리들은 지금 생사를 끊지도 않고 열반을 구하지도 않는다. 열반과 생사는 일어나거나 멸한다는 생각이 없나니, 저 온갖 것에 맡기고, 모든 법의 성품을 따름으로써 원각을 구하고자 한다'고 의도하면, 그 원각의 성품이란 [본시] 맡기기만 한다고 있는 것이 아니므로 병이라고 한다.

셋째는 그치는 병(지병止病)이니, 만일 어떤 사람이 '나는 이제 내 마음의 모든 망념을 영원히 쉬어서 일체 법성法性이 고요하고 평등해지게 됨으로써 원각을 구하고자 한다'고 의도하면, 그 원각의 성품이란 [본시] 멈추기만 한다고 하나 되는 것이 아니므로 병이라고 한다.

넷째는 멸하는 병(멸병滅病)이니, 만일 어떤 사람이 '나는 이제 일체의 번뇌를 영원히 끊어 몸과 마음이 마침내 空하여 아무 것도 없거늘(無) 하물며 근根(눈·귀·코·혀·몸의 5根)과 진塵(빛·소리·냄새·맛·촉감의 5塵)의 허망한 경계이겠는가. 모두 영원히 고요해지는 것으로써 원각을 구하고자 한다'고 의도하면, 그 원각의 성품이란 [본시] 멸하기만 한다고 해서 만날 수 있는 것이 아니므로 병이라고 한다.[372]

372) 一者作病。若復有人作如是言。我於本心作種種行欲求圓覺。彼圓覺性非作得故說

이처럼 『원각경』에서 중국 특유의 좌선으로 인한 선병과 관련된 내용이 포괄적으로 다루어진다. 이러한 좌선 시 네 가지 병(四病)은 후대에 '선문십종병禪門十種病' 내지 '간화십종병十種病'으로 구체화 되면서 면밀하게 다듬어졌다. 이것은 '무자화두를 참구할 때에 열 가지 주의 사항'(無字話頭十種病)[373]으로 알려져 있는데, 무자화두를 참구할 때만 적용되는 것이 아니라, 모든 화두참구에 적용되고 있다. 화두참구가 심신 양면에 미치는 영향은 지대한 것인 바, 이에 대한 면밀한 주의사항이 선문십종병으로 구체화 된 것이다.

간화선 전통에서 이처럼 선병에 대한 주의를 기울였던 것은 백은白隱[374]의 경우와 같은 사례가 지속적으로 수행상의 문제로 대두되었기 때문일 것이다. 백은의 『야선한화』에 묘사된 선병에 대한 경험과 치유 사례는 매우 구체적인데, 그는 천태지의처럼 중국적인 방식, 특히 도교적인 양생학에 근거한 수행을 확립해 나갔다. 그의 선병은 다음과 같이 잘못된 참선수행으로 인해 발생된 것이다.

名爲病。二者任病。若復有人作如是言。我等今者不斷生死不求涅槃。涅槃生死無起滅念。任彼一切隨諸法性欲求圓覺。彼圓覺性非任有故說名爲病。三者止病。若復有人作如是言。我今自心永息諸念得一切性。寂然平等欲求圓覺。彼圓覺性非止合故說名爲病。四者滅病。若復有人作如是言。我今永斷一切煩惱身心畢竟空無所有。何況根塵虛妄境界。一切永寂欲求圓覺。彼圓覺性非寂相故說名爲病。(『원각경』)

373) 간화선을 성립시킨 대혜종고大慧宗杲가 이를 처음 제시하였다. 그의 어록이나 『서장書狀』에는 '禪病'이라는 말은 있어도 '十種病'이라는 말이나 혹은 '무자화두십종병' 또는 '무자십종병' 등 비슷한 말은 보이지 않는다. 보조지눌(1158-1210)도 「간화결의론看話決疑論」에서 열 가지 병을 거론하고 있으나 '禪門十種病' '十種病' '十種禪病' '知解之病' '佛法知解之病'이라고 할 뿐이다. 이에 대해서는 윤창화(2009, 한암사상 3집)의 〈무자화두 십종병에 대한 고찰〉를 참조할 것.

374) 『선원청규』를 따라 수행하는 임제종의 중흥조로서, 『선원청규』의 항마좌를 수행했을 가능성이 크다. 당시 동아시아의 선종의 좌법은 항마좌로 통일되어 있었기 때문이다. 백은이 『야선한화』를 쓰게 된 계기는 제자들이 병환과 선병에 시달리는 것을 보고 이를 구제하기 위해서였다. 그 자신도 24세에 좌선을 하다가 종소리를 듣고 견성하고 자만심에 가득차서 참구에 몰입하다가 선병을 얻었다. 결국 삼교를 회통한 백유자를 만나 내단수련과 내관의 비법을 전수받고 치유하게 되었다.

> 다시 한 번 죽기를 각오하고 좌선해 보겠다고 마음을 먹고, 이빨을 지긋이 물고 양 눈을 뜨고, 자고 먹는 것 또한 완전히 잊어버리고 좌선을 하였다. 드디어 1개월 되지 않은 사이에 심화가 위로 치솟는 바람에 폐장이 상했다. 양다리는 얼음에 담근 것처럼 차갑고, 계곡물 근처를 가고 있는 것처럼 언제나 이명(귀울림)이 있었다. 간담이 약해진 탓인지, 무엇을 하고 있어도 주저주저하게 되고, 심신은 쉽게 피곤하고, 자거나 깨어 있거나 이런저런 환각이 보인다. 양쪽 겨드랑이는 언제나 땀이 차있고, 눈은 언제나 눈물을 머금고 있다. 거기서 여기저기 명의를 수소문하여 찾아 가서 상담을 했지만 고칠 방법을 찾아낼 수 없었다.[375]

백유자는 백은에게 "지나친 관법(다관多觀)은 해로운 관법(사관邪觀)이라 한다. 그대는 이 다관으로 인해 중병에 걸렸다. 이제 이것을 구하려면 관하지 않음(무관無觀)이 제일 좋지 않겠는가?"[376]라고 진단하고 그 치료법을 전수하였다. 백은의 다관은 인위적인 수련병(작병作病)과 극단적인 멈춤(지병止病)이 지나친 결과이고, 네 가지 선병은 각기 서로 약이 되는데, 백유자는 무관無觀하기를 권유하였다. 『마하지관』에서도 "요즘 좌선인은 사관思觀의 정도가 지나침으로 말미암아 오장이 손상되어 병을 얻는다"(今坐禪人思觀多損五藏成病)고

---

375) 重ねて一回捨命し去らむと、越て牙關を咬定し、雙眼睛を瞠開し、寢食ともに廢せんとす。既にして、未だ期月に亘らざるに、心火逆上し、肺金焦枯して、雙脚氷雪の底に浸すが如く、兩耳溪聲の間を行くが如し。肝膽常に怯弱にして、擧措恐怖多く、心身困倦し、寐寤種々の境界を見る。兩腋常に汗を生じ、兩眼常に涙を帶ぶ。此において遍く明師に投じ、廣く名醫を探ると云へども、百藥寸功なし。

376) 多觀の者を邪觀とす。向に公、多觀を以て此の重症を見る、今是れを救ふに無觀を以てす、また可ならずや。

하였는바, 이는 백은의 경우와 같은 선병을 설명한 것이다.

노력하면 긴장한다. 긴장하면 심화心火가 발동한다.

동양의학에서 오장은 단순히 내장기관이 아니라 정신적 기능을 병행하는 정신신체적(sychosomatic) 기관이듯이, 백은의 선병은 심신상관적 병이었다. 선종 전통에서 이와 같이 '다관多觀' 내지 '사관다思觀多'에 의해 심화가 위로 치솟아 발생한 좌선병이 빈번하였을 것으로 추정된다. 화두를 생각으로 드는 것을 '사다관'이라 할 것이다.

관념으로서 생각이 실제적인 에너지인 심화를 촉발시킨다는 것은 생각으로 심화를 가라앉힐 수도 있다는 것인데, 초기불교에서 언어적인 생각 자체를 정지시키기 위해 아나빠나사띠(호흡관)를 수행하였다.[377] 호흡은 생각 이전에 의도 없는 생명현상이기에 호흡관은 언어적인 것을 정지시키는데 매우 효율적이다. 또한 생각에 의지하지 않고 심화를 직접 다스리는 수행이 바로 좌법이다. 근대 『참선요지』(허운, 1840~1959)[378]에서 좌선의 기초로서 좌법과 선병의 직접적인

---

377) "생각(심尋, ⓢvitarka ⓟvitakka)의 끊기 위해서 호흡에 대한 알아차림(호흡관)을 닦아야 한다."(ānāpānasati bhāvetabbā vitakkupacchedāya)(*Meghiya-sutta*)

378) 허운虛雲(1840-1959)은 선종의 실천에 힘쓴 중국 근현대 불교의 최고봉이다. 그는 5가의 법맥을 이어 받았고 수많은 사찰을 중건하였다. 19세에 출가하여 20세에 복주 고산 용천사의 묘연노화상에게 구족계를 받고, 40세에 오대산에서 수행하여 문수보살(을 친견했다. 또한 그는 1953년에 성립된 중국불교협회 창립에 참여하였을 뿐만 아니라, 입적할 때까지 수많은 법문을 통해 선종의 대중화에 앞장섰던 중국 근현대 불교의 중흥조이기도 하다. 그는 선종의 입장에서 정토종을 포용하여 선정겸수禪淨兼修의 사상을 펼치고, 선종과 교종의 원만한 회통, 선계쌍수禪戒雙修의 회통, 선종의 기준으로부터 유가와 도가를 포용하는 유불도 삼교 회통론을 제창함으로써, 실천적 불교의 대중화를 이루는데 기여한 공이 크다. 이는 불교계 내부의 화해와 대중불교 확산에 이바지하는 결과를 낳았다. 120살까지 장수했으며 편저서로 『능엄경현요』, 『법화경략소』, 『유교경주석』, 『원각경현의』 등이 있다.

관계를 다음과 같이 언급하고 있다.

> 가부좌를 할 때 자연스럽고 바르게 앉아야 하며, 의식적으로 허리를 너무 꼿꼿이 세워서는 안 된다. 만약 그렇지 않으면 火기운이 위로 올라가므로 좌선이 끝난 다음, 눈곱이 끼고 입 냄새가 나며 기운이 머리로 솟구치고(氣頂) 입맛이 없어지기도 하며, 심할 경우에는 피를 토하기도 한다. 그렇다고 해서 허리를 구부리거나 머리를 수그려서는 안 된다. 그렇게 하고 있으면 쉽게 혼침(昏沈)에 떨어지게 된다. 만약 혼침이 온다고 느끼면 눈동자를 부릅뜨고 허리를 쭉 펴고 나서 가볍게 엉덩이를 옮기면 혼침이 사라질 것이다.[379] *밑줄은 저자.

허운은 좌선을 잘못하여 화가 위로 솟는 데서 비롯되는 선병에 대해 경각심을 일깨우고 있다. 허리를 꼿꼿이 하지 말라는 뜻은 척주를 세우기 위해 그곳을 긴장시키면 가슴이 긴장되어 심화가 내려가지 못하는 것을 이르는 말이다.

심화는 마음 작용을 설명하는 수행생리학적 개념이다. 『마하지관』에서 "마음을 아래로 내려 보내는 것은 마치 화를 아래로 불어서 내려가도록 하는 것과 같다."(心若緣下, 吹火下溜)고 한 바는 心작용과 심화 간의 관계를 간결하게 설명한 것이다.

심작용은 심화로 드러나는 바, 선병은 이 '마음의 불'로부터 기인하는 바가 크다. 앞장 '결가부좌의 수행생리학'에서 화, 즉 심화와 상

379) 跏跏趺坐時 宜順著自然正座. 不可將腰作意挺起 否則火氣上升 過後會眼屎多 口臭氣頂 不思飮食 甚或吐血. 又不要縮腰垂頭 否則容易昏沈. 如覺昏沈來時 挺一挺輕略移動臀部 昏沈自然消滅.

화를 중심으로 그 효력을 고찰하였는데, 백은이 밝히고 있는 선병의 원인도 과도하게 애쓰는 마음(用心), 즉 '다관多觀(지나친 관)' 내지 '사관다思觀多(지나치게 생각하여 봄)'에 의한 심화心火의 불안정과 치솟음(역상逆上)에 있다. 이러한 취지에서 선종에서 항마좌를 취하여 수기水氣를 증장하는 좌법을 선택하였을 가능성이 있다. 음적인 수기를 증장시키는 항마좌를 실천하여 화기火氣가 치솟는 선병을 예방하거나 치유할 수 있었을 것으로 추정된다. 이것이 '다관의 선병'을 초래하기 쉬운 선종의 간화선 전통에서 항마좌를 공식적인 좌법으로 선택하게 된 이유였을 것이다.

앞에서 천태지의와 백은이 모두 선병에 대해 면밀하게 설명하였던 내용을 살펴보았다. 천태지의는 '벽이나 기둥, 의복에 기대는' 등 잘못된 좌법에서 비롯된 선병을 호흡으로 치유하고자 하였다. 이는 병의 치유가 氣의 순환을 대전제로 하고 있다는 점에서 타당하지만, 좌법을 통한 기의 조절은 결여되어 있다. 백은의 경우도 좌법 대신 동일한 생리학적 원리의 계념법을 활용하여 극심한 선병을 극복하였다. 특히 그는 자신의 실제 체험을 바탕으로 실천수행을 통해 선병을 치유한 경험에 근거한 생리학적 논거를 제시하고 있어서 이는 매우 신뢰할 수 있는 것이다. 둘 다 생리학적인 원리는 모두 좌우, 음양, 심화, 상화 등에 의지하고 있으면서도 선병의 발생과 치유에 있어서 좌법을 활용하지 못하고 있다.

요컨대, 『치선병비요경』과 『대지도론』에서 선정에 장애가 되는 것을 선병 내지 병으로 다루었으나, 선종이 확립되면서 '좌선 중에 발생하는 선병'을 더욱 중시하게 된 듯하다. 선병은 주로 심리·정신적인 면에서만 언급되면서 좌법은 소극적으로 다뤄진 것으로 보인다. 이는 선종이 선병에 대해 특별히 주의하면서도 좌법에 대한 확신과 그 구체적인 생리학적 이해가 결여되었었다는 것을 반증한다.

좌법은 상기증을 치유한다.

[그림Ⅱ-11] 열기가 모이는 복부 모혈

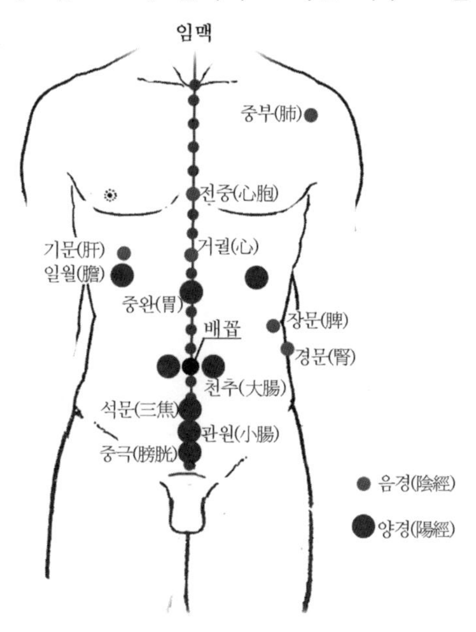

아사나(좌법)의 가장 기본적인 효력은 역류하는 열기를 하향시키는 것이다. 경맥학적[380]으로, 모든 양경맥이 고관절에 연결되어 있으므로, 좌우 다리를 교차하여 고관절을 늘려서 열기를 하강시키는 것이 관건이다. 경맥이 순행하면 언제나 복부의 모혈이 작동하게 되고

380) 경맥학에 관련된 내용은 졸저 『삼매의 생리학』을 참조하길 바람.

열기를 복부(단전)로 모을 수 있다. 예를 들어 족양명위경이 발로 내려가면 그 모혈인 중완혈이 따뜻해진다. 이러한 방식으로 배꼽을 중심으로 모여 있는 복부 모혈募穴[381]에 각 양경맥의 맥기가 모이기 때문에, 모혈을 통해서 소화기관인 6부腑(담·소장·위·대장·방광·삼초)로 들어간 기는 장부의 에너지가 되고, 복부에서 자연스럽게 '소화의 불' (그림Ⅲ-6_289쪽, b)을 일어난다. 복부 모혈로 기가 모이지 못하면, 몸은 상열하냉의 상태에 처하게 되며, 위쪽에 기가 치중되어 내려가지 못하거나, 외부로부터 냉기(한기)가 더욱 쉽게 침입할 수 있게 된다. 이와 같이 체표로 역류하여 상기하는 열기가 복부 모혈로 모여서 안정되면, 자연히 차가운 복부는 따뜻해지고, 소화의 장부인 6부는 기능이 정상화되어 병이 사라진다. 이 모혈 중 관원과 석문이 중요하다. 관원은 대표적인 하단전의 요혈로 알려져 있는데, 심장과 표리·음양관계에 있으며 심장경맥의 맥기가 직접적으로 전해지는 소장경맥의 모혈이며, 석문은 소양상화가 흐르는 삼초경맥의 모혈이다.

무엇보다 소양상화가 흐르는 담경은 심장과 긴밀한 관계를 이루고 있어서 이를 심담상관心膽相關이라고 한다. 고관절을 주관하는 족소양담경이 바로 심화를 격동시키는 주된 에너지임을 알 수 있다. 따라서 좌법에서 고관절에 연계된 에너지흐름을 잘 알아차려야 한다.

이상에서 살펴본 바와 같이, 마음을 몸의 아래쪽으로 집중시키는 계념법과 좌우 다리를 교차하는 좌법은 모두 상열하는 기운을 아래로 내리는 공통된 생리학적 효력을 가지고 있다.

381) 기운을 복부로 끌어 모아서 해당 장부로 들이는 혈穴을 모혈이라고 한다. 6음경맥의 모혈은 갈비뼈와 흉골에 위치하며, 6양경맥의 모혈은 복부에 위치한다.

III

결가부좌의 수행생리학

Ⅲ. 결가부좌의 수행생리학

결가부좌는 X자로 다리를 겹쳐 끼워서 좌우 발로 반대쪽 대퇴부를 누르고, 누르는 발등과 발목은 펴지게 된다. 따라서 ①대퇴부 위에서 펴진 반대쪽 발등, ②그 발에 눌린 대퇴부에 의해 견인되는 고관절이 대표적인 결가부좌의 신체적 조건이며, 그것에 의해서 효력이 발생한다. 그리고 ③척주의 모양이 부가적으로 논의 될 것이다. 다만 불전에 행법이 자세하게 제시되지 않았으므로, 비교적 행법과 효력이 구체적으로 제시된 요가문헌을 위주로 참조할 수밖에 없음을 미리 밝히고자 한다.

1. 항마좌와 길상좌

항마좌는 오른발을 왼쪽 대퇴부에 먼저 올리고 왼발을 나중에 오른쪽 대퇴부에 올리는 자세다. 오른발로 왼쪽 대퇴부를 압박하면서 왼쪽 고관절이 열린다. 기의 변화 양상은 복부보다 머리에 더 강하게 음기陰氣가 집중되는 것으로 나타난다. 수기水氣가 왼쪽에서 상승하여 침이 많이 나오고 갈증은 사라지며, 머리는 열기가 가라앉고 몸은 서늘해진다. 심장의 화가 잦아들고 몸이 안온해진다. 수기가 주가 되어 상승하여 심화心火를 고요하게 한다. 음陰의 정수精髓가 척주 중심으로 집중되어 상승한다. 왼쪽 코가 호흡을 주관하고 호흡이 잦아든다. 신장腎臟의 수水가 증장된다.

[그림Ⅲ-1] 길상좌와 항마좌

좌: 길상좌, 우: 항마좌

[그림Ⅲ-2] 항마좌를 취하고 있는 근현대 요가수행자들

Shyamacharan Lahiri Mahasaya　Swami Rama　Swami Sivananda　Paramahansa Yogananda

길상좌는 왼발을 오른쪽 대퇴부에 먼저 올리고 오른발을 나중에 왼쪽 대퇴부에 올리는 자세다. 이 좌법은 왼발로 오른쪽 대퇴부를 눌

러서 고관절을 이완시키게 되는데, 오른쪽 폐가 호흡을 주관하는데, 오른쪽 코의 호흡이 확장되어, 오른쪽으로 상승하는 우명문상화의 열기를 내려서 좌승우강이 이루어진다. 이 좌법에서 기의 변화 양상은 머리보다 복부에 더 강하게 양기陽氣가 집중되는 것이다. 화기火氣가 오른쪽에서 하강하여 복부에서 열기가 발생하고 머리는 시원하며 몸은 따뜻해진다. 화기가 몸의 전면 중심부에 집중되어, 각 짜끄라(맥륜)가 활성화 된다. 하복부에서 회전하며 미려관을 통해 척주를 따라 상승한다. 그리고 우맥의 뜨거운 속성을 활성화시키기 때문에 전신에 열기가 안온하게 활성화된다.

따라서 열기를 강화하는 툼모 또는 쿤달리니 수행에서 오른쪽 코를 여는 길상좌가 중시될 수밖에 없을 것이다. 즉 어떤 좌법을 하느냐에 따라 전체적인 수행의 맥락을 파악할 수 있는 것이다.

이상 두 종류의 결가부좌를 간결하게 생리학적으로 살펴보았는데, 문헌상으로 이 둘을 구분하여 설명하는 경우는 없었으며, 대부분 모든 병을 치유하고 선정에 이르게 한다고 하였다.

병을 치유한다는 것은 좌우 음양 에너지를 다스리지 않고서는 불가능하다. 나디(경맥)의 흐름에서 오른쪽은 상승하려는 삥갈라나디, 왼쪽은 하강하려는 이다나디로 이루어져 있다. 그래서 오른쪽으로 뜨거운 열기가 항상 상승하기 때문에, 오른쪽은 태양, 왼쪽은 달이라고 한다. 몸의 좌우 균형을 잡기 위해서는 삥갈라(태양)는 하강해야 하고 이다(달)는 상승하도록 해야 좌승우강이 실현된다.

이와 같이 명료한 생리학적 원리와 달리 길상좌와 항마좌의 역사적 전개는 복잡한 양상을 보여준다.

근현대 요가수행자의 경우에도, 라히리 마하샤야(Shyamacharan Lahiri Mahasaya 1828~1895), 스와미 라마(Swami Rama 1873~1906)나 스와미 쉬와난다(Swami Sivananda 1887~1963), 파라마한사 요가난다(Paramahansa Yogananda 1893~1952)등 대부분이 항마좌를 주로 수행하였던 것으로 보인다. 길상좌를 결가부좌의 원형으로 표현했던 북인도 전통이 중국에서 항마좌로 바뀌었던 것처럼, 중세 이후 요가 전통에서도 결가부좌가 연화좌라는 이름으로 항마좌가 실천되었었는데, 그 결과 현재도 항마좌식 결가부좌가 실천되었다.

요가 문헌들에 설해진 āsana를 종류별로 취합하여 사전화한 *Encyclopaedia of Traditional Asanas*에서도 결가부좌를 좌우 다리의 겹치는 순서와 손 모양에 따라 분류하였는데, 항마좌를 설한 문헌이 28종으로 길상좌를 설한 5종보다 5배 정도 빈도수가 많다.[382)]

요가전통에서도 초기에 길상좌 형식이 우세하였으나, 중국에서 결가부좌가 항마좌로 결정되었듯이, 하타요가의 등장(6~8세기) 이후 점차 항마좌가 주로 행해졌다. 이처럼 항마좌식 결가부좌(연화좌)가 중국불교는 물론 하타요가 전통에서도 주로 행해지게 되었으나, 그 근본적인 이유를 밝히고 있는 문헌 자료는 없다.[383)]

요가전통에서 결가부좌(연화좌)는 항마좌다.

---

382) 이 문헌에서 결가부좌는 하타요가적인 방식으로 등 뒤로 손을 돌려서 반대쪽 엄지발가락을 잡는 자세(baddha-padmāsana)이다. 그리고 좌우 발의 순서를 정하지 않은 문헌도 31종으로 집계되었다.

383) 이러한 추정의 연장선에서 前 시대의 『대지도론』이나 『청정도론』에서 좌우 발의 순서를 언급하지 않은 이유를 짐작할 수 있는데, 그것은 초기 불상에서처럼 단일한 길상좌식 결가부좌만 유통되고 있어서 좌법을 굳이 언급할 필요가 없었기 때문이었을 것이다.

하타요가 전통에서 결가부좌는 밀교 전통에서와 마찬가지로 '빠드마아사나Padmāsana(연화좌)'로 불렸다. 그러나 밀교에서 결가부좌는 오른발이 위에 놓이는 길상좌였으며, 비슷한 시기의 샹카라Śaṅkara(788∼820년경)도 길상좌식 연화좌를 설하였다.

[그림Ⅲ-3][384] 티베트 불교에서 결가부좌(연화좌)

달라이라마의 개인 명상실 벽화, 17세기경, Potala궁 뒤 Lukhang사원

티베트 불교의 좌법을 표현한 앞 그림에 항마좌도 발견되지만, 길상좌 형식의 결가부좌(연화좌)를 주된 좌법으로 수행하였음을 보여준다. 이 도상은 포탈라Potala궁 내에 있는 달라이라마의 개인적인 명상실의 한 벽면에 그려놓은 22종의 행법으로서, 티베트 요가의 좌법

384) 사진가 Thomas Laird가 세계 최초로 1986년 이 벽화를 실물 크기의 사진으로 런던의 Wellcome Collection에서 전시하였다. 전시명은 "Tibet's Secret Temple: Body, Mind and Meditation in Tantric Buddhism"이다.

을 알아볼 수 있는 중요한 자료이며, 요가적 수행생리학이 가장 적극적으로 드러난 불교전통을 보여준다.

실천 수행에 있어서 항마좌가 지속적으로 결가부좌 또는 연화좌로 알려지게 되었지만, 불보살상이나 성인 또는 신상은 길상좌로 만들어져 왔다는 점은 의문이다. 현재 조성되는 불상은 지역을 불문하고 모두 길상좌를 한 모습이다.

불보살상의 결가부좌는 길상좌다.

지금은 항마좌가 길상좌와 더불어 광범위하게 거의 모든 지역에서 수련되고 있는 것으로 보인다. 이처럼 복잡한 좌법의 역사적 전개는 생리학적 원리에 대한 이해를 더욱 요구하게 될 것이다.

항마좌는 수기를, 길상좌는 화기를 충만케 한다.
좌우 기가 균형을 잃으면 병이 발생한다.
좌우 고관절을 움직여서 좌우 경맥(나디)을 제어한다.

따라서 결가부좌가 지닌 단점도 유념해야 좌법을 바르게 실천할 수 있을 것이다.

항마좌를 하면, 달의 음기에 해당하는 왼쪽 코의 호흡이 확장되면서 몸은 서늘해지고 가라앉는 듯, 마음은 둔중해져서 쉽게 졸릴 수 있다. 몸이 냉해서 잘 붓고 소화가 더딘 사람이 그 증세가 심해질 수 있다. 그러나 냉하고 습이 많은 체질이 길상좌를 하면 내장이 따뜻해져서 소화기에 활력이 생기고 몸이 가벼워질 것이다. 특히 하복부가 냉하여 수족냉증이 있는 체질이 길상좌를 하면 그 증세가 호전된다. 그래서 결가부좌나 반가부좌를 하고 쿤달리니나 툼모와 같은 체내열을 강화하는 수련을 한다면 당연히 길상좌를 해야 하는 것이다. 하복부에서 체내열이 증장되어야 쿤달리니가 깨어나기 때문에, 교족좌와 수인에서도 오른발이 위에 놓여야 체열이 순행하면서 체내열이 증장된다.(그림Ⅲ-5_283쪽) 이런 한열寒熱의 특성에 따라 더운 지역에서는 항마좌, 추운 지역에서는 길상좌가 더 적합한 좌법으로 받아들여질 수도 있었을 것이다.

또한 결가부좌로 오랜 시간 좌법을 유지한다는 것이 쉽지 않다는 것은 한 번쯤 이 자세를 해본 사람은 누구나 알게 된다. 결가부좌는 각각 좌우 발로 대퇴부를 강하게 압박하므로, 혈액순환이 잘 되지 않아 발바닥이 퍼렇게 변하거나, 대퇴부 위에 온전히 발을 올리지 않으면 발목이 꺾여서 통증이 발생한곤 한다. 좌법을 반복하다 보면 점차 관절이 부드러워지면서 자연스럽게 결가부좌가 되기도 하지만, 고통을 무시하고 무리하면 오히려 관절병을 얻는 경우도 허다하다. 이는 슬관절과 발목관절에 무리를 주고, 기혈순환의 장애를 유발하여 장부의 병으로 이어지기도 한다.

특히 항마좌와 길상좌는 좌우 고관절에 영향을 미쳐서 좌우 골반의 전위 상태를 반대로 만들기 때문에, 자신의 좌우 골반의 불균형을 개선하는 방식으로 수련해야 한다. 뼈를 움직이는 것은 근육이고, 근육을 움직이는 것은 기다. 고관절로 통하는 좌우 기운을 잘 살펴야 할 것이다.

2. 결가부좌(연화좌)의 효력

결가부좌(연화좌)는 수승화강을 실현한다.

4세기 말 중인도 바라문 출신의 구나발타라(394～468)[385]가 역출한 『불설십이두타경』에서 "이와 같이 나는 들었다. 한 때에 붓다께서는 사위국 급고독원정사에서 팔천명의 비구승 그리고 보살 만명과 함께 계셨다. 그들은 모두 가사를 입고 발우를 들고 다니면서 걸식하여 밥을 먹고 아란야의 처소에 이르러 가부좌加趺坐하고 앉았다."[386] 라고 가부좌를 언급하면서 경문을 시작하고 있다. 그리고 12두타 중 마지막에 해당하는 '단좌불와但坐不臥'(오로지 앉아 눕지 않음)의 효력에 대해서 다음과 같이 약술하였다.

열두 번째 두타행은, 사위의(행·주·좌·와) 중에 '앉는 것'이

385) 求那跋陀羅(Guṇabhadra)는 인도 마가다 지방 브라민계급 출신이다. 어려서 五明(聲明, 工巧明, 因明, 醫方明, 內明)에 능통했으며, 처음에는 소승을 배웠으나 대승으로 전향했다. 그는 435년 Gunavarma와 함께 스리랑카를 거쳐 해상실크로드로 유송의 광주로 들어갔는데 이때가 송 원가 12년(435년), 그의 나이 42살이었다. 그 후로 양도의 와관사에서 『잡아함경』(*Saṃyuktāgama*), 『승만경』, 『능가경』(*Laṅkāvatāra Sūtra*) 등을 번역하였다. 『능가경』의 한역본은 3종류가 있는데 4권으로 된 구나발타라 역본(『능가아발다라보경』), 10권 18품으로 된 보리유지 역본, 7권 10품으로 된 실차난타역이 전하며 산스끄리뜨본도 남아 있다. 그 외 『대법고경』, 『허공장보살경』, 『무우왕경』, 『소무량수경』, 『능가아발다라보경』, 『상속해탈경』, 『팔길상경』 등 52부 134권을 번역했다. 『승만경』과 『허공장보살경』은 여래장 사상을 설하는 대표적인 대승경전이며, 『능가아발다라보경』과 『상속해탈경』등은 유식 사상의 소의 경전이다. 그는 여래장 사상과 유식 사상이 중국에 도입되는데 중요한 역할을 했다.

386) 如是我聞。一時佛在舍衛國給孤獨園精舍。與八千比丘僧菩薩萬人。皆著衣持鉢遊行乞食。食已至阿蘭若處。加趺而坐。

> <u>제일 첫째가 되나니, 밥 먹은 것을 쉽게 소화시킬 수가 있어서 숨길(氣息)이 조화되느니라</u>. 道를 구하는 사람이 큰 일을 아직까지 성취하지 못하였으면 모든 번뇌의 도둑이 항상 그 틈을 살피나니, 마땅히 편안하게 눕지 말아야 하느니라. 만일 걸어 다니거나 서서 있는 것은 마음이 움직여서 거두어들이기가 어려우며, 또한 오래 할 수 없으니, 그러므로 반드시 항상 앉는 법을 받들어야 하며, 만일 잠자고 싶을 때에도 옆구리를 자리에 대지 말아야 한다. 이상이 십이두타법이다."라고 하셨다.[387] *밑줄은 저자.

이 내용을 그대로 받아들인다면, 4~5세기경 인도에서 행해진 결가부좌는 소화력을 촉진시키며, 숨길(氣息)이 조화되는 유익함을 준다. 이는 요가전통에서 좌법의 효력으로 제시하는 '소화의 불'(jaṭhar āgni)과도 일맥상통한다. 『하타요가쁘라디삐까』(=HP)[388]에서 "소화의 불을 점화시키며, 심각한 질병 전체를 제거하는 무기이다" 또는 "소화의 불을 일으키고, 팽만한 복부를 줄여주며, 사람을 건강하게 해준다"거나 "과식한 또는 해로운 음식물을 모두 소화시키며, 독조차도 '소화의 불'로 중화시킨다."[389]는 게송은 āsana(좌법) 수련을 통해 '소화의 불'이 확장된 결과로 일어나는 열기의 제어를 시사한다. 그리고 좌법과 호흡수련이 결합된 mudrā수련[390]에서 "이미 삼켜진 무서

---

387) 十二者身四威儀中 坐爲第一 食易消化 氣息調和 求道者 大事未辦 諸煩惱賊 常伺其便 不宜安臥 若行若立 心動難攝 亦不可久 是故 應受常坐法 若欲睡時 脇不著席 是爲十二頭陁之法.

388) 박영길(2015), Feuerstein(2011)은 14세기 중엽으로 추정. Gharote(2007)는 14세기로 추정. Jason Birch(2016)는 12~14세기로 추정.

389) HP의 1장 아사나에서 1.27, 1.29, 1.31 등에서 소화의 불이 반복적으로 언급된다.

390) 결인이라는 뜻으로, 특정 자세를 취하고 손으로 엄지발가락을 잡고서 숨을 멈추는

운 독일지라도 마치 첫 모유처럼 소화된다."[391]라고 언급한 바, 쿤달리니Kuṇḍalinī[392] 열기를 통해 체내 독소를 해소하는 생리학적 원리를 보여준다. 열기의 근원은 중심의 심화心火와 오른쪽의 상화相火이며, 오른쪽의 상화는 오른쪽 다리의 관절을 이완시키는 좌법으로 하향하므로, 결가부좌 중 길상좌가 양陽에너지를 하향시켜 소화에 필요한 열기를 증장시키는 효력을 지닌다.

특히 오른쪽은 삥갈라의 열기가 활성화 되는 곳임을 『비갸나 바이라바 탄트라』[393]를 통해 확인된다.

> 자신의 오른쪽 엄지발가락(kālapada)부터 일어나는 칼라그니(kālāgni)에 의해 자신의 몸이 불타버리는 것을 명상해야 한다. 마침내 그때 고요한 빛(śāntābhasa)이 나타날 것이다(『비갸나 바이라바 탄트라』, 52번 게송)

이 수행은 오른쪽 양기를 쓰는 생리학적 원리를 활용한 것이다. 이는 오른쪽 다리를 활용하는 길상좌에 대한 이해를 돕는다.

하타요가 문헌을 종합하여 연화좌(baddha-padmāsana)[394]의 효력을 요약하면 다음과 같다.

등 짜끄라에 기를 응집시키는 집중법을 일컫는다. 무드라는 삼매로 이끌어주고 초능력을 준다.

391) api bhuktaṃ viṣaṃ ghoraṃ pīyūṣam-iva jīryati || HP 3.16-2

392) 하복부에 단전과 같은 자리에 쁘라나(기)가 응집되면서 일어나는 진동과 열기로 그 존재를 자각할 수 있다. 근원적인 생명에너지를 상징하는 쿤달리니는 뱀이 똬리를 튼 모양으로 묘사되는데, 뱀이 생명에너지의 흐름(나디)과 닮아있기 때문이다.

393) *Vijñāna-bhairava-tantra*는 년대 미상의 카슈미르 샤이비즘 문헌이다. bhairava(요가의 신 쉬바)에 대한 Vijñāna(앎, 통찰)를 위한 수행법 112가지를 담고 있다. 호흡에 대한 자각을 중점적으로 다루고 있다.

394) 항마좌식 다리를 하고 두 팔을 등 뒤로 돌려서 반대쪽 엄지발가락을 잡는다.

> 이 수련은 바유(氣)를 제어하여 성취에 이르게 한다. 바따vāta(풍風)와 까파kapha(한습寒濕)[395]의 손상으로 발생하는 몸의 열기(jvara 신열)을 경감시키는 효과가 있고, 복부를 깨끗이 하고(정화) 마음이 안정되며 언행을 순화시킨다.[396]

'신열의 경감'을 체열의 하강을 의미라면 그것은 항마좌의 효력인데, 위로 들뜬 상기된 열을 하강시킨다는 의미로 이해할 경우는 길상좌도 해당된다. 한습으로 인한 신열을 경감시키고 복부를 정화하려면 복부가 따뜻해져서 소화기가 활성화되어야 한다. 이것은 āsana의 중요한 효력으로 언급되는 '소화의 불'이 발생하는 과정과 같다. '소화의 불'은 모든 질병의 근원인 'nāḍī(경맥)의 역행'을 바로잡음으로써 생성된다. 화기가 복부로 내려와서 '소화의 불'이라는 대표적인 요가적 효력이 이루어진다. 복부의 중심, 배꼽은 火의 자리인 마니뿌라짜끄라manipūra-cakra이며, 『하타(요가)쁘라디삐까』 3.66[397]에서 바흐니만달라vahni-maṇḍala, 즉 화환火圜이라고 하는 '불의 영역'으로, 수르야만달라sūrya-maṇḍala(태양환太陽圜), 나비만달라nābhi-maṇḍala(제환臍圜), 마니뿌라까manipūraka(만보주환萬寶珠圜)라고도 하여 '체내 불의 중심'이 된다. 『금강신론석』에서 "붉은 보리심(적정赤精)은 배꼽 아래 3맥이 합하는 쑴도(Sum mdo, 삼합처三合處)에 존재하

395) vata와 kapha는 각각 가을과 겨울처럼 서늘하고 차가운 성질이다.

396) 『인도전통 요가 아사나백과』(이정훈 역 2007)의 원서인 *Encyclopaedia of Traditional Asanas*의 baddha-padmāsana항목 참조.

397) "apāna(氣)가 상승하여 [배꼽 아래] 불의 영역(vahni-maṇḍala)에 도달하면, 그때 바유(氣)에 의해 부딪혀진 [화환의] 불꽃은 길게 확산된다." (apāna ūrdhvage jāte prayāte vahni-maṇḍalam | tadānala-śikhā dīrghā jāyate vāyunā-hatā || HP 3.66)

는데, 태양과 불의 특성으로 색이 붉고 따뜻한 감촉이라고 하였다." 고 언급한 바[398]는 바로 이러한 '복부로 하강해야 하는 열기'와 관련된 것이다.

하타요가 문헌들에서 연화좌의 공통된 효력은 '질병을 절멸시키는 것'이다.[399] 『시바상히따』(=ŚS, CE 14세기)[400]에서 "이 좌법을 수행하면 prāṇa(氣)는 즉시 곧바로 균등하게 움직인다. 바르게 실천하는 수행자는 어떤 의구심도 없다.(ŚS 3.108)[401]"고 한 바와 같이, prāṇa(氣)가 전신에 차별 없이 순행·순환하는 효력이 발생한다. 그리고 이어서 "요가수행자가 연화좌를 하고 prāṇa(상승기)와 apāna(하강기)의 법칙에 따라 기를 가득 채우면 해탈한다."[402]고 하여 호흡수련과 긴밀한 관계를 지시한다. 『게란다상히따』(=GhS)에서 연화좌는 모든 질병을 소멸시키는 효력이 있다고 하며, 좌우 코를 번갈아 마시고 내쉬는 염송 호흡정화법(GhS 5.38~45)에서도 연화좌가 기본 좌법으로 명시된다. 이러한 효력들은 하타요가의 초기문헌으로 여겨지는 『고락샤샤따까』(=GŚ, CE 10~12세기)[403]에 근거하고 있다. 『고락샤샤따까』에서 연화좌는 '질병과 산란심을 제거하고'(GŚ 12), 'kuṇḍalinī ś

---

398) 중암 (2009: 80; 314~316)

399) 이에 대해서는 *Encyclopaedia of Traditional Asanas*의 padmāsana항목에 자세한 내용이 있다.

400) 박영길(2015), Feuerstein(2011)은 17세기 이전으로 추정.

401) anuṣṭhāne kṛte prāṇaḥ samaścalati tatkṣaṇāt |
bhavedabhyāsane samyak sādhakāsya na saṃśayaḥ || ŚS 3-108

402) padmāsane sthito yogī prāṇāpānavidhānataḥ |
pūrayet sa vimuktaḥ syāt satyaṃ satyaṃ vadāmyaham || ŚS 3-109

403) Feuerstein(2011)은 Gorakṣanātha의 생몰 년대를 10~12세기로 추정. Gharote(2007)는 10세기로 추정. 이 문헌은 *Gorakṣa-paddhati*(고락샤의 길들) 또는 이칭인 *Gorakṣa-Saṃhita*(고락샤의 모음집; 12~13세기)의 일부분이라는 설이 있으나 꾸발야난다는 100개의 게송으로 된 완벽한 사본을 발견하고 1958년, *Yoga-Mīmaṃsā* 7.4에 수록하였고 2006년에 원문과 번역, 주해 등과 단행본으로 출판하였다.

akti를 지배함으로써 견줄 바 없는 각성을 얻으며'(GŚ 52, HP 1.48), 신성한 빛과 합일하기(GŚ 83∼) 위한 좌법이며, 모든 질병을 제거하고[404] 기를 체내에 보유하여 해탈할 수 있다(ŚS 3.109, HP 1.49)고 하였다. 그런데 HP(CE 1450년경)와 GhS는 GŚ의 전통에 따라 왼발을 위에 올리는 항마좌만 설한다는 점에서 제시된 좌법과 그 효력이 완전히 일치하지 않으며, 길상좌의 효력도 함께 제시되고 있다. 하타요가 문헌에서 제시된 연화좌의 효력은 길상좌와 항마좌를 아우르는 것이지만 실제 제시된 결가부좌는 주로 항마좌이다.

이처럼 쁘라나(氣)가 나디(경맥)를 따라 순행하면, 열기는 나디를 따라 복부로 하강하여 소화기관(육부)에 효력을 발휘하므로, 이를 '두한족열'과 '수승화강'으로 간결하게 요약할 수 있다. 『동의보감』에 "머리는 차가워 아픈 법이 없으며, 배는 뜨거워 아픈 법이 없다"(頭無冷痛 腹無熱痛)는 구절이 있다. 이는 상열하여 머리가 뜨겁고 복부는 차가워지면 심신의 제반 문제를 일으키는 근본 요인이므로, 머리가 뜨거우면(번煩) 신경계에 지장을 초래하고 두통, 무기력 등 심신에 문제를 발생시키듯이 몸의 문제는 지적•심리적인 기능과 직접 관련된다. 수승화강은 몸과 마음, 정신의 기능에 정신생리학적으로 연결되어 있는 것이다.

『선비요법경』(구마라집 한역, 402∼409년)에 결가부좌를 취하고 왼쪽 엄지발가락에 마음을 모으는 계념법을 수행하여 심신心身의 열기를 조절하였다.

붓다께서 가치라난타에게 "그대는 내 말을 듣고 신중히 하

404) ŚS 3.88, HP 1.44∼1.47, GhS 2.8

고 잊지 말라! 그대는 오늘부터 사문법(출가법)을 닦아라! 사문법이란, 응당 조용한 장소의 수행처에서 좌복(방석)을 깔고 결가부좌를 하고 옷을 단정히 하고 몸을 바르게 앉아 오른 어깨를 드러내 가사를 수하고(편단우견), 왼손을 오른손 위에 놓고 눈을 감고 혀를 입천장에다 대고, 마음을 정하여 머물고 마음을 분산하지 말라! 우선 계념을 해야 한다. 왼쪽 다리의 엄지발가락 반 마디를 잘 관조하여 부풀어 기포가 생기기 시작하는 것을 생각하라! 대단히 명확하게 관상을 하고 난 다음 부풀은 기포가 썩어 문드러진다고 생각을 한다. 발가락 반 마디를 보면 대단히 깨끗해져 마치 백광이 있는 것 같다. 이 일을 보고 난 다음 발가락 한 마디를 관하고, 살을 잘라낸 한 마디를 보면 대단히 명확해져 백광이 있는 것 같다. 이와 같음이 계념법繫念法이다"고 말씀해주셨다. 가치라난타는 붓다께서 설해 주신 바를 듣고 환희심으로 받들어 행했다. 한 마디 관절을 관하고, 다음은 두 마디 관절을 관한다. -중략- 이와 같이 다섯 마디관절을 계심으로 관상하면 마음이 산란해지지 않는다. 만약 마음이 산란하다면 다시 마음을 집중하기 위해 앞서와 같이 반 마디부터 생각하고, 관상을 이루었을 때 온몸에 화기가 돌고 가슴 아래에 열기가 생긴다.(舉身煖熅心下熱) 관상을 얻었을 때 이름은 계심주繫心住이다."[405] (『선

405) 佛告迦絺羅難陀。汝受我語。愼莫忘失。汝從今日。修沙門法。沙門法者。應當靜處敷尼師壇。結跏趺坐。齊整衣服。正身端坐。偏袒右肩。左手著右手上。閉目以舌拄腭。定心令住。不使分散先當繫念著左脚大指上。諦觀指半節。作泡起想。諦觀極使明了。然後作泡潰想。見指半節極令白淨。如有白光。見此事已。次觀一節。令肉劈去。見指一節。極令明了。如有白光。佛告迦絺羅難陀。如是名繫念法。迦絺羅難陀。聞佛所說。歡喜奉行。觀一節已。次觀二節。~~觀二節已。次觀三節。觀三節已。心漸廣大。當觀五節。見脚五節。如有白光。白骨分明~~。如是繫心。諦觀五節。不令馳散。心若馳散攝令使還。如前念半節。念想成時。舉身煖熅心下熱。得此想時。名繫心住。*繫心住는 定心으로 몰입된 마음 상태이다. 발가락에 이어서 옆구리⇨등⇨목덜미⇨이마⇨머리⇨얼굴⇨가슴에 이어지는 계념을 수행한다. 그리고 '왼쪽을 한 다

비요법경』) *밑줄은 저자.

결가부좌라고 언급할 뿐, 길상좌인지 항마좌인지 특정되지 않았으나, '온몸에 화기가 돌고 가슴 아래에 열기가 생긴다(擧身煖熅心下熱)'는 것은 길상좌에 항마수인을 한 천태지의의 좌법일 가능성이 크다. 길상좌는 몸의 열기를 증장시키며, 복부에 열기가 생긴다. 항마수인은 심화를 가라앉히는 효력이 있기 때문이다. '가슴 아래에 열기가 생긴다'는 것은 심화를 진정시키고 상화의 열기가 하강하는 것을 의미하는데, 심화를 진정시키는 것은 항마수인의 효력에 해당하며, 상화가 하강하는 것은 길상좌의 효력이다. 이는 모두 '수승화강'이라는 개념으로 집약된다.

도교의 수행원리인 '수승화강'를 받아들인 원불교에서 좌선의 원리를 다음과 같이 설명하고 있다.

> 좌선의 원리로, '물 기운이 오르고 불기운이 내린다'는 뜻. 하단전인 신장은 뇌수를 기르고 생식에 관련되며 물 기운이 머물고 중단전인 심장은 혈맥과 심근心根의 중추로 불기운이 머무는데, 호흡과 정신집중에 의해 뜨겁고 탁한 불기운을 내리고, 차고 맑은 물 기운을 올린다. 이에 의해 번뇌를 가라앉히고 심신을 고요하고 안정되게 갖게 된다. 『정전』 '좌선법'에서는 좌선이란 마음에 있어서 망념을 쉬고 진성을 나타내며, 몸에 있어서는 화기를 내리고 수기를 오르게 하는 공부로서,

---

음 "繫念法者先當繫心著左足大指上。一心諦觀足大指。使肉青黑津膩。猶如日光炙於肥肉。漸漸至膝。乃至於臏。觀左足已。觀其右足。亦復如是。"라고 하여 오른쪽을 수련한다.

> 망념이 쉬면 수기가 오르고 수기가 오르면 망념이 쉬어서 몸과 마음이 한결같으며 정신과 기운이 상쾌하리라 했다. 소태산 대종사는 수승화강의 이치를 묻는 제자의 질문에 "물의 성질은 아래로 내리는 동시에 그 기운이 서늘하고 맑으며, 불의 성질은 위로 오르는 동시에 그 기운이 덥고 탁하나니, 사람이 만일 번거한 생각을 일어내어 기운이 오르면 머리가 덥고 정신이 탁하여 진액이 마르는 것은 불기운이 오르고 물 기운이 내리는 연고요, 만일 생각이 잠자고 기운이 평탄하고 순조로우면 머리가 서늘하고 정신이 명랑하여 맑은 침이 입 속에 도나니, 이는 물 기운이 오르고 불기운이 내리는 연고니라"(『대종경』 수행품15)라고 답했다. (『원불교대사전』[406])*밑줄은 저자.

좌선을 하단전에서 물(水)기운이 오르고 중단전에서 불(火)기운이 내려가는 수승화강을 이루는 것으로 설명하고 있는데, 이는 항마좌의 효력에 가깝다. 원불교에서 가부좌는 항마좌다. 여기서 수화는 좌우 신장의 신수와 상화가 아니라 상하 심장과 신장을 가리키는데, 좌신수과 우명문상화의 이론이 적용되지는 않았다. 즉 좌우음양론이 아니라 상하음양론에 한정된 것이다.

이상과 같이 문헌에 따라 결가부좌의 효력은 다소의 차이가 있으나, 그 생리학적 원리는 좌우 또는 상하의 수승화강이라고 총결된다. 다만, 좌법은 좌우 다리에 연계된 좌우 음양에너지를 제어하는 것인데, 상하로만 설명하려는 것이 그간의 한계였다.

406) 원광대학교 원불교사상연구원(2013)

3. 발등(趺)과 족심足心

[그림Ⅲ-4] 발등을 펴는 특징의 결가부좌

a: 하타요가의 연화좌(baddha padmāsana), 저자 그림.
b: 좌불상, Katrā 고분 출토(Mathura), Mathura Government Museum, 2세기 초.
c: 석굴암 본존, 경주 석굴암, 8세기.
d: 항마좌불상, 奈良縣, Asuka 시대, Tokyo National Museum, 7세기경.

가부좌상의 발모양은 발바닥이 하늘을 향하도록 하여 발등이 완전히 펴져 있다. 펴진 발등은 가부좌를 한 불보살상의 주요한 특징이다. 가부좌를 취한 좌불상의 발등이 정강이에서부터 발가락까지 일자로 곧게 펴져 있는 모습은 [그림Ⅲ-4_271쪽]b처럼 간다라와 마투라에서 일반적이었다.

반면, [그림I-31_157쪽]b(중국), [그림I-32_159쪽]a(중국), [그림Ⅲ-4_271쪽]c(한국)와 d(일본)처럼 동양에 불상이 전파된 이후 발모양이 변화하게 되는데, 발등을 펴는 것에 큰 의미를 두지 않는 도상학적 특징을 보여준다.

발등을 펴서 발바닥이 하늘을 향하는 모양에서 중요한 포인트는 족심足心이다. 발바닥에는 32상相의 하나인 짜끄라(맥륜)가 새겨져 있다. 『중아함경』과 『방광대장엄경』에서는 "손발바닥 가운데 각기 바퀴 모양이 있는데 바퀴 테가 잘 갖추어져 있으며, 천 개의 바퀴살이 있고 빛이 반짝거린다."[407], 『대지도론』에서는 "족하이륜상足下二輪相", 『좌선삼매경』에서는 "족하천폭륜足下千輻輪"으로 묘사되어 있다. 이는 깨달음을 성취한 전륜성왕의 상서로운 증표 중 하나로 여겨지며, 상징적인 기호라기보다 수행의 실제적인 결과로 일어나는 에너지현상으로 이해함이 타당하다. 요가에서 짜끄라가 마음과 기를 몰입하는 곳으로 이용되듯이 선정 문헌에서도 발바닥은 중요한 집중처로 활용되었다. 『마하지관』에도 발바닥에 마음을 집중하는 계념법이 설해졌다.

> 조용한 방안에 앉아서 발[바닥]에 마음을 집중하여[408] 항상 관조하면, 능히 모든 질병을 고칠 수 있다. 왜냐하면 눈, 코, 입, 귀, 촉각 5개 감각기관이 머리에 달려있기 때문에 마음이 자꾸 위(머리)로 가게 된다. 마음은 사대(지수화풍) 가운데 바람(풍)을 부리는데 바람은 불(화)을 일으킨다. 불은 물(수)과 화합하면 물이 몸(지)을 윤택하게 할 것이다. [그 결과] 위쪽이 [아래와] 나뉘어 조절되면서 몸 아래쪽은 어지럽게 되므로 많은 질병을 일으켜서, 예를 들어 다리와 발이 마비되기도 한다. 또한 오장五臟(간심비폐신)은 연꽃처럼 아래

407) 手足掌中各有輪相 轂輞圓備 千輻具足光明照耀
408) 『수습지관좌선법요』 제구 치병환(대정장46, 471,c)에서는 "상지심족하常止心足下"(언제나 마음을 발바닥에 두라)라고 함.

로 향하고 있는데, 마음(識)이 [火와 함께] 자꾸 위로 올라가서 기도 [위로 향하면서] 오장과 강하게 충돌하면, 오장육부가 뒤집어지고 부셔져서 질병을 일으킨다. [그러므로] 마음을 아래로 내려 보내는 것은 마치 화를 아래로 불어서 내려가도록 하는 것과 같다. [그리하여] 먹고 마시는 것마다 소화가 잘되고 오장이 순조롭게 된다. [실제 행법은] 발바닥에 마음을 집중하는 방법이 가장 좋은 치료방법이다. 현재 [본인도] 상용하여 심대한 이익이 있으며 이것으로 타인을 치료하여 많은 효험을 보았다. 예전에 제가 진나라 대신이었던 장첨문, 오명철, 모희 세 사람이 각기병을 앓았는데, 이들에게 발바닥에 마음을 집중하는 법을 가르쳐주었는데 종국에 병을 치료하게 되었다.[409] (『마하지관』) *밑줄·괄호는 저자.

붓다의 발바닥 중심에 '족하천폭륜'이 있다고 하였는데, 그곳을 족심이라고 한다. 천태지의는 발바닥과 심화가 직결되어 있음을 설하고 있다. 다섯 감각기관과 인식작용이 머리에서 일어나므로 화가 위로 솟아오르기 쉬운 반면 아래는 화가 부족하여 머리는 뜨겁고 다리는 차가운 상태가 된다는 것이다. 족심에 응념하는 것만으로 심화를 움직일 수 있음을 알 수 있다.

발등을 펴려고 하면 자연스럽게 足心에 힘을 주게 되므로, 이는 마음으로 집중하는 것보다 강하게 심화(열기)를 발바닥까지 내리는

---

409) 要在靜室, 又常止心於足者, 能治一切病。何故爾? 五識在頭, 心多上緣。心使風風動火, 火融水水潤身, 是故上分調而下分亂, 以致諸病, 或脚足攣癖等。又五藏如蓮華, 靡靡向下, 識多上緣, 氣強沖, 府藏翻破成病。心若緣下, 吹火下溜, 飮食鎖化, 五藏順也。止心於足, 最為良治。今常用屢有深益, 以此治他, 往往皆驗, 蔣、吳、毛等即是其人。(據『國清百錄』, 蔣添文、吳明徹、毛喜, 三人皆為陳國大臣, 患脚氣病, 智者教以止心於足之法, 終於治好。) (『마하지관』 권팔 상)

직접적인 효과를 수반한다. 이에 대한 실제적인 사례로 일본 임제종 중흥의 시조로 알려진 하쿠인, 즉 백은선사를 들 수 있다. 백은의 『야선한화』에서 누워서 발등을 최대한 펴고 발로 바닥을 밟듯이 하면서 의념을 단전에서부터 발바닥으로 옮겨간다고 구체적인 방법을 소개하였다.

> 만약, 오로지 참선에 정진하는 수좌가 심화가 치밀어 올라와 심신이 피로하고 오장이 고르지 못할 때에 침이나 뜸 또는 약, 이 세 가지를 써서 고치려 한다면 중국 고대의 명의 화타나, 편작, 창공410)이라 할지라도 쉽게 구해 줄 수 없을 것이다. 나에게 선인환단411)의 비결이 있으니 너희들은 시험 삼아 이것을 닦아보라. 마치 운무를 열고 하늘의 해를 보듯이 기적적인 효과를 보게 되리라. 만약 이 비결을 닦고자 한다면 참선공부를 놔두고, 공안도 버리고, 곧 바로 푹 숙면을 취하는 것이 좋다. 잠자기 전, 아직 눈을 붙이기 전에 양 다리를 길게 펴고 발로 [바닥을] 밟듯이 발끝에 강하게 힘을 주고, 온몸의 원기를 배꼽 주위, 기해단전(하단전), 허리, 다리, 足心(발바닥 중심) 사이에 충족시키고 다음과 같이 관하는 것이다. 나의 기해단전, 허리, 다리, 족심. 이러한 모든 것이 나의 본래면목이라면, 본래면목의 콧구멍이 어떠한가?412) *밑줄·괄호는 저자.

---

410) 위나라 화타와 전국시대의 편작과 전한의 창공, 이 세 사람은 중국 고대의 대표적 명의로 알려져 있다.

411) 還丹이란 도교 내단 사상에서 단을 완성하기 위해서 하단전에 기를 응집시켜서 머리에 되돌리는 수련 과정을 의미한다.

412) "若（も）し是れ參禪辨道の上士（じやうし）、心火（しんくわ）逆上し、身心勞疲し、五内（ごない）調和せざる事あらんに、鍼灸藥（しん・きう・やく）の三つを以て是れを治（じ）せんと欲せば、縱（たと）ひ華陀扁倉（くわだ・へん・さう）と云へども、輙（たやす）く救ひ得（う）る事能はじ。我に仙人還丹(せんにんげんたん)の

이 수행은 발끝에 힘을 주어 땅바닥을 밟듯이 함으로써 발바닥(足心)에 집중하는 수련이다. 백은은 『선원청규』를 따라 수행하는 임제종 승려였으므로, 좌선시 항마좌를 실천하였을 가능성이 큰데, 심화가 치밀어 올라왔다는 것은 좌법을 중시하지 않았을 가능성을 반증하는 것이다. 발등을 펴서 족심에 기가 통하는 좌법을 제대로 실천하지 못했던 것으로 추정된다.

이처럼 일본에 전해진 선종의 좌법 전통이 [그림I-31_157쪽]b, [그림I-32_159쪽]a, [그림Ⅲ-4_271쪽]c와 d의 경우처럼 발등(趺)과 족심에 대한 중요성을 간과하게 되었던 것으로 추정된다.

백은의 경우, 심화상기증心火上氣症으로 고통을 겪게 되었어도, 불교전통에서 해결하지 못하고 백유자白幽子라는 도인에게 도를 구하였는데, 그가 『선비요법경』이나 『마하지관』에서처럼 엄지발가락이나 발바닥에 집중하는 계념법을 몰랐다는 것을 의미한다. 이는 당시 일본의 선종 전통에서 좌법의 정확한 실천이 결여되어 있었으며, 계념법과 같이 몸을 관하여 집중하는 초기 한역 불전의 선정수행이 전승되지 않았던 것으로 보인다. 불전이나 요가문헌에 연화좌가 질병을 제거하는 효력을 지닌다고 하였는데, 백은이 연화좌 수련을 실천하지 않았을 가능성 크다.

秘訣あり，儞(なんぢ)が輩(ともがら)試(こゝろみ)に是れを修せよ，奇功を見る事，雲霧を披(ひら)きて皎日(かうじつ)を見るが如けん。若し此の秘要(ひえう)を修せんと欲せば，且(しば)らく工夫を抛下(はうげ)し，話頭を拈放(ねんはう)して，先づ須(すべか)らく熟睡一覺すべし。其の未だ睡りにつかず，眼(まなこ)を合せざる以前に向(むか)つて，長く兩脚(りやうきやく)を展(の)べ，強く踏みそろへ，一身の元氣をして，臍輪氣海丹田腰脚足心(さいりん・きかい・たんでん・えうきやく・そくしん)の間(あひだ)に充たしめ，時々(じゞ)に此の觀を成すべし。我が此の氣海丹田腰脚足心，總(そう)に是れ我が本來の面目(めんもく)，面目何の鼻孔(びこう)かある。”

[그림Ⅲ-4_271쪽]a는 『하타(요가)쁘라디삐까』에서 제시된 연화좌인데, 하타요가에서는 발등이 확실하게 펴지도록 하기 위해서 좌우 발을 교차한 다음 좌우 팔을 등 뒤로 교차하여 엄지발가락을 잡는 자세를 취한다.

> 왼편 대퇴부 위에 오른발을 놓고, 오른쪽 대퇴부 위에 왼[발]을 그와 같이 [오른발처럼 놓는다.] [팔을] 뒤쪽에서 [교차하는] 방식으로 양 엄지발가락을 견고하게 양 손으로 잡은 다음, 턱을 흉부에 고정하고서 코끝을 바라보아야 한다. 이것이 자제하는 수행자들의 질병을 제거하는 연화좌라고 알려져 있다. (『하타(요가)쁘라디삐까』)

참고도 [그림Ⅲ-4_271쪽]에서 확인할 수 있듯이, 오른쪽 마투라 불상은 정강이에서 발등까지 막대처럼 펴진 상태로 발바닥이 하늘을 향한 모습이다. 다리 묘사에 있어서 무릎에서 발가락까지 일직선으로 뻗은 모양은 의도적인 도식화를 보여준다. 좌우 손이나 주변 인물의 자연스런 표현에 비해 '곧게 펴진 발등'이 하나의 도상학적 규범으로 여겨졌던 것으로 보인다. [그림I-16_81쪽]b와 c, [그림I-33_161쪽]과 [그림Ⅲ-4_271쪽]b도 발등을 펴는 것에 주안을 둔 좌법을 보여준다. 이와 같은 결가부좌에서 趺(발등)가 지니는 생리학적 의미가 확연해진다. 좌법이 변형되는 과정에서도 발등을 펴는 것을 좌법의 중요한 요소로 인식하였던 적이 있었음을 의미한다. 이 도상들은 좌우 발등을 확장시킴으로써 열기하강의 효력이 주효하여 좌우 음양에너지를 동시에 작동시키는 효력을 보여준다.

양 발의 발등(趺)을 반대쪽 대퇴부에 올림으로써, 양 발등이 펴지는 조건에서 보면, 길상좌이건 항마좌이건[413] 그 생리학적 효력은 앞에서 논의한 바와 같이 열기를 내리는 것에 있음은 분명하다.

발등을 펴는 것(족심에 집중)
⇨ 열기의 하강 ⇨ 두한족열 ⇨ 질병의 제거

『선비요법경』에서 엄지발가락에 마음을 묶어두는 계념법을 통해 열기를 하강시키는데, 『야선한화』에서도 다음과 같이 족심에 마음을 둠으로써 열기를 내리는 수행이 언급된다. 다만 백은의 방식은 『선비요법경』처럼 의념에만 의존하지 않고 동시에 발등을 직접적으로 펴지도록 하는 것이 결가부좌와 원리적으로 동일하다.

> 붓다 말씀에, "마음을 족심에 간직하면 능히 백 가지 병을 다스린다"고 했으며, 『아함경』에는 소蘇[414]를 사용하는 방법이 설명되어 있는데, 마음의 피로를 치유하는 데는 최고라고 했다. 천태 『마하지관』에는 병의 원인을 논하는 데 그 뜻을 다하고 있으며 치료법을 설명하는 데도 매우 정밀하다. 그곳에는 열두 종류의 호흡이 있는데 이로써 많은 병을 치료한다고 했으며, 또 마음을 배꼽에 두고 콩을 보게 하는 법이 있다. 그것은 심화를 아래로 내려 단전 또는 발바닥 중앙에 챙기는

413) 왼발을 먼저 오른쪽 대퇴부에 올리는 길상좌에서는 왼 발등이 상대적으로 더 강하게 펴지고, 오른발을 왼쪽 대퇴부에 먼저 올리는 항마좌에서는 오른 발등이 더 강하게 펴진다.

414) 蘇: 소酥와 같음. 소유酥油(蘇油)를 의미함. 소나 양의 젖을 바짝 졸여서 만든 식품. 불경에서는 약물의 일종으로 열뇌熱惱(극심한 두열頭熱)의 병을 치료할 수 있다.

> 것을 요점으로 하고 있으며, 이것은 단지 병을 다스리고자 하는 것만이 아니라 선관을 크게 돕는 것이다.[415]

백은이 이러한 계념법을 실천한 이유는 좌선 중 일어난 심화가 위로 솟는 증상을 치유하기 위한 것이었다. 족심에 마음을 두는 내관법과 소蘇가 정수리에서 녹아서 흘러내리는 상황을 상상하는 연소법軟蘇法[416]을 통해 상기된 열기를 내림으로써 백은은 선수행 중에 생겨난 난치의 선병을 완전하게 극복하였다.

이와 같이 『야선한화』에서 백은은 동양의학과 도교 수행의 생리학적 원리로 선병을 치유하고 선관을 보조하는 방법을 전하였다. 그리고 그 방법은 『선비요법경』(402∽409년경)과 같은 선경에 전해진 계념법과 원리적으로 동일한 것이었다.

결가부좌의 생리학적 원리는 백은이 실천했던 내관법과 다르지 않다. 그는 동양의학과 도교수행의 원리를 바탕으로 하여, 발등을 펴고 족심에 집중함으로써 상기된 화기를 내려 열기를 제어함으로써 내적

415) 佛の言く、心を足心にをさめて能く百一の病を治すと。阿含に酥を用ゆるの法あり、心の勞疲を救ふ事尤も妙なり。天台の摩訶止觀に、病因を論ずる事甚だ盡せり、治法を説く事も亦甚だ精密なり、十二種の息あり、よく衆病を治す、臍輪を縁して豆子を見るの法あり、其の大意、心火を降下して丹田及び足心に收むるを以て至要とす、但病を治するのみにあらず、大に禪觀を助く。(『야선한화』)

416) "수행자가 좌선을 하고 있을 때, 몸의 조화가 나쁘고 심신이 매우 피로하다고 느끼면 마음을 떨치고 곧 이 관법(비파사나)을 하라. 예를 들어 빛과 향기보다 더 청정한 연소軟蘇가 오리알만한 크기로 머리 위에 있다고 생각하라. 그 기분은 극히 미묘해서 둥근 머리통 전체를 적시며 천천히 내려와 차츰 양쪽 어깨, 양 팔, 양 젖 가슴 사이, 폐장, 간장, 위장, 척추, 엉덩이로 적시면서 흘러간다. 이렇게 해서 몸 속의 오장육부에 이르면 산, 벽, 괴통 등 국부적인 병이 심기의 내림에 따라 내려가는 것이 마치 물이 아래로 흘러내리는 것과 같다. 이는 역력히 소리를 내면서 전선을 돌며 흘러 양 다리를 적시고 또한 따뜻하게 하여 발바닥에 가서 멎는다. 수행자는 두 번 세 번 거듭 이 관을 해야 한다."(『야선한화』)

인 생명력(기)의 흐름을 조절하였는데, 이는 결가부좌를 비롯해 하타 요가의 아사나āsana 수련의 효력과도 상통한다.

『하타(요가)쁘라디삐까』에서 밝히고 있듯이, 좌법을 통해서 완성되는 것은 외형적 자세가 아니라 'nāḍī'(경맥)를 따라 움직이는 체내 열기를 제어하는 능력이다. 이는 『요가수뜨라』의 "편안하고 안락한 것이 좌법이다."는 아사나의 정의와 합치한다.

그런데 중세를 지나면서 중국에서도 좌법을 경시하는 풍조가 발견된다. '유불도 삼교일치론'를 주장하여 삼교 선생이라고 불릴 정도로 저명한 원황袁黃(1533~1606)은 『정좌요결』에서 호흡의 미세한 들고남을 중시하면서도 "대개 정좌는 전가全跏든 반가半跏든 구속되지 말고 편히 앉는다."[417]고 하여 全跏와 半跏라는 명칭만 언급할 뿐 항마좌와 길상좌를 고려하지 않았다. 이는 좌법의 좌우 구분은 물론 발등이나 수인 등도 고려하지 않는 정좌수행이다.[418]

발등을 펴고 발가락을 쥐어서 기를 족심으로 내리는 원리를 실제로 체험해보면 좌법이 지닌 효력에 동감하게 될 것이다. 다음과 같이 순서에 따라 실천해 보자.

발등을 펴서 가슴의 열기를 내린다.

① 누워서 양발을 적당히 벌리고 양팔도 가볍게 바닥에 내려

---

417) "凡靜坐。不拘全跏半跏。隨便而坐。"

418) 원료범으로 알려져 있는 원황은 『섭생삼요攝生三要』라는 책도 지었는데, 취정(聚精), 양기(養氣), 존신(存神)이 양생의 요체가 된다고 하여 〈양기편養氣篇〉에서는 기를 기르고자 한다면 숨을 고르게 하는 것부터 시작하라고 하였다. 기(호흡)수련의 요체를 설하였던 원황조차 좌법을 무시하는 주장을 하는 것은 그가 '내관'이 철저하지 않았음을 반증한다.

놓는다. 목과 어깨에서부터 가볍게 좌우로 흔들면서 전신의 긴장을 풀어준다.

② 호흡을 자연스럽게 하되 아랫배로 마시고 내쉰다. 점점 조금씩 깊게 들이마시고 내쉰다. 30회를 한 다음, 천천히 숨을 마시면서 엄지발가락으로 바닥을 잡듯이 하며 발등이 펴지도록 한다.

③ 전신의 긴장을 푼 상태로 마신 숨을 유지하되 오직 발에만 힘이 들어가고 마음이 족심에 집중되게 한다.

④ 숨을 유지하기 어려우면 가슴의 긴장이 풀리는 정도만큼만 가볍게 내쉬면서 발등을 편 상태를 유지한다. 조금씩 숨을 몇 차례에 걸쳐 내쉬면서 발에 집중된 상태를 유지한다.

⑤ 내쉴 숨이 없다고 느껴지면, 힘을 주었던 발에서 힘을 빼고 편안하게 다리를 편 상태로 다시 30회를 심호흡 한 다음 앞에서와 같이 숨을 마시고 유지한다.

⑥ ③~④와 같이 내쉬는 숨을 조절하면서 가슴의 긴장을 풀어준다.

⑦ 이러한 방식으로 반복하여 10번을 수련한다.

머리가 시원하고 발이 따뜻한 상태(두한족열)를 경험할 것이다. 이는 머리가 항시 뜨거운 상태였음을 깨닫게 해준다. 괴로운 마음이나 무거운 머리를 발바닥에 둘 수 있다. 신발을 벗고 발바닥이 땅에 닿는 느낌을 천천히 보는 것만으로도 도움이 된다. 누구나 머리가 뜨거운 상태에서 살지만 이 번뇌煩惱의 열을 자각하기는 쉽지 않다.

4. 좌우 고관절

길상좌식 결가부좌는 북인도에서 간다라를 중심으로 지속되었으며, 밀교가 중국에 유입되던 8세기경, 밀교 문헌에서도 길상좌를 연화좌라는 이름으로 전하고 있었다.[419] 당시에 선종이 선택한 항마좌에 대한 비판[420] 또한 이루어졌던 것이 역사적 사실이다. 반면 선종에서는 이런 상황에서도 항마좌를 고수하게 되었으며 지금에 이르고 있다. 이는 양측의 입장이 어떤 것이었는지 알 수는 없으나, 길상좌와 항마좌는 서로 대체될 수 없을 정도로 다르다는 인식 하에 일어난 좌법 논쟁이었으리라고 본다.

어떻게 두 좌법이 구분되는가라는 질문은 수행생리학적 원리와 그 효력에 대한 영역으로 옮겨간다.

앞에서 '발등(趺)과 족심足心'을 기준으로 생리학적 논의를 전개했다. 특히 좌우 음양의 작용을 결정짓는데 있어서는 발등 보다 고관절이 중요한 작용을 한다.

결가부좌를 수련하면, 항마좌의 경우 왼쪽 대퇴부, 길상좌의 경우 오른쪽 대퇴부가 반대쪽 발로 압박되는 것이 확인된다. 두 좌법은 좌

419) 비슷한 시기에 요가 문헌에서도 결가부좌를 연화좌(padmāsana)라고 하였다.
420) 『수선요결』에서 불타파리의 항마좌에 대한 비판. 본서 I장의 '7. 중국 선종의 좌법, 항마좌'를 참조할 것.

우 대퇴부가 눌리는 정도의 차이로 인해, 항마좌에서 왼쪽 고관절, 길상좌에서 오른쪽 고관절이 늘어난다. 좌우 고관절이 견인되는 차이로 인해 선장仙臟관절과 요추 하부 요선腰仙관절에 까지 영향을 미친다.(관절 위치는 [그림IV-1_300쪽]을 참조) 각각 좌우 골반 전체에 변화를 일으킴으로써 좌우 맥도(이다와 삥갈라)에서 기의 흐름도 상이하게 작용한다. 결국 오른쪽 고관절을 견인하는 길상좌는 오른쪽 골반부 전체에 영향을 미침으로써 삥갈라(piṅgalā, 우맥)에, 왼쪽 고관절을 견인하는 항마좌는 왼쪽 골반부 전체에 영향을 미침으로써 이다(iḍā, 좌맥)에 작용한다. 따라서 결가부좌(연화좌)에서 좌우 다리를 놓는 차이는 곧 좌우에너지 순환의 차이와 직결되어 있다.

[그림Ⅲ-5] 길상좌와 항마좌에서 좌우에너지 승강 작용

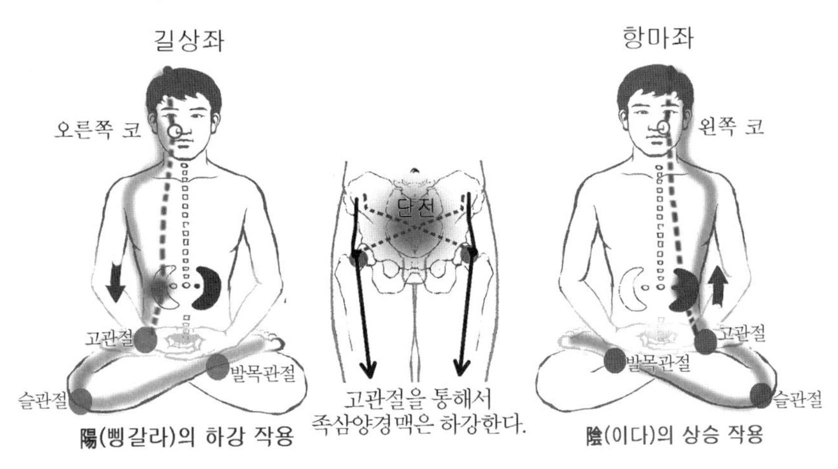

이 그림에서 길상좌는 태양에 해당하는 오른쪽 고관절, 항마좌는 달에 해당하는 왼쪽 고관절에 작용하는 수화水火, 음양에너지의 상대

적 차이를 보여준다. [그림Ⅱ-3_205쪽]의 티벳 『사부의전』에서 보여지는 좌우 음양의 흐름이 그대로 드러난다. 그래서 항마좌에서 좌맥(月, 水)의 흐름은 왼쪽으로 오르고, 길상좌에서 우맥(日, 火)의 흐름은 오른쪽으로 내려간다.(좌승우강左昇右降) 항마좌에서는 수기가 오르는 것(수승水昇)이, 길상좌에서는 화기가 내려가는 것(화강火降)이 각각 주된 작용이므로, 모두 좌우 순환을 이루어 좌승우강과 수승화강을 이룬다고 할 수 있다.

그러나 그 작용 결과는 상이하다. 이에 대해서는 'Ⅲ-1. 항마좌와 길상좌'에서 설명한 바 있듯이, 항마좌에서 왼쪽 고관절이 늘어나면 달(좌음左陰)을 움직여서 체내 음기를 증장시키고, 길상좌에서 오른쪽 고관절이 늘어나면 태양(우양右陽)을 움직여서 소화에 필요한 양기(열기)를 증장시킨다.

좌법은 좌우 수기水氣와 화기火氣를 제어한다.

천태지의가 설한 항마좌의 수행생리학은 '오른쪽의 동적인 특성'(動相)을 '왼쪽의 정적인 특성'(靜相)으로 눌러서 제압해야 한다는 우동상右動相·좌정상左靜相의 원리다. 여기서 '右動相'은 양적인 우맥과 우명문상화, '左靜相'은 음적인 좌맥과 좌신수의 생리적 특성을 반영한 것이다.

천태지의는 『청관음경소천의초』에서는 "음은 定을 드러내므로 음을 위에 두고 양을 아래에 두어야 한다."[421]고 하고, 『청관음경소』에

421) 欲將等者。陰表定陽表散。散卽定障也。故以陰上陽下。

서 "장차 선정의 고요함에 이르는 법을 얻고자 한다면, 양의 흩어짐을 진정시켜야 한다."422)고 하였다. 이는 좌신수가 활성화되는 것을 선정에 이르는 수행생리학으로 규정한 것인데, 여기서 "양은 흩어짐(散)을 드러내므로 산란하면 안정(定)에 장애가 되니"와 "양의 흩어짐을 진정시켜야 한다"는 것은 왼쪽 고관절을 작용시켜서 좌신수의 정적인 속성을 극대화시키는 것으로 연결된다. 적정의 열반에 이르기 위해서 지극히 고요함이 요구되므로 왼쪽 신장의 정적인 수기(靜相)가 우명문상화를 압도할 수 있어야 한다는 설명은 일견 타당해 보인다. 이러한 맥락에서 왼쪽의 고요한 陰적인 특성이 부동의 선정상태와 닮았다는 점은 충분히 설득력이 있다. 천태지의가 결가부좌는 길상좌, 반가부좌와 수인은 항마좌식으로 설하였는데, 후대의 선종이 천태지의의 수행생리학에 동의하면서도 길상좌법을 따르지 않고 항마좌식 결가부좌를 선택한 이유는 이러한 생리학을 전적으로 반영한 것으로 추정된다. 결국 선종에서는 왼쪽의 수水·음陰·정상靜의 기능을 강화시키는 항마좌가 선정을 지향하는 좌법으로 인정된 것이다.

항마좌는 수기水氣를 올려 화기火氣를 식힌다.
길상좌는 화기를 내려 수기를 덥힌다.

수水는 아래로 흐르고 음陰은 움츠려들므로 항마좌는 움직임을 억제하고, 무겁고 차가운 음기를 강화한다. 이는 전신의 열기를 가라앉히는 것으로서, 좌음左陰의 기능이 강화되는 것과 일치한다. 이러

422) 欲將定靜之法, 鎮於陽散也。

한 항마좌는 왼쪽의 수기로 상기하는 심화를 상쇄시켜 고요하게 하는 효력이 탁월한 것인 바, 간화선 수행에서 주로 나타나는 선병을 치유하는 데 주효할 것이다.[423]

그런데 좌맥의 음적인 고요한 특성(靜相)을 기준으로 선정에 적합한 좌법을 판단한다면, 길상좌는 선정에 적합하지 않다는 결론으로 이어질 수 있다. 오른쪽에서 화기인 우명문상화를 내려서 순행시키는 길상좌를 통해 발생하는 생리적인 효과와 항마좌의 효력은 확실히 다르지만, 그것이 길상좌가 선정에 적합하지 않다거나 생리학적으로 문제가 있다는 점을 증명하지는 못한다.

길상좌는 오른쪽 고관절을 이완시켜서 모든 양경맥을 끌어내리는 역할을 한다. 상열하는 맥기를 오른쪽 발로 하향시켜서 상화의 열기를 내리면 이어서 심화가 안정된다. 그 결과 소화의 불이 일어나며 전신의 열기를 고르게 유지시킴으로써 두한족열의 상태가 된다. 지나치게 상승하는 상화와 심화가 제어됨으로써, 불안정의 근원인 마음의 불(군화君火)이 하향하여 심리적인 안락과 환희심을 일으킨다.

이처럼 좌우는 우열의 관점이 아니라 각각의 고유한 특성에 따라 상호작용한다. 우맥이 주도하는 길상좌의 좌승우강과 좌맥이 주도하는 항마좌의 좌승우강은 그 주체적인 에너지의 특성에 따라 정신생리적으로 각각의 상이한 특성이 있는 것이다.

음·양이 각각 고유한 상대적 특성을 지니는 것은 그 상대되는 에너지에 의해서 가능한 것이듯이 좌·우도 마찬가지다. 그 상대적인 특성만을 고려하여 어느 하나만을 중시한다는 것은 음·양과 좌·우의 전

---

423) 좌선과 선병에 대해서는 제6장의 '제1절 禪病과 좌법'을 참조할 것.

체성을 간과하는 것이다.

이러한 맥락에서 정상·동상도 이해되어야한다. 정상과 동상은 각각 상호 상대되는 특성을 전제로 설명되는 것이며, 이 둘은 불가분리의 관계 속에서만 그 스스로의 존재가 드러난다. 다시 말하면, 이 둘 중 어느 한쪽을 얘기하는 것은 이미 나머지도 전제된 것이다. 둘 중 한 쪽이 수승하다거나 선정에 더 적합하다는 생각은 관념적인 음양관이다. 오른쪽은 왼쪽이 있음으로 해서, 왼쪽은 오른쪽이 있음으로 해서 존재하는 것이며, 정상과 동상 또한 그러하다.

좌우는 선악이 아니다.

'인도의 오른쪽 숭상'과 '중국의 왼쪽 숭상'이라는 우열적 대비에서 간과되는 생리학적 개념은 승강이라는 생명에너지의 순환이다. 좌우는 개별적 실체를 지닌 것이 아니라, 역동적인 관계 속에서 승강하여 순환하는 생명현상으로 드러난 것이다.

좌우의 승강은 붓다를 묘사하는 32상80종호 중 우회전(시계방향)하는 백호白毫, 터럭(毛)과 나발螺髮 등은 한결같이 붓다의 몸에서 시계방향으로 우회전한다.[424] 『대반야바라밀다경』의 80종호 중 22번째인 "臍深右旋"(배꼽이 깊고 우선한다)에서 발견되듯이 이는 오른쪽에서 내려가고 왼쪽에서 올라가는 좌승우강의 순환을 그대로 반영한

---

424) 열한 번째는 낱낱의 털구멍마다 하나씩 털이 나 있고 그것이 오른쪽으로 감겼으며 빛은 감청색 유리와 같다. 열두 번째는 검푸른 털이 오른쪽으로 감아 돌아 위로 쓸려 있다. -중략- 서른한 번째는 두 눈썹 사이에 보드랍고 가늘고 광택이 나는 흰 털이 있어, 펴면 한 길이나 되고 놓으면 오른쪽으로 소라처럼 감겨 眞珠와 같다. 十一, 一一孔一毛生, 其毛右旋, 紺琉璃色. 十二, 毛生右旋, 紺色仰靡. -중략- 三十一, 眉間白毫柔軟細澤, 引長一尋, 放則右旋螺如真珠. (『불설장아함경』)

다. 『불설장아함경』권제십일에서는 "梵志 時 我右旋告善宿"[425]이라고 하여 평소 몸을 돌릴 때도 오른쪽으로 돈다고 하였다. 밀교에서도 심장인 심월륜心月輪 위에 글자를 관하는 관법을 자륜관字輪觀이라고 하는데, 자신의 심월륜 위에 아阿·바縛·라羅·하賀·카佉의 5자가 오른쪽으로 돌아가는 것(右旋)으로 관한다. 또한 우요삼잡右繞三匝[426]과 같이 인도에서 '오른쪽으로 도는 것'은 종교적 의례로 관습화되었으나, 본래는 내적 현상의 외적 표현이다.

우회전(우선右旋)은 좌승우강과 마찬가지로, 몸의 오른쪽에서 내려가서 왼쪽으로 올라가는 회전방향을 보여준다. 외형적으로 보기에 인도에서 오른쪽을 숭상하는 것으로 보여질 수 있으나, 그 내적인 원리는 중국의 좌승우강의 원리와 생리학적으로 부합한다.

선정은 상대적인 것이 아니다.

선정 수행생리학의 핵심은 좌우의 상대성을 중심에의 몰입을 통해서 초월할 수 있다는 점이다. 합장을 한다거나 중심에 위치한 맥륜에 마음을 집중하는 것은 좌우에 의지하지 않는 중심에의 몰입, 즉 음양합일이다. 즉 좌우는 상대적인 동상이며, 좌우가 중심으로 몰입되는 고요함이 선정을 위한 진정한 정상靜相이다.

---

425) "범지여! 그때에 나는 오른쪽으로 돌아 선숙에게 말했다"
426) 붓다나 탑 등에 경의를 표할 때, 자신의 오른쪽을 그 대상으로 향하게 하여 세 번 도는 예법.

5. 척주, 좌우의 중심

척주는 정신생리적 중심축이다. 이 기둥에 의지해서 몸은 세워져 있으며, 오장육부도 이 기둥에 매달려 있다. 감각기관이 모여 있는 머리가 인식기능을 원활히 할 수 있도록 돕는 물리적 기반이 곧 척주이다. 신경계가 머리에서 사지로 연결되는 것 또한 척주가 있어서 가능하며, 두 발로 서서 두 손을 자유자재로 움직일 수 있는 것도 척주가 세워져 있기 때문에 가능한 것이다.

특히 좌법을 취하는 수행에서 척주는 좌우의 중심이 되므로, '바르게 앉는다'는 말 속에는 척주의 중심성에 대한 자각이 전제되어 있다. 『수습지관좌선법요』(천태지의)를 따라 『대승기신론소』(원효)는 다음과 같이 척주를 유지하는 방법을 구체적으로 설명하고 있다.

> 몸을 바르게 해서 단정하며 꼿꼿하게 하고 어깨뼈가 서로 대응하게 하여 굽거나 튀어나오게 해서는 안 된다. 다음에는 머리와 목(두경)을 바르게 해야 한다. <u>코는 배꼽과 더불어 서로 대응토록 하며</u> 한쪽으로 치우치거나 비뚤어져도 안 되며 위로 올리거나 아래로 내려서도 안 되고 앞을 보고 똑바로 있게 해야 한다.[427] *밑줄은 저자

427) 正身端直。令肩骨相對。勿曲勿聳。次正頭頸。令鼻與臍相對。不偏不邪。不仰不卑。平面正住。『수습지관좌선법요』에는 "如是已則端直 令脊骨勿曲勿聳 次正頭頸 令鼻與臍相對 不偏不斜 不低不昂 平面正住"로 됨.

척주를 곧게 세우되 “코는 배꼽과 더불어 서로 대응토록 하며”는 복부와 머리의 전체 자세를 결정하는 중요한 요점이다. 코와 배꼽을 수직으로 일직선상에 대응되게 자세를 취한다는 것은 하복부에 지긋이 힘이 들어가고 턱은 가볍게 뒤쪽으로 당기듯이 하라는 뜻이다. 이와 같은 자세를 취하면 하단전과 요추 아래쪽에 힘이 들어가서 자연히 복부로 심화가 내려가고, 목덜미가 가볍게 세워져서 척주를 따라 머리로 올라가는 맥도가 열리게 된다.

그러나 아쉽게도 수슘나 또는 아와두띠 등 중심맥을 고려한 구체적인 자세나 수인은 언급되어 있지 않다.

[그림Ⅲ-6] 코가 배꼽을 상대하는 자세

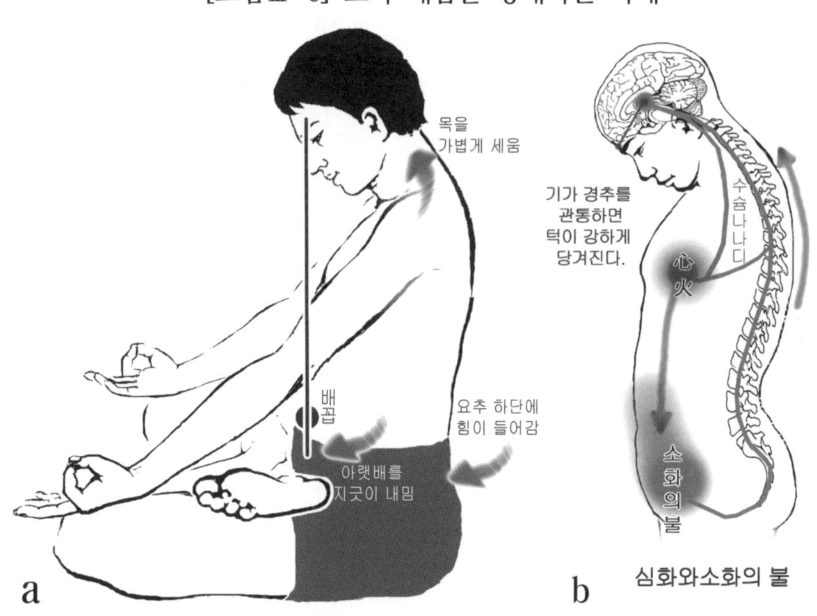

집중된다는 것은 체내 중심으로 몰입되는 것이다.

가슴(아나하따)은 회음의 맥륜(물라다라)과 수숨나나디(중맥)를 통해 머리 중심에 직접 연결되어 있다. 그 연결 노선은 척주의 모양에 따라 영향을 받는다. 척주는 그 자체로 심신의 균형추이다. 척주에 힘이 들어가는 부위에 따라 정신생리적 집중점이 달라진다.

다음과 같이 따라 실천해보면서 생명에너지의 중심 기둥인 척주를 잘 '관조하여 기억해 두기(sati)'를 바란다.

척주는 몸과 마음의 중심 기둥이다.

[그림Ⅲ-7] 척주 변형와 맥륜

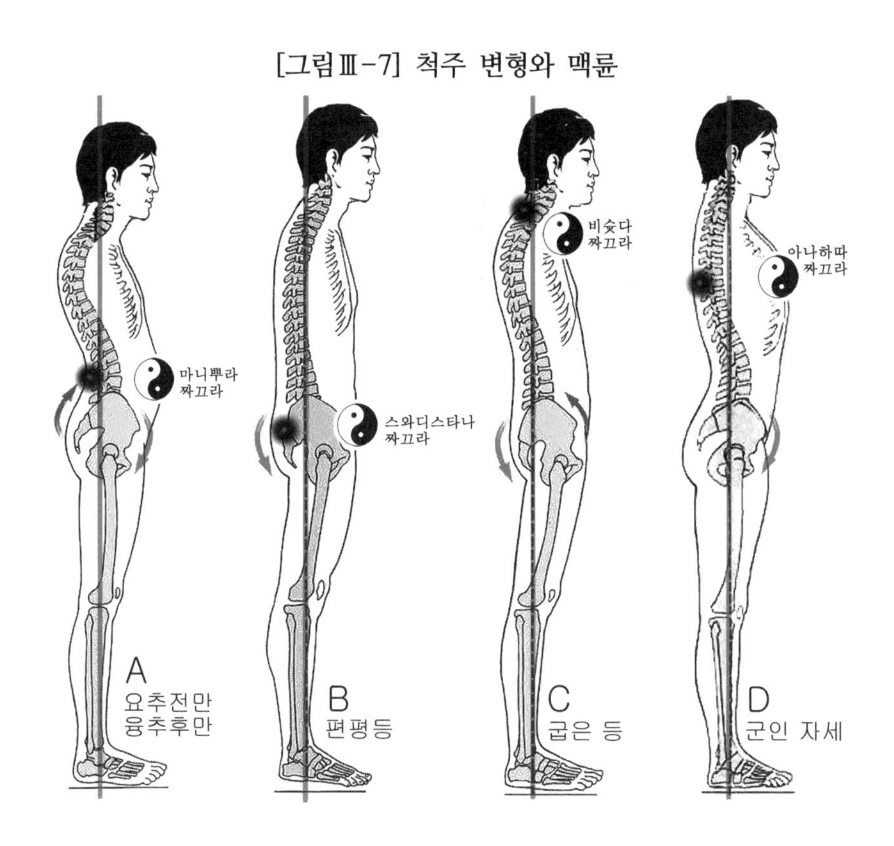

① 선 상태에서 그림처럼 각각의 자세를 따라 해본다. 앉은 자세에서도 이러한 척주의 모양에 따라 내면의 변화가 일어난다.

② [그림Ⅲ-7]처럼 척주 모양에 따라 작용하는 맥륜의 위치가 달라지는데, 자각되는 뚜렷한 느낌은 긴장감과 힘이다.

③ 자세에 따라 달라지는 호흡을 관조해본다. A처럼 배꼽 부위를 내밀고 뒤쪽 허리가 긴장되면 호흡이 배꼽을 중심으로 일어난다. B처럼 치골과 뒤쪽 선골부위에 힘이 들어가면 그 부분이 호흡의 중심이 된다. C의 경우는 흉부가 안으로 수축하고 등이 굽은 자세로 인후 부위에 힘이 들어가서 호흡이 얕아진다. D는 가슴에 힘을 줘서 편 자세이기 때문에 흉부가 호흡의 중심이 된다.

척주의 한 곳이 장기간 긴장되면 병증이 된다.

[그림Ⅲ-8] 척주가 굽어서 혼침이 온다.

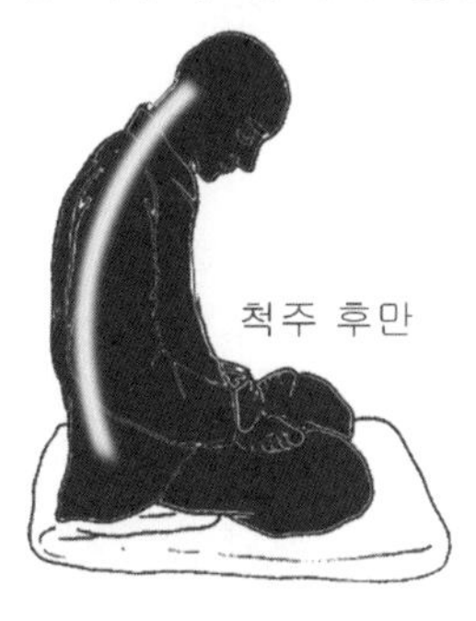

좌법을 취하고 위 그림처럼 허리가 뒤로 밀려서 전체적으로 척주

가 굽은 모양이 되면, 기운이 쇠약해지는 징조다.

척주가 후만되어 복부와 요추 하단이 전후로 무기력해지면, 배꼽을 중심으로 모여 있는 모혈(그림Ⅱ-11_251쪽)의 작용이 원활하지 못하게 된다. 모혈은 장부에 기를 받아들이는 중요한 요혈인데, 배에 힘이 들어가서 복직근이 긴장될 때 그 기능이 왕성해진다.

또한 등이 굽으면 기관지와 흉부에 직접적인 압박이 가해져서 호흡이 얕아지고 그로 인해 호흡을 통해 들어오는 천기를 받지 못하여 전신에 기혈이 공급되지 않게 된다. 폐는 심화에 상응해서 역동적 조화를 이뤄야 하는데 심장의 화기火氣를 감당하지 못하게 되어 심장이나 폐질환으로 나타나기도 한다.

무엇보다 척주는 대뇌의 중추신경을 유지하는 정신의 우주적 기둥이자, 신神이 연결되는 통로이기도 하다. 이 기둥을 받치는 요추 하단의 선골(천골)이 무너지면, 밀교와 요가에서 가장 중요한 중맥이 머리 중심(아갸짜끄라)에 통하지 못하게 된다. 이것이 명상 중에 나타나는 혼침의 근본적인 원인이다. 중맥이 통하면 정신은 맑고 성성하여 여실하게 아는 신통력이 발현되고 그에 따라 지혜가 증장된다.

IV

교족좌의 수행생리학

Ⅳ. 교족좌의 수행생리학

1. 중심에의 몰입

교족좌는 불교 전통에서는 사라졌으나, 『요가수트라』[428]에서 행운좌(bhadrāsana, 합족좌)류로, 이후 하타요가에 이르러서는 달인좌와 행운좌류로 전승되어 왔다.

하타요가에서 교족좌 계통, 특히 달인좌(siddhāsana)가 최고의 좌법으로 인정되는데, 그 이유는 하타요가의 정의, 즉 ha(태양: prāṇa, piṅgalā)와 ṭha(달: apāna, iḍā)의 결합을 그대로 실현하기 때문이다. 『하타(요가)쁘라디삐까』(=HP)에서 달인좌의 행법은 다음과 같이 설명된다.

> 회음(yoni) 부위를 [왼] 발뒤꿈치로 닿게 하고서, [오른]발은 생식기에 견고하게 놓아야 한다. 그리고 턱을 흉부에 매우 단단히 고정한 후, [몸을] 움직이지 않는다. 제어된 감관은 정지하여 있고, 움직임 없는 시선으로 양 눈썹 안쪽을 응시해야 한다. 참으로 이것을 해탈의 문을 열 수 있는 달인좌라고

428) 이 문헌은 요가의 고전이다. 그 시기에 대해서 Feuerstein(2011)은 BCE 1세기 초로 추정하지만, 그 편찬 시기는 학자들에 따라 5세기경으로 파악하고 있기 때문에 이에 대한 이견이 상당하다.

> 한다. (HP 1.35)
>
> 이 좌법을 달인좌라고 부르는데, 다른 사람은 금강좌(vajrāsana)로 알고 있으며, 어떤 이는 해탈좌(muktāsana)라고 하고, 어떤 이는 비밀좌(guptāsana)라고 부른다.[429] (HP 1.37)

회음(yonī)은 생식기와 항문 사이이다.[430] 『하타(요가)쁘라디삐까』 원문에서는 좌우 발을 언급하지 않았으나, 『하타요가쁘라디삐까』의 주석서(=HPJ)[431]에서는 왼 발뒤꿈치를 회음에 붙이고 오른발은 생식기 위쪽에 두는 것으로 상술하였다.[432] 오른발이 왼발 위에 놓이는 달인좌는 고대 인도 신상의 발모양과 유사하다. 『하타요가쁘라디삐까』에서 해탈에 이르게 하는 좌법은 달인좌이며, 다음과 같이 요가의 궁극적인 성취에 이르게 한다.

> 84가지 좌법들 중에서 오직 달인좌를 언제나 수련해야 한

---

429) yoni - sthānakam-aṅghri-mūla-ghaṭitaṃ kṛtvā dṛḍhaṃ vinyasenmeṇḍhre pādam - athaikam - eva hṛdaye kṛtvā hanuṃ susthiram | sthāṇuḥ saṃyamitendriyo'cala - dṛśā paśyed bhruvor - antaraṃ hyetan - mokṣa - kapāṭa - bheda - janakaṃ siddhāsanaṃ procyate || HP 1.35
 etat siddhāsanaṃ prāhur - anye vajrāsanaṃ viduḥ | muktāsanaṃ vadantyeke prāhur - guptāsanaṃ pare || HP 1.37

430) 여성의 경우 yonī는 생식기다.

431) Svātamārāma(15세기 중엽)의 *Hathayogapradīpikā*를 Brahmānanda가 주석한 것이 *Jyotsnā*이다.

432) 이를 주석서에서는 금강좌라고 하였다. 그리고 달인좌의 다른 유형으로 양 발뒤꿈치를 아래로 모아서 회음부에 놓는 것을 해탈좌(muktāsana), 양 발뒤꿈치를 생식기 위에 두는 것을 비밀좌(guptāsana)라고 설명하였다. 한편 현대 문헌에서 이 좌법에 대한 혼란이 있다. 대표적인 예로, Swami Satyananda Saraswati는 *Kundalini Tantra*(2001)에서 "Fold the right leg and place the sole of the foot flat against the left thigh with the heel pressing the perineum, the area of mooladhara chakra, between the genitals and the anus. Fold the left leg and place the foot on top of the right calf."라고, 오른발뒤꿈치로 회음을 압박하고 그 다음 왼발을 오른쪽 종아리 위에 놓는다고 하였는데, 『하타(요가)쁘라디삐까』와 다른 방식이다.

다. 그것은 72,000 나디(맥도)들의 불순물을 정화한다.[433]

12년간 끊임없이 진아(아뜨만)를 명상하고(선정) 음식을 절제하며(절식), 달인좌를 반복 수련함으로써 요가수행자는 [요가의] 궁극적 성취에 이른다.

완성된 달인좌에 머무는데, 그 외 많은 좌법들이 무슨 [필요가 있는가!] [달인좌가 완성되어] 마음이 집중된 기가 '께발라꿈브하까(kevala-kumbhaka)'[434]에 고정되면, 힘들이지 않고도 반드시 운마니 상태(무심無心)가 저절로 일어난다.

그와 같이 오직 하나, 달인좌 로 견고하게 유지하고 있으면, [목, 복부, 항문(회음)에서 동시에] 3중 반다[435]가 노력없이도 반드시 저절로 이루어진다.

달인좌처럼 [훌륭한] 좌법은 없고, 께발라처럼 [훌륭한] 꿈브하(止息)는 없으며, 케짜리(공중보행空中步行)처럼 [훌륭한] 무드라는 없고, 나다(비음秘音)[436]처럼 [훌륭한] 라야(몰입되어 사라짐)는 없다. (HP 1.39~43)[437]

---

433) 84나 72000은 상징적인 수이다. 문헌마다 그 숫자는 다르다.

434) kevala는 '완전한'이라는 뜻이고, kumbha 또는 kumbhaka는 '항아리'라는 뜻인데, 몸을 하나의 항아리에 비유하여 정기를 담는 것을 상징한 것이다. 그래서 kumbha는 숨을 몸에 저장하는 모든 호흡법을 의미한다. 숨을 저장하기 위해서 주로 마신 숨을 멈추게 되므로 '지식止息'이라고 한다. 께발라꿈브하까는 '완전한 지식' 즉 완전히 숨을 몸에 보유할 수 있는 상태를 의미한다.

435) 목, 복부, 항문(회음)의 3곳에서 실행되어야 하는 반다는 좌우의 기를 중심부 맥륜에 몰입시켜서 중심맥(수슘나)으로 진입시키는 수행법이다.

436) nāda는 소리라는 뜻인데, 내적인 진동음이다. 나디가 정화되어 중심에 몰입되는 단계에 따라 처음에는 북소리와 같은 저음에서 마지막에는 피리소리와 같은 고음으로 이어진다.

437) caturaśīti-pīṭheṣu siddham-eva sadābhyaset | dvā-saptati-sahasrāṇāṃ nāḍīnāṃ mala-śodhanam || 1.39 || ātma-dhyāyī mitāhārī yāvad-dvā-daśa-vatsaram | sadā siddhāsanābhyāsād yogī niṣpattim-āpnuyāt || 1.40 || kim-anyair-bahubhiḥ pīṭhaiḥ siddhe siddhāsane sati | prāṇānile sāvadhāne baddhe kevala-kumbhake | utpadyate nirāyāsāt svayam-evonmanī kalā || 1.41 || tathaikasminn-eva dṛḍhe baddhe siddhāsane sati | bandha-trayam-anāyāsāt svayam-evopajāyate || 1,42 || nāsanaṃ siddha-sadṛśaṃ na kumbhaḥ kevalopamaḥ | na khecarī-samā mudrā na nāda-

달인좌는 좌우의 쁘라나(氣)가 중심에 몰입되어 들고나는 숨이 없는 께발라꿈바까kevala-kumbhaka(완전한 지식止息)를 자연스럽게 이루고서 無心(심작용의 정지)의 상태에 이르게 한다. 그리고 "3중 반다가 노력 없이도 반드시 저절로 이루어진다"고 한 것은 어떤 다른 부수적 작법도 필요 없이, 즉 발뒤꿈치로 회음을 압박할 필요 없이, 쁘라나가 몸의 중심에 위치한 수슘나나디suṣumnānāḍī[438]를 통해 자연스럽게 상승하여 브라마란드라brahmarandhra(머리 중심)[439]에 도달한다는 것이다. 달인좌를 회음을 압박하는 것으로 알려져 있으나, 『하타(요가)쁘라디삐까』 1.42에 달인좌를 하면 "3중 반다가 노력 없이도 꼭 자연히 일어난다."고 설함으로써 자발적으로 3가지 반다가 이루어져서 쁘라나가 수슘나suṣūmnā에 몰입된다고 하였다. 따라서 달인좌에서 회음을 압박한다는 설은 원전에 부합하지 않는다.

이와 같이 『하타요가쁘라디삐까』에 상술된 달인좌의 효력을 살펴보면, 쉬리 락슈미의 교족좌가 왜 신격을 나타내는 좌법이 되었는지를 추정할 수 있다. 교족좌는 달인좌와 동일한 계통이며, 요가의 궁극적인 목적, 즉 중심에(중맥, 수슘나)의 몰입을 실현한다. 머리 중심(아가짜끄라)에 쁘라나가 몰입되어 순수정신을 깨운다. 이것을 선정, 깨어있음, 즉 '각覺(buddhi)'이라고 할 수 있다. HPJ에 따르면, 이 좌법은 마음과 기를 중심에 몰입시켜 머리 중심으로 상승토록 하여 고전요가적 명상, 즉 삼야마saṃyāma(총제總制)를 이루어준다.

---

sadṛśo layaḥ || 1.43 ||

438) [그림Ⅲ-6_289쪽]을 참조할 것.

439) 두뇌의 정중앙, 아갸짜끄라에서 정수리로 통하는 자리다. 관정灌頂 의례의 기원이 되는 에너지 센터다.

> 반다를 실행한 상태에서 50초(125vipala) 동안 숨이 고정될 때 기는 [중심맥으로 진입하고 상승해서] 브라마란드라(뇌의 중심)로 간다. 브라마란드라에 도달한 prāṇa가 50분(125pala) 동안 머물면 그때 제감(감관의 철수, pratyāhāra)이 이루어진다. 120분(5ghaṭikā) 동안 [기가 브라마란드라에] 머물면 응념(dhāraṇā)이 [이루어지고], 24시간 동안 [기가 브라마란드라에] 머물면 선정(dhyāna)이, 12일 동안 [기가 브라마란드라에] 머물면 삼매가 일어난다는 것에 모두 기꺼이 동의해야한다. (HPJ 2.12)[440]

수슘나나디를 관통하고 브라마란드라에 마음과 기가 머물게 되면 심작용은 정지된다. 『요가수뜨라』에서 8지支요가(aṣṭāṅga yoga) 중 진정한 명상이라고 할 수 있는 삼야마의 시작인 "다라나dharaṇā는 마음이 [중심] 지점(deśa)인 [짜끄라]에 고정되는 것이다"[441]라고 하였는데, 브야사는 주석에서 하타요가와 동일하게 설명하고 있다.

> 배꼽의 원에, 심장의 연꽃에, 머리에서 발하는 광휘에, 코끝에, 혀끝에, 이와 같은 따위의 여러 장소 혹은 외부의 대상에, 마음이 오직 [그 자신의] 작용만으로 고정되는 것이 다라나(집지執持)이다.(Ybh 3.1)[442]

---

440) bandhapūrvakaṃ pañcaviṃśatyuttaraśatavipalaparyantaṃ yadā prāṇāyāmasthair yam bhavati tadā prāṇo brahmarandhraṃ gacchati / brahmarandhraṃ gataḥ prā ṇo yadā pañcaviṃśatipalaparyantaṃ tiṣṭhati tadā pratyāhāraḥ / yadā pañcaghaṭi kāparyantaṃ tiṣṭhati tadā dhāraṇā / yadā ṣaṣṭighaṭikāparyantaṃ tiṣṭhati tadā d hyānam / yadā dvādaśadinaparyantaṃ tiṣṭhati tadā samādhir bhavatīti sarvaṃ r amaṇīyam //

441) deśa-bandhaś cittasya dhāraṇā || YS 3.1

442) nābhicakre hṛdayapṇḍarīke mūrddhni jyotiṣi nāsikāgre jihvāgra ityevānādiṣu de śeṣu bāhye vā viśaye cittasya vṛttimātreṇa bandha iti dharaṇā || YSbh 3.1

이는 하타요가에서 나디들의 융합처인 짜끄라에 집중하는 수행법들과 그 개념이 동일하다. 몸의 중심부에 위치한 짜끄라에 좌우 에너지가 몰입된 다음 그 상태를 유지하는 다라나dharaṇā(응념, 집지)가 이루어진다. 다라나는 마음을 집중하고 상승시키는 과정에서 5원소(지수화풍공)로 대표되는 다섯 맥륜에 집중하는 수련이다.443)

[그림IV-1] 회음과 선골로 이어지는 수슘나나디

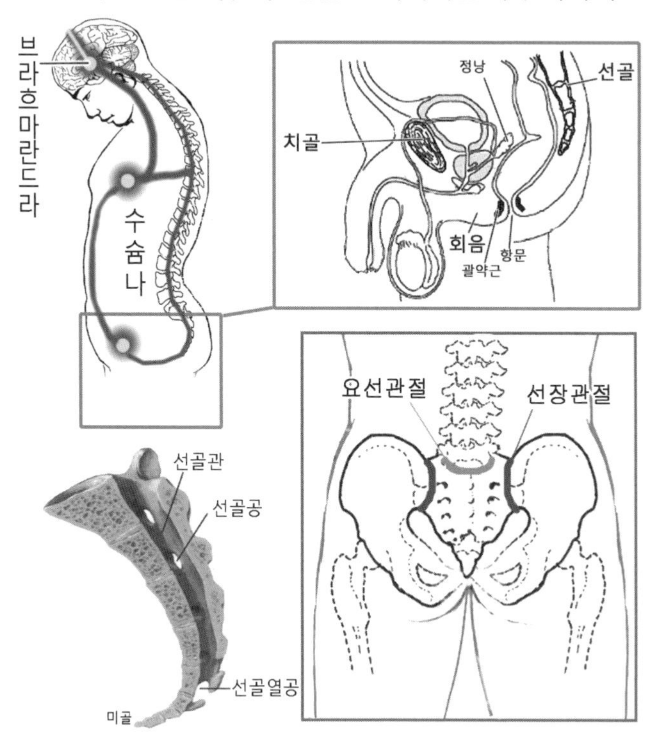

443) *Yogatattva Upaniṣad* 81∼103의 내용은 다음과 같다. 불과 결합된 vāyu가 kuṇḍalinī를 깨우고서, 장애 없이 수슘나로 들어가면 바람과 더불어 마음도 또한 깨달음의 위대한 길(suṣūmnā)로 들어간다. 5맥륜의 요소인 지, 수, 화, 풍, 공을 순차적으로 몰입(dhāraṇā)시켜서 마음과 숨이 수슘나로 들어가면 요기는 최고의 안락(sukha)에 이른다.

이와 같이 요가의 모든 행법이 중심에의 몰입을 전제로 한 음양(좌우)합일의 생리학적 원리를 따르듯이, 달인좌의 원형인 쉬리 락슈미의 교족좌는 중심으로의 몰입, 즉 선정을 실현케 하는 효력을 지니고 있다. 교족좌는 좌우를 중심에 몰입시켜 적정에 이르게 한다.

교족좌나 합족좌를 할 때, 발뒤꿈치를 회음부 가까이에 끌어놓음으로써 골반부(단전) 전체에 힘이 형성되어 좌우에너지를 그곳으로 모으는 효력이 있다. 골반의 중심부인 회음은 척주 속 수슘나의 문이다. 수슘나를 열기 위해서 골반 전체의 기맥이 열려야 한다.

실제 이 좌법을 수련해 보자.

① 종아리 두께정도 방석을 깔고 앉는다. 왼발바닥 위에 오른발을 올리고 발을 당겨서 회음 가까이 두고 허리를 세우면 자연스럽게 선골과 치골 그리고 항문과 회음부에 힘이 들어간다. 이는 기를 선골 안쪽과 회음부에 집중시켜서 척주 속으로 통하는 수슘나나디(중맥)를 관통하는 힘을 길러준다.
② 힘이 들어가는 회음부에 마음을 집중하면서 선장관절과 요선관절의 긴장감을 유지한다. 척주가 반듯하게 세워진 상태에서 턱을 가볍게 떨궈서 쇄골 가까이 놓는다.
③ 혀끝은 위 잇몸 안쪽에 가볍게 붙인다.
④ 치골 부위에도 힘이 들어간 느낌이 확인되면, 고관절이 자극되도록 좌우로 가볍게 몇 번 움직여준다.
⑤ 호흡: 마신 숨이 심장에서 잠시 머물렀다 천천히 회음에 이르도록 한다. 내쉬는 숨에 아랫배를 당기고 최대한 유지한다.

⑥ 내쉬고 멈추는 동안 꼬리뼈에 마음을 두면 수슘나가 열리면서 골반과 척주 전체가 진동하게 되는데, 이는 자연스런 현상이므로 지도자의 가르침을 받으면서 수련하면 두려움 없이 선정을 체험하게 된다.

오른 발등을 왼 발바닥 위에 올리면 오른쪽 고관절·슬관절·발목관절의 견인이 왼쪽보다 강하고, 발등도 오른쪽이 더 펴지는 효과가 있어서 우명문상화를 하향시켜 좌우 순환을 돕는 효력이 있다. 앞에서 좌우 맥도(iḍā, piṅgalā)와 명문설의 생리학적 원리를 설명하였듯이, 교족좌 또한 길상좌를 설명하였던 방식과 다소 유사하다. 반가사유상[444]에서도 오른쪽 다리를 들어 올리고 있는데,(그림Ⅳ-3, B_304쪽) 동일하게 오른쪽의 양에너지를 하향시키는 방법이다.

[그림Ⅳ-2] 교족좌와 길상좌의 수행생리학적 유사성

a: [삽도2-9] 재인용, 일부 수정. b: 논자 그림.

444) 인도에서는 3세기경 간다라와 마투라 조각에 나타나며, 중국의 경우는 6세기 후반 북제시대에 가장 성행했으며, 주로 태자사유상으로 제작되었다.

인도 신상의 교족좌에서 오른발이 위에 놓이는 전통 이래 달인좌와 길상좌에서도 오른발을 왼발 위에 얹는 순서가 중시되었다.[445)]

앞 페이지의 그림 a의 발과 b의 손모양은 음중의 음에 해당하는 왼쪽 손발바닥에 양중의 양에 해당하는 오른쪽 손발등이 놓여 있다. 이 그림에서 b의 수인은 a의 발모양과 동일한 방식으로 되어있다. 오른손등을 왼손바닥에 두는 수인에서처럼 교족좌는 '달(음)에 해당하는 왼다리의 발바닥' 위에 '태양에 해당하는 오른다리의 발등'을 올려놓음으로써 양陽에너지의 순환을 원활하게 하는 것이다. 교족좌는 발바닥에 발등을 닿도록 함으로써 양기가 흐르는 오른 발등이 음기가 흐르는 왼쪽 발바닥에 접촉되어 양에너지가 활성화된다는 점에서 길상선정인의 원리와 동일하다. a와 b에서의 손발의 접촉에 의한 에너지 작용은 매우 유사한 양상을 보인다는 것이다. 다만 수인이 주로 심장과 심포 등 한정된 영향력을 미치는 것에 비해서 족인足印[446)]은 좌우 전신에 영향을 미친다. 경맥학적으로도 수소음심경맥과 수궐음심포경맥의 흐름은 팔과 상체에 한정된 반면, 족삼양・삼음경맥은 머리에서 발끝까지 흐른다.

손과 발은 전신의 기맥이 끝나고 이어서 되돌아오는 곳으로서, 경맥학적으로 음양에너지가 전환되는 곳이다. 손등과 발등은 양경맥, 손바닥과 발바닥은 음경맥이 흐른다. 오른쪽과 왼쪽의 음양에너지의 흐름, 즉 좌맥(iḍā)와 우맥(piṅgalā)이 접촉하여 상호 작용하는 것이

---

445) 일부 왼발이 위에 놓인 도상도 발견되나, [그림I-10_65쪽] 산치 대탑의 경우처럼 대칭형 화면구성에서 좌우에 동일하게 인물이 배치될 때 나타난다. 또는 좌법 변형의 과도기에 주로 발생한다.

446) 그러나 현재는 족인이라는 개념 자체가 없기 때문에 이에 대한 논의는 한계가 있다. '족인' 개념은 좌법과 함께 좀 더 체계적으로 검토할 필요가 있다.

인印(mudrā)이다.[447] 좌우 손의 접촉으로 내적인 정신생리적 변화를 의도하는 수인의 원리가 교족좌에 반영되어 있다. 교족좌의 발모양을 족인足印[448]이라고 해도 될 것이다. 이처럼 수인과 같은 기능이 두 발을 겹쳐 놓음으로써 가능한 것이다. 오른손이 위에 있을 때는 양적인 에너지의 흐름이 강화되어 따뜻한 화의 기운(火氣)이 순환하여 전신이 온후해지므로, 오른발이 위에 놓이는 교족좌 또한 이와 같은 기능을 한다. 교족좌 자체가 족인이며 선정인과 같은 기능을 하는 것이다. 이점에서 교족좌는 매우 효율적인 선정의 좌법이다.

고요함이 선정의 절대적인 조건이므로, 근관절의 움직임 없이 내면의 에너지를 고요하게 하려면 중심에 몰입시켜야 한다. 손발의 접촉을 이용한 중심집중적인 무드라mudrā(수인)가 효율적이다.

두 발바닥을 마주하는 합족좌 또한 합장과 같은 수인의 효력이 있다. 실례로, [그림Ⅱ-9_231쪽]의 합족좌는 좌우의 합일에 의한 호흡의 중심성을 위한 좌법이다. 두 발바닥을 맞닿게 하는 것은 합장처럼 좌우 순환과 합일을 이루고 중심으로 마음과 기를 몰입시키고자 하는 의도를 보여주는 것이다.

---

447) 인도에서 손발의 접촉을 통해 좌우 에너지의 순환을 조절하는 수인과 좌법이 일반적으로 수행될 수 있었던 것은 기후적 특성도 한 이유가 될 것이다. 북부를 제외하고 인도 전역이 의복이 필요 없는 열대 몬순성 기후로 인해 수행자들은 거의 맨몸으로 자연에 감응하면서 생활하였다. 붓다 당시의 인도인들은 장신구만 걸치고 생활하다시피 하였다. 이러한 기후하의 수행 전통에서는 접촉으로 일어나는 느낌을 자연스럽게 관조하게 된다. 반면 두터운 의류와 신발을 신어서 피부가 접촉되기 어려운 추운 곳에서는 이러한 행법은 발전하기 어렵다. 북방에서는 추운 기후에 따라 바지를 입게 되어 피부가 접촉되지 못하였으며, 남방에서는 뜨거운 기후로 인해 의복이 필요 없어서 자연히 발의 피부가 닿는 것이 자연스런 일이었을 것이다. 간다라 이북의 추운지방에서 행해진 결가부좌와 남인도에서 행해진 결가부좌는 외형이 동일할지라도, '피부의 촉'의 유무에 따라 일어나는 내적 현상은 상이하다.

448) 무불상 시대 붓다를 상징했던 불족인佛足印(Buddhapāda)이 아니다. 발로 하는 수인이라는 의미에서 저자가 만든 용어다.

[그림Ⅳ-3] 합족인 여의륜관음보살상과 반가사유상

b
금동미륵보살반가사유상
(대한민국 국보 제78호)
국립중앙박물관
대한민국, 6~7세기
a
여의륜관세음보살상,
大阪府河內長野市대판부하내장야시,
관심사, 9세기경

이 족인이 활용된 또 다른 예를 [그림Ⅳ-3_304쪽]a에서 발견할 수 있다. 이 좌법은 'aḍḍhapallaṅka(반교족좌)'에서 유래한 [그림Ⅰ-12_72쪽]g(윤왕좌)의 한 유형으로서, 관음보살의 변화신인 여의륜(Cintāmaṇicakra) 관음보살이다. 일본에서 성행한 이 보살상의 좌법 또한 왼 발바닥 위에 오른 발바닥을 올려서 마치 발로 합장하는 자세를 취하고 있다.

이상에서 교족좌는 오른쪽 고관절・슬관절・발목관절을 통하는 에너지를 활용하여 상화의 열기를 내리는 효력이 있고, 선정인의 효력을 족인으로 이루고 있으며, 무엇보다 3중 반다가 저절로 이루어져서 '중심에의 몰입'이라는 선정 특유의 현상을 실현시킨다. 교족좌는 길상좌와 유사한 효력을 공유하고 있으면서도 매우 탁월하게 중심에 몰입시키는 효력을 지니고 있는 것이다.

2. 선정의 심일경성, 호흡의 사라짐

초선정에서 이후 7선정(무소유처정)까지 심일경성心一境性이 지속된다. 심일경성이란 한 번에 한 대상에만 집중하는 마음의 근본적인 속성 자체가 지속되는 상태이다. 일상적인 마음에 '하나로 몰입되는 속성'이 이미 갖추어져 있으므로 그것이 선정의 씨앗이다. 선정은 이미 내재되어 있는 것이다.

엘리아데(Eliade 1958: 53)는 마음이 산란하지 않도록 하나로 집중된 상태(『요가수뜨라 주석』 1.32) 즉, 에까그라따ekāgratā(Ⓟekaggatā, 심일경성)[449]를 아사나(좌법)와 결합시켜서 설명하였다. 그는 브야사Vyāsa(540∼650 CE)[450]나 바짜스빠띠 미슈라Vācaspati Miśra(c. 9∼10세기 CE[451])처럼 신체적 행법인 아사나를 심리적 영역으로 확장하여 심신이원론적 한계를 극복하고 있다.

> [바른] 좌법 상태의 요가 수행자는 어떤 식물이나 어떤 신상神像과 동등한 것일 수 있는 것이다. 어떤 경우에도 그는 언제나 움직이고, 언제나 동요되어 맥박이 고르지 않은, 그냥 인간과는 동등한 존재일 수가 없는 것이다. '육체'의 차원에서 āsana는 하나의 ekaggatā(심일경성)이며, 한 점으로의 집중

449) ekāgra-dhī, ekāgra-citta 또는 citta-ekāgratā는 마음이 일념으로 내적 중심에 집중된 상태를 나타낼 때 사용되며, 모두 심일경성으로 한역된다.
450) Gharote(2007)는 400∼500년으로 추정.
451) 박영길(2015), Gharote(2007)는 820∼900년으로 추정.

> 이다. 육체가 한 자세로 '긴장'되고, '집중'된다. ekaggatā가 '의식 상태들'의 동요와 흩어짐을 종식시키는 것과 마찬가지로, āsana는 무한히 가능한 몸의 자세들을 단 하나의 원형적이고 신격의 자세로 환원시킴으로써 육체의 운동성과 유동성에 종지부를 찍는다. 곧바로 우리는 '합일(unification)'과 '전체화(totalisation)'를 향한 이 경향성이 모든 요가 기법의 특징이라는 점을 보게 될 것이다. 이러한 '통합들'의 깊은 의미는 좀 더 뒤에 가서 우리에게 주어질 것이다. 그러나 그것들의 목적은 지금 당장 우리의 눈앞에 명백하게 드러나는데, 그것은 바로 인간의 가장 기초적인 성향에 따르기를 거부하는 데서 오는 결과, 즉 인간 조건의 폐지(혹은 초월)이다. 움직이는 것의 거부(āsana), 그리고 의식 상태들의 급류에 휩쓸리는 것의 거부(ekaggatā)는 온갖 종류의 '거부'의 연쇄로 이어지게 될 것이다. (엘리아데 1958: 53~55)

좌법(아사나)은 명상을 위한 준비에 불과한 것이 아니라 내적몰입으로 인도하는 실제적인 효력이 있다. 아타살리니*Atthasālinī*[452]에서도 주변 요소들이 중심에 집중되는 비유를 통해 ekaggatā를 설하고 있다.

> 찌따에까가따cittekaggatā는 심일경성이며, 다른 이름은 몰입(samādhi)이다. [그것의] 속성에 관하여 주석에서는 다음과 같이 설해진다.: 몰입처럼, '[모든 것을 모으는] 최고의 특성'은 '비산란심의 특성'이다. 마치 첨탑 꼭대기(dome)가 [건

---

452) Abhidhamma-piṭaka의 Dhammasaṅgaṇippakarana에 대한 붓다고사의 주석.

> 물의] 나머지 부속하는 부분들을 [하나로] 결박하는 최고점인 것처럼, 실로 그와 같이 모든 유익한 법(善法 kusala-dhamma: 정신적인 태도, 마음가짐)에서의 몰입은 마음(citta)에서 이뤄지는 것이고, 또한 일체 그 [심]현상(dhamma)들의 몰입이 [cittekaggatā의] 최고[의 특성]이다.[453)]

중심에의 몰입을 통해 부동의 상태에 이르는 데 있어서 역시 좌우 손발을 몸의 중심에 모으는 교족좌와 합족좌, 선정인과 합장인 등은 효력이 있다. 산치와 바르후뜨 불사리탑과 남인도 초기 불전도에 나타난 무불상 시대 좌법과 수인도 중심성이 강조된 심일경성(ekāgratā)을 실현하는 자세이다. 이러한 중심 집중적인 특징은 [그림I-2_34쪽] m5, [그림I-7_61쪽]b1∽b5, [그림I-10_65쪽] 등에서처럼 고대 인도의 요가적 좌법들에서도 확인되며, 자세는 각각 다르지만, 좌우로 펼쳐진 팔다리를 중심으로 모아서 ekāgratā의 실현을 위한 신체적 조건을 보여주고 있다.

좌법의 중심성은 정신생리적 중심성이다.
몸의 중심에 집중함으로써 정신적 몰입을 실현한다.
내면의 에너지를 고요하게 하려면 중심에 몰입시켜야 한다.

중심에의 몰입은 상반된 좌우 에너지의 균형을 전제로 하는 바, 『

---

453) 302. Cittassa ekagga-bhāvo cittekaggatā, samādhiss' etaṃ nāma. Lakkhaṇādisu pan' assa Aṭṭhakathāyaṃ tāva vuttaṃ: Pāmokkha-lakkhaṇo va samādhi avikkhe palakkhaṇo ca. Yathā hi kūṭāgāra-kaṇṇikā sesadabbasambhārānaṃ ābandhanato pamukhā hoti evam eva sabbakusala-dhammānaṃ samādhi citte ijjhanato sabbe sam pi tesaṃ dhammānaṃ samdhi pāmokkho hoti. *Pāmokkha는 pamokkha(해탈시키는)과 유사한 음으로, 중의적인 의미로 전달된다.

요가수뜨라』에서 "[수행자는] 그(좌법에 능통하기) 때문에 [추위와 더위 따위] 상반하는 것에 의한 손상을 입지 않는다."[454]는 가르침과 상통한다. 이는 좌우 음양의 상대적 에너지에 의해 중심이 산란해지지 않는 상태이다. 중심에 몰입되기 위해서 먼저 좌법이 좌우의 균형을 이루어야 한다. 좌우의 균형이 성취되면 본격적으로 쁘라나를 중심에 몰입시키는 무드라를 수련한다. 『하타(요가)쁘라디삐까』에서 무드라 수행 중 3가지 반다를 특히 강조하는데, 좌우 나디를 중심으로 몰입시켜서 쿤달리니를 깨우는 수련이다. 물라반다는 회음의 수축, 웃디야나반다는 복부의 수축, 잘란다라반다는 목의 수축으로 이루어진다. 달인좌(siddhāsana)에서는 이 3가지 반다가 자연히 일어난다고 하였다. 좌법 자체로 내적 몰입을 실현시키는 3가지 반다가 자연스럽게 일어난다는 내용을 HPJ에서 다음과 같이 설명한다.

> 물라반다, 웃디야나반다, 잘란다라반다와 같은 3가지 반다(수축 혹은 조임)는 '노력하지 않아도' [즉,] '발꿈치 부분으로 회음을 압박한 후에 항문을 수축시켜야한다.'는 식으로 설명될 물라반다 등등을 노력하지 않아도, [노력] 없이도 저절로 일어난다. [이 말은 3가지 반다가] 자발적으로 이루어진다는 의미이다.[455] *밑줄은 저자

[그림I-5_58쪽]에서 발뒤꿈치는 생식기 아래 회음부에 밀착되어 있

454) tato dvandvānabhighātaḥ (YS 2.47)

455) bandhatrayaṃ mūlabandhoḍḍīyānabandhajālaṃdharabandharūpam anayāsāt 'pārṣṇibhāgena saṃpīḍya yonim ākuñcayed gudam' ityādivakṣyamāṇamūlabandhādiṣv āyāsastaṃ vinaiva svayam evopajāyate svata evotpadyata ity arthaḥ || HPJ. 1. 42, p. 24, *ll.* 1-4.

다. 이와 같이 두발이 몸의 중심에 놓이면 좌우로 활동하던 prāṇa는 어떤 작위적인 방식을 더 이상 취하지 않아도 중심에 몰입된다. 좌법이 곧 선정에 이르는 매우 중요한 조건이다. 요가의 모든 좌법이 ekāgratā를 지향하지만, 특별히 교족좌(달인좌)는 무드라와 다라나Dhāraṇā가 저절로 실현되도록 하여 중심에의 몰입을 강화한다.

『하타(요가)쁘라디삐까』(1.33)에서 달인좌, 연화좌, 사자좌, 행운좌(합족좌)를 '매우 중요한(sārabhūta)'456) 4종의 아사나로 규정하고 있으며, "모든 좌법 중에서 두 가지가 뛰어난데 첫째는 달인좌이고 두 번째는 연화좌이다."(GŚ 1.7)457)라고 하였다. '매우 중요한' 좌법이란 좌우 주변으로 움직이지 않는, ekaggatā의 정신생리적 특성으로서 비산란심(avikkhepa)에 이르게 하는 좌법이다. 산란함은 중심을 잃고 좌우로 흩어지는 것이다. 여기서의 중심은 citta의 위치로서 심心(가슴 중심)이다. ekaggatā는 원추형으로 소용돌이치는 가장 뾰족한 지점을 지칭하며, 짜끄라가 회전하는 모양이다. 그것은 '중심에의 몰입'이며, 요가의 최종 단계인 samādhi의 성취를 지향한다. 이러한 의미에서 ekāgratā는 본격적인 마음 집중 단계인 다라나와 동일시된다. 마음을 한 대상에 집중하기 위해서는 우선 심신의 움직임이 사라지도록 심心에서 확산되는 나디(경맥)의 흐름이 안으로 몰입되어야 한

456) '매우 중요한'으로 번역하는 사라부따sārabhūta는 sāra(정수; 감로)+bhūta(생성된)로서, 직역하면 '감로가 생성된'이다. sāra는 정수, 감로, 불사주不死酒의 의미로 쓰이는데, 감로는 수슘나(중심맥)로 氣가 들어가서 머리에 도달하면 입천장에서 흘러내리는 불사주 또는 소마soma를 의미한다. 그래서 sārabhūta, 즉 '감로의 생성'은 좌우 맥도(이다와 삥갈라)가 마음과 함께 중심으로 합일되어 좌우의 중심에 위치한 맥륜을 통해 몰입되는 정신생리적 과정을 전제로 한다.

457) āsanaṃ prāṇa-saṃyāmaḥ pratyāhāro'tha dhāraṇā |
dhyānaṃ samādhir etāni yogāṅgāni bhavanti ṣaṭ || GŚ 1.7

다. 마음이 나디를 따라 감각기관에 이르러 대상을 지각하게 되므로, 호흡이 중심에서 벗어나지 않도록 하여 감각을 안으로 몰입시켜야 한다. 요가에서 이것이 밖의 대상이 아닌 내적 중심에 집중하여 내관內觀의 힘을 증장시키는 수련인데, 다라나 이전 단계인 쁘라띠아하라 pratyāhāra이다. 쁘라띠아하라는 '되돌림'이라는 의미로서, 중심 맥도(특히 심장)로 쁘라나(기)가 되돌아 와서 몰입되어 사라지는 수련이다. 중심에의 몰입은 내관의 길이다.

> 마음작용의 두 원인은 잠재의식(훈습, saṃskāra)과 호흡(氣)이다. 이 둘 중의 하나가 [중심으로] 소멸하면, 그 둘 역시 소멸한다. 마음이 사라지는 곳에서 氣(쁘라나)도 사라지고, 氣가 사라지는 곳에서 마음도 사라진다.
>
> 우유와 물처럼, 마음과 氣도 서로 섞여서 하나가 되고, 그 둘은 [서로에게] 동등하게 작용한다. 氣가 있는 곳이라면 어디나 거기에 마음 작용이 있고, 마음이 있는 곳이라면 어디나 거기에 氣의 작용이 있다.
>
> 거기에서, [마음과 기, 둘 중에] 하나가 사라지면 나머지도 사라진다. [둘 중에] 하나가 일어나면 나머지도 일어난다. [이 둘의 작용이] 사라지지 않으면 감각기관부(部)가 작용하게 되고, [이 둘의 작용이] 사라지면 해탈의 경지에 이른다.[458] (HP 4.22∼4.25)

---

458) hetu-dvayaṃ tu cittasya vāsanā ca samīraṇaḥ |
tayor-vinaṣṭa ekasmiṃs(원전에는n) tau dvāvapi vinaśyataḥ || HP 4.22
mano yatra vilīyeta pavanas-tatra līyate |
pavano līyate yatra manas-tatra vilīyate || HP 4.23
dugdhāmbuvat saṃmilitāv-ubhau tau tulya-kriyau mānasa-mārutau hi |
yato marut tatra manaḥ-pravṛttir-yato manas-tatra marut-pravṛttiḥ || HP 4.24

*Nikāya*는 물론 대다수 남북방 불전도 '호흡의 사라짐', 즉 생리적 현상으로서 '지식(止息)'을 네 번째 선정의 증표로 언급한다. '호흡의 멈춤'은 들숨과 날숨이 사라지는 삼매(선정)로 나아가는 과정에 반드시 나타나는 현상이다. 예를 들어, 『장아함』〈십상경十上經〉에는 구차제정九次第定의 각 단계마다 소멸되는 요소를 설명하고 있는데, 제4선四禪에서 호흡이 멸한다고 하였다. 『청정도론』에서도 "제 4선을 얻은 자에게 들숨날숨이라는 saṃskāra(행, 업)가 가라앉는다. 상수멸想受滅을 증득한 자에게 인식과 느낌이라는 마음의 상카라(심행心行)가 가라앉는다."[459]고 하였다. 이처럼 네 번째 선정의 증표로서 무호흡 상태를 요가뿐 아니라 남북방 불교전통에서 모두 인정하고 있다.

호흡(prāṇa)이 중심으로 몰입되는 경지를 하타요가에서는 라야laya라고 한다.

> 들숨과 날숨이 사라지고 어떤 대상도 지각되지 않으며 움직임도 일어나지 않고 [어떤] 변화도 없는 라야laya가 요가수행자들에게 일어난다.[460] (HP 4.31)

"어떤 대상도 지각되지 않으며 움직임도 일어나지 않고 [어떤] 변화도 없는" 상태는 선정(삼매)이다. 삼매와 동의어인 라야(몰입)[461]는

tatraika-nāśād-aparasya nāśa eka-pravṛtter-apara-pravṛttiḥ |
adhvastayoś-cendriyavarga-vṛttiḥ pradhvastayor-mokṣa-padasya siddhiḥ || HP 4.25

459) 대림스님(2004: 3권 p. 410), 여기서 인식과 느낌은 想과 受다.

460) pranaṣṭa-śvāsa-niśvāsaḥ pradhvasta-viṣaya-grahaḥ |
niśceṣṭo nirvikāraśca layo jayati yogināṃ || HP 4.31

461) "Rāja-Yoga, Samādhi, Unmanī 그리고 Manonmanī, 불사(Amaratva), Laya, 그것(tattva, 진리), 空不空(Śūnyāśūnya), 지고의 경지(Paraṃ-pada), 無心地(Amanaska), 不二(Advaita), 無依(Nirālamba), 無垢(Nirañjana), 現生解脫(Jīvanmukti), 本有

호흡의 소멸이자 마음의 소멸이다. 가로떼(이정훈 역 2007: 583)가 연화좌(결가부좌)를 라야로 안내하거나 전념할 수 있도록 하는 것이라고 총괄하여 그 효력을 설명하였다. 그러나 하타요가에서는 세 가지 반다가 자연스럽게 일어나서 prāṇa가 중심에 몰입되는 달인좌가 연화좌보다 뛰어난 선정의 효력을 지닌다고 설해진다. 마찬가지로 18세기 하타요가 문헌인 Sunderadeva(1675∽1775)의 *Haṭha-saṃketa-candrikā*의 50번 게송에 달인좌(siddhāsana)는 laya 단계에 이르기 위해 추천되는 뛰어난 āsana로 언급된다.[462)]

여기서 마시고 내쉬는, 그리고 그 두 숨 사이의 짧은 멈춤으로 이루어진 호흡의 본질을 이해할 필요가 있다. 마시는 숨에 모든 나디(경맥)와 모공이 열리고 숨이 온몸으로 확산된다. 내쉬는 숨에는 모공이 닫히고 숨이 중심으로 몰입된다. 매 호흡마다 이 두 가지 확산(원심성)과 몰입(구심성)의 진동이 반복되는 것이 삶이다. 그리고 그 두 숨 사이에서 일어나는 짧은 멈춤을 통해 호흡이 사라지는 선정을 경험하게 된다. 『비갸나 바이라바 탄트라』에서는 마시는 숨과 내쉬는 숨의 끝에 이어지는 멈춤이 언제나 있는데 그때에 적정寂靜(śānta)이 확연해진다[463)]고 하였다. 특히 내쉬는 숨에 중심으로의 몰입이 더욱 확연하므로, 마시고 나서 내쉼과 멈춤을 자각함으로써 선정에 대한 개념적 모호함을 극복할 수 있다.

(Sahajā), 第四位(Turyā)라고 하는데 [모두] 같은 말이다." HP 4.4

462) Gharote(이정훈 역 2007: 583)

463) kumbhitā recitā vāpi pūritā vā yadā bhavet |
tadante śāntanāmāsau śaktyā śānta prakāśate || *Vijñāna-bhairava-tantra* 27

3. 몸과 마음의 연기緣起, 호흡

호흡을 보는 것은 연기를 보는 것이다.[464)]

심신의 고통을 망각하는 것이 그 고통을 사라지게 하는 것이 아님은 당연한 말이지만, 간혹 선정을 특유의 심리적인 사태로만 묘사하는 경향이 강하다. 이는 불교가 인식론적·심리학적 이론을 발전시킨 결과일 것이지만, 연기를 자각한다는 것은 몸을 버리는 것이 아니다.

붓다는 출가 후 무색계의 8선정인 비상비비상처정非想非非想處定[465)]에 이르고서도 그 한계로 인해 다시 극한 육체적 고행을 하지만 또한 고의 소멸에 있어서 한계를 자각하고 이 두 가지 극단적인 수행을 모두 버린다. 결국 붓다의 수행은 몸과 마음, 그리고 성聖과 속俗의 차별 등 이원론적 인식의 한계를 극복하는 중도·연기론적 수행으로 진전된다. 그 수행은 색계의 4선정을 통해 궁극적 깨달음에 이르렀다. 4선정은 호흡이 사라지는 단계로서, 호흡은 몸과 마음을 연결하는 생명현상의 근원이다. 색수상행식이 연기하는 현상은 생명현상이며, 호흡수련은 그 연기적 관계를 자각(알아차림)하는 가장 직

464) 요가나 도교의 호흡수련과 호흡관(아나빠나사띠)을 의도성의 유무에 따라 구분하기도 하는데, 호흡을 의도적으로 통제하는 것에 의도하는 자아가 오히려 강화된다는 견해는 타당하지만, 의도적인 호흡수련도 수련이 진전되면서 의도가 사라지는 단계로 이어진다. 의도하지 않는 것만을 강조하는 것만으로는 생명을 영위할 수 없다. 호흡이 바뀌면 마음과 몸의 생명현상이 바뀐다는 점을 간과하지 않기 바란다.

465) 선정은 색계(초선~4선)와 무색계(5선~9선)로 나뉘어 있다. 자칫 욕계, 색계, 무색계가 상하·우열로 이루어진 수준처럼 이해될 수 있는데, 이 또한 색수상행식의 연기처럼 이루어진 것이다.

접적인 수행이다. 몸과 마음의 연기관계를 직접 자각하는 방법(현량)은 호흡을 자각하는 것 이외에는 없다.

호흡이 드나드는 가슴 중심(심心)에서 마음작용이 일어난다. 마음은 호흡과 함께 진동한다. 그 진동이 고요해지는 선정은 호흡이 사라지는, 즉 가슴 중심(심포)에서 심작용의 진동이 멈춰진 상태다. 이때부터 마음의 진동이 인식에 영향을 끼치지 않으므로, 이때 외부의 조건에 따른 감정적 반응과 외적 행위의 죽음을 통해 얻어지는 적정(śānta)이 있는 그대로 아는 지혜를 가능케 한다.

호흡의 사라짐은 4선정이 특별히 중요하다. 그런데 호흡이 사라지면, 생명은 어떻게 유지되는 것이며, 선정을 통해 심신의 고통이 소멸되는 치유가 어떻게 가능한 것일까? 선정은 인간이 경험할 수 있는 것 중에 가장 유익한 것이다.[466] 그것은 '죽음과 같은 것'으로 묘사되고[467] 생명현상을 거스르는 것처럼 알려져 있으나, 결코 생명을 손상시키는 것이 아닐 뿐만 아니라, 생명현상에 가장 부합하는 것이기에 심신의 고통을 소멸시키는 효력을 가지고 있다. 모든 병을 소멸시킨다는 결가부좌와 교족좌(달인좌) 등의 효력이 곧 선정에 이르는

466) 일곱 가지 깨어있음의 요소(칠각지)는 유익한 것, 즉 고통을 제거하는 결과로 이루어진다. 칠각지는 ①일체를 알아차림(염각지念覺支, sati-sambojjhaṅga), ②알아차림으로써 유익한 법을 택함(택법각지擇法覺支, dhamma-vicaya-sambojjhaṅga), ③택한 법을 닦는 정진(정진각지精進覺支, viriya-sambojjhaṅga), ④정진하여 얻어지는 기쁨(희각지喜覺支, pīti-sambojjhaṅga), ⑤기쁨으로 심신이 안락해짐(경안각지輕安覺支, passaddhi-sambojjhaṅga)], ⑥지극히 안락하여 마음이 몰입됨(정각지定覺支, samādhi-sambojjhaṅga), ⑦마음이 몰입되어 일체를 내려놓음(사각지捨覺支, upekkhā-sambojjhaṅga)이다. 이 일곱 가지 중 어느 것도 고통을 유발하는 것이 아니다.

467) 『청정도론』에서 멸진정에 들어가는 과정은 사마타 수행을 통해 제7선정까지 차례로 올라간 다음 제7선정에서 나온 후 얼마동안 멸진정에 머물지 미리 마음으로 시간을 결정한 후 제8선정에 든 후 바로 멸진정으로 나아간다고 하였다. 이 상태에서 7일간 머물 수 있다고 한다. 이때 수행자는 호흡이 사라진 상태로 몸과 의식의 기능이 정지돼 마치 죽은 사람과 같다.

과정이기 때문에 선정을 '죽음과 같은 상태'라고 하더라도 그것이 생명력을 손상시킨다거나 선병과 같은 고통을 유발하는 것이 아니라는 점은 명백하다. 또한 선정에 이르면 가장 안락하고 희열이 가득한 상태에 이르며, 신통력을 통해 언어로 알지 못하는 영역을 알게 되기도 한다. 이러한 선정의 효력은 중심에의 몰입을 통해서 실현된다.

선정에서는 [그림IV-4_316쪽]a처럼 몸의 좌우와 주변부의 활동은 극히 고요해지고 중심부만 기능하는데, 전신의 개별적인 기맥(경맥)들은 모두 중심맥에 연결된 상태다. 장부에 뿌리를 두고 개별적으로 작용하는 12경맥에 있던 맥기가 중심으로 몰입되므로, [그림Ⅱ-4_207쪽]의 왼쪽 나디 도상처럼 선정수행자의 나디는 중심(수슘나나디)에 뿌리를 둔 짜끄라에 집중되어 있다.

[그림IV-4] 생명에너지의 중심

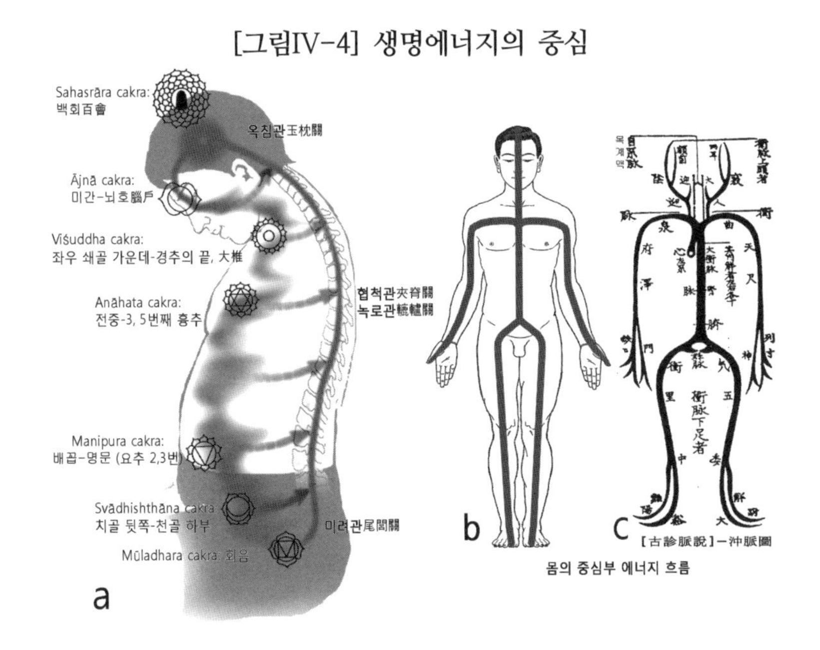

이러한 중심 집중적인 몰입이 심신의 고통을 소멸한다는 것은 역으로 심신의 고통이 중심성을 잃었기 때문에, 즉 산란하기 때문에, 특히 좌우 균형이 깨졌기 때문에 발생하는 것이라고 짐작할 수 있다. 이는 중심에 몰입되기 위해서는 반드시 좌우 균형이 이루어져야 한다는 것을 의미한다. 중심에 몰입되는 과정에 좌우 균형이 이루어지기 때문에 심신의 고통이 치유된다는 것이다.

선정에 적합한 좌법과 수인으로 좌우의 에너지의 불균형이 바로잡히고 마음과 기는 중심으로 몰입된다. 중심으로 몰입되기 위해서는 먼저 좌우의 균형이 이루어져야 하고 좌우의 균형이 이루어지기 위해서는 왼쪽의 음적인 에너지(좌신수)와 오른쪽의 양적인 에너지(우명문상화)가 좌승우강을 이루어야 한다. 결가부좌와 달인좌에서 모두 오른다리의 관절과 발목, 발등을 활용하여 열기를 아래로 내릴 수 있다. 그러나 오랜 시간 좌법을 유지하더라도 기혈순환에 장애가 되지 않으며, 중심 집중적인 상태를 유지할 수 있는 좌법이 바로 교족좌 내지 합족좌다.

마음과 기는 생명현상이다. 중심으로 몰입되는 과정에 성에너지의 몰입은 근본적인 것이다. 마음과 기가 중심으로 몰입된다는 것은 성에너지가 완전히 중맥으로 몰입된다는 것을 의미한다.

> 氣가 중심의 길(수슘나)로 들어가지 않거나, 또는 정액이 氣에 완전히 묶여서 견고해지지(정고精固) 않거나, 무엇보다 선정(dhyāna) 속에서 '본래 그대로의 상태'를 닮은 '그것(tattva, 궁극적 실재)'[468]이 되지 않는 한, 어떤 지혜를 설교한다 해도, 그것은 다만 위선이고 거짓이며 잡담에 지나지 않는다.

(『하타요가쁘라디삐까』 4.114)

성에너지는 생명에너지다. 생명활동의 중심에 성에너지가 있으므로, 중심에의 몰입은 성에너지가 중심으로 몰입되는 것과 다르지 않다. 이때 금욕(불사음不邪婬)이 자연스럽게 실천되며 더 이상 성욕으로 마음이 흔들리지 않게 된다. 이때 안락과 희열이, 지복이 온몸으로 일어난다. 또한 다섯 감각기관이 분리되어 있지 않고, 손발이 가슴과 하나로 이어져 있으며, 폐로만 숨을 쉬지 않고 온몸으로 숨을 쉰다. 존재의 근원적 중심에 온몸이 연결되면 전신이 확장되는 일체감을 얻는다. 심신이 활동하여 일상적인 삶을 영위하기 위해서는 기가 중심맥에서 사지로 퍼져 나가야 하지만, 선정은 사지에서 중심으로 몰입되면서 온몸이 하나로 진동하면서 숨을 쉰다.

선정은 생명에 대한 부정이 아니다.
선정도 생명현상이다.

상想과 수受가 끊어진 상수멸정想受滅定(멸진정滅盡定 Nirodha-samāpatti)에 이르러 호흡과 식識(의식)과 행行(의지작용)[469]이 정지되어 '죽음과 같은 상태'가 되지만, 호흡이 사라진다 하더라도 체온과 수명을 유지하는 쁘라나의 작용은 중심맥을 통해서 지속된다. 체온과 생명이 유지되기 위해서는 기가 흘러야 한다. 그리고 깨어나더라도 이전의 기억은 그대로 보존되어 있다는 것은 태어나서 형성된 기억

468) 주석서(*Jyotsnā*)에는 citta(마음)로 해석하고 있다.
469) 호흡은 신身, 식은 구口, 행은 의意로서 삼업三業이다.

(식)이 소실되지 않는다는 것을 의미한다. 상수멸정은 존재의 죽음이 아니라 번뇌의 죽음이다. 초기경전에서 죽은 사람과 상수멸정에 든 수행자에게 어떤 차이가 있는가에 대해 질문하는 꼿티따Koṭṭhita에게 사리뿟따Sāriputta는 양자 모두에서 신체작용(kāya-sankhārā 신행身行), 언어 작용(vacī-sankhārā 구행口行), 마음 작용(citta-sankhārā 의행意行)[470]은 멈추었지만, 죽은 사람과 달리 이 선정에 든 수행자는 "수명(명근命根, āyus)은 파괴되지 않았고 체온(uṣman)은 없어지지 않았으며, 감각기관은 청정하다"[471]고 설하고 있다. 생명과 체온과 식은 불가분의 관계이기 때문에 멸진정에서도 생명과 체온이 존재한다. 하타요가에서 이러한 선정을 무상無想삼매(asaṃprajñata-samādhi)[472]라고 하며 다음과 같이 묘사한다.

> 소라 고동과 북의 비음도 전혀 들리지 않는다. 동시에, 한결같이 운마니 상태에 머물기 때문에, 몸은 통나무처럼 된다. 모든 [심리] 상태[473]에서 자유롭고 모든 생각을 떨쳐버렸

---

470) 일반적으로 삼업三業이라고 하는 신구의身口意를 의미한다.

471) āyu aparikkhīṅo usmā avūpasantā indriyāni vippasannāni.(『맛찌마니까야』) "명근의 본질은 바로 목숨으로서 능히 체온과 의식을 유지하는 것이다."(命根體卽壽 能持煖及識) (『아비달마구사론』, 제5권 분별근품)

472) 산스크리트어 '아삼즈니asaṃjñi'가 '무상無想'으로 번역되는데, 예를 들어, 무상정無想定(asaṃjñi-samāpatti)과 무상천無想天(asaṃjñi-devānām)이 있다. 불교에서는 무상정을 거의 무여열반無餘涅槃의 적정寂靜에 비견된다고 보지만, 무상정이라는 말과 동일한 의미로 쓰이기도 하는 멸진정과 완전히 동일한 것으로 인정하지는 않는다. 무상정과 멸진정을 일러 이무심정二無心定이라 하는데, 『중아함경』 〈법락비구니경法樂比丘尼經〉에 "수행승이 멸진정에 들면 생각(想)과 앎(知)이 멸하고, 무상정에 들면 생각과 앎이 멸하지는 않는다."고 하였다. 본서에서는 이 둘의 차이를 논하기보다 선정의 체험이 어떤 것인지를 간략하게 제시하고자 한다. 참고로 요가전통에서 무상삼매無想三昧를 'nirvikalpa samādhi'라고 하는데, 불교에서는 'nirvikalpa'를 '무분별無分別'이라고 한다. 불교에서 '무분별지'는 '있는 그대로 직관하는 지혜'이며, 무상과 무분별은 매우 커다란 차이가 있다.

473) 깨어있는 상태(jāgrat, 각성위覺關位), 꿈꾸는 상태(svapna, 몽면위夢眠位), 깊은

으며, 마치 죽은 것처럼 지속하여 머문다면, 그 요가수행자는 분명히 해탈한 사람이다.

삼매에 몰입된 요가수행자는 시간(운명, 죽음)의 먹이가 되지 않고, 행위(업業)에 의해 고통받지 않으며, 그 어떤 것에 의해서도 정복되지 않는다.

삼매에 몰입된 요가수행자는 냄새, 맛(기미, 정수), 모양(또는 색) 그리고 감촉, 소리, 자신이나 타인도 지각하지 못한다.

마음citta이 잠들지도 않고 깨어 있지도 않으며, 기억과 망각에서 자유롭고 사라지지도 않고 나타나지도 않는다면, 그야말로 해탈한 사람이다.

삼매에 몰입된 요가수행자는 추위(차가움)와 더위(뜨거움)를 구별하지 못한다. 그와 같이 고통과 안락 그리고 명예와 불명예도 없다.

깨어 있을 때는 [의식이] 명료하되, [삼매에 들면] 마치 깊은 잠에 든 것처럼 머물러 있으며, 들숨과 날숨을 떠난 자는 분명히 해탈한 사람이다. (『하타요가쁘라디삐까』 4.106~112)

쁘라나가 중심맥으로 몰입되어 뇌의 중심에만 머물면, 몸과 마음의 활동이 완전히 정지되어 죽음과 같은 상태가 된다. 이때는 전신에 흐르는 나디들은 중심맥(수슘나나디)에 뿌리를 두고 있지만 그 작용을 멈추기 때문에, 그 기능이 최소한으로 유지된다. 이 상태는 수受와 상想을 그치도록 하는 상수멸정이다.

숙면 상태(suṣupti, 수면위睡眠位), 실신(mūrcchā), 죽음(maraṇa)으로 정의되는 '다섯 종류의 의식 상태'(오위五位)를 가리킨다.

4. 중심에의 몰입과 대뇌생리학

수슘나는 심장에서 직접 뇌 중심에 연결되며, 또 회음에서도 척수관을 따라 뇌 중심에 이어진다. 수슘나는 생명을 유지하는 뇌간과 소뇌 등 일명 '파충류의 뇌'라고 하는 부위를 거쳐 시상하부에 이른다. 생명 유지의 기본적인 기능이 뇌간과 소뇌에 집중되어 있다는 점은 선정에서 생명과 체온이 지속되는 것과 관련되어 보인다.

[그림IV-5] 중심맥에 연결된 뇌

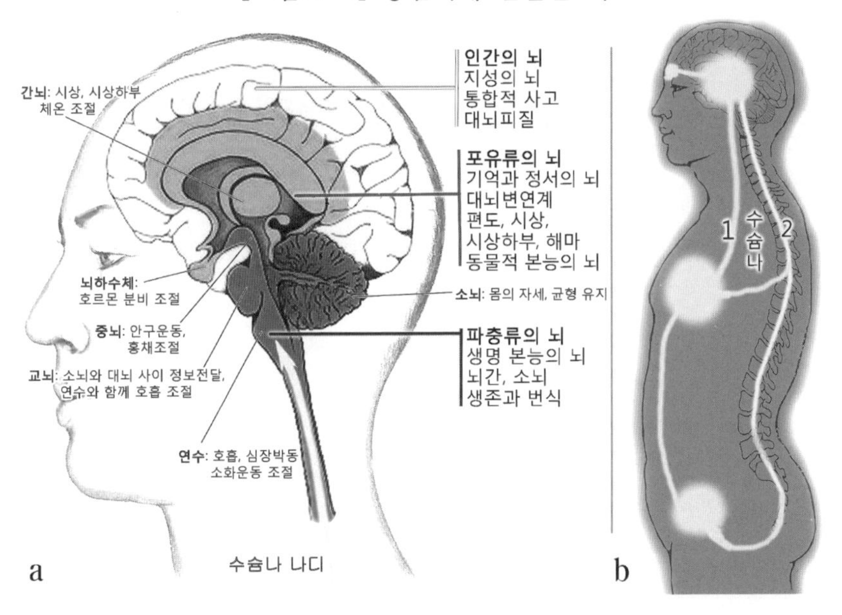

감각정보는 육입처(안이비설신의)로부터 뇌간(중뇌, 교뇌, 연수)을 경유하여 시상視床으로 전달된다. 시상은 육입처로부터 들어온 감각정보(에너지)를 분류하고 중계하여 뇌의 각 부위로 전달한다. 이곳에서 처리된 정보는 전두피질을 거쳐 의식으로 들어가 단기기억으로 저장되는데, 대뇌피질에 만들어진 기억세포는 처음에는 미숙하지만, 해마海馬[474]로부터 신호를 받는 등의 반복과정을 거치게 되면서 기억이 장기화되는데, 이는 신경회로가 해마에서 대뇌피질로 이어지게 된 것이다. 최종 정보는 해마에서도 항목별로 나뉘어 장기기억으로 저장된다.[475]

〈표IV-1〉 오온(pañca-khandha)과 대뇌생리학

색rūpa		수vedanā		상saṃjñā		행saṃskāra		식vijñāna
대상	⇨	감관	⇨	뇌간, 시상	⇨	대뇌피질 등에 전달, 행위 발생	⇨	대뇌피질 신경회로망 형성, 해마/편도
단기기억				⇨		장기기억		

474) 해마는 측두엽에 각각 1개씩 존재하는데, 기억의 저장과 상기에 중요한 역할을 하는 기관이다. 단기기억이나 감정에 관한 기억은 담당하지 않는다. 왼쪽 해마에 최근의 일이 저장되고, 오른쪽 해마에는 태어난 이후의 모든 일이 저장된다고 한다. 해마는 사용할수록 그 크기가 커지며, 줄어들면 기억과 관련된 뇌손상이 발생하는 것으로 알려져 있다. 해마의 용적이 감소하는 대표적 질병이 치매이다.

475) 단기기억 때는 뇌세포와 뇌세포 사이에 새로운 회로가 만들어지지 않는다. 단지 뇌세포 회로의 말단에서 신경전달물질이 좀 더 나와서 일시적인 잔상으로 기억이 남아 있을 뿐이다. 강한 또는 반복적인 자극에 의해 뇌세포 사이에 새로운 회로가 만들어지면 장기기억이 된다. 새로운 회로가 생기면 그 회로가 몇 시간에서 몇 주까지도 지속돼 기억이 장기간 저장되는 것이다. 쓰지 않는 회로는 사라지므로, 잊어버리지 않기 위해서는 이 회로를 반복적으로 자극해서 더 강하고 두껍게 만들어야 한다.

선정 상태에서 중요한 대뇌생리학은 시상에 들어온 정보를 대뇌피질로 전달되는 과정에 개입한다는 것이다. 감관에 들어온 정보(에너지)가 대뇌피질로 전달되어 이전의 장기기억 정보로 인해 개념화되기 이전에 시상에서 빛(니밋따nimitta)으로 전환됨으로써 희열과 안락이 일어난다. 즉 상想이 행行으로, 행行이 식識으로 연기되기 전에 순수 인식의 빛으로 바뀌는 것이 선정이다.

일체 행위(신·구·의 삼업)의 소멸이 이러한 선정을 통해서 이루어진다. 미간이나 코끝에 집중하는 것은 상이 행과 식으로 진전되지 않도록 하여 일체가 그치는 것(지식止息)을 위한 직접적인 수행이다.

> 기氣가 수슘나로 흐를 때, 마음 작용(mānasa)은 공空(śūnya)의 상태로 된다. 그때 요가에 정통한 수행자는 모든 행위(karma, 업業)을 근절시킨다.[476] (『하타요가쁘라디삐까』 4.12)

이와 같이 척주 속 수슘나를 통해 뇌의 중심에 마음과 기가 몰입된 상태가 선정이다. 기가 수슘나로 흐를 때 마음작용도 그 흐름을 따라 가장 내밀한 곳에 몰입되며, 일체의 행위가 일어나지 않는다. 좌우가 중심으로 몰입되면 좌우는 사라지고 경험의 결과를 언어적으로 분별하는 기능은 정지한다. 그것이 중심에의 몰입이고 선정이며 언어적인 개념화와 논리보다 본능에 가까운 '직관(현량, 직접지각)'을 깨어나도록 한다. 선정이 진전되는 과정에서, 초선에서 언어가 사라지고 제2선에서 언어 기능을 가능케 하는 심·사(尋·伺)가 사라진다.

---

476) suṣumnā-vāhini prāṇe śūnye viśati mānase |
tadā sarvāṇi karmāṇi nirmūlayati yogavit || HP 4.12

[그림IV-6] 언어를 담당하는 좌뇌 부위

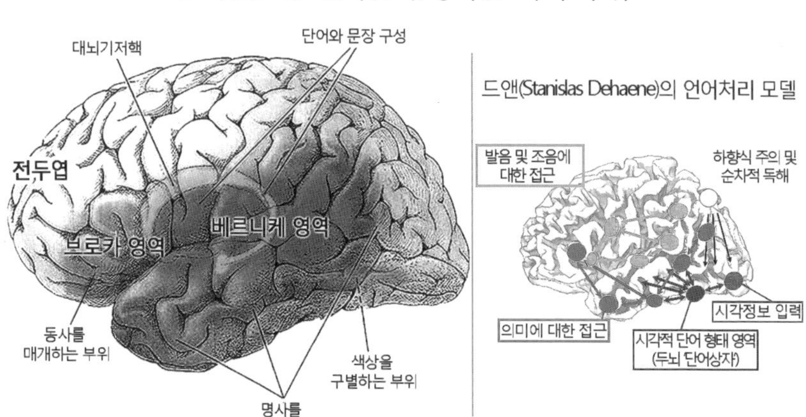

대뇌생리학적으로 선정은 대뇌피질, 특히 언어영역477)에 작용하는 좌우 측면 기맥이 활성화되지 않는 것에서부터 시작된다. 두뇌 중에서도 언어를 다루는 주요 중추신경 부위는 왼쪽 뇌피질腦皮質(cortex)의 약 5mm 정도 두께로 된 부분이다. 좌뇌반구의 여러 부위가 언어를 다루는데, 왼쪽 뇌의 전두엽과 측두엽은 언어의 산출과 이해를 담당하고 있다. 대표적인 부위는 브로카와 베르니케 영역이다.478)

477) 베르니케 영역은 감각성 언어영역이라고도 불리는데 측두엽 후방에서 두정엽의 일부에 위치한다. 이곳에 장해가 발생하면 일반적으로 기호를 사용해서 생각할 수 없게 되므로 말을 이해할 수 없게 되고 독서도 불가능해지며, 언어의 발음은 가능하지만 뜻을 이해할 수 없게 된다. 더구나 본인은 이것을 자각하지 못한다. 이를 감각성 실어증이라 한다. 브로카 영역은 운동성 언어영역이라고도 불리며 언어에 필요한 종합적인 운동을 관리한다. 이 부위에 장애가 발생하면, 남의 말은 알아듣는데 스스로 말을 하지 못하는 운동성실어증이 유발된다. 이 두 영역은 활모양의 신경 다발(궁형속)로 연결되어 베르니케 영역에서 브로카 영역으로 전해진다.

478) 전두엽의 밑부분이 언어의 산출과 직접적인 관련이 있는 부위이다. 이 부위가 특정 언어장애와 관련이 있다는 사실을 처음 발견한 프랑스 학자 브로카(Paul Broca)의 이름을 따서 브로카 부위라고 하며 이 부분의 손상으로 인한 실어증을 브로카실어증이라고도 한다. 전위실어증, 즉 브로카실어증의 특징은 말의 산출이 어렵다는 것이다. 다른 사람의 말은 잘 이해하지만 자기의 의사를 표현하려면 말소리가 안 나오고 발음이 힘들다. 전두엽의 밑 부분이 혀, 입술 등의 발음기관을 관할하는 뇌 부

브로카 영역은 말소리를 만들고 이 말소리들을 맥락적으로 연결해서 발음기관으로 전달하여 언어를 말로 표현하는 역할을 하며, 베르니케 영역은 귀를 통해 들려오는 다른 사람의 말을 분석하고 이해하는 일을 맡는다. 드앤의 언어처리 모델을 보더라도 왼쪽 측두부에 위치한 언어중추를 확인할 수 있다.

좌우와 겉으로 흐르는 마음과 기를 중심으로 몰입시키면
뇌의 중심에 마음과 기가 머문다.

이때 대뇌생리학적으로 뇌의 중심부에 해당하는 연수와 중뇌, 간뇌, 뇌하수체, 시상과 시상하부 등에 기가 집중된다. 그 결과 안으로 향하는 마음에 의해서 외부 대상에 대한 언어적 기능이 줄어들게 된다. 즉 색-수-상-행-식으로 진전되는 인식 과정이 상想에 집중된다.

언어의 논리와 그것의 관습적인 뇌신경계의 언어중추를 정지시키는 방식을 경험해보자.

① 고요하게 마음을 가라앉히고 앉는다.
② 눈에 보이고 귀로 들리는 모든 감각적인 반응에 대해서도 '이것은 내가 보고 듣는 것이 아니다. 내가 듣는 것이 아니라 들리는 소리만 있는 것이다.'라고 반복한다.

위이기 때문에 이 부위가 손상되면 발음이 어려워지는 것이다. 한편 낱말을 잘 잊어버리기도 한다(낱말건망실어증). '학교'라는 낱말이 생각나지 않아서 끙끙거리다가 아이를 가리키면서 "쟤가 매일 가는 데"라고 표현한다. 측두엽이 손상되면 다른 사람의 말 뜻을 잘 이해하지 못하는 실어증이 생긴다. 이를 일컬어 후위실어증이라고 하며, 이 실어증 증상을 처음 발견한 독일학자의 이름 카를 베르니케(Karl Wernicke)를 따서 베르니케실어증이라고도 한다. 또한 베르니케실어증을 유발하는 측두엽의 중간 부분을 베르니케 부위라고 한다.

③ 마음속으로 '보고 듣는 나는 없다.'고 반복해서 되뇌인다.
보이는 대상과 소리만 존재할 뿐 '나는 없다.'
보이고 들리는 현상만 자각한다. '나는 없다.'
④ 오직 대상만 존재할 뿐, '나는 없다.'
⑤ 나는 나를 볼 수 없다. 마치 눈이 눈을 볼 수 없듯이!

눈이 눈을 볼 수 없고 귀가 귀를 들을 수 없듯이, 자신은 자신을 자각할 수 없다. 우리가 자각하는 '나'는 뭔가를 대상으로 하여 '그것을 경험하는 자', '인식하는 자'일 뿐이다. 보고 듣는 '주체로서 나'를 부정하기만 하면 좀 더 본질적인 자각에 가까워 질 것이다. '나'라는 것은 문장의 주어처럼 존재할 뿐이다. 모든 감각적 경험과 언어는 '나'를 기반으로 성립된다. 문장 중 주어로서 '나'를 부정하거나 '나'를 성립시키지 않는 어법은 '무아'의 체험을 가능하게 한다. 무아는 '마음 없는 상태'와 같다. 여기서 마음이 '나'이다. 마음이 사라지면(심작용의 지멸) '나'도 사라진다.

이제는 호흡을 통해서 '나'라는 한정된 존재감으로부터 벗어나거나 마음이 정지하는 경험을 해보자. 가슴 중심에 호흡이 몰입되도록 하여 '나'를 확장할 수 있으며, 호흡이 사라지면 '나'는 사라진다. 내적인 중심은 심장이다. 우파니샤드 시대 이래 아뜨만의 자리인 심장에 몰입된다는 것은 희열과 안락이라는 선정 특유의 현상을 설명하는데 있어서 가장 중요한 요소다. 그리고 심장은 좌우 뇌의 중심부인 시상에 상하로 연결되어 있다. 그곳에 몰입되는 순간 온몸의 에너지가 하나로 연결된 진동이 전신에 걸쳐 일어난다. '나'라는 공간적 한계가 사라질 때까지 가슴 중심으로 숨이 들어가도록 한다.

① 적당한 높이로 방석을 엉덩이 아래에 깔고 앉는다. 좌우 발을 마주하여 발뒤꿈치를 최대한 몸 쪽으로 당겨서 합족좌(그림I-4_57쪽, e)를 하고 손은 합장하여 가슴 앞에 가볍게 둔다.
② 혀끝은 윗잇몸에 둔다. 양 콧구멍 사이에 의식을 두고 그곳으로 숨결이 스며든다. 윗잇몸으로 입천장을 따라 숨이 들어온다. 목구멍에서 가슴뼈를 따라 가슴 중심으로 스미는 흐름을 따라간다.
③ 가슴 중심에 숨이 닿는 느낌을 따라 마시고, 잠시 멈춰서 숨에 사방으로 퍼져나가는 흐름을 알아차린다. 일체를 놓는 마음으로 가슴속에서 온몸으로 스며드는 숨결을 알아차린다.
④ 처음엔 가슴에 닿는 숨결에 막힘이 있어서 답답하거나 뻐근하게 느껴진다. 온몸으로 스며들 때 까지 반복하여 마시고 유지한다.
⑤ 마신 숨이 사라지면서 '나'하는 느낌은 조금씩 사라진다.

니까야의 주석서에 윗입술과 코끝 사이에서 들고 나는 숨결을 알아차리라고 아나빠나사띠를 설명한 것은 바로 그 지점에서 호흡이 일어날 때 인중에서 심장으로 통하는 맥도(임맥)가 열리기 때문이다. 코에서 심장(정확하게는 심포) 중심에서 온몸으로 퍼지는 숨이 희열이다. 몸 전체가 부분으로 자각되지 않고 온몸이 하나로 숨을 쉬는 상태가 되면, 이때 몸과 마음을 따로 분별하지 않게 되어, 몸의 부분들을 '나'라고 아는 의식이 사라지는 무아의 체험이 희열과 함께 일어난다. 선정의 희열은 가슴의 경계를 넘는 호흡의 진동에 의해 일깨워진다. 『입출식념경』(*ānāpānasati-sutta*)에서 '온몸을 경험하면서 숨을 쉰다.'[479]는 의미는 이것이다. 온몸으로 숨을 쉬기 위해서는 중심맥이 열릴 때 가능하다.

'중심中心'은 온몸에 연결된다.
일체(12처)[480]는 '中心'에 닿아 있다.

[그림IV-5_321쪽]의 b를 보면, 중심 맥도가 심장에서 머리에 이어지는 길(1)과 회음부에서 머리에 이어지는 길(2), 두 가지가 있다. [그림IV-5]b에서 가슴 중심에서 머리 중심으로 직접 연결된 의식의 통로(1)가 붓다 당시 우파니샤드 시대의 수행자들이 중시했던 길이다.[481] 심장과 머리 중심부에 이어지는 맥도를 우파니샤드에서는 수슘나라고 불렀다. 후대 탄트리즘에서 성에너지를 제어하는 수련이 강조될 때는 b가 중시되었다. 이 중심의 길(madhyamarga)에 몰입되면 마음의 중심은 뇌의 중심과 하나가 된다. 중심은 몸의 중심과 일치하며, 마음의 중심, 마음의 집중과 상응하므로 교족좌와 합족좌는 회음에서 머리에 이어지는 중심의 길을 연결시킨다.

---

479) 입출식념 수행은 16단계로 이루어져 있다. 신 · 수 · 심 · 법의 4념처수행의 틀에 맞추어 4개씩 묶어서 4부분으로 이루어져 있다. 입출식념은 신념처, 즉 몸에 대한 알아차림에 해당된다. 따라서 여기서 '몸'은 '호흡의 몸'이다. '온몸'으로 번역된 'sabba kāya'도 『청정도론』에서 '호흡의 몸(assāsapassāsa kāya)'이라고 설명한다.(*Visuddhi magga* VⅢ §171, §197-201).

480) 붓다께서 말씀하셨다. "일체란 12처處니, 눈(안)과 빛깔(색), 귀(이)와 소리(성), 코(비)와 냄새(향), 혀(설)와 맛(미), 몸(신)과 촉감(촉), 의식 기능(의)과 의식 내용(법)이다. 이것을 일체라 한다. 만약 어떤 사람이 '그것은 일체가 아니다. 나는 사문 구담이 말하는 일체를 버리고 다른 일체를 확립하겠다'고 한다면 그것은 단지 말일 뿐, 알려고 해도 알지 못하고 의혹만 더할 것이다. 왜냐하면 그것은 인식할 수 있는 영역이 아니기 때문이다."(『잡아함경』 제13권 제16경)

481) 아뜨만의 어원적 의미는 심장 가운데서 '숨 쉬는 자'다. 당시 수행자들은 나디들이 심장을 중심으로 온몸에 확산되어 퍼져 있다고 알고 있었다.

V

붓다의 좌법은 결가부좌가 아니다

붓다의 좌법은 결가부좌가 아니다

붓다(c. 563/480~c. 483/400 BCE)의 열반 이후, 불교는 20여개 부파로 분열하였다. 좌법의 변천은 부파 분열만큼 복잡하지는 않지만, 그 명칭과 방법이 남방과 북방, 상좌부와 대승 불교로 대별되는 혼동양상을 보여 왔다.

북인도에서 중국에 전래된 결가부좌는 길상좌(그림I-30_144쪽)이다. 그러나 불상의 좌법은 북인도 전통방식의 길상좌를 따른 반면, 현재 좌선은 항마좌로 가르치는 것이 일반적이다. 게다가 마음에 방점을 두고 좌법은 수행과 무관하다는 입장으로 편향되거나, 임의적으로 좌법을 변형시켜 왔다. 불교의 북방 전래 이후, 2천여 년이 지나도록 여전히 길상좌와 항마좌에 대한 합리적인 설명을 찾아볼 수 없다.

무엇보다 붓다의 좌법인 paryaṅka(ⓟpallaṅka)가 확실히 결가부좌였는지에 대한 명쾌한 답을 구하기 어렵다. 문헌적, 고고학적 단서들과 생리학적 원리를 살펴본 결과, 붓다의 좌법은 결가부좌가 아니라 교족좌(그림I-1_30쪽)일 가능성이 크다.

이는 지금까지의 상식을 뒤집는 것이지만, 결가부좌가 잘못된 좌법이라는 의미는 아니다. 바로 앞장에서 결가부좌의 효력과 수행생리학적 의의를 살펴보았듯이, 결가부좌를 바르게 실천하면 심신 양면에 상당한 도움이 될 수 있다.

본서의 내용을 간결하게 요약하여 이해를 돕고자 한다.

붓다는 결가부좌를 하지 않았다.

1. 좌법의 역사(요약)

기원 전후부터 붓다의 모습을 사실적으로 묘사하는 도상과 불상이 만들어지면서 결가부좌를 한 불보살상이 북인도에서 만들어지기 시작하였다. 1세기 무렵부터 간다라와 마투라 지역에서 결가부좌 불좌상이 유행하기 시작하였다. 이후 북방전통에서 간다라 양식 좌불상은 [그림I-1_30쪽]a의 좌불상과 같이 일관되게 오른발이 위에 놓인 결가부좌(길상좌)를 취하고 있다.

간다라에서 붓다의 좌법은 길상좌,
중국에서 좌선의 좌법은 항마좌(그림I-25_112쪽)

중국에서 불전을 한역할 때, paryaṅka를 좌우 다리를 교차하는 결가부좌로 번역하게 된 직접적인 계기는 간다라 등 북인도에서 불상의 출현과 관련된다. 결가부좌가 인도 북서부 간다라와 북부 마투라 지역을 중심으로 유행되면서 불전과 함께 서역에 빠른 속도로 유포되었다. 그곳에서 만들어진 결가부좌 불상이 서역을 거쳐 중국에 전해지면서 붓다의 좌법은 결가부좌로 알려진 것이다. paryaṅka를 결가부좌로 이해하고, 결가부좌를 붓다의 좌법이라고 생각하는 통념은 이후 정설로 굳어지면서 지금에 이르게 되었다.

결국, 한문문화권의 불교전통에서 붓다가 결가부좌로 선정에 들었다고 불전에 기록되면서, 결가부좌는 북방 불교의 대표적인 좌법이 되었다. 당시는 서역화된 불보살신앙이 유행하면서 대승불교가 확장되던 시기였다는 점도 결가부좌의 출현과 밀접한 관련을 가진다.

기원 전후에 등장하기 시작한 결가부좌는 서역문물과 함께 중국에 유입된 후, 중국을 중심으로 북방 불교전통에서 보편적인 수행의 좌법으로 정착되었으나, 5세기경에는 오른발을 위에 올리는 길상좌와 왼발을 위에 올리는 항마좌로 나누어졌다. 결국 올바른 결가부좌에 대한 논쟁이 있었으나, 진전된 논의는 이루어지지 않았다.

결가부좌에 대한 혼란을 문헌적으로 기록한 대표적인 예는 불타파리의 가르침을 문답형식으로 기록하고 있는 『수선요결』(677년)이다. 불타파리는 당시 중국 선종에서 유행하던 항마좌 형식이 잘못된 것이라고 지적하고 길상좌가 결가부좌의 원형으로서 옳은 좌법임을 강조하였다. 그럼에도 불구하고 중국에서는 점차 우양좌음의 음양사상을 근거로 하여 왼발(음)로 오른발(양)을 누르는 항마좌 형식의 가부좌를 좌선의 전형적인 좌법으로 생각하게 되었다.

이는 불교수행 전통에서 결가부좌가 오래된 쟁점이었으며, 두 다리의 상하 위치로 구분되는 길상좌와 항마좌가 서로 다르다는 것을 인정하였다는 점을 반증하는 것이기도 하다.

이처럼 5~6세기 이후 중국에서 간다라 양식인 길상좌 대신 항마좌가 공식적인 좌선의 좌법으로 등장한 것이다. 이는 고대 인도 신상에서 발견되는 좌법전통과 부합하지 않고, 북방 불상의 원류인 간다라 불상의 길상좌와도 합치되지 않는다.

현장보다 앞 세대인 천태지의(538~597)는 음양을 기반으로 하여 수행체계를 확립하려하였는데, 왼발 위에 오른발을 겹쳐 놓는 인도 붓다는 결가부좌를 하지 않았다.

전래의 결가부좌를 가르쳤으나, 반가부좌는 왼발을 오른발 위에 놓으며 수인도 왼손을 오른손 위에 놓는 항마수인 자세를 설했다.

중국에서 '항마좌'라는 용어가 공식화되기 전에 규기(632∽682)와 경흥(620∽700 추정)이 '항복좌'라는 명칭을 길상좌와 대비하여 사용하였다. '항마좌'가 사용된 최초의 중국 문헌은 혜림(737∽820)의 『일체경음의』(807)다. 『일체경음의』에서도 붓다의 좌법을 길상좌라고 하면서도 항마좌가 선종의 좌법이 된 이유는 설명되지 않았다. 간다라식 결가부좌는 초기부터 길상좌로 여겨졌으며, 후대에 중국에서 왼발을 위에 놓는 결가부좌에 항마좌라는 이름이 추가된 것이다. 남종의 선종이 확립된 후 좌법은 항마좌를 취하는 것으로 확정되었다.

북방에서 좌법 변천에 따른 이러한 논쟁과 쟁점이 있어 왔으나,
붓다 당시에는 결가부좌가 존재하지 않았다.

결가부좌가 붓다 당시부터 수행되었던 좌법이었다면, 무불상 시대 산치나 바르후뜨와 같은 초기 불사리탑에 당연히 새겨졌을 것이다. 그러나 니까야의 율장에 기록된 좌법도, 당시 유물의 도상도 쉬리 락슈미의 좌법을 따른다. 락슈미의 좌법은 결가부좌가 아니라 교족좌 또는 합족좌다. 그러므로 불상 출현(기원 전후) 이전 불교의 좌법은 교족좌였으며, 불전의 좌법명인 pallaṅka(ⓢparyaṅka)와 동일한 것이라고 결론지을 수밖에 없다.

고대 인도에서 좌법전승은 쉬리 락슈미 숭배와 직결되어 있다.
종파를 초월한 인도 수행전통의 좌법은 쉬리락슈미의 좌법이다.

신상은 그 자체로 지배세력의 문화적·지정학적인 특성이다. 간다라 지역은 그리스를 비롯해 Scythian, Parthian, Uezhi(月支族) 등 다양한 외래 민족이 정착하여 다원적인 종교 문화가 융합하여 꽃피운 곳이다. 이 지역은 그레코 박트리아(256∽125 BCE), 인도 스키타이(BCE 80∽CE 20), 쿠샨왕조(30∽375 CE) 등 외래 민족의 지배가 지속되었기 때문에, 동서 문명이 교차하는 지정학적 특성으로 인해 다양한 신들이 숭배되었다. 때문에 이곳은 불교가 융성한 곳임에도 불구하고 알렉산더 침입(BCE 327) 이후 인도 문화가 지배적인 역할을 할 수 없는 곳이었다. 간다라에 다양한 민족의 신격들이 혼재되어 있었으며, 이들 다양한 신격이 불보살 신앙의 대승불교에 융합된 것은 당연한 역사적 귀결이었다.(그림I-8_62쪽, 그림I-20_90쪽)

기원 전후, 간다라와 인도 중남부는 종교・문화적 배경이 다르다.

당시 간다라에서 불교는 카니슈카왕의 전폭적인 지원을 받아 설일체유부가 중심이 되어 4차결집을 완성하였으며, 불상을 대대적으로 조성하여 불보살신앙으로 신앙형태를 구체화하기 시작하였다.(표I-2_89쪽) 그리스와 페르시아 문화에 친숙한 쿠샨왕조는 당시 민족・문명・국가적 단위를 넘어선 종교로서 불교를 전적으로 지원했지만, 힌두적 요소는 선택적으로 받아들일 수밖에 없었다. 알렉산더 침입 이래 쿠샨왕조까지 간다라에서 쉬리 락슈미가 주화에 새겨지지 않았다. 불상을 출현시킨 쿠샨왕조의 주화에 나타난 바와 같이, 점차 인도 전통 신격의 자리를 그리스, 페르시아와 중앙아시아 신들이 대신하게 되

붓다는 결가부좌를 하지 않았다.

고, 그리스와 중앙아시아의 신들이 불교의 신이나 보살로 대거 편입되었다. 불보살상이 대대적으로 조성되던 시기에도 간다라에서 쉬리 락슈미 신상은 조성되지 않았으며, 간다라의 불교도는 쉬리 락슈미의 좌법을 목격할 기회가 없었던 것으로 보인다.

다만, 신성神聖을 나타내는 좌법의 특성, 즉 '교차된 다리(발)'은 쿠샨왕의 왕권을 신성화하기 위해 주화에 교각좌로 차용되었으며, 결가부좌의 출현도 이 맥락에서 가능했던 것으로 추정된다. '교차된 다리(발)'은 고대 힌두적 신성 표현의 특징이었으나, 이 특징은 간다라에서 결가부좌나 교각좌 형식으로 나타난 것이었다. 그 결과, 인더스 문명의 인장과 락슈미 신상에서 신격을 나타냈던 고대 인도의 좌법인 교족좌는 북인도에서 결가부좌나 교각좌로 대체되었다. 북방불교에서 결가부좌나 교각좌는 신적인 붓다와 보살을 상징하는 좌법이 되었다.(그림I-29~30_144쪽)

북방에서 불보살상의 좌법은 '교차된 다리(발)'의 규정이 지켜지는 한에서 결가부좌, 교각좌, 반가좌(반가부좌와 반가사유상의 좌법) 등으로 다변화 되었다. 반면, 상좌부가 번성한 남인도와 남아시아에서 반가부좌처럼 다소 변형되기는 하였으나 교족좌류 좌법을 지켜왔다.

간다라보다 약 2세기 앞서, 인도중남부 지역은 슝가 왕조(150~80 BCE)를 비롯해 인도 전통을 고수하는 왕조들에 의해 불사리탑이 세워지기 시작하였다.(그림I-20_90쪽, a) 그 지역은 산치를 중심으로 마투라, 보드가야, 바르후뜨 동서로 아우르는 광범위한 영역이다.(그림I-8_62쪽) 이처럼 중인도에서는 BCE 2세기경 불사리탑에 쉬리 락슈미가 중요하게 다루어졌으며, 쉬리 락슈미와 동일한 좌법을 한 수행자상도 불전도에 새겨졌다. 이는 경전에 의존하지 않고서도 좌법을 다음 세대로 전수할 수 있었음을 의미한다.

불상이 출현하기 이전, 무불상 시대 좌법은 쉬리 락슈미 신상과 동일한 좌법이었으며, 남방불교의 좌법은 북방과 달리 쉬리 락슈미의 교족좌를 따랐다.

또한 마투라의 자이나 사원 깐깔리띨라(BCE 100년경)에서도 좌법의 기준은 쉬리 락슈미였는데, 무불상 시대에 마투라, 보드가야, 바르후뜨, 산치의 도상에 전해진 교족좌류 좌법을 붓다와 마하비라의 좌법으로 이해하고 실천하였던 수행자들을 상상하는 것은 어렵지 않다. 쉬리 락슈미신앙과 교족좌는 인도 내 대다수 수행전통에서 보편적으로 공유되었던 것으로 보인다. 이처럼 인도에서 좌법은 쉬리 락슈미와 관련되어 있으며, 이 좌법은 '두 발을 교차하여 앉는 교족좌'와 '두 발바닥을 마주한 합족좌'로 대표된다.

그러나 북방 문화가 남하하면서 이 좌법 전통도 점차 결가부좌로 대체되거나 반가부좌 양식으로 변형되게 된다. 쿠샨왕조(30~375)가 마투라, 보드가야, 바르후뜨, 산치 등 중부 인도까지 점령하게 되면서 (그림I-8_62쪽), 이후 이곳의 불상을 비롯한 종교적 성상을 결가부좌로 표현하게 되었다. 당시 남인도에서는 교족좌 불상이 만들어지고 있었으나, 붓다고사의 『청정도론』과 그 주석서에 결가부좌가 설해진 5세기 이후부터, 남방불교에서도 pallaṅka를 결가부좌로 이해하기에 이른다. 결국, 좌법의 원형인 교족좌는 불교전통에서 사라지고, 결가부좌가 붓다의 좌법으로 여겨지게 되었다.

붓다는 결가부좌를 하지 않았다.

종파를 넘어 고대 인도의 보편적인 좌법 pallaṅka(=ⓢparyaṅka)는 사라졌다. 불교의 좌법, pallaṅka는 사라지고 이름만 남았다.

pallaṅka(ⓢparyaṅka)라는 동일한 명칭으로 인도 북방에서는 간다라식 결가부좌(길상좌)를, 중국에서는 항마좌식 결가부좌를, 남방에서는 교족좌, 완화된 교족좌, 길상좌식 완만한 반가부좌를 지칭하였었다. 불전 번역에서 이 명칭을 모두 결가부좌로 번역하고 있는 실정이다. 좌법을 지칭하는 용어는 문헌의 시대적 배경에 따라 주의하여 번역되어야 한다.

그런데 근래, 남방 불교에서도 항마좌식 결가부좌를 초기불교의 좌법으로 인식하고 있는 듯하다. 스리랑카의 Mahāthera 전통도 항마좌식 결가부좌를 설하고 있으며, 이 좌법이 어려우면, 좌우 발 중 한 쪽을 위에 놓는 반가부좌를 권하고 있다. 수인은 길상좌식으로 오른손을 왼손 위에 놓도록 설하였다.[482] 대부분 남방 불교에서 행해지는 불교수행에서 마하테라처럼 결가부좌를 구체적으로 언급하는 경우는 드문 것으로 보이지만, 근현대 인도와 남방 불교전통에서 조성되는 불상은 대부분 결가부좌를 취하고 있다.

남북방 불교의 역사적 흐름에 따라 좌법의 도상학적 계통을 〈표8-1〉과 같이 정리할 수 있다.

---

482) "또한 명상 좌법은 집중에 강력한 조력자 역할을 한다. 동양인들은 일반적으로 다리를 교차하는 자세(cross-legged)로 앉는다. 그들은 오른발을 왼쪽 대퇴부 위에 놓은 다음 왼발을 오른쪽 대퇴부 위에 놓는 자세로 앉는다. 이것인 전가부좌이다. 대부분의 사람들이 그렇듯이, 만약 이 자세가 어려우면, 오직 오른쪽 발을 왼쪽 대퇴부 위에 두거나 왼쪽 발을 오른쪽 대퇴부 위에 두는 반가부좌를 해야할 것이다. 이 삼각형 좌법은 전신이 잘 균형잡히는 것으로 추정된다. 오른손은 왼손 위에 놓여야 한다. 그리고서 목은 가지런히 하여 코가 배꼽과 일직선으로 이어지게 해야 한다. 혀는 입천장에 기대어 놓아야 한다." (Nārada Mahāthera 2006: 36장)

〈표8-1〉 쉬리 락슈미 신상 좌법류의 변천 양상

<table>
<tr><th colspan="2">시기 또는 수행 전통</th><th>좌법과 수인</th></tr>
<tr><td colspan="2">인더스 문명(2800∽1800 BCE)</td><td>•교족좌, 합족좌.
*다른 요가적 좌법에서 수인: 합장인</td></tr>
<tr><td colspan="2">부파불교 시기의 무불상 시대
(중인도 2∽1세기 BCE)
쉬리 락슈미의 좌법: 보드가야,
바르후뜨, 산치, 마투라</td><td>•paryaṅka: 교족좌, 합족좌,
*합장인 결합
•aḍḍhapallaṅka(ⓢardhaparyaṅka): 반교족좌, 한쪽 발뒤꿈치만 대퇴부 근저에 놓음.
•paryaṅka(-bandhana): 장좌불와를 위해 끈으로 무릎과 몸을 함께 묶음.</td></tr>
<tr><td rowspan="4">불상출현이후</td><td>초기불상 출현기:
간다라와 마투라의 좌법</td><td>•결가부좌(길상좌), 교각좌(길상)
*수인: 초기 右手上, 左手上 공존하다가 길상선정인(右手上)으로 통일</td></tr>
<tr><td>대승불교 확산기의
서역과 중국의 좌법</td><td>•결가부좌(길상좌), 교각좌(길상)
*수인: 右手上, 左手上 공존</td></tr>
<tr><td>중국 선종: 동아시아</td><td>•결가부좌의 분화: 길상좌와 항마좌
•선종: 항마좌, 항마수인(左手上)
•불상: 길상좌, 길상선정인(右手上)</td></tr>
<tr><td>상좌부전통:
남인도(아마라바티,
나가르주나콘다),
남아시아(스리랑카, 태국,
미얀마 등)</td><td>•불상: 교족좌의 반가부좌化(완만한 반가부좌), 5세기 이후 결가부좌 도입.
•수행자: 교족좌와 합족좌 수행, 점차 반가부좌化</td></tr>
<tr><td colspan="2">인도 요가전통</td><td>•paryaṅka라는 명칭이 중시되지 않고, 교족좌와 다른 좌법을 지칭.
•교족좌와 합족좌류 좌법 가장 중요.</td></tr>
</table>

붓다는 결가부좌를 하지 않았다.

불교 좌법의 연원은 쉬리 락슈미와 관련되며, 쉬리 락슈미의 수용 여부에 의해서 남북방의 좌법은 각기 다른 방식으로 변천하였다. 그리고 좌법의 전개과정 상의 변곡점은 북인도에서 결가부좌의 출현이다. 또한 그것은 불상의 출현, 대승불교의 발생과도 동일선상에서 논해질 수 있음을 앞의 도표를 통해 확인할 수 있다.

좌법 양식과 변형 측면에서 인도 북부의 불상은 중국을 경유하여 동아시아로, 인도 남부의 불상은 스리랑카와 남부아시아로 전파되면서 상이한 양상을 보였다. 남북방 불교 전통이 보여준 좌법의 변천 양상은 불상의 변천과정과 함께 전개되었다. 요가 좌법 전통 또한 고대 인도의 신상에 표현된 좌법에서 연원하였으므로, 관련 좌법들의 전개는 불교전통과 비교할만한 가치가 있다.

그리고 북방 불교에서는 pallaṅka라는 명칭은 중시되지 않게 되었다. 요가수행 전통에서는 paryaṅka(pallaṅka)라는 이름이 점차 사용되지 않게 되었으나, 후대에 교족좌류 좌법인 달인좌가 가장 중시되었다. 이는 고대 인도의 좌법이 명칭은 바뀌었지만 요가전통을 통해서 전승되어 왔음을 의미한다.

이와 같은 좌법의 전개는 도상학적, 문헌학적, 수행생리학적인 문제들이 복합적으로 연계되어 있다. 특히 실천 수행이라는 측면에서 수행생리학적 원리를 통해 좌법의 수행론적 의의가 부각될 수 있다.

2. 좌법의 수행론적 의의

좌법의 기원은 고대 인더스 문명에까지 소급될 수 있다. 불교도들은 쉬리 락슈미의 좌법을 실천함으로써 신격의 초월적 경지를 내면화하거나 자신을 근원적인 상태(선정)로 이끌어 갔을 것으로 추정된다. 불상 또한 숭배의 대상이자 실천수행의 전범典範으로 간주되기 때문에, 불상의 변천에 따라 좌법수행도 전개되어 왔다. 이것이 좌법에 있어서 불상 출현이 지닌 수행론적 의의라고 할 수 있다.

인도에서 신성을 좌법으로 표현하였기 때문에, 성상이 좌법수행의 직접적인 교본이 되어왔으며, 불상과 불전도가 좌법을 전승하는 직접적인 텍스트이자 성언량으로서 기능하였다. 도상은 실천수행과 밀접한 상관관계가 있음으로, 비문자적 불전으로 받아들여져야 한다. 따라서 좌법(āsana)은 32상80종호와 더불어 붓다의 신격을 표현하는 '신성 표현으로서 의의'를 가지며, 무엇보다 불상은 인도에서 실천수행의 직접적인 교범으로서 수행론적 의의를 지닌다.

좌법은 당시 주화에 새겨졌으며, 자이나교도 등도 함께 공유하였던 것이기에 락슈미의 좌법을 불교만의 것이라고 할 수는 없다. 좌법을 신상 표현의 중심적인 요소로 활용하였던 인더스문명의 전통이 불보살상 등 후대 힌두 성상의 좌법에 이어진 것이다.

'발(다리)의 교차'라는 특정한 좌법을 통해 신격을 부여했던 고대 힌두전통의 독자성은 실천 수행에 뿌리를 둔 것으로, 불상과 같은 성

붓다는 결가부좌를 하지 않았다.

상 조성에 적용되어 결가부좌, 교각좌, 반가부좌 그리고 달인좌 계통 좌법의 기원이 되었다. 그 결과 좌법이 단지 도상학적인 상징이나 기호의 차원에 머물지 않고 종교적 실천 수행과 직접적으로 연결되면서 현재까지 영향을 미치고 있다.

기존의 종교적 권위에 의해 강화된 좌법에 대한 관습을 검토하여 실천수행의 세계에 조금 더 면밀하게 다가갈 수 있을 것이다.

종교적 신념이 언제나 실제와 동일한 것은 아니다.

결가부좌는 1세기 전후 인도 북부에서 길상좌로 출현한 이후 좌우 음양의 원리를 근간으로 하여 중국에서는 항마좌로 변형되어 중국 선종 좌법의 전형으로 전해져 왔다.

이 두 가지 결가부좌의 생리학적 원리는 몸의 좌우 음양에 대한 경험에서 비롯된 것이었으나, 역사적, 문화적 맥락에서 상대적으로 해석되곤 하였다. 좌법을 문화적 상대성으로 이해하면, 인간의 생명현상(법, dharma)과 그에 따른 종교적 수행을 상대적 가치로 전락시키게 된다. 좌법수행을 문화적 상대성에 따라 서로 다르게 규정하는 것은 마치 뱀을 종교문화적 배경에 따라 지혜로운 동물 또는 사악한 악마로 보는 상대적인 견해와 같다. 실천 수행의 영역에 속하는 좌법에 대한 문화상대주의적 해석으로는 인간에 대한 이해가 불가능하다.

인도와 중국에서 음양관은 그 자체로 세계관이다. 중국의 좌양우음설은 인도의 좌우 음양관과 반대라고 알려져 있으나, 천태지의의 좌음우양설이나 백은이 선병 치유과정에서 깨달은 명문상화의 생리학적 원리는 요가의 이다(달)・삥갈라(태양)의 원리와 상통한다. 중국과 인도의 음양관은 동일하게 오른쪽(piṅgalā)은 동적인 상화의 열성(태양), 왼쪽(iḍā)은 정적인 신수의 한성(달)으로 상호 작용하는 원리다. piṅgalā(우맥)는 우명문상화에, iḍā(좌맥)는 좌신수에 대응된다.

중국식 좌법의 원리를 정립한 천태지의는 인체의 왼쪽을 정적인 것(음), 오른쪽을 동적인 것(양)으로 파악하고 『청관음경소』에서 좌양우음이 아니라 좌음우양을 설하였다. 그의 수행생리학은 좌녀우남의 합일체로서 Ardhanārīśvara에 구현된 음양 원리와 일맥상통한다. 이러한 좌우 인체관은 ha(태양, 삥갈라)과 ṭha(달, 이다)의 결합이라는 생리학적 원리를 근간으로 하는 하타요가의 생리학과도 동일하다.

그러나 천태지의의 좌우 음양생리학적 원리가 타당한 것이었음에도 불구하고, 중국에서 발생한 좌법 문제는 생리학적 원리를 관념적인 방식으로 좌법에 적용한 데 있다. 음양은 신체의 좌우 부분이기 이전에 좌우 생명에너지의 흐름을 의미하는데, 이를 상하 위상차로 적용하여, 기계론적으로 水(왼쪽)는 위에 火(오른쪽)는 아래에 두는 것이 되었다. 이는 수승화강이라는 논리에 부합하며, 왼쪽은 고요하고(左靜) 오른쪽은 동적이라는(右動) 음양관은 타당한 음양관이지만, 왼쪽 손발이 위에 있어야 한다는 주장은 음양의 관념적인 적용이다. 좌우는 언제나 상대적인 동정일 뿐이고, 중심만이 상대성이 사라진 정靜(정定)이기 때문이다.

음양은 인간의 내적 동일성이다. 실제적인 주체인 좌신수(음)와 우명문상화(양)는 수행생리학적 원리를 가장 구체적으로 담고 있다. 이러한 좌음우양의 음양론에 근거해서 결가부좌의 수행생리학적 의의가 붓다는 결가부좌를 하지 않았다.

드러난다. 오른발은 우명문상화(양)에, 왼발은 좌신수(음)에 연결되어 있기 때문에 어느 발을 위주로 좌법을 취하느냐에 따라 좌우의 조화와 순환이 결정된다. 길상좌에서는 오른쪽 고관절을 견인하여 오른쪽 양기를 순행시키고, 항마좌에서는 왼쪽 고관절을 견인하여 왼쪽의 음기를 순행시킨다. 길상좌에서는 piṅgalā(태양), 항마좌에서는 iḍā(달)가 대응해서 작용한다.

길상좌는 양적이고 항마좌는 음적이다.

길상좌는 오른다리에 연결된 태양의 에너지(piṅgalā)를 작용시켜서 몸을 온후하게 한다. 항마좌는 왼다리에 연결된 달의 에너지(iḍā)를 강화하므로 몸을 서늘하게 하며, 입안에서 시원한 침이 나오게 하여 전신의 열기를 가라앉힌다. 이러한 생리적 현상이 선종에서 주장하는 음양론에서 좌정左靜·우동右動의 경험적 근거였을 것이며, 그에 따라 왼쪽 손발로 오른쪽 손발을 누르는(좌압우左押右) 항마좌를 선택하게 되었을 것이다.

천태지의 이후 왼쪽의 음적인 정靜이 오른쪽의 양적인 동動을 제압해야 한다는 선정수행론이 동양의 좌법 생리학이 되었다. 백은의 선병에서처럼 화두참선이 다관多觀(지나친 선관)으로 인해 정신·심리적으로 심기心氣를 과용하여 '가슴의 불(심화)'을 항진시키는 상기증을 유발하므로, 선종이 항마좌를 통해 심화를 억제하고자 하였던 것으로 추정된다. 열이 머리에 치중하는 선병을 치유하기 위해 왼다리에 연결된 달(水, 陰)의 에너지(iḍā)를 보강하는 항마좌가 선종의 좌법이 된 것이라면, 이는 생리학적으로 타당해 보인다.

이러한 수행생리학이 지닌 의의는 삶의 고통을 소멸하는 수행과정에서처럼 병을 고치는 과정에서도 드러난다. 대부분의 문헌에서 선정에서 나타나는 안락과 희열은 단지 심리적인 사태가 아니라 좌우 에너지의 균형의 결과라고 할 수 있으며, 이는 모든 치유의 기본이다.

몸과 마음에 어떤 문제가 있어서 고통이 있는지, 그리고 그 고통을 어떻게 치유할 것인지를 구체적으로 알고자 할 때, 수행생리학은 실제적인 도움을 줄 수 있다. 모든 고통이 마음의 문제에서 비롯되었다는 믿음만으로 지금 일어나는 삶의 고통을 해결하지는 못한다.

몰입의 선정도 생명현상이다.

'몰입의 선정'은 생명에너지와 마음이 중심에 몰입됨으로써 언어적 분별을 정지시킨다. 원圓이나 구球가 중심점의 확장이듯이, 중심에의 몰입은 전체성에 뿌리를 두고 있다. 온몸이 중심에 연결된 상태다. 여기서 몸은 '육체'가 아니라 정신생리적 구조다.

중심에의 몰입을 강화하는 교족좌와 합족좌는 선정의 좌법으로서 불교뿐만 아니라 인도의 영적 전통에서 보편적인 좌법으로 전승되었었다. 이 좌법의 효력과 생리학은 이 좌법과 매우 유사한 하타요가의 달인좌를 통해서 이해된다. 상좌부 니까야(빨리어 불전)의 율장에 기록된 것처럼, 발뒤꿈치를 생식기와 회음부에 밀착시키면, 고관절, 치골, 선장관절과 특히 회음부에 연결된 에너지흐름이 강화된다. 이러한 생리학적 원리에 부합하는 교족좌와 달인좌는 좌우 생명에너지를 붓다는 결가부좌를 하지 않았다.

중심에 몰입시킨다. 그럼으로써 심리적인 집중, 즉 심일경성(Ⓟekaggatā)을 강화한다. 하타요가 문헌에서 자주 언급되었듯이, 달인좌(siddhāsana)는 좌우를 중심에 몰입시킴으로써 삼매와 해탈을 이루는 좌법이라고 하여, 그 어떤 좌법보다 뛰어난 좌법이라고 강조한다.

좌법을 취하는 것이 인위적이라거나 몸에 대한 집착이라고 아는 것은 공에 집착하여 일체가 무의미하다고 아는 것과 같은 '생각의 병'이다. 정견正見이 아니다.

숨(쁘라나)은 경계 없는 것, '형상 없는 것(arūpa)'이다.

숨이 몸 안으로 들어와서 물질적 경계 없는 상태에 이르게 한다. 숨이 가슴에서 온몸으로 스며들어 '몸이 나라는 생각(유신견有身))'으로부터 벗어나게 한다. 온몸으로 숨을 쉰다는 것은 경계 없는 공기와 같은 것이다. 공기는 '형상 없는 것'이다. '형상 없는 것'이 형상 있는 몸으로 들어와서 '나'라는 경계가 없는 상태, 공무변처정空無邊處定에 이른다. 호흡이 사라지는 단계를 거쳐 색계선정(rūpa jhāna)에서 무색계선정(arūpa jhāna)으로 나아간다.

불교 이전에 우파니샤드에서는 우주의 실체인 브라만과 개체의 본질인 아뜨만이라는 합일(범아일여梵我一如)을 추구하였는데, 호흡을 아뜨만과 동일시하여 중시하였으며, 존재한다는 것은 호흡과 같은 것이라고 생각하였다. 당시 우파니샤드는 나의 아뜨만(개체적 실체)이 브라만(불변의 보편적 실체)이라고 하여, 인간에 대한 존재론적인 설명이 강조된 철학이다. 붓다는 이전에 궁극적 실체를 내세운 존재론적인 우파니샤드 철학으로부터 '존재에 대한 인식 그 자체'에로 관심을 돌려서[483] 인식론적 수행으로서 내적 관조(sati 념念, vipassanā 관觀)를 강조하였다.

좌법에 따라 호흡이 바뀌고, 호흡이 깊어지면 마음상태도 달라지는 것을 자각하게 된다. 좌법에 대한 알아차림은 호흡에 대한 알아차림으로 진전되며, 호흡에 대한 통찰은 모든 인간이 지니고 있는 존재의 내적 구조인 우파니샤드의 오장설[484]이나 불교의 오온설에 대한 통찰을 돕는다. 마음 또는 인식 과정에 대한 앎(깨달음)은 호흡에 대한 내적 관조를 통해서 확증된다. 내적관조는 특수한 내적 조건이 이루어졌을 때 가능한데, 그것을 선정이라고 한다.

좌법은 호흡의 내적 몰입을 돕는다.
좌법은 내적 관조(관觀)를 위한
몸과 마음의 조건인 지止를 이루기 위해 실천되는 것이다.

'나'라는 마음작용에 대한 통찰을 중시하는 불교전통에서는 '인식

483) BCE 5~6세기, 붓다 당시에 자유사상가들이 등장하기 시작하였다. 그들은 내면 성찰을 추구하며, 브라만의 권위와 신神으로 부터의 계시로서 베다의 권위를 인정하지 않았다. 이들은 영원한 실체를 인정하지 않고 일체의 존재가 끊임없이 변화하여 한 순간도 동일한 상태에 머물러 있지 않다며 무상無常을 주장하였다. 남북방이 공히 지관止觀을 보편적인 수행으로 강조해 왔다. 무아론에 뿌리를 두고, 대승불교의 기초를 확립한 나가르주나(용수, 150~250년경)의 무자성·공空사상과 바수반두(세친, 320~400년경)의 유식唯識사상, 그리고 바수반두의 4대 제자 가운데 한 명으로 꼽히는 디그나가Dignāga(진나陳那,480-540년경)가 세운 불교논리학, 특히 다르마키르티(Dharmakrīti,600~660년경, 한자 이름은 법칭法稱임)에 이르러 불교인식론의 진수가 완성된다.

484) ①음식으로 이루어진 annamaya-kośa, ②생기生氣로 이루어진 prāṇamaya-kośa, ③마음으로 이루어진 의생신意生身(manomaya-kāya)으로서 manomaya-kośa, ④지적인 앎으로 이루어진 vijñānamaya-kośa, ⑤환희로 이루어진 ānandamaya-kośa.

붓다는 결가부좌를 하지 않았다.

이 일어나는 과정'에 대한 내적 관조는 무아(anattā)의 자각으로 진전된다. '색色'(물질적 기능)을 연하여 '수受'(감수하여 받아들이는 기능)가, '수'를 연하여 '상想'(받아들여진 것에 의해서 일어나는 내적인 진동)이, '상'을 연하여 '행行'(내적 진동의 발현)이, '행'을 연하여 '식識'(개념화/저장)이 일어나는 오온설과 연기설은 인간이 대상세계를 받아들이는 감각과 인식 과정, 그리고 그 결과로서 개념화되어 기억·저장되는 연결고리를 밝혀주고 있다. '나'라고 하는 것은 조건 지워진 것으로 무상하게 형성됨을 자각할 수 있다.

관은 생각이 아니다. 관은 알아차림(sati)이다.

'고정된 생각의 상相'485)이 없어야 오온과 그것이 연기하여 일어나는 인식과정 중의 상想(saññā)을 있는 그대로 보게 된다. 相은 심장과 대뇌에 형성된 '고정된 기억'에 의지하는 일상적인 마음이며, 이것이 여실지견의 장애다. '相'은 '아상我相(나라는 생각, 에고)'이라는 말에서처럼 '고정된 실체로 대상을 아는 것' 그리고 '나라는 존재가 동일하게 지속된다는 생각'을 이르는 말이다. 대뇌생리학적으로는 뇌세포 사이에 형성된 신경망이 기억이다. 신경망은 경험의 강도와 반복정도에 따라 단기간 또는 장기간 형성되어 있는데, 이렇게 형성된

485) 相은 불전의 한역과정에서 오온의 상想과 혼용되기도 하였지만, 여기서는 기억과 관련된 것으로서, 대상을 인식할 때 드러나는 '선입견', '고정관념' 내지 '과거에 형성된 기억'이라고 할 수 있다. 『금강경』에서는 붓다의 신체적 특징(32상)뿐만 아니라 육안으로 보이는 모든 형상들처럼 일체 조건 지워진 존재나 고정관념까지 포함한다. 그래서 문맥에 따라 정확한 의미를 고려해서 이해되어야 한다. 오온 중 saṃjñā는 상想에 해당하는데, 『금강경』에서 이 단어를 구마라집과 보리유지는 '相'으로, 현장, 진제, 굽다, 의정은 '想'으로 번역하였다. 그러나 불전에 따라 고정관념으로서 相과 saññā로서 想은 상반된 개념이기도 하다.

회로 중 주로 언어적인 개념과 관련된 회로를 '相'이라고 할 수 있다.

상相에 얽매인 중생은 삿된 생각에 매여서 윤회[486]하고,
몸에 얽매인 수행자는 몸이 사라질까 두려워하고,
공空에 떨어져 머물 곳이 없는 것을 두려워하여
대상을 취하고 그 상相에 집착한다.

'相'은 '서로'라는 뜻과 '본다(목木 + 목目)'라는 뜻이 있다. 마음의 본성은 '대상을 보는 것'이다. 대상을 통해 일어나는 마음, 그 마음 상태가 일상적인 의식이다. 대상을 통해서만 드러나는 마음은 대상이 사라지면 마음도 사라지는데, 그것을 곧 상相이라고 한다. 相은 상대하는 것으로서 존재하게 되는 마음이다. 때문에 상이 없는 상태는 공이지만 마음은 대상을 찾는 것이 본래 특성이기에, 마음이 사라지는 것은 이 세계와 '나'가 사라지는 것이기에 '공空'이라고 할만하다. 또는 이 세계가 고통스럽다고 아는 자에게 있어서는 세계가 사라지면 고통을 일으키는 대상세계가 사라짐으로써 고통도 사라지기 때문에 공空은 즐길만한 것이기도 하다. 그러나 '아무것도 없다'는 마음에만 머물려는 마음을 무기無記(avyākṛta)[487]라고 하여 경계하였다.

공空에 얽매인 중생은 무기無記에 매여서 윤회한다.

---

486) 여기서 윤회는 다음 생을 의미하는 것이 아니라, 찰라찰라 이어지는 식의 윤회를 의미한다. 삶 동안 형성된 식이 다시 다음 순간으로 이어지는 것으로서 윤회다.

487) 붓다의 십사무기十四無記에서 유래. 붓다는 외도로부터 우주의 유·무한 등 14가지 질문을 받고 침묵으로 대하였는데, '대답을 거부하거나 침묵을 지키는 태도'의 뜻으로 사용되었다. 여기서는 선善·불선不善의 어떤 결과도 인식과정에 끌어오지 않는 중간적 의식의 한 특성으로서, 아무런 차별을 두지 않는다는 뜻이다.

붓다는 결가부좌를 하지 않았다.

몸을 공한 것이라고 몸을 무시하고 공을 취한 수행자는 '무기(알아차림 없는 마음상태)'에 집착해서 삶을 부정한다. 일체가 무상하여 공하다고 해서 그것이 무의미한 것 내지 비존재는 아니다. '본래 마음'은 있는 그대로 알아차리는 '텅 빈 마음'(무심)이다. 무상하다는 것(空)은 아무 것도 없는 것이 아니라 연기하는 삶이 있는 것이다.

'공적영지지심 본래면목空寂靈知之心 本來面目'[488]이라는 말은 '텅 비어(空) 고요하되(寂) 신령스럽게(靈) 아는(知) 마음이 순수한 본래의 참 모습이다'는 말이다. 본래면목은 '아는 마음'이며, '신통神通'이라고 할 수 있다. 공적은 선정(사마타, 지止)이고 영지는 관觀(위빠사나)을 통한 지혜의 증득이다. 공적의 선정에 들어야 마음이 멈춰서(지止) 여실하게 봄(영지)으로써 지혜가 드러난다. 다만 '空寂'이니 '무념無念', '텅 빈 마음'은 의식이 일체 없는 혼수상태가 아니다. 선정은 언어적 인식이 끊어지고, 상想을 직관하는 상태이기에 '텅 비었다(空)', '아무것도 없다'는 표현과는 미묘한 차이가 있다. 상(想, ⓢsaṃjñā)은 마지막 상수멸정想受滅定(멸진정)에 이르기 전까지 지속되니, 상수멸정에 이르기까지는 '상想'을 자각하는 것이다. 중심에 몰입된 선정에서 '신령스럽게 아는 마음(靈知之心)'이 '想'을 보게 된다.

지혜(깨달음)는 여실히 보는 것에서 시작되고, 여실하게 보기 위해서 멈춰야 하며, 멈추려면 잘 앉아야 한다. 잘 앉으면 고통이 소멸된다. 깨달음이 따로 있는 것이 아니라 고苦가 사라지는 것이다.

---

488) 『수심결修心訣』, 마음 수행에 관해 논한 고려시대 보조국사 지눌의 저술. 『수심결』에서 想은 '망상', '생각'의 의미로 쓰였다. saṃjñā의 想과는 다른 용례다.

*약 호(abbreviation)

BhG (5~2세기경 BCE): *Bhagavad Gītā*

GhS (CE 17세기 말[489]): *Gheraṇda-saṃhitā*

Ghosh, Shyam.(Tr., and Ed.,) 1979. *Gheraṇḍa-Samhitā. The Original Yoga*, Delhi: Munshiram Manoharlal Publisher Pvt. Ltd.

GŚ (CE 10~12세기)[490]: *Gorakṣa-śataka*

HP (CE 1450년경[491]): Srinivasa Aiyangar, M. 1972. *The Haṭhayogapradīpikā of Svātamārāma with the Commentary Jyotsnā of Brahmānanda and English Translation*, Madras: The Adyar Library and Research Centre(The Theosophical Society, 1st edtion 1972)

HPJ (CE 18세기): HP와 동일.

ŚS (CE 14세기경[492]): *Śiva-samhitā.* Ghosh, Shyam(Tr., and Ed.,) 1979. *Śiva-Saṃhitā. The Original Yoga*, Delhi: Munshiram Manoharlal Publisher Pvt. Ltd.

YSbh (Vyāsa; 540~650 CE[493]): Hariharānanda Āraṇya Swami 1983. *Yoga Philosophy of Patañjali,* Albany: State University of New York Press.

YSbhV (CE 8세기 전반[494]): Srirama Sastri, Polakam & Krishnamurthi Sastri, S. R. ed. 1952. *Pātñjalā Yogasūtra Bhāṣya Vivarāṇam of Śaṅkara Bhagavatpāda,* Madras: Government Oriental Manuscripts Library.

YS (Patanjali; 2세기 후반~540 CE[495]): *Yogasūtra*

---

489) Feuerstein(2011), Gharote(이정훈 역 2007)는 17세기로 추정.

490) Feuerstein(2011)은 Gorakṣanātha의 생몰 년대를 10~12세기로 추정. Gharote(2007)는 10세기로 추정. 이 문헌은 Gorakṣa-paddhati(고락샤의 길들) 또는 이칭인 Gorakṣa-Saṃhita(고락샤의 모음집; 12~13세기)의 일부분이라는 설이 있으나 꾸발야난다는 100개의 계송으로 된 완벽한 사본을 발견하고 1958년, Yoga-Mīmaṃsā 7.4에 수록하였고 2006년에 원문과 번역, 주해 등과 단행본으로 출판하였다.

491) 박영길(2015), Feuerstein(2011)은 14세기 중엽으로 추정. Gharote(2007)는 14세기로 추정. Jason Birch(2016)는 12~14세기로 추정.

492) 박영길(2015), Feuerstein(2011)은 17세기 이전으로 추정.

493) Gharote(2007)는 400~500년으로 추정.

494) Feuerstein(2011)은 Śaṅkara의 저작으로 보지 않는 경우 1000~1400경으로 추정.

495) Feuerstein(2011)은 BCE 1세기 초로 추정.

참고 문헌

가산불교문화연구원 (2011). 『가산불교대사림』, 서울: (사)가산불교문화연구원.

강우방 외 (2003). 『한국미의 재발견-불교 조각』, 서울: 솔출판사.

곽철환 (2003). 『시공 불교사전』, 서울: 시공사.

宮治, 昭 (2009). 『インド美術史』, Tōkyō: 吉川弘文館.

권기현 (2016). 〈인도 stūpa 신앙의 변천과 그 영향〉, 『동아시아불교문화』28집.

김경래 (2012)의 〈붓다고사의 행적에 대한 연대기의 서술과 의도〉, 『불교학연구』 vol.. no63(pp. 415~441), 서울: 한국불교학회.

김병욱 역 (2015). 『요가: 불멸과 자유』(원저명; Eliade, Mircea (Trask, Willard R. trans. 1958). *Yoga Immortality and Freedom*), 서울: 이학사.

김현남 (2003). 〈『無畏三藏禪要』를 통해본 禪·密 교류에 관한 硏究, I :戒律를 中心으로〉, 『한국선학』 5호, pp. 209∼234, 서울: 한국선학회.

대림 (2004). 『청정도론』(Buddhaghoṣa, 5세기경), 서울: 초기불전연구원.

大正新修大藏經刊行會 編 (1934). 『大正新脩大藏經』, 東京: 大藏出版株式會社, SAT: http://21dzk.l.u-tokyo.ac.jp/SAT/satdb2015.php

박영길 (2013). 『하타요가의 철학과 수행론』, 서울: 씨아이알(CIR).

2015, 『하타의 등불』, 스바뜨마라마 요긴드라 저, 박영길 역, 서울: 세창출판사.

2009. 〈『하타요가쁘라디삐까(*Haṭayogapradīkā*)』 제3장 「무드라」의 국역과 주해(Ⅰ)〉, 『요가학연구』제1집, 서울: 한국요가학회.

2011, 『요가의 84가지 체위법 전통-도해에 의거한 체위 전통에 대한 연구』(원서: Bühnemann, Gudrun 2007, *Eighty-four āsanas in yoga-a survey of traditions, with Illustrations*, New Delhi: D. K. Printworld), 용인: 여래.

박해당 역(케네스 첸) (1991). 『중국불교―역사와 전개』(상), 서울: 민족사.

森, 祖道(Mori, sodo, 1984). 『ペーリ佛教註釋文獻の研究-アッタカターの上座部的樣相』, 山喜房不書林.

서남영 (2014). 〈동아시아에 있어서 사유상(思惟像)의 특징과 의미고찰〉, 『미학예술학연구』 42집, 서울: 한국미학예술학회.

손영동 (1982). 『치선병비요경』(治禪病秘要經), 서울: 대각회 대각출판부.

안휘준 (2007). 『고구려 회화』, 파주(한국): 효형 출판.

염중섭 (2016). 〈동아시아 불상에서 확인되는 逆手印 문제 고찰〉, 동아시아불교문화 vol., no.25, 통권 25호 pp. 483-509, 서울: 동아시아불교문화학회.

원불교사상연구원 (2013). 『원불교대사전』, 익산: 원불교출판사.

魏建功 외 (1957). 『新华字典』, 香港: 商务印书馆.

이거룡 (2013). 〈인도신화에서 양성구유(兩性具有) 이상의 관점에서 본 남성의 여성화 또는 여성의 남성화 문제〉, 『남아시아연구』 제19권 1호, 서울: 한국외국어대학교 인도연구소.

2014. 〈아유르베다, 요가, 탄트라에서 몸의 구원론적 의미〉, 『인도철학』 제39집, 서울, 인도철학회.

이영일 (2015). 〈수행차제로서 아사나에 대한 경맥학적 해석〉, 『인도철학』 제41집, 서울: 인도철학회.
2017, 〈인도 신화에 나타난 Haṭhayoga 수행생리학〉, 『남아시아연구』23권 2호, 서울: 한국외국어대학교 인도연구소.
이자랑 (2015). 〈인도불교에서 부파의 성립과 발전-부파 성립에 있어 율의 역할을 중심으로-〉, 『제1회 동아시아불교집중담론』, 금강대학교 HK연구단 주최.
2016(이자랑 역, 사이토아키라 외). 『대승불교의 탄생』, 서울: 씨알아이.
이정훈 역 (2007). 『인도전통 요가 아사나백과』(원서명: Gharote, M. L. 2007. *Encyclopaedia of Traditional Asanas*, Lonavla(India): Lonavla Yoga Institute.), 서울: 지혜의 나무
이주형 (1996). 〈佛像의 起源〉, 『미술사논단』 3호, 서울: 미술사학연구.
이호근 역(平川彰) (1989). 『印度佛教의 歷史』上, 서울: 民族社.
이희용 (1999). 〈圓覺經의 修行體系에 관한 硏究〉, 원광대학교 동양학대학원 학위논문(석사).
임승택 (2001). 『빠띠삼비다막가 역주』, 서울: 가산불교문화연구원.
張玉書(淸) 외 (1993). 『康熙字典』(1716, 張玉書(淸) 等奉敎編纂), 北京: 警官敎育出版社.
전치수 (1992). 『불교학의 기초지식』, 서울: 운주사.
전현수 (2015). 『정신과 의사의 체험으로 보는 사마타와 위빠사나』, 서울: 불광출판사
諸橋轍次 (1960). 『大漢和辭典』, 東京: 大修館書店.
竹内良英(Takeuchi Yoshihide) (1992). 〈原始仏教における坐法〉, *Journal of Pali and Buddhist Studies*(=『パーリ学仏教文化学』), 제5호 pp. 55~73, Society for the Study of Pali and Buddhist Culture (SSPBC), 大阪 : パーリ学仏教文化学会, 東京 : 山喜房仏書林(発売).
中國大辭典編纂處 (1991). 『漢語詞典』, 香港: 商務印書館.
중암 (2009). 『밀교의 성불원리』, 서울: 정우서적.
차상엽 (2016, 이상민 역). 〈동아시아와 중앙 아시아 불교 속 『유가사지론』 의 명상 이론: '아홉 단계 마음의 머묾'(九種心住) 〉, 『요가수행자의 불교적 바탕』(울리히 팀메 크라우 편저, 금강대학교 불교문화연구소 편역), 서울 :씨아이알.
최완수 (2014). 『한국 불상의 원류를 찾아서1』, 서울: 대원사.
최현각 (2000). 〈「坐」의 연원적 고찰〉, 『불교학보』 제37집(pp. 21~38), 불교문화연구원, 서울: 동국대학교.
1990, 『인도의 선, 중국의 선』(田上太秀, 阿部肇一 공저), 서울: 민족사.
한지연 (2007). 〈西域의 佛教發展과 交流에 관한 硏究〉, 동국대 박사학위 논문.
혜거 (2014). 『좌선의-천년을 이어 온 마음 수련법』, 서울: 책으로 여는 세상.
홍법원 편집부 (1988). 『불교학대사전』, 서울: 운주사.
한국사전연구사편집부 (1998). 『미술대사전(용어편)』, 서울: 한국사전연구사.

Agrawala, Vasudeva Sharana (1993). 〈6. Yāska and Pāṇini〉 in *The Cultural Heritage of India*, vol.1: The Early Phase(Prehistoric, Vedic and Upanisadic, Jaina, and Buddhist), pp. 293~310, Calcutta: The Ramakrishna Mission Institute of Culture.
Aiyangar, M. Srinivasa, ed. & trans. (1972). *The Haṭhayogapradīpikā of Svātamārāma with the Commentary Jyotsnā of Brahmānanda and English Translation*, 3rd edition. Ma

dras: The Adyar Library and Research Centre(The Theosophical Society, 1st edtion 1972) (약어: HP, HPJ)

Allchin, Bridget (1982). 〈Substitute stones〉, in G. L. Possehl (ed.), *Harappan Civilization: a contemporary perspective*, Warminster: Aris & Phillips in co-operation with American Institute of Indian Studies, 233～238.

Bechert, Heinz (1973). 〈*Notes on the Formation of Buddhist Sects and the Origins of Mahāyāna*〉, *German Scholars on India*, vol.1 6～18, Varanasi: Chowkamba Sanskrit Series Office.

Birch, Jason (2016). 〈*The HaṭhaYoga Project*〉, SOAS University London, The British Museum, 8th April.

Buswell, Robert E., Jr & Lopez, Donald S. Jr. (2013). *The Princeton Dictionary of Buddhism*, New Jersey: Princeton University Press.

Castillo, R.J. (1985). 〈*The Transpersonal Psychology of Patañjali's Yoga-Sûtra (Book I: Samâdhi): A Translation and Interpretation*〉, *Journal of Mind and Behavior*, 6, 391-417.

Chandra, Pramod (1985). *The Sculpture of INDIA: 3000 B.C.～ 1300 A.D.*, Washington: National Gallery of Art.

Cunningham, Major Jeneral Sir Alexander (1891), *Coins of Ancient India: from the earliest times down to the seventh century A.D.*, London: B. Quaritch

Denton, John M. (2015). *A Sanskrit Dictionary: A Concise Sanskrit Dictionary of Words from Principal Traditional Scriptures, Major Philosophical Works and Various Grammar Texts. Transliterated in English Script and Alphabetical Order,*

Eliade, Mircea (1958). *Yoga: Immortality and Freedom*, (Willard R. Trask. trans, 2nd edition, 1973). New Jersey: Princeton University Press.

Edgerton, Franklin (1953). *Buddhist Hybrid Sanskrit Grammar and Dictionary*, Delhi: Motilal Banarsidass Publishers.

Feuerstein, Georg (2001). *The Yoga Tradition, Arizona*: Hohm Press.

2011, *The Encyclopedia of Yoga and Tantra*, Boston: Shambhala.

Ghosh, Shyam (1980). *The Original Yoga as expounded in Śiva-Samhitā, Gheraṇḍa-Samhitā, and Pātañjala Yoga-sūtra*, Delhi: Munshiram Manoharlal Publishers Pvt. Ltd..

Hariharānanda Āraṇya Swami (1983). *Yoga Philosophy of Patañjali* (Vyāsa; 540～650 CE), Albany: State University of New York Press.

Hirakawa, Akira(平川彰) (Groner, Paul tran., 2007). *A History of Indian Buddhism: From Śākyamuni to Early Mahāyāna*, Asian studies at HawaⅡ, no. 36., Honolulu: University of HawaⅡ Press.

Hodge, Stephen (2006). 〈*On the Eschatology of the Mahāparinirvāṇ-sūtra and Related matters*〉, Lecture delivered at the University of London: SOAS.

Kalupahana, David J. (1992). *A History of Buddhist Philosophy*, HawaⅡ: University of Ha wa Ⅱ Press.

Kosambi, D. D. (1981). *Indian Numismatics*, Indian Council for Historical Research.

Kumar, Ajit (2014). 〈B*harhut Sculptures and Their Untenable Sunga Association*〉, *Heritage: Journal of Multidisciplinary Studies in Archaeology* 2, 223~241, Kerala: Department of Archaeology, University of Kerala.

Leggett, Trevor trans. (1992). *Śaṅkara on the Yoga Sūtras*. Delhi: Motilal Banarsidass Publishers.

Marshall, John Sir (1931). *Mohenjo-Daro and the Indus civilization : being an official account of archæological excavations at Mohenjo-Daro carried out by the Government of India between the years 1922 ad 1927*, Vol. 1, 2, 3, London : A. Probsthain

Nanamoli Thera (England, 1905-1960) (1999). 〈Introduction〉, in Buddhaghosa, *Visuddhimagga: The Path of Purification*, Translated by Bhikkhu Ñāṇamoli, Seattle: Buddhist Publication Society.

Nārada, Mahāthera (2006). *The Buddha and His Teachings*, BPS Online Edition ©.

Quintanilla, Sonya Rhie (2007). *History of Early Stone Sculpture at Mathurā CA. 150BCE~100CE*, Leiden: Brill.

Rhi, Juhyung (2008). 〈*Changing Buddhism*〉 *in Gandhara-The Buddhist Heritage of Pakistan: Legends, Monasteries, and Paradise* (Dorothee von Drachenfels, Christian Luczanits, Kunst- und Ausstellungshalle der Bundesrepublik Deutschland), Mainz: Verlag Philipp von Zabern.

Rukmani, T. S. (1983). *Yogavārttika of Vijñānabhikṣu*, Vols. 2. Delhi: Munshiram Manoharlal Publishers Pvt. Ltd..

Salomon, Richard (1999). *Ancient Buddhist Scrolls from Gandhāra: The British Library Kharosthī Fragments, with contributions by Raymond Allchin and Mark Barnard.* Seattle: University of Washington Press; London: The British Library.

Samuel, Geoffrey (2008). *The Origins of yoga and Tantra: Indic Religions to the Thirteenth Century*, New York: Cambridge University Press.

Satyananda Saraswati Swami (2001). *Kundalini Tantra*, Bihar, Yoga Publication.

Schmithausen, Lambert (1967). 〈Sautrāntika-Voraussetzungen in Viṃśatikā und Triṃśikā〉, WZKSO, 11:109-36.

Singh, Jaideva (1979). *Vijñānabhairava or Divine Consciousness*, Delhi: Motilal Banarsidass

Singh, Upinder (2008). *A History of Ancient and Early Medieval India: From the Stone Age to the 12th Century*, Noida, India: Pearson.

Smith, Vincent Arthur (1901). *The Jain Stupa and Other Antiquities of Mathura*, Publisher Allahabad: Superintendent, Government Press.

Sree Padma & Barber, Anthony W. edit. (2008). *Buddhism in the Krishna River Valley of Andhra*, New York: State University of New York Press

Tansley, David V. (1984). *The Subtle Body: Essence and Shadow (Art and Imagination*), London: Thames & Hudson.

Vasu, Srisa Chandra trans. (1981 a). *The Siva Samhita*, Delhi: Sri Satguru Publications.
1981 b. *The Gheranda Samhita*. Delhi: Sri Satguru Publications.
Vengatesananda trans. (1993). *Vasistha's Yoga*, New York: State UNniversity of New York Press.
Vishnudevananda Swami trans. (1987). *Hatha Yoga Pradipika*, Delhi: Motilal Banarsidass Publishers.
1987. *Hathayogapradīpika*, Delhi: Motilal Banarasidass.
White, David Gordon (2009). *Sinister Yogis*, Chicago: University of Chicago Press.
Willemen, Charles (1997). 〈*Sarvastivada Buddhist Scholasticism*〉, Handbook of Oriental Studies. Section 2 South Asia, Volume: 11, New York: Brill.
Wilson, Horace Hayman (1835). *Select specimens of the theatre of the Hindus*(vol. 1), London: Parbury, Allen, and co.
Wujastyk, Dominik (2015). 〈*The Earliest Accounts of Āsana in Yoga Literature*〉, University of Alberta(& University of Vienna).
Zacchetti, Stefano (2005). 〈*In praise of the light : A Critical Synoptic Edition with an Annotated Translation of Chapters 1-3 of Dharmaraksa's Guang Zan jing 光讚經, Being the Earliest Chinese Translation of the Larger Prajñāpāramitā*〉, *Bibliotheca philologica et philosophica buddhica* v. 8., Tokyo: The International Research Institute for Advanced Buddhology, Soka University.

참고 데이터베이스

동국대학교 한글대장경: http://abc.dongguk.edu/ebti/index.jsp
國立情報學硏究所 Digital Silk Road: Digital Archives of Cultural Heritage: http://dsr.nII.ac.jp/
CBETA 中華電子佛典協會 : http://www.cbeta.org/
COININDIA: http://coinindia.com/#
Digital Sanskrit Buddhist Canon: http://www.dsbcproject.org/
Digital Silk Road Project: http://dsr.nII.ac.jp/
Digital South Asia Library: http://dsal.uchicago.edu/index.html
International Dunhuang Project : http://idp.bl.uk/
Pali Text Society(Oxford): http://www.palitext.com/
Photo Dharma : https://www.photodharma.net/India/
SAT大藏經DB: http://21dzk.l.u-tokyo.ac.jp/SAT2018/master30.php
SUTTA CENTRAL: https://suttacentral.net/
The Mellon International Dunhuang Archive: http://library.artstor.org/library/collection/dunhuang